新商科系列教材

网 络 营 销

主　编　彭明唱
副主编　薛安松　张明达　司　凯

电子工业出版社
Publishing House of Electronics Industry
北京·BEIJING

内 容 简 介

本书在吸收国内外新近研究成果的基础上，详细、系统地介绍网络营销的理论、方法及策略。全书分 4 篇，共 11 章，内容涵盖网络营销的演进、发展趋势和理论基础；并基于网络营销的时代特征，提出如何正确使用互联网工具和方法进行营销、如何进行数据收集与营销战略规划选择；最后结合网络营销的方法提出如何针对网络产品与服务进行定价、渠道、沟通、广告和客户关系维护等营销管理。本书以当前普通高校的人才培养目标为落脚点，将理论教学与实践教学相结合，重视学生网络营销技能的培养。每章内容主要结合当前中美两国网络企业营销案例进行深入的分析，力争将新近研究成果与实践中行之有效的做法相印证。

本书可供普通高校网络营销相关专业学生使用，也可供从事网络营销工作的相关人员学习参考。

图书在版编目（CIP）数据

网络营销／彭明唱主编． — 北京：电子工业出版社，2021.6

ISBN 978 - 7 - 121 - 41439 - 8

Ⅰ．①网… Ⅱ．①彭… Ⅲ．①网络营销 - 高等学校 - 教材 Ⅳ．①F713.365.2

中国版本图书馆 CIP 数据核字（2021）第 124745 号

责任编辑：王二华

特约编辑：张洪军

印　　刷：三河市华成印务有限公司

装　　订：三河市华成印务有限公司

出版发行：电子工业出版社

　　　　　北京市海淀区万寿路 173 信箱　邮编：100036

开　　本：787×1092　1/16　印张：20.25　字数：520 千字

版　　次：2021 年 6 月第 1 版

印　　次：2021 年 6 月第 1 次印刷

定　　价：59.90 元

凡所购买电子工业出版社图书有缺损问题，请向购买书店调换。若书店售缺，请与本社发行部联系，联系及邮购电话：(010)88254888，88258888。

质量投诉请发邮件至 zlts@phei.com.cn，盗版侵权举报请发邮件至 dbqq@phei.com.cn。

本书咨询联系方式：(010)88254532。

前言

Preface

如今正是一个"虚拟扩张的时代"，以知识为核心、以网络信息为依托的网络经济也在快速发展，传统的营销模式已经不能适应经济社会的发展，网络营销已成为新的销售方式，将带给企业营销革命性的变化，而越来越多的企业也将网络营销视作企业营销战略中不可或缺的重要组成部分。随着互联网对网民生活的渗透范围不断扩大、渗透程度不断加深，企业开展网络营销的方式也需要不断创新，以满足网民个性化、多样性的消费需求。如何跟进网络营销应用前沿，对位企业专业技术人才需求，正在成为应用型普通高校网络营销人才培养的主要挑战。

本书是笔者十多年来从事网络营销教学和实践的结晶，将本书与十多年所用的相关教材进行对照，其方法和体系都有了较大的跨越，可以说网络营销在很大程度上改变了传统营销的形态和思维方式。在编写过程中，我们紧紧围绕当前应用型普通高校人才培养的目标，力求在吸收国内外最新研究成果的基础上，将理论与实践相结合，既能重点培养学生网络营销技能，又能反映应用型普通高校特色的网络营销教材全貌。

全书分4篇，共11章，内容涵盖了网络营销研究的主要领域。第一篇为基础篇，即第一章。这一篇论述了网络营销产生的背景、现状、内涵与特征，网络营销与传统营销整合理念。第二篇为技术与方法篇，即第二章。这一篇重点论述了搜索引擎营销、电子邮件营销、第三方电子商务平台营销、微营销、网络视频营销的技术与方法的综合应用。第三篇为营销战略篇，包括第三、四章。这一篇涵盖了网络营销调研数据来源与调研方法的应用、数据存储与分析、网络消费者行为分析、目标市场定位及经营战略选择等。第四篇为营销组合篇，涵盖第五到十一章。这一篇也是本书的重点部分，主要介绍了网站建设与推广、网络产品与服务、网络营销价格制定、网络渠道构建与管理、网络营销沟通、网络广告投放与选择、客户关系管理等。

本书注重营销概念的拓展。在每一章中我们都会论述营销概念并探究互联网对这些概念的影响，这样学生可以利用学到的营销知识更快地学习新知识。互联网是千变万化的，学生还可以运用基本的营销概念去理解新知识。每一章的开头都有本章的学习目标，我们希望学生在完成一章的学习后能够达到预期目标。在每一章的前面都会介绍一个典型案例，之所以这样编排就是希望引起读者的学习兴趣，同时在章节中植入一些小案例来进一步加深知识的固化。为了编写这两部分案例，我们收集和甄选了近年来中美两国企业的典型案例。每一章都有内容小结，尽管小结是对本章的归纳，但是并不意味学生可以阅读小结来代替对具体内容的阅读和理解，这样设计的目的是能够帮助学生温故知新。每章的结尾还有复习题，这些问题有的是帮助学生理解相关内容的，有的是提高学生综合分析与解决问题的能力的。

本书第五章、第十章由薛安松撰写，第九章由司凯撰写，第十一章由张明达撰写，其余部分均由彭明唱撰写，并由彭明唱最后通读定稿。在本书的编写过程中，电子商务专业的几届毕业生提出了许多宝贵的意见和建议。在社交媒体盛行的今天，网络上许多专业人士的观点也给本书编写提供了丰富的案例与启示。电子工业出版社的王二华编辑不辞辛苦，对教材的出版给出了许多专业性的建议。在此谨对以上人士的关心和支持表示衷心的感谢！

由于水平有限，书中难免有疏漏及不当之处，恳请广大读者批评指正，以便以后修改和完善。

彭明唱

2021 年 5 月

目录 *Contents*

第一篇 基础篇

第二篇 技术与方法篇

第三篇　营销战略篇

第四篇　营销组合篇

第一篇

基础篇

【知识结构】

★ 第一章　网络营销概述

第一章　网络营销概述

学习目标

1. 了解网络营销的产生基础与发展趋势，以及我国网络营销发展的阶段特征。
2. 掌握网络营销的定义、特点、职能及优势。
3. 掌握网络营销与传统营销之间的区别与联系，以及网络营销与电子商务之间的联系。
4. 熟悉网络营销的方法与发展趋势。
5. 掌握网络营销对传统营销的冲击，以及网络营销与传统营销的整合过程。
6. 熟悉网络营销的基本理论与内涵特征。

案例导引

网络营销的诞生

1994 年被认为是全球网络营销发展中重要的一年。那一年，在网络广告诞生的同时，搜索引擎雅虎、Webcrawler、In foseek、LycosYa 等也相继诞生，另外，"第一起利用互联网赚钱"的"律师事件"的发生，促使人们开始对电子邮件营销进行深入思考，也直接促成了网络营销概念的形成。从这些历史事件来看，可以认为网络营销诞生于 1994 年。

1994 年 4 月 12 日，美国亚利桑那州两位从事移民签证咨询服务的律师 Laurence Canter 和 Martha Siegel 把一封"绿卡抽奖"的广告信发到他们知道的每个新闻组，这在当时引起了轩然大波，他们的"邮件炸弹"让许多服务商的服务器处于瘫痪状态。有趣的是，这两位律师在 1996 年还合作了《网络赚钱术》一书，书中介绍了他们这次辉煌经历：通过互联网发布广告信息，只花了 20 美元的上网通信费用就吸引来 25 000 个客户，赚了 10 万美元。

中国的网络营销诞生于 1996 年。1996 年，北京 44 中初三学生张博迁在"瀛海威时空"的电子超市订购了新知书店的《Internet 使用秘诀》一书。这是中国商家在网络上卖出的第一件商品，也是国人进入网络时空进行网上购物的第一次尝试。

第二年，一个中国人进行了新的尝试。那是一次真正意义上完整的网络营销商务运作，也是一个中国农民的成功突破！1997 年年初，新华社播发了一条令人感叹，又令人震惊的消息：55 岁的中国山东青州农民李鸿儒将销售做到了全球。

李鸿儒依靠一名大学生，通过网络发布自家的花卉品种，把销售市场扩大到全球，又把全球最新的花卉信息集中到农家小院里来。当他获知观赏凤梨被确定为香港国际花卉贸易博览会上的主题花卉时，立即从荷兰引进 3000 盆凤梨，并且很快销售一空。一个封闭农家小院里的中国农民，从此昂首阔步地走进了跨国网络营销的大市场。这个案例鲜明而又生动地向人们展示了网络营销的无限生机和巨大商业价值。从此，中国商品流通开始进入了网络营销时代。

第一节 网络营销的产生基础

20 世纪 90 年代初，互联网的飞速发展在全球范围内掀起了互联网应用热潮，世界各大公司纷纷利用互联网提供信息服务和拓展公司的业务范围，并且按照互联网的特点积极改组企业内部结构和探索新的营销管理方法。网络营销的产生有其特定条件，它是多种因素综合作用的结果，它是以现代电子技术和通信技术的应用与发展为基础，与市场变革、市场竞争及营销观念的转变密切相关的一门新学科。

一、技术基础

互联网的飞速发展及信息和通信技术的广泛应用，为网络营销的产生奠定了技术基础。互联网的前身是美国国防部高级研究计划署（ARPA）主持研制的 ARPAnet。ARPAnet 于 1969 年投入使用，是现代计算机网络诞生的标志。20 世纪 80 年代以后，随着网络的商业价值逐渐被人们所发现，ARPAnet 逐步发展为全球最大的计算机网络系统，即互联网。

互联网的主要功能在于资源共享和数据通信，早期的互联网主要用于军事领域。万维网（World Wide Web，WWW）技术的广泛应用，推动了互联网的商业化进程。1983 年，ARPA 和美国国防部通信局成功研制了 TCP/IP 协议；1986 年，美国国家科学基金会（NSF）建立了 NSFnet；1991 年，商用互联网协会（CIEA）成立，互联网（Internet）开始用于商业用途，企业和个人纷纷加入，带动了互联网的发展；1992 年，欧洲核子研究组织（CERN）成功研发 WWW，促进了互联网的普及。我国于 1994 年 4 月 20 日正式接入互联网，从此中国的网络建设进入了快速发展阶段。在互联网技术飞速发展的大环境下，网络营销应运而生。

二、观念基础

消费观念的变化奠定了网络营销产生的观念基础。网络时代，随着消费者主导的买方市场营销时代的来临，消费者的观念呈现出一种新的特点和趋势，而满足消费者的需求在任何时候都是一个企业的经营核心。消费者价值观的变化体现在以下四个方面。

（一）个性消费的回归

随着市场供给的日益饱和，消费者能够以个人心理愿望为基础挑选和购买商品或服务。消费者不仅能在丰富的产品中进行挑选，甚至可以制定自己的需求法则。人们在购买商品时，更加注重商品的特色，甚至对某些商品要求个人定制。例如，消费者现在购买服装，喜欢的不再是千篇一律的款式，而是新颖、特别的款式，不愿意跟别人撞衫。可见，人们的消费行为正慢慢回归个性。用精神分析学派的观点考察，消费所选择的已不单是商品的使用价值，还包括其他的"延伸物"。这些"延伸物"可能各不相同，因而从理论上看，没有一个消费者的心理是完全一样的，每一个消费者都是一个细分的市场，个性化的消费正在也必将成为消费的主流。

（二）消费主动性增强

随着商品多样化及市场竞争白热化，可供消费者选择的商品样式和功能越来越多。一般而言，消费者更喜欢自主选购，而且对单向的"推销式"营销沟通感到厌倦和不信任。在很多日常生活用品的购买中，尤其是一些大件耐用消费品，比如电脑、冰箱、洗衣机的购买，消费者会主动通过各种可能的途径获取与商品有关的信息，并对其进行分析比较。尽管这些分析可能不够科学和专业，但是消费者的这种主动性选择和判断，可以增加心理上的满足感。实质上，消费主动性的增强来源于现代社会不确定性的增加及人类追求心理稳定和平衡的欲望。

（三）对购买方便性的需求与对购物乐趣的追求并存

随着社会生活节奏的加快和城镇化的推进，年轻的上班族群体由于工作压力大，长期处于高度紧张的状态下，还有一些事业型的人习惯了惜时如金，他们形成了相对固定的需求和品牌选择。对于这类消费者，他们更强调购物的方便性，尽量节省时间和互动成本。网上购物对于这类群体来说大有裨益，能很好地满足他们对购物方便、快捷、省时的需求。

（四）价格仍然是影响消费心理的重要因素

虽然营销工作者总是倾向于以各种差别化来减弱消费者对价格的敏感度，避免恶性削价竞争，但是价格始终是影响消费者心理的重要因素。相关商品对比显示，网上的商品价格会比实体店的要便宜一些。消费者在选购商品时，性价比往往起着主导性的作用。人们更倾向于花费同样甚至更少的钱获得更多、更完善的服务。例如，在各种节假日打折促销活动时，商品的销量往往会比平时要高。这就简单说明一个道理，即使在当代发达的营销技术面前，价格始终发挥着巨大作用。只要价格降幅超过消费者的心理界限，消费者原本的购物原则都可能发生改变。

三、现实基础

激烈的市场竞争是网络营销产生的现实基础。比尔·盖茨曾说："21世纪要么电子商务，要么无商可务。"阿里巴巴创始人马云也曾说过："现在你不做电子商务，五年之后，你必定后悔。"如今，企业面临来自全世界竞争对手的竞争压力。企业为了取得竞争优势，必然会想尽各种办法降低成本、创新营销方式来吸引客户。然而，传统的营销已经很难有新颖独特的方法来帮助企业在竞争中出奇制胜了，这就为网络营销的发展带来了新的契机。开展网络营销对于企业来说可谓是一举多得。开展网络营销可以使企业经营不受场地的限制，可以方便快速地收集客户的信息，可以节约店面租金、减少库存商品的资金占用等，这些优势使企业经营的成本和费用降低，运作周期变短，从根本上增强了企业的竞争优势，增加了经营利润。随着市场竞争日益激烈，这些现实因素都使网络营销占据巨大优势，为企业发展网络营销提供了有力的现实基础。

总之，网络营销的产生和发展有其技术基础、观念基础和现实基础，是多种因素综合作用的结果。网络市场蕴藏着无限的商机，作为一种全新的营销理念，网络营销具有很强的实践性特征和良好的发展前景。

第二节　网络营销的演进

2019 年，我国有近 50% 的企业利用互联网开展营销推广活动。互联网已经成为企业不可或缺的营销推广渠道，并在传统媒体与新媒体加快融合发展的趋势下扮演着关键角色。随着企业品牌推广意识提升、电子商务日益普及，以及中国互联网广告市场逐步规范，互联网营销市场仍有很大的增长空间。在各种主流互联网营销渠道中，即时聊天工具营销推广的使用率最高，接近 70%；电子商务平台推广、搜索引擎营销推广分列第二、三位，使用率分别为 65.1% 和 58.2%。

1996 年至今，我国的网络营销大致经历了六个发展阶段：传奇阶段（1997 年以前）、萌芽阶段（1997—2000 年）、应用和发展阶段（2001—2003 年）、服务市场的高速发展阶段（2004—2009 年）、社会化阶段（2010—2015 年）和多元化与生态化阶段（2016 年至今）。

一、我国网络营销的传奇阶段（1997 年以前）

由于无从考证我国企业最早利用互联网开展营销活动的历史资料，我们只能从部分文章中看到一些无法考证的细枝末节。例如，作为网络营销经典案例的"山东农民网上卖大蒜"，据现在可查到的资料，山东陵县西李村支部书记李敬峰上网的时间是 1996 年 5 月，所采用的网络营销方法是：注册了自己的域名，把西李村的大蒜、菠菜、胡萝卜等产品的信息一股脑儿地搬上互联网，发布到了世界各地。对这次"网络营销"所取得的成效记载为：1998 年 7 月，青岛外贸通过网址主动与李敬峰取得联系，两次出口大蒜共计 870 吨，销售额 270 万元人民币。初战告捷，李敬峰春风得意，信心十足。

在网络营销的传奇阶段，"网络营销"的基本特征为：概念和方法不明确，是否产生效果主要取决于偶然因素，多数企业对于上网几乎一无所知。因此，网络营销的价值主要在于其对新技术、新应用的新闻效应，以及对于了解和体验营销手段变革的超前意识。

二、我国网络营销的萌芽阶段（1997—2000 年）

中国互联网络信息中心（CNNIC）发布的《第一次中国互联网发展状况统计》显示，截至 1997 年 10 月底，我国上网人数为 62 万人，WWW 站点数约为 1500 个。无论上网人数还是网站数量，均微不足道，但发生于 1997 年前后的部分事件标志着中国网络营销已进入萌芽阶段。例如，网络广告和电子邮件营销在中国的诞生，电子商务的促进，网络服务（如域名注册和搜索引擎）的涌现等。到 2000 年底，多种形式的网络营销被应用，网络营销呈现出快速发展的势头，且逐步走向实用。

三、我国网络营销的应用和发展阶段（2001—2003 年）

进入 2001 年之后，网络营销已不再是空洞的概念而是进入了实质性的应用和发展时期，主要特征表现在以下六个方面：网络营销服务市场初步形成；企业网站建设发展迅速；网络广告形式和应用不断发展；电子邮件营销市场环境亟待改善；搜索引擎营销向深层次发展；网上销售环境日趋完善。

四、我国网络营销服务市场的高速发展阶段（2004—2009年）

2004年之后，我国网络营销的最主要的特点之一是第三方网络营销服务市场蓬勃兴起，网站建设、网站推广、网络营销顾问等付费网络营销服务都获得了快速发展。这不仅体现在网络营销服务市场规模的扩大，同时也体现在企业网络营销专业水平的提高，企业对网络营销认识程度和需求层次的提升，以及更多的网络营销资源和网络营销方法不断出现等方面。

五、我国网络营销的社会化阶段（2010—2015年）

网络营销社会化的表现是网络营销从专业知识领域向社会化普及知识发展演变，这是互联网应用环境发展演变的必然结果，这种趋势反映了网络营销主体必须与网络环境相适应的网络营销社会化实质。网络营销开始向全员网络营销发展，Web2.0营销思想进一步深化，出现了更多的新型网络营销平台。在传统网络营销如搜索引擎营销、网络广告、网络会员制营销广泛应用的同时，WIKI平台营销、问答式社区（ASK）营销等多种形式的Web2.0应用平台，为企业开展网络营销提供了便利工具，使网络营销的形式更加丰富多彩。随着社会化媒体网络营销的蓬勃兴起，网络营销与网上销售的结合日益紧密，营销人员对新型网络营销资源的关注，使得部分传统网络营销模式的受关注程度降低。在这个阶段，手机网络营销已经出现了多种类似于个人电脑上网的网络营销模式，不过总体来说还不够清晰，尚未成为网络营销的主流。

六、我国网络营销的多元化与生态化阶段（2016年至今）

2016年至今，是我国网络营销的多元化与生态化阶段。该阶段网络营销开始向全员网络营销发展，不断出现基于Web2.0的网络营销平台和社会化媒体，网络营销蓬勃兴起，网络营销与网上销售的结合日益紧密，移动网络营销的重要性不断增强。在这一阶段，网络营销分散化程度继续提高，网络营销的融合化进一步提速，内容营销进入高级阶段，网络营销思想及策略不断升级。每一个重要的历史阶段，都会伴随相应的指导思想和思维模式，而网络营销的思维模式大致经历了四个层次：技术思维、流量思维、粉丝思维及生态思维。

第三节　网络营销的内涵与优势

一、网络营销的内涵

计算机网络的发展，使信息社会的内涵有了进一步改变。在信息网络时代，网络技术的应用改变了信息的分配和接收方式，改变了人们的生活、工作、学习和交流环境。网络营销以互联网为媒体，以新的方式、方法和理念实施营销活动，可以更有效地促进个人和组织交易活动的实现。

网络营销是一种新型的直销模式。网络营销不单纯是网上销售，它是企业现有营销体系的有力补充，更准确地说，是由互联网替代了报刊、邮件、电话和电视等中介媒体的一种新型营销沟通媒介，其实质是利用互联网对产品的售前、售中、售后各环节进行即时、双向的信息沟通和跟踪服务，它自始至终贯穿于企业经营的全过程，包括市场调查、客户分析、产品开发、销售策略、客户服务与管理等方面。

网络营销也是电子商务的基础，但它不等同于电子商务，它是电子商务管理企业价值链系统的一种有效手段，是电子商务得以开展的高效而经济的信息载体。因此，凡是借助于互联网进行的，利用现代信息工具，通过更好地满足客户需求（包括精神需求和物质需求）来实现企业市场营销目标的营销活动，都可以被称为网络营销。网络营销作为一个以现代信息技术为依托的新生事物，在市场营销中发挥了很多传统营销不具备的作用，并受到人们越来越多的关注。随着网络营销的普遍应用，网络营销的实质越来越凸显出来。真正意义上的网络营销，应该具有其内在的规律性，可以为营销实践提供指导，可以产生实在的效果，具有可操作性。

在互联网发展的不同阶段，网络营销的内容和手段也有所不同。在 1998 年之前，一些网络营销从业人员和研究人员将网络营销仅仅理解为网站推广，其核心内容是网站设计的优化及搜索引擎注册和排名情况。但是，随着网页数量爆炸式的增长，即使功能再强的搜索引擎也只能检索到全部网页的 20%，尽管搜索引擎仍然是最有效的网络营销手段和工具之一，但仅仅依靠搜索引擎来推广网站已不能满足市场和企业的多样化需求了。另外，由于网站推广的目的更多地在于吸引新的客户，随着客户数量的增加和获得新客户难度的加大，针对维持和加强现有客户关系的网络营销手段、方法和工具应运而生。因此，电子邮件营销、微博营销、微信营销、数据库营销、精准化营销、微视频营销、直播营销等开始崭露头角。

网络营销的定义是什么？网络营销或以网络为基础的市场营销可以解释为利用网络和相关电子技术来实现市场营销目标及支持现代市场营销理念的活动。这些技术包括网络媒体和其他电子媒体，如无线移动媒体、电缆和卫星等。事实上，网络营销还应该包括企业网站及其在线促销技术，如搜索引擎、横幅广告、电子邮件和网站间的链接，利用这些技术或者手段来获取新客户，同时也借用这些手段来为现在的客户提供更好的服务来促进客户关系。尽管如此，要想使网络营销取得全面的成功，势必需要结合传统媒体，如印刷广告和电视媒体，两者的结合是保证网络营销成功的有效手段。

因此，网络营销可以定义为，是企业整体营销的组成部分，是指应用网络和相关的电子技术，并结合传统媒体，最大限度地满足客户需求，实现企业最终目标的各种活动。

二、网络营销的优势

与传统的营销手段相比，网络营销无疑具有许多明显的优势，具体包括以下几点。

（一）利于取得未来的竞争优势

为了供孩子完成网络课堂学习，跟上时代的脚步，中国许多家庭购买了计算机或智能手机等电子设备，而好奇心极强的孩子们大都对计算机、手机甚为着迷。如果能牢牢抓住他们的心，在十几年以后，当他们成长为消费者时，早先为他们所熟知的产品无疑会成为他们的首选。也就是说，抓住了现在的孩子，也就抓住了未来的消费主力，也就能顺利地占领未来的市场。从长远来看，网络营销能带给商家长期的利益，能在不知不觉中培养一批忠实客户。

（二）决策的便利性、自主性

现在的人们生活在信息化的社会中，无论是报纸、杂志，还是广播、电视，无不充满着广告，而最让人痛恨的莫过于精彩的电视剧中也被见缝插针地安插了广告，让人们无法回避，不得不被动地接收各种信息。在这种情况下，广告的到达率和记忆率之低也就可想而知了。于是，商家感慨广告难做，消费者抱怨广告无处不在，而好广告则太少。网络营销则全然不同，人们不必面对广告的轰炸，只需根据自己的爱好或需要去选择相应的信息，如企业产品等，然后加以比较，做出购买的决定。这种轻松自在的选择，不必受时间、地点的限制，浏览的信息可以是国内外任何网站上的信息，不需要一家家大型商场跑来跑去比质量、比价格，更不必面对售货员的"热情推销"，完全由自己做主，只需拿起手机，动动手指而已。这样的灵活快捷与方便，是商场购物所无法比拟的，尤其受到许多没有购物时间或不喜欢逛商场、远离城市商业中心的年轻群体的喜爱。

（三）成本优势

企业在网上发布信息，代价有限，将产品直接向消费者推销，可缩短分销环节，发布的信息谁都可以自由地索取，从而拓宽销售范围。这样可以节省促销费用，从而降低成本，使产品具有价格竞争力。前来访问的消费者大多是对此类产品感兴趣的人群，受众准确，避免了许多无用的信息传递，也可节省费用。企业还可以根据订货情况来调整库存量，降低库存费用。例如，网上书城，其书目可按通常的分类分为社科类、文学类、外文类、计算机类和电子类等；还可按出版社、作者和国别等来进行检索，以方便读者查找；还可以开辟出专栏介绍新书，而信息的更新也很方便，以较低的场地费、库存费提供更多更新的图书来争取客源。

（四）良好的沟通

企业可以制作调查表来收集消费者的意见，让消费者参与产品的开发设计及生产，使产品真正做到以消费者为中心，从多方面满足消费者的需求，避免不必要的浪费。而消费者对参与设计的产品会倍加喜爱，如同是自己生产的一样。商家可设立专人解答疑问，帮助消费者了解有关产品的信息，使沟通人性化、差别化。例如，汽车生产厂家可提供各式各样的发动机、方向盘和车身颜色等供消费者挑选，然后在计算机上试安装，使消费者能看到成型的汽车，并加以调整，商家也可由此得知消费者的兴趣、爱好，进行新产品的开发。

（五）优化服务

人们最怕遇到两种售货员：一种是"冷若冰霜"，让人不敢买；另一种是"热情似火"，让人不得不买，虽然推销成功，消费者却心中留怨。网络营销是一对一服务的，消费者有更多自由考虑的空间，可以更多地比较后再做决定，避免冲动购物。网上服务可以做到24小时的服务，而且更加快捷。例如，消费者购买了某公司的打印机，在使用中出现问题，通过咨询得知是打印程序的问题，于是他找到这家公司的网站，下载打印应用程序，问题便解决了，服务非常快捷方便。不仅是售后服务，在消费者网上咨询和购买的过程中，商家也可及时地提供服务，帮助消费者完成购买行为。通常售后服务的费用占开发费用的67%，提供网络服务可降低此项费用。

（六）多媒体效果

网络广告既具有平面媒体的信息承载量大的特点，也具有电波媒体的视觉、听觉效果，可谓图文并茂、声像俱全。而且，广告发布不需印刷，节省纸张，不受时间、版面限制，消费者只要有需要就可随时索取。

三、网络营销的职能体现

哪些网络活动可以被界定为网络营销，哪些不可以，不同人有不同的观点。狭义的观点认为，只有利用在线资源进行营销活动，并获得了在线收入的才是网络营销。广义的观点认为，只要借助于网络信息技术开展的营销活动，并且可以同时带来线上和线下收入的，就是网络营销。以下观点能够更清晰地界定网络营销的范畴。

（一）网络营销不等同于网上销售

网络营销是以最终实现产品销售，提升品牌形象为目的而进行的一项基本活动，但网络营销本身并不等同于网上销售，网络营销的特点有以下几个方面。

①网络营销的效果表现在多个方面，如提升企业品牌价值、加强与客户之间的沟通、拓展对外信息发布的渠道及改善对客户的服务等。

②网站的推广手段通常不仅仅靠在线的营销手段，往往还要采取许多传统的方式，如在传统媒体上投放广告、召开新闻发布会及印发宣传册等。

③网络营销的目的并不仅仅是为了促进网上销售，在很多情况下，网络营销活动不一定能实现网上直接销售的目的，但是可能促进线下销售的增加，并提高客户的忠诚度。

④从网络营销的内容看，网上销售也只是其中的一部分，并不是必须具备的内容，许多企业网站根本不具备网上销售产品的条件，网站主要是作为企业发布产品信息的一个渠道，通过一定的网站推广手段来实现产品宣传的目的。

（二）网络营销不是"虚拟营销"

网络营销不是独立于现实世界的"虚拟营销"，网络营销其实不过是传统营销的一种扩展，即向互联网的延伸，所有的网络营销活动都是实实在在的。网络营销的手段也不仅限于网上，而是注重网上网下相结合，网上营销与线下营销并不是相互独立的，而是一个相辅相成、互相促进的营销体系。为什么网络营销不是"虚拟营销"，可以从以下三个方面来印证。

①网络营销的实质是客户需求管理。客户需求内容与需求方式的变化是网络营销产生的根本动力，网络营销的起点是客户需求，最终实现的是客户需求的满足和企业利润的最大化。

②网络营销贯穿营销活动的全过程。网络营销贯穿于企业开展网上经营的整个过程，包括信息发布、信息收集、客户服务及各种网上交易活动，这些都是网络营销的重要内容。

③网络营销是现代企业整体营销的一部分。网络营销作为一种新的营销方式或技术手段，是营销活动中的一个组成部分。如果想用网络手段产生价值，就必须将网络与传统的企业营销方式结合起来，在多大程度上节省了成本和促成了价值生成，也就产生了多大的价值。

（三）网络营销不等同于电子商务

网络营销和电子商务之间既紧密相关又具有明显的区别。网络营销是企业整体营销战略的一个组成部分，无论传统企业还是互联网企业都需要网络营销，但网络营销本身并不是一个完整的商业交易过程，而只是促进商业交易的一种手段。电子商务是指系统化的利用电子工具，高效率、低成本地从事以商品交换为中心的各种活动的全过程。电子商务需要从企业全局出发，根据市场需求来对企业业务进行系统规范的重新设计和构造，以适应网络知识经济时代的数字化管理和数字化经营的需要。网络营销作为促成实现商品交换的企业经营管理手段，显然是企业电子商务活动中最基本的，也是最重要的网络商业活动。

（四）网络营销是对网络环境的营造

开展网络营销需要一定的网络环境，如网络服务环境、上网用户数量、合作伙伴、供应商、销售商及相关行业的网络环境等。网络营销环境为企业开展网络营销活动提供了潜在客户，以及向客户传递营销信息、建立客户关系、进行网上市场调研等各种营销活动的渠道。企业的网络营销活动也是整个网络环境的组成部分，开展网络营销的过程，就是与这些环境建立关系的过程。这些关系发展好了，网络营销才能取得成效。因此，网络营销是对企业网络环境的营造过程，也就是指综合利用各种网络营销手段、方法和条件，并协调其相互关系，从而更加有效地实现企业的营销目标的过程。

（五）网络营销的基本职能

随着网民人数的增多和快递物流行业的发展，网上购物已经成为很多人日常生活的一部分，网上购物的火爆也促进了网络营销的发展。网络营销是一种新型的营销方式，它的优点是能降低企业传播信息的成本，具有信息传递及时、效率高、传播范围广等优势。网络营销的基本职能主要表现在以下八个方面。

①网络品牌：网络营销的重要任务之一就是在互联网上建立并推广企业的品牌，知名企业的网下品牌可以在网上得以延伸，一般企业则可以通过互联网快速树立品牌形象，并提升企业整体形象。网络品牌建设以企业网站建设为基础，通过一系列的推广措施，达到客户和公众对企业的认知和认可，在一定程度上说，网络品牌的价值甚至高于通过网络获得的直接收益。

②网站推广：这是网络营销最基本的职能之一，几年前，网络营销甚至被认为就是网站推广。相对于其他功能来说，网站所有功能的发挥都要以一定的访问量为基础，所以，网站推广显得更为迫切和重要，它是网络营销的核心工作。

③信息发布：网站是一种信息载体，通过网站发布信息是网络营销的主要方法之一，同时，信息发布也是网络营销的基本职能，所以也可以这样理解，无论哪种网络营销方式，结果都是将一定的信息传递给目标人群。

④销售促进：营销的基本目的是为增加销售提供帮助，网络营销也不例外，大部分网络营销方法都与直接或间接促进销售有关，但促进销售并不限于促进网上销售，事实上，网络营销在很多情况下对于促进网下销售也十分有价值。

⑤网上销售：一个具备网上交易功能的企业网站本身就是一个网上交易场所，网上销售是企业销售渠道在网上的延伸，网上销售渠道建设也不限于网站本身，还包括建立在综合电子商务平台上的网上商店及与其他电子商务网站不同形式的合作等。

⑥网上调研：通过在线调查表或者电子邮件等方式，可以完成网上市场调研。相对于传统市场调研，网上调研具有效率高、成本低的特点，因此，网上调研成为网络营销的主要职能之一。

⑦客户关系：良好的客户关系是网络营销取得成效的必要条件，通过网站交互、客户参与等方式开展客户服务的同时，也增进了与客户的关系。

⑧客户服务：互联网提供了更加方便的在线客户服务手段，从形式最简单的 FAQ（常见问题解答），到邮件列表，以及 BBS、MSN、聊天室等各种即时通信服务，客户服务质量的好坏对于网络营销的效果具有非常重要的影响。

以上就是网络营销的八个基本职能。网络营销的职能是通过各种网络营销方法来实现的，网络营销的各个职能之间并非是相互独立的，同一个职能可能需要多种网络营销方法的共同作用，而同一种网络营销方法也可能适用于多个网络营销职能。

（六）现代网络技术是网络营销的基础

网络营销的技术基础是以网络通信技术为主的现代信息技术，网络营销是借助互联网络、计算机通信和数字交互式媒体进行的营销活动。随着网络技术突飞猛进的发展，网络营销手段也日新月异，营销方式与概念也在不断创新。因此，网络营销是一种持续创新、不断演进的营销活动。

（七）网络营销的其他职能

网络营销的其他职能还包括网络市场调研、竞争对手分析、营销渠道构建、产品营销策略研究、客户数据信息的收集与挖掘、关于客户FAQ的构建及不间断的培训计划等。网络营销的各种职能之间并非相互独立，而是相互联系、相互促进的，网络营销的最终效果是各种职能共同作用的结果。这说明开展网络营销需要全盘考虑，充分协调和发挥各种职能的作用，让网络营销的整体效益实现最大化，实现企业最终目标。

第四节 网络营销与传统营销整合

一、网络营销对传统营销的冲击

网络营销作为一种全新的营销理念和营销方式，从根本上改变了传统营销的思路和格局，动摇了传统营销的理论根基。这种冲击的能量和力度是巨大的，突出表现在以下几个方面。

（一）对营销战略的冲击

网络营销使企业的营销战略发生变化。一方面，网络营销会削弱大公司拥有的规模经济的竞争优势，从而使中小企业更容易参与全球的市场竞争。开放的网络世界使市场竞争透明化，企业取胜的关键越来越依赖于对获取信息的分析和应用，进而采用更有竞争性的营销战略。另一方面，市场细分到个人，客户定制成为发展趋势。目标客户与企业直接沟通，目标市场的选择将逐渐被弱化，而市场定位变得更为重要，市场竞争的重心转向品牌和企业文化。

（二）对价格优势的冲击

网络营销会有力地冲击传统营销中企业定价的原则和办法。传统企业利用市场的封闭性进行高价销售的优势将不复存在。价格对比网站的出现，将使企业主导的定价优势发生重大的倾斜，客户将成为定价的主体。

（三）对品牌策略的冲击

网络技术的出现，对传统的广告品牌学形成了巨大的冲击。品牌意识、品牌理念都被赋予了许多新的内涵，品牌概念已经发生了战略转变。品牌已经成为一个企业的技术创新能力、资源运作能力、品质管理能力、市场拓展能力、企业文化建设能力和网络经营能力的综合反映。特别是面对品牌资本化和品牌在市场进入中的巨大冲击力，我们必须重新审视和认识，才能更好地运作和把握网络营销中的品牌战略。

（四）对传统广告的冲击

企业开展网络营销主要是通过互联网发布广告进行网上销售，网络广告可以消除传统广告的障碍，具有无限扩展性、较少受到篇幅的局限、尽可能地提供必要的信息等优势，网络广告的有效性和及时性，也为企业创造了便利的条件。

（五）对渠道策略的冲击

传统的营销渠道一般都要通过中间商将产品送达客户的手中，而网络渠道的开通，对传统的营销渠道构成了威胁。由于网络营销不受地域和时间的限制，从而使企业可以不必借助批发商和零售商的营销努力即可实现产品销售，只要网上的客户有需求，企业就可依其需求供货；不仅如此，对网络营销来说，还可以实现"少环节"销售，甚至可以不必设置大规模的产品展示空间和中转仓库，这样可以降低渠道运行费用和交易费用。另外，网络营销正在使生产者和消费者的关系发生着变革，在传统的运行方式下，企业欲了解消费者的需求欲望及发现潜在消费者方面有一些不可逾越的鸿沟，而在网络营销下，在互动沟通过程中可以实现信息对称、不受任何外界因素干扰，从而使得产销之间实现一对一深层次的双向沟通。在网络营销渠道中，企业把速度放在竞争首位，公共网络的建立迫使企业对市场机会做出快速反应，而强大的信息沟通能力将大大提高企业的反应速度，同时也改善了传统营销渠道的产销关系。

（六）对传统营销方式和生产方式的冲击

网络的冲击力不仅对传统营销方式造成了冲击，也对生产方式造成了冲击。以书籍的出版为例，传统书籍从确定选题到出书，再到书店上架，需要很长的时间。电子出版物则可以极大地缩短产品的生产周期，提高生产效率。"即时"出版业务，在 48 小时之内，便可将成书送达客户手中。不仅如此，而且可以任由客户对产品的批量和数量进行选择，按需付费下载。例如，美国作家斯蒂芬·金的小说《骑弹飞行》发行的第一天，就被下载了400 000 份，这样的市场进入速度是传统出版所不可比拟的。

（七）对企业组织的冲击

网络营销作为一种全新的营销形态，给企业的生存环境带来了巨大的变化。为了生存和发展，企业不得不进行相应的变革以适应这种变化，而组织结构的变革最为明显。互联网带动了企业内部网络的发展，使得企业内外部沟通与经营管理均需要依赖网络来作为主要的渠道和信息源。企业组织结构的变革主要包括：销售人员减少，组织层次减少，经销代理和分店数量减少，虚拟经销商、虚拟门市、虚拟部门等企业内外部虚拟组织盛行，促使企业的组织结构和管理形式向更适于网络化的方向改进。

二、传统营销的优势

随着互联网在全球的迅速发展，依托互联网的环境和优越性而产生的网络营销，作为一种新的营销理念和策略，与传统营销相比，有许多与生俱来、令传统营销方式可望而不可即的优势，并对企业的传统经营方式形成了巨大的冲击。由于种种实际的原因，网络营销不可能完全取代传统营销。事实上，网络营销与传统营销是一个整合的过程，即使在今后可预见的很长的一段时期，网络营销和传统营销将互相影响、互相补充和互相促进，直至最终实现相互融合的内在统一。

网络营销不可能完全取代传统营销，理由如下：到目前为止，在互联网上的电子商务市场仅仅是整个商品市场的一部分，从电子商务市场的交易金额来看，其仅仅占有整个市场交易金额的一小部分；作为在网上新兴的虚拟市场，它所覆盖的消费群体也只是整个市场中的某一部分，其他许多群体由于各种原因还不能或者不愿意使用互联网，如老年人和落后国家地区的消费者；互联网作为一种有效的营销渠道有着自己的特点和优势，但许多消费者由于个人生活方式的原因不愿意接受或使用新的沟通方式和营销渠道；互联网作为一种有效的沟通方式，虽然可以使企业与客户之间进行双向沟通，但有些客户因个人偏好和习惯，仍愿意选择传统方式进行沟通，如目前许多报纸已经发行了网上电子版本，但是并没有完全替代原来的印刷出版业务，还起到相互促进的作用。营销活动所面对的是有灵性的人，而互联网只是一种工具，因此传统的以人为本的营销策略所具有的独特的亲和力是网络营销所无法替代的。

三、网络营销与传统营销

随着网络技术的发展和进步，网络营销与传统营销将在相当长的一段时期内是一种相互促进和补充的关系，传统营销与网络营销的整合，实际上就是利用整合营销的策略来实现以客户为中心的传播统一性和双向沟通，用目标营销的方法来开展企业的营销活动。在这期间，它们同样具有产品资源，又需要原料资源。它们更加饥渴地期盼营销信息，更加焦急地需要找到进销渠道。因此，网络营销整合这些资源是必然的趋势，也是吸纳和扩大网络营销队伍的一种合理的、必然的要求。在网络营销的过程中，由于其自身发展中的一种不完善性，交易双方也会有选择地挑选一些传统的、习惯的、稳妥的、安全的方式（如网下支付）作为网络营销的一种完善和补充，以完结全部交易过程。从以上的分析中，我们看到了一种现实的需要，看到了新的生产力发展的需要。网络营销的巨大诱惑力，会使传统营销拥抱网络，正是在这种拥抱中，新技术的渗透力和网络营销的穿透力会形成一种合力，对传统营销进行并实现整合。

四、网络营销的发展趋势

随着互联网的不断发展，企业做营销推广的方式也在不断更新，从传统的媒体营销慢慢发展到线上，于是出现了网络营销。对于绝大部分企业来说，网络营销等同于百度推广，或者说网络营销就是搜索引擎推广，然而现在网络营销的覆盖面越来越广，已经不是单一的某种营销推广方式了。各种新型的媒体平台不断涌现，充实着网络营销渠道，如社会化媒体营销、新媒体营销或搜索引擎优化，这些都在不断地更新并完善着网络营销平台。每一种新渠道的出现，都代表网络营销向前推进了一步。网络营销绝对不是一成不变的，会随着互联网的发展而不断更新，其实纵观现今互联网的发展趋势，我们也能看出未来网络营销的趋势。这种趋势包括以下几个方面。

（一）全网营销是必经之路

当前网络营销竞争激烈，单一的网络营销方式已经不能满足企业的需要，全网营销、整合营销就成为企业必争的营销方式。通过将一系列的营销方式汇总，有条不紊地进行营销活动，从而可以获得流量的最大化，但这一切的背后需要人力、财力的支撑，对于初创企业来说可能有一定的困难，这时的许多创业者会寻求第三方平台的帮助。

（二）小程序营销正当时

2018年是小程序大爆发之年，截至2020年6月底，腾讯微信用户已经突破10亿，日活跃账户近2亿个，小程序已达60多万个。小程序的发展前景是非常明朗的，同时也是创业者们积极布局的新战场。而现在已经诞生了第一批小程序插件，并打通了微信社交关系链和虚拟支付能力（安卓版），随着其功能的完善，小程序会成为新的营销突破点。

（三）短视频营销依然会大火

短视频之风依旧会持续，短视频依然是风口导向，低俗的短视频势必会被淘汰，短视频精雕细琢、用心的创作使其更能持久地"走心"。短视频的打造、定位、团队的组建等，都是企业互联网营销当中需要考虑的要点。从 2016 年 papi 酱的走红开始，短视频、直播等平台就开始进入我们视线。随着快手、抖音的走红，短视频又一次迎来了大爆发，更有"南抖音、北快手"的段子出现。2020 年，中国短视频市场规模超过 300 亿人民币，短视频营销也又一次成为营销关注的方向。有趣、有内容的短视频更加受消费者的欢迎，配合这种方式将产品巧妙地植入其中，既不尴尬也不生硬，还能为产品带来一定的转化率。

（四）用户对内容的要求更高

内容要突出价值和质量，同时要经得起时间的打磨。做内容一定要守得住根本，从量变到质变是需要一个过程的，尤其在前期积累阶段需要坚持，要从你的目标用户角度出发，分享他们关注的内容，这样持久的坚持，就会取得一个非常好的效果。内容的价值性越来越被用户所推崇，用户也会变得越来越理性，能学到内容的东西比起心灵鸡汤、搞笑段子更能触动用户。所以，创作者一定要有真水准和扎实的基本功。

无论是短视频、公众号自媒体还是传统的网络广告，随着用户更加的年轻化，对营销内容质量的要求也会更高，而单一、枯燥、广告性较强的内容必将被逐渐淘汰。当前一些大 V、网红们的微博和公众号，其内容都具有自己的特色，视频、漫画、文章都非常吸引人，即使打广告也是用心去打，将广告植入在内容当中，让用户不反感，更容易被接受。

（五）SEO、内容营销和社交媒体的互通性

SEO 是 Search Engine Optimization 的英文缩写，中文译为"搜索引擎优化"，是指在了解搜索引擎自然排名机制的基础上，对网站进行内部及外部的调整优化，改进网站在搜索引擎中的关键词自然排名，获得更多流量，从而达成网站销售及品牌建设的预期目标。

在早期，SEO、内容营销和社交媒体是三种不同的营销方式，而且具有一定的独立性。但是在网络营销方式越来越多样化的今天，它们三者之间的界限变得越来越模糊，彼此联系紧密，并互相影响。内容营销被称为"新型 SEO"，它是搜索结果可见性的首要营销因素，而社交媒体则是内容营销的必要传播工具。

（六）移动端优化占据主导地位

现如今，手机已经成为人们主要的沟通工具，人们的生活、娱乐都可以在手机上实现。由此可见，移动端的流量是巨大的，所以企业要做营销推广，就不能忽视移动端的流量，要了解移动端用户的消费模式及需求点，做到定向推广。

（七）原生广告推销性质的缩减

早期的网络广告基本都是用具有诱导性或者刺激性的字眼来吸引用户，从而诱发点击。这种方式虽然能带来大量的点击，但是精准性和转化率都不高。随着原生广告的日益普及，用户对广告内容的要求就愈发精细，简单直白的推销内容是无法直击用户内心的，企业需要用充实诱人的补充内容来达到宣传推广的目的。简单来说，就是降低原生广告的推销意味，加强针对用户需求的对连度。

总的来说，网络营销会越来越注重内容和互动性。一般的宣传内容是无法吸引到用户的，现在铺天盖地的广告内容，已经让网民感到厌烦甚至厌恶，所以网络营销真正要做的就是如何潜移默化地进行推广，让网民欣然接受，这就需要企业用优质的产品、真实的内容和真诚的态度来做营销，否则只会适得其反。

第五节 网络营销理论

由于网络营销手段的变化，迫切需要传统营销理论进一步发展和完善，需要对网络特性和新型消费者的需求与购买行为重新考虑，形成具有网络特色的营销理论。当前的网络营销理论基础主要包括整合营销、直复营销、关系营销、软营销等理论，这些理论对解决网络营销中的问题具有一定的指导作用。

一、整合营销

完整的市场营销应该是传统营销与网络营销的整合过程，最佳的整合方式是企业在进行营销时根据企业的经营目标和细分市场，利用整合营销策略实现以消费者为中心的传播统一、双向沟通，实现企业的营销目标。随着经济与竞争环境的变化，企业必须与顾客、员工、供应商、分销商等利益相关者建立紧密关系，将信息、资源动态地整合到一起实现共享，才能获得竞争优势。网络的信息优势使这种理念成为可能。

（一）网络营销组合

传统的市场营销策略是 4Ps 的组合，即产品（Product）、价格（Price）、渠道（Place）和促销（Promotion）的组合。这种理论的出发点是追求企业利润，而没有将顾客的需求放到同等重要的地位上来，这也正好体现了在无细分市场（Mass Market）里推（Push）的概念。而网络使消费者参与和选择的主动性都得到加强，这也就决定了网络营销首先要求把顾客整合到整个营销的过程中来，从他们的需求出发，开始整个营销过程。因此，网络营销鉴于市场内外环境的改变，在以麦卡锡教授提出的 4Ps 理论的基础上，吸收了以舒尔兹教授为首的营销学者提出的 4Cs（顾客价值、成本、消费者方便和沟通）营销组合理论来适应新环境的发展。这种营销组合理论的主要特征包括以下几个方面。

①先不急于制定产品策略，而以研究顾客的需求和欲望为中心，不仅是卖产品、制造产品，还要实现顾客价值。

②暂时把定价策略放到一边，而研究顾客为满足其需求所愿意付出的成本。

③忘掉分销策略，着重考虑给顾客提供方便，以购买到商品，也可以理解为为顾客提供接触到和获得产品或服务的渠道。

④抛开促销策略，着重加强与顾客的沟通和交流。

网络营销的模式是从顾客的需求出发，营销策略是在满足 4Cs 要求的前提下的企业利润最大化，最终实现的是顾客需求的满足和企业利润最大化两个方面的目标。在这种新营销模式下，企业和顾客之间的关系变得非常紧密，甚至牢不可破，也就形成了"一对一"的营销关系，它始终体现了以客户为出发点及企业和客户不断交互的特点。

虽然 4Cs 对于网络营销思想具有一定的指导意义，但是这些并非属于网络营销的专有特征，对传统的市场营销同样是适用的，并且 4Cs 体系本身并不完整，其严密性、系统性和可操作性显然无法与 4Ps 理论相提并论。由于互联网应用发展速度非常快，不断有新的网络营销模式出现，如何能够比较全面地反映网络营销实践的发展，并对企业网络营销实践活动发挥指导作用，就成为构建网络营销体系的基本出发点。

（二）将消费者与各种利益相关者通过网络整合到营销系统中

网络即时互动的特点使消费者参与到营销管理全过程成为可能，而个性消费的回归使网络营销的主动性大大增强，这就迫使企业必须贯彻以消费者需求为出发点的现代营销思想，将消费者整合到营销过程中来。为此，企业就必须将消费者的需求和利润最大化放到同等重要的位置，从消费者需求出发开始整个营销过程，而且在整个营销过程中要不断地与消费者交互，每一个营销决策都要从消费者出发，而不是像传统的营销管理那样主要从企业的角度出发。

传统营销管理的理论即企业利润最大化，实际的决策过程是"市场调研—营销战略—营销策略—反向营销控制"，这样一个单向的操作链，没有把消费者整合到整个营销决策过程中去，它的实质是将企业利润凌驾于消费者需求之上，这种理论和操作次序在大规模的工业化生产的卖方市场上是可行的，但在向以买方市场演变的网络空间上却是注定要失败的。网络营销中个性消费的回归促使企业对消费者的需要更加看重，要使其更加了解这种个性需求，企业必须把消费者整合到营销的过程中来，才能实现企业的最终目标。这样，个性化回归的直接结果是需要整合营销模式，而网络的即时交互为实现这种模式提供了技术基础。

同时，通过内部网、专用增值网与互联网，企业可与供应商、分销商通过供应链管理信息系统建立动态战略联盟，形成价值网络，进而实现营销渠道整合。

（三）网络营销与传统营销整合

近年来，网络营销作为新的营销理念和策略取得了迅速发展，但并不意味着网络营销将完全取代传统营销。在实践当中，网络企业与传统企业、网络营销与传统营销之间都在逐步地相互融合。

网络营销并非独立，而是企业整体营销策略中的组成部分，它将在线营销方法与离线营销方法、网上资源与网下资源相结合，形成一个相辅相成、互相促进的营销体系。企业在进行营销时，应根据企业的经营目标和细分市场，整合网络营销和传统营销，以最低的成本达到最佳的营销目标。网络营销与传统营销的整合，就是利用整合营销策略实现以消费者为中心的营销统一，实现企业的营销目标。其实，传统营销和网络营销之间也并没有严格的界限，网络营销促进了营销的创新发展，而网络营销也不可能脱离传统营销的理论基础。

1. 网络营销中顾客概念的整合

传统的市场营销学中的顾客是指与产品购买和消费直接有关的个人或组织（如产业购买者，中间商，政府机构等）。在网络营销中这种顾客仍然是企业最重要的顾客，但是，网络社会的最大特点就是信息"爆炸"。在互联网上，面对全球数以十亿计的站点，每一个网上顾客只能根据自己的兴趣浏览其中的少数站点。而应用搜索引擎可以大大节省顾客的时间和精力，具有高度的定位性。因此，从事网络营销的企业必须改变原有的顾客概念，应该将搜索引擎当作企业的特殊顾客，在设计广告或发布网上信息时，不仅要研究网上顾客及其行为规律，也要研究计算机行为，掌握各类引擎的搜索规律。

2. 网络营销中产品概念的整合

网络营销将产品的定义扩大了，即产品是提供到市场上引起顾客注意、满足顾客需要和刺激顾客消费的东西。它还进一步细化了整体产品的构成，即核心产品、一般产品、期望产品、扩大产品和潜在产品。

3. 网络营销中营销组合概念的整合

在网络营销中，市场营销组合本质上是无形的，是知识和信息的特定组合，是人力资源和信息技术综合的结果。在网络市场中，企业通过网络市场营销组合，向顾客提供良好的产品和企业形象，获得满意的回报并产生良好的企业影响。

4. 网络营销对企业组织的整合

网络营销带动了企业理念的发展，也相继带动了企业内部网的发展，形成了企业内外部沟通与经营管理均离不开网络作为主要渠道和信息源的局面。销售部门人员的减少，销售组织层级的减少和扁平化，经销代理环节与门市分店数量的减少，渠道的缩短，虚拟经销商、虚拟门市和虚拟部门等内外组织的盛行，都成为促使企业对组织进行再造的迫切要求。

二、直复营销

直复营销即任何与顾客或企业进行直接沟通，希望能直接产生回应的营销方式。直复营销中的"直"即"direct"，直接的意思，是指不通过中间分销渠道而直接通过媒体连接企业和顾客；直复营销中的"复"即"response"，回复的意思，是指企业与顾客之间的交互，顾客能够产生某种形式的回复，企业可以统计到这种明确回复的数据，由此可以对以往的营销效果进行评价。回复是直复营销与直接销售的最大区别。顾客对企业营销活动的回复表现各有不同，在线咨询、注册、直接订购、与企业客服人员联系、到特定地方参观等都属于直复营销回复的表现。

互联网作为一种交互式的、双向沟通的渠道和媒体，为企业与顾客之间架起了方便的、双向互动的桥梁，具有一对一的特征。

通过互联网，顾客可以方便、直接地向企业提出建议，表达购买需求；可以直接获得售后服务；可以直接参与产品设计、定价、订货、付款及生产和交易的全过程。

通过互联网，企业可以从顾客的建议、需求和要求中发现企业的不足之处，按顾客的需求进行经营管理，减少营销费用；可以直接获得市场需求情况，开发产品、接收订单、安排生产，并直接将产品送达顾客手中。

同时，网络直复营销的效果是可测试、可度量和可评价的。有了及时的营销效果评价，企业才可以及时对自己的营销活动进行改进、调整，以取得更满意的营销效果。

三、关系营销

（一）4Ps 和 4Cs 的局限性

4Ps 营销策略对市场营销理论与实践产生了深刻的影响，被营销人员奉为营销理论中的经典。如何在 4Ps 理论指导下实现营销组合，实际上也是公司市场营销的基本运营方法。即使在今天，几乎每份营销计划书都是以 4Ps 的理论框架为基础拟订的，几乎每本营销教科书和每个营销实践课程，都把 4Ps 作为教学的基本内容，而且几乎每位营销人策划营销活动时，都会自觉或不自觉地从 4Ps 理论出发来考虑问题。

随着市场的竞争日趋激烈，互联网技术的不断更新，媒介传播速度越来越快，以 4Ps 理论来指导企业营销实践显然已经不够，因此，在网络交易渠道多样的情况下，也就诞生了 4Cs 营销理论。4Cs 营销理论包括以下几个方面。

①瞄准顾客需求。首先要了解、研究、分析顾客的需要与欲求，而不是先考虑企业能生产什么产品。

②顾客所愿意支付的成本。首先了解顾客满足需要与欲求愿意付出多少钱（成本），而不是先给产品定价，向顾客要多少钱。

③顾客的便利性。首先考虑在顾客购物的交易过程中如何给顾客提供方便，而不是先考虑销售渠道的选择和策略。

④与顾客沟通。以顾客为中心实施营销沟通是十分重要的，通过互动、沟通等方式，将企业内外营销不断进行整合，也就是把顾客和企业双方的利益无形地整合在一起。

但是，4Cs 理论也存在它的局限性。总体来看，4Cs 营销理论注重以顾客需求为导向，与以市场为导向的 4Ps 相比，4Cs 有了很大的进步和发展，但从企业的营销实践和市场发展的趋势来看，4Cs 依然存在以下不足。

①4Cs 是顾客导向，而市场经济要求的是竞争导向，中国的企业营销也已经转向了市场竞争导向阶段。顾客导向与市场竞争导向的本质区别是：前者看到的是新的顾客需求；后者不仅看到了顾客需求，还更多地注意到了竞争对手，冷静分析自身在竞争中的优势与劣势，并采取相应的策略，在竞争中求发展。

②4Cs 理论融入营销策略和行为中，经过一个时期的运作与发展，虽然会推动营销的发展和进步，但企业营销又会在新的层次上同一化，不同企业至多产生程度的差距问题，并不能形成营销个性或营销特色，不能形成营销优势来保证企业的顾客份额的稳定性、积累性和发展性。

③4Cs 以顾客需求为导向，但顾客的需求存在不合理性问题。顾客总希望质量好、价格低，特别是对在网络上销售的产品的低价期望，这种价格上的要求是无界限的。只看到满足顾客需求的一面，企业必然付出更大的成本，久而久之，会影响企业的发展。所以从长远来看，企业经营要遵循双赢的原则，这是 4Cs 需要进一步解决的问题。

④4Cs 仍然没有体现既赢得顾客又长期拥有顾客的关系营销思想，没有解决满足顾客需求的操作性问题，如提供集成解决方案、快速反应等。

⑤4Cs 总体上虽是 4Ps 的转化和发展，但被动适应顾客需求的色彩较浓。根据市场的发展，需要从更高层次以更有效的方式，在企业与顾客之间建立起有别于传统的新型主动性关系，如互动关系、双赢关系和关联关系等。

（二）4Rs 理论

美国 Don E. Schultz 提出了 4Rs 理论，即关联（Relevance）、反应（Response）、关系（Relationships）和回报（Returns）营销新理论，阐述了一个全新的营销四要素。

1. 与顾客建立关联

在竞争性市场中，顾客具有动态性，顾客的忠诚度会转移到其他企业。要提高顾客的忠诚度，赢得长期而稳定的市场，企业需要通过某些有效的方式在业务、需求等方面与顾客建立关联，形成一种互助、互求、互需的关系，把顾客与企业联系在一起，这样就大大减少了顾客流失的可能性。特别是企业对企业的营销与消费市场营销完全不同，更需要靠关联、关系来维系。建立关联的方式很多，各类企业不尽相同，主要包括以下两个方面。

①与顾客关联，是指利用系统集成的模式为顾客服务，为顾客提供一体化、系统化的解决方案；建立有机联系，形成相互需求，利益共享的关系，共同发展。企业本身可以为顾客提供全方位的服务，但这个服务不一定是完善的，也很难保证每项服务都是优秀的。然而，在更大范围内系统集成和优化组合，这样可以保证方案和各个集成部分都是最好的，从而形

成整体最优。华为作为电信网络解决方案供应商，就采用集成方式，为顾客提供不同的解决方案、技术支持和网络服务，因而业务发展很快。戴尔（DELL）的高端服务实际上也是一种系统集成服务。这样，通过提供各种方案或各种服务，帮助顾客做到最好，企业与顾客就建立起了互需、互求的长期而牢靠的关联纽带。

②与产品需求关联，是指提高产品与需求的对应程度，提供符合顾客特点和个性的具有特色或独特性的优质产品或服务。其具体做法包括以下几个方面。

首先将产品分为核心产品、外在产品和附加产品三个层次，将需求分为使用需求、心理需求和潜在需求三个层次。企业必须把产品和需求的层次对应起来，对应越准，关联性越强。

其次是采用"大规模量身定制"式生产方式。网络经济的发展彻底改变了传统经济下无法大规模集结市场特殊需求，只能小批量生产特殊款式产品，"量身定制"意味着特权价格、高费用和超额利润的局面，使得"大规模量身定制"式生产方式成为可能。任何过去无法开通流水线生产的特殊款式的产品，通过网络进行全球范围的市场集结都可以形成"批量"，可以由特殊转化为常规，从而可以按照相应的规模经济要求进行流水生产。更重要的是，集结这一全球市场所需要的费用正随着网络经济的扩展速度迅速下降。所以，企业必须要抢占网络先机，在充分了解顾客需求的基础上，为其量身定做符合其所用的物品与服务，如针对企业特殊需求定做的各种电子商务服务和软件服务等，这样可更有效地巩固和吸引顾客。

2. 提高市场反应速度

在目前的市场下，对经营者来说，最现实的问题不在于如何控制、制定和实施计划，而在于如何站在顾客的角度及时地倾听顾客的希望、渴望和需求，并及时答复和迅速做出反应，满足顾客的需求。目前，多数企业倾向于说给顾客听，而不是听顾客说，这是不利于企业发展的。当代先进企业已从过去推测性商业模式转移成高度回应需求的商业模式。面对迅速变化的市场，要满足顾客的需求，建立关联关系，企业必须建立快速反应机制以提高反应速度和加大回应力。这样，可以最大限度地减少抱怨，稳定顾客群，降低顾客转移的概率。

网络的神奇在于便捷，企业必须把网络作为快速反应的重要工具和手段。在快速反应方面，日本企业的做法值得借鉴。日本企业在质量上并不一味单纯追求至善至美，而是追求面向顾客的质量，追求质量价格比。它们并不保证产品不出问题，因为那样成本太高，而是在协调质量与服务关系的基础上建立快速反应机制，提高服务水平，能够对问题快速反应并迅速解决。这是一种企业、顾客双赢的做法。

3. 关系营销日益重要

在企业与顾客的关系发生了本质性变化的市场环境中，抢占市场的关键已转变为与顾客建立长期而稳固的关系，从交易变成责任，从顾客变成会员，从管理营销组合变成管理和顾客的互动关系。与此相适应地产生了以下五个转向。

①现代市场营销的一个重要思想和发展趋势是从交易营销转向关系营销，不仅强调赢得顾客，而且强调长期地拥有顾客。

②从着眼于短期利益转向重视长期利益。

③从单一销售转向建立友好合作关系。

④从以产品性能为核心转向以产品或服务给顾客带来利益为核心。

⑤从不重视顾客服务转向高度承诺。

所有这一切的核心是处理好与顾客的关系，把服务质量和营销有机地结合起来，通过与顾客建立长期稳定的关系实现长期拥有顾客的目标。那种认为对顾客需求做出反应、为顾客解答问题、平息顾客的不满，就尽到了责任的意识已经落后了。企业必须优先与为企业创造了 75%～80% 利润的那 20%～25% 的重要顾客建立起牢固关系，把大部分的营销预算花在只创造了 20% 利润的那 80% 的顾客身上，不但效率低而且是一种浪费。沟通是建立关系的重要手段。

4. 回报是营销的源泉

对企业来说，市场营销的真正价值在于其为企业带来短期或长期的收入和利润的能力。一方面，追求回报是营销发展的动力；另一方面，回报是维持市场关系和进行再投资的必要条件。企业要满足顾客需求，为顾客提供价值，但不能做"仆人"。因此，营销目标必须注重产出，注重企业在营销活动中的回报。一切营销活动都必须以为顾客及股东创造价值为目的。

综上所述，4Rs 理论有以下四大优势。

①4Rs 营销理论的最大特点是以竞争为导向，在新的层次上概括了营销的新框架。4Rs 根据市场不断成熟和竞争日趋激烈的形势，着眼于企业与顾客的互动与双赢，不仅积极地适应顾客的需求，而且主动地创造需求，运用优化和系统的思想去整合营销，通过关联、关系和反应等形式与顾客形成独特的关系，把企业与顾客联系在一起形成竞争优势。可以说，4Rs 是新营销理论的创新与发展，必将对营销实践产生积极而重要的影响。

②4Rs 体现并落实了关系营销的思想。通过关联、关系和反应，提出了如何建立关系、长期拥有客户、保证长期利益的具体操作方式，这是一个很大的进步。

③反应机制为互动与双赢、建立关联提供了基础和保证，同时也延伸和升华了便利性。

④回报兼容了成本和双赢两个方面的内容。为追求回报，企业必然实施低成本战略，充分考虑顾客愿意付出的成本，实现成本的最小化，并在此基础上获得更多的顾客份额，形成规模效益。这样，企业为顾客提供价值和追求回报相辅相成，相互促进，客观上达到的是一种双赢的效果。

当然，4Rs 同任何理论一样也有其不足和缺陷，如与顾客建立关联、关系，需要实力基础或某些特殊条件，并不是任何企业都可以轻易做到的。但 4Rs 提供的思路，是经营者和营销人员应该了解和掌握的。与此同时，我们看到，在日益变化的市场环境里，随着技术更新所带动的媒介平台和交易渠道的多样化发展，营销已不再只局限于一种独立单一的理论基础，而是经历多种演变，且相互关联，这些理论共同作用于对营销人员及各种营销实践活动的指导。

四、软营销

软营销是指在互联网环境下，使企业向顾客传送的信息及采用的促销手段更具理性化，更易于被顾客接受，进而实现信息共享与营销整合的营销方式。

在网络经济环境下，顾客个性消费回归，顾客购买商品不只是满足生理需求，还要满足心理和精神需求。网络软营销理论认为，在网络经济环境下，顾客会主动地有选择地与企业沟通，顾客对于那些不遵守"网络礼仪"的信息会感到反感。

软营销理论是针对工业经济时代以大规模生产为主要特征的强势营销而提出的，它强调企业在进行营销活动时必须尊重顾客的感受与体验，让顾客主动接受企业的营销活动。

软营销与强势营销的一个根本区别在于：软营销的主动方是顾客，而强势营销的主动方是企业。网络营销从顾客的体验和需求出发，采用拉式策略吸引顾客关注企业，来达到营销效果。个性化消费需求的回归也使顾客在心理上要求自己成为主动方。顾客不欢迎不请自到的广告，但他们会在某种个性化需求的驱动下自己主动到网上寻找相关的信息。

网络社区和网络礼仪是网络营销理论中所特有的两个重要的基本概念，是实施网络软营销的基本出发点。网络社区是指那些具有相同兴趣、目的，经常相互交流，互利互惠，能给每个成员以安全感和身份意识等特征的互联网上的单位或个人所组成的团体。网络社区也是一个互利互惠的组织。

在互联网上，今天你为一个陌生人解答了一个问题，明天他也许能为你回答另外一个问题，即使你没有这种功利性的想法，仅怀一腔热忱去帮助别人也会得到回报。由于你经常在网上帮助别人解决问题，你会逐渐为其他成员所熟知而成为网上名人，有些企业也许会因此而雇用你。另外，网络社区成员之间的了解是靠他人发送信息的内容，而不像现实社会中的两人间的交往。

在网络上，如果你要想隐藏自己，就没人会知道你是谁、你在哪里，这就增加了你在网上交流的安全感，因此在网络社区这个公共论坛上，人们会就一些有关个人隐私或他人公司的一些平时难以直接询问的问题展开讨论。基于网络社区的特点，不少敏锐的营销人员已在利用这种普遍存在的网络社区的紧密关系，使之成为企业利益来源的一部分。

网络礼仪是互联网自诞生以来逐步形成与不断完善的一套良好的、不成文的网络行为规范，如不使用电子公告牌 BBS 张贴私人的电子邮件，不进行喧哗的销售活动，不在网上随意传递带有欺骗性质的邮件等。

本章小结

网络营销的产生有其特定条件，它是多种因素综合作用的结果，它是以现代电子技术和通信技术的应用与发展为基础，与市场变革、市场竞争及营销观念的转变密切相关的一门新学科。网络营销是指以互联网为主要手段，为达到一定的营销目标而进行的营销活动。总之，网络营销的产生和发展有其技术基础、理论基础、观念基础和现实基础，是多种因素综合作用的结果。网络市场蕴藏着无限的商机，作为一种全新的营销理念，网络营销具有很强的实践性特征，具有良好的发展前景。

我国的网络营销大致经历了六个发展阶段：传奇阶段、萌芽阶段、应用和发展阶段、服务市场的高速发展阶段、社会化阶段、多元化与生态化阶段。与传统的营销手段相比，网络营销无疑具有取得未来的竞争优势，决策的便利性、自主性，成本优势，良好的沟通、优化服务和多媒体效果。网络营销不同于网络销售，也不是"虚拟营销"。电子商务是指系统化地利用电子工具，高效率、低成本地从事以商品交换为中心的各种活动的全过程。网络营销与电子商务既紧密相关又具有明显的概念区别，网络营销是企业整体营销战略的一个组成部分。

网络营销主要由网络品牌、网站推广、信息发布、销售促进、网上销售、网上调研、顾客关系、顾客服务等职能构成。主流的营销方法主要有搜索引擎营销、交互链接、网络广告、信息发布、电子邮件营销、微营销等，它们在不同的营销领域发挥着不同的优势。网络营销作为一种全新的营销理念和营销方式，从根本上改变了传统营销的思路和格局，动摇了传统营销的理论根基策略。这种冲击的能量和力度是巨大的，突出表现在营销战略、价格优势、品牌策略、广告障碍消除、渠道策略、营销方式和生产方式、企业组织上。由于传统营销也有自身的特点，网络营销也不可能完全取代传统营销。因此，网络营销与传统营销将在相当长的一段时期内是一种相互促进和补充的关系。传统营销与网络营销的整合，实际上就是利用整合营销的策略来实现以消费者为中心的传播统一性和双向沟通，用目标营销的方法来开展企业的营销活动。随着网络营销的覆盖面越来越广，各种新型的媒体平台不断涌现，充实着网络营销渠道，比如社会化媒体营销、新媒体营销或者是搜索引擎优化，这些都在不断地更新并完善着网络营销平台。

由于网络营销手段的变化，传统营销理论需要进一步发展和完善，需要对网络特性和新型消费者的需求及购买行为重新考虑，形成具有网络特色的营销理论。当前的网络营销理论基础主要包括整合营销、直复营销、关系营销、软营销等理论，这些理论对解决网络营销中的问题具有一定的指导作用。

复习题

1. 什么是网络营销？网络营销有哪些优势？

2. 简述网络营销与传统营销的区别与联系。请举一个你所了解的网络营销案例，比较同类型产品网络营销与传统营销的异同。

3. 网络营销的基本职能有哪些？网络营销对传统营销的冲击体现在哪几个方面？请举例说明。

4. 我国网络营销演进的阶段特征是什么？

5. 网络营销理论体系构成及特征有哪些？

6. 整合营销的核心理念是什么？试说明通过整合网络媒体与传统媒体达到了更好的营销传播效果的案例。

7. 关系营销构成及关系营销的实质是什么？

8. 如何理解 4Ps 和 4Cs 理论之间的关系？

9. 什么是软营销？软营销的两个重要概念是什么？请举例说明。

第二篇

技术与方法篇

【知识结构】

★ 第二章　网络营销的基本方法

第二章　网络营销的基本方法

学习目标

1. 掌握搜索引擎的概念、特征，了解搜索引擎的基本原理与发展历程。
2. 熟悉搜索引擎营销的基本方式和搜索引擎优化的方法。
3. 熟悉电子邮件营销的概念、基本方式、技巧及避免邮件成为垃圾邮件的方法。
4. 熟悉选择第三方电子商务平台的标准和第三方电子商务平台的营销方式。
5. 熟悉微博营销、微信营销及微视频营销的概念、特征、优势和营销技巧，掌握微博营销与微信营销的区别。

案例导引

互联网改变我们生活

石器时代，人们发明了石斧等工具帮助自己提高工作效率，到了铁器时代，人们又用铁制作了各种工具改善生存状况。马车、自行车、汽车、火车和飞机等交通工具的发明使人们的"脚步"越来越快；弓箭、手枪、步枪和导弹等武器将人们的"手"变得越来越长。现在人们借助各种工具"可上九天揽月，可下五洋捉鳖"。然而，从来没有一样工具可以像互联网这样给人们带来革命性的变化。它改变了人们的时空观，使得世界变成地球村，互联网是人们"思维"的延伸，人们对互联网的应用正逐步加深。任何一种工具的发明，商人都非常敏感，互联网也不例外，互联网的商务应用在于它的易用性和工具性。搜索引擎、电子邮件、社交平台、数据库、虚拟社区和微视频等都被人们巧妙地用于营销活动。

从理论上讲，凡是互联网上能作为传播的工具和方法都有可能进行网络营销。例如病毒，这是一个让人感到恐惧的词，但也被引入到网络营销中。但这不是真正传播病毒，而是利用了病毒的传播原理，让信息像病毒一样传播和扩散，利用快速复制的方式传向数以千计、数以百万计的客户。例如，微信圈现在一改朋友圈的初衷，也逐渐延伸为"营销圈"。近年来，网络营销中出现的名词较多，有些是"方法"，有些是"理念"，有些是"手段"。哪种网络营销对企业有效，这是一个值得讨论的话题，要根据企业的具体情况而定。随着时间的推移，互联网上还会出现各种网络营销的名词、概念，只是我们要不断地学习并理性对待。

第一节　搜索引擎营销

互联网时代，搜索引擎已经成为人们寻找日常解决方案的重要渠道。有事没事搜一下，已经成为工作与生活的常态。特别是智能手机的普及，让我们随时随地都在产生搜索数据。据 Smart Insight 估计，目前全球每天有 50 亿次搜索，其中 35 亿次搜索来自 Google（谷歌），占全球搜索量的 70%，相当于每秒处理 4 万多次搜索。而回到 2000 年，在那个时候，Google 一年的搜索量才 140 亿次。全球主要在线搜索引擎，如图 2-1 所示。

图 2-1　全球主要在线搜索引擎

所谓搜索引擎营销（Search Engine Marketing），是指企业或个人根据潜在用户使用搜索引擎的可能方式，将企业的营销信息传递给目标用户的一种营销手段。用户搜索时使用的关键词说明用户对该关键词所代表的产品或问题的关注，这种关注是搜索引擎之所以被应用于网络营销的根本原因。

一、搜索引擎的概念

到互联网中探宝，需要一种工具，来帮助寻宝的人在浩瀚的信息海洋里方便快捷地找到需要的信息。否则，就是大海捞针。搜索引擎（Search Engine）是对互联网上的信息资源进行搜集整理，然后供用户查询的系统。搜索引擎如同一个在网络营销中获得增值效益的马达，正因为如此，搜索技术才获得了飞速发展。

搜索引擎的实质或者说外在表现形式其实就是一个网站，只不过该网站专门提供信息"搜索"服务。搜索引擎是专门提供信息查询的网站，它们大都是通过对互联网上的网站进行检索，从中提取相关信息，从而建立庞大的数据库。用户可以很方便地通过输入特定的文字（通称关键词）查找任何所需要的资料，其中当然也包括各种产品及服务信息。由于看到了搜索引擎的商业利用价值，越来越多的企业都将登录搜索引擎作为主要的网络营销手段，并且取得了较好的宣传效果。

二、搜索引擎营销的特征

搜索引擎营销的特征包括以下几点。

(一) 搜索引擎推广方法与企业网站密不可分

一般来说，搜索引擎推广作为网站推广的常用方法，在没有建立网站的情况下很少被采用（有时也可以用来推广网上商店、企业黄页等），搜索引擎营销需要以企业网站为基础，企业网站设计的专业性对网络营销的效果又产生直接影响。

(二) 搜索引擎传递的信息只发挥向导作用

搜索引擎检索出来的是网页信息的索引，一般只是某个网站或网页的简要介绍，或者是搜索引擎自动抓取的部分内容，而不是网页的全部内容，因此，这些搜索结果只能发挥一个"引子"的作用。如何将最有吸引力的索引内容展现给用户，是否能吸引用户根据这些简单的信息进入相应的网页继续获取信息，以及该网站或网页是否可以提供给用户所期望的信息，这些都是搜索引擎营销所需要研究的主要内容。

(三) 搜索引擎营销是用户主导的网络营销方式

没有哪个企业或网站可以强迫或诱导用户的信息检索行为，使用什么搜索引擎，通过搜索引擎检索什么信息，完全是由用户自己决定的，在搜索结果中点击哪些网页也取决于用户的判断。因此，搜索引擎营销是由用户所主导的，最大限度地减少了营销活动对用户的滋扰，最符合网络营销的基本思想。

(四) 搜索引擎营销可以实现较高程度的定位

网络营销的主要特点之一就是可以对用户行为进行准确分析并实现高程度定位。搜索引擎营销在用户定位方面具有更好的功能，尤其是在搜索结果页面的关键词广告方面，完全可以实现与用户检索所使用的关键词高度相关，从而提高营销信息被关注的程度，最终达到增强网络营销效果的目的。

(五) 搜索引擎营销的效果表现为网站访问量的增加而不是直接销售

了解这个特点很重要，搜索引擎营销的使命就是获得访问量，因此将其作为网站推广的主要手段。至于访问量是否可以最终转化为收益，不是搜索引擎营销可以决定的。这说明，提高网站的访问量是网络营销的主要内容，但不是全部内容。

(六) 搜索引擎营销需要适应网络服务环境的发展变化

搜索引擎营销是搜索引擎服务在网络营销中的具体应用，因此，在应用方式上搜索引擎营销依赖于搜索引擎的工作原理、提供的服务模式等。当搜索引擎检索方式和服务模式发生变化时，搜索引擎营销的方法也应随之变化，如近年来兴起的垂直搜索、语音搜索等。

三、搜索引擎的基本原理

按照工作原理的不同，搜索引擎分为两个基本类别：全文搜索引擎和分类目录搜索引擎。

(一) 全文搜索引擎

全文搜索引擎通过自动的方式分析网页的超链接，依靠超链接和 HTML 代码分析获取网页信息内容，并按事先设计好的规则分析整理形成索引，供用户查询。全文搜索引擎自动建立网页的索引。全文搜索引擎一般由信息采集、索引和检索三部分组成。

①信息采集（Web）。信息采集的工作由搜索器和分析器共同完成，搜索引擎利用被称为"网络爬虫（Crawling）""网络蜘蛛（Spider）"或者"网络机器人（Robots）"的自动搜索机器人程序来查询网页上的超链接。

"搜索机器人"实际上是一些基于 Web 的程序，通过请求 Web 站点上的 HTML 网页来采集该 HTML 网页，它遍历指定范围内的整个 Web 空间，不断从一个网页转到另一个网页，从一个站点移动到另一个站点，将采集到的网页添加到网页数据库中。"搜索机器人"每遇到一个新的网页，都要搜索它内部的所有链接，所以从理论上讲，如果为"搜索机器人"建立一个适当的初始网页集，从这个初始网页集出发，遍历所有的链接，"搜索机器人"将能够采集到整个 Web 空间的网页。"搜索机器人"有专门的搜索链接库，在搜索相同链接时，会自动比对新旧网页的内容和大小，如果一致，则不采集。

②索引（Indexing）。搜索引擎整理信息的过程被称为"建立索引"。搜索引擎不仅将搜集起来的信息进行保存，还要将它们按照一定的规则进行编排。索引可以采用通用的大型数据库，如 Oracle（甲骨文）、Sybase（赛贝斯）等，也可以自己定义文件格式进行存放。索引是搜索中较为复杂的部分，涉及网页结构分析、分词和排序等技术，好的索引能极大地提高检索速度。建立索引需要较长的时间，搜索引擎会定期更新索引，因此，从"搜索机器人"来过，再到我们能在页面上搜索时，会有一定的时间间隔。

③检索（Searching）。用户向搜索引擎发出查询指令后，搜索引擎接受查询并向用户返回数据。有的系统在返回结果之前会对网页的相关度进行计算和评估，并根据相关度进行排序，将相关度大的放在前面。不同的搜索引擎有不同的排序规则，因此在不同的搜索引擎中搜索相同关键词的排序是不同的。主要的全文搜索引擎有谷歌、百度等。

（二）分类目录搜索引擎

分类目录搜索引擎的整个工作过程也同样分为信息采集、索引和检索三部分，只不过分类目录搜索引擎的采集信息、索引这两部分主要依靠人工来完成。分类目录搜索引擎一般都有专门的编辑人员，负责收集网站的信息。随着收录站点的增多，现在一般都是由站点管理者递交自己的网站信息给分类目录，然后由分类目录的编辑人员审核递交的网站，以决定是否收录该站点。如果该站点审核通过，分类目录的编辑人员还需要分析该站点的内容，并将该站点放在相应的类别和目录中。所有这些收录的站点同样被存放在一个"索引数据库"中。用户在查询信息时，可以选择按照关键词搜索，也可按分类目录逐层查找。若选择关键词搜索，返回的结果跟全文搜索引擎一样，也是根据信息关联程度来排列网站。

需要注意的是，分类目录搜索引擎的关键词查询只能在网站的名称、网址和简介等内容中进行，它的查询结果也只是被收录网站的首页的 URL 地址，而不是具体的页面。分类目录搜索引擎就像一个电话号码簿一样，按照各个网站的性质，把网址分门别类排在一起，大类下面套着小类，一直到各个网站的详细地址。分类目录搜索引擎中一般还会提供各个网站的内容简介，用户不使用关键词也可进行查询，只要找到相关目录，就完全可以找到相关的网站。主要的分类目录搜索引擎有雅虎中国分类目录、搜狐分类目录、网易分类目录等。

雅虎中国的分类目录是最早的分类目录，共有 14 个主类目，包括"商业与经济""艺术与人文"等，用户可以逐层进入进行检索，也可以利用关键词对"分类网站"进行搜索。此外，雅虎也可以对"所有网站"进行关键词搜索。早期，它的搜索结果使用谷歌的数据，2004 年 2 月起正式推出自己的全文搜索引擎，并结束了与谷歌的合作。随着社交媒体的迅速崛起，谷歌的挤压及自身内部管理问题致使雅虎会员出现流失。2017 年，美国电信巨头威瑞森宣布已经完成对雅虎核心互联网业务的收购，雅虎自此退出了历史舞台。

搜狐的分类目录把网站作为收录对象，将每个网站首页的 URL 地址提供给搜索用户，并且将网站的题名和整个网站的内容进行简单描述，但是并不检索网站中每个网页的信息内容。除此之外，用户也可以使用关键词对搜狐的"分类目录"或"所有网站"进行搜索。

网易的分类目录采用"开放式目录"管理方式，在功能齐全的分布式编辑和管理系统的支持下，现有 6000 多位各界专业人士参与可浏览分类目录的编辑工作，极大地适应了互联网信息爆炸式增长的趋势。在加强与其他搜索引擎合作的基础上，新版搜索引擎支持使用关键词对所有网站进行检索。

四、搜索引擎营销的发展阶段

搜索引擎营销贯穿于网络营销的各个领域。在网络营销服务市场的构成中，搜索引擎营销是增长最快的领域之一，是网络营销的主流模式。搜索引擎营销的实际效果是引导用户获取网站信息的第一渠道。当前，搜索引擎营销的研究领域在不断扩大，它已成为网络营销体系中重要的分支领域。

截至 2020 年 3 月，我国搜索引擎用户规模达 7.50 亿，较 2018 年底增长 6883 万，占网民整体的 83.0%；手机搜索引擎用户规模达 7.45 亿，较 2018 年底增长 9140 万，占手机网民的 83.1%。移动搜索已经成为中国网民主要的搜索方式。2019 年，中国移动搜索市场规模超过 1600 亿元人民币。2016—2022 年我国搜索引擎市场规模与预测，如图 2-2 所示。

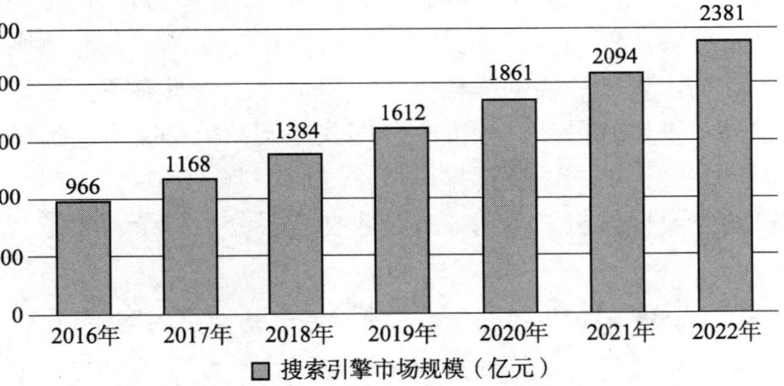

图 2-2　2016—2022 年我国搜索引擎市场规模与预测

搜索引擎营销是随着搜索引擎技术的发展而逐渐产生和发展的，到目前为止，公认的搜索引擎营销模式经历了五个发展阶段。

（一）第一阶段（1994—1997 年）：将网站免费提交到主要搜索引擎

这个阶段的主要搜索引擎营销方式是免费登录分类目录搜索引擎。这被当时很多企业认为是自己通过搜索引擎进行营销的主要任务。网站的访问量主要来源于少数几个重要的搜索引擎。由于早期主要的分类目录网站——雅虎所产生的巨大影响力，当时企业普遍认为：网络营销就是网址推广，只要将网址登录到雅虎并保持排名比较靠前，网络营销的主要任务就算完成，这个观点至今仍影响着相当多的中小企业，包括阿里巴巴的众多会员。

这当中有个问题，即在早期搜索引擎分类目录的情况下，大约有一半以上的用户并非通过主页进入网站。如果首页以外的其他页面没有登录到搜索引擎，一个网站就会失去很多营销机会，网络营销效果自然也就下降，但是将一个网站的所有页面都提交给搜索引擎分类目录既不实际也会被搜索引擎拒绝。

（二）第二阶段（1998—2000 年）：技术型搜索引擎崛起

在这个阶段越来越多的网站建立起来了，网页的数量增长也可以用"爆炸式"来形容。为增加信息搜索的相关性，以谷歌为代表的纯技术型搜索引擎得以迅速发展。2000 年以后，谷歌、雅虎等已成为搜索引擎营销的主要工具，尽管此时分类目录搜索引擎并未退出历史舞台并仍发挥着重要作用。谷歌、雅虎所具有的特点是：收集网页数量多、搜索结果相关性强及高质量的网页（网站）排名靠前等。除了根据网页本身的代码和内容来判断网页是否被收录及排名状况外，谷歌还结合了网页之外的因素，主要是网站被其他网站链接的数量，因为一般情况下较高价值的网站才会被别的网站更多地链接。

这个阶段的主要搜索引擎营销方式就是搜索引擎优化，即通过提高网站设计质量，用搜索引擎的计算法则，利用谷歌、雅虎等技术性搜索引擎进行推广。

（三）第三阶段（2001—2002 年）：从免费向付费模式转变

从 2001 年下半年开始，国内外主要搜索引擎服务商陆续开始了收费登录服务。从免费到付费的转变，是搜索引擎营销的一次重大变革。国内外主要搜索引擎主要有两种收费方式：一种是比较简单的，类似于原有的在分类目录上的免费登录网站，只不过免费变为收费；另一种则是购买关键词广告，这种关键词广告至今仍是付费搜索引擎营销中的重要方式。关键词广告属于网络广告的范畴，简单来说，就是在搜索引擎的搜索结果中发布广告的一种方式。关键词广告出现的网页是不固定的，只有当用户搜索到这个关键词，才会出现在搜索结果页面的显著位置。例如，谷歌关键词广告出现在右侧，在左侧则是正常的网页搜索结果。很明显，关键词广告比一般的横幅（BANNER）广告具有更高的定位程度。

这个阶段关键词广告还有另外一种方式，即关键词竞价排名。它按付费高者排名靠前的原则，对购买了同一关键词的网站进行排名。

因此，此阶段的主要搜索引擎营销方式是收费登录分类目录、关键词广告和关键词竞价排名三种模式。

（四）第四阶段（2003—2017 年）：从关键词定位到网页内容定位

基于网页内容定位是关键词广告的一种拓展形式，其广告的定位和发布空间都有更进一步的扩展，因此，使搜索引擎的营销效果提高了一个层次。雅虎的定向推广和谷歌按网页内容定位广告是最具代表性的。虽然两个搜索引擎为这项服务各自定义了不同的名称，但它们的实质是一样的，都是在各自合作伙伴的网站平台上额外输出搜索结果，使使用这项服务的客户得到更多被潜在用户看到的机会。

雅虎中国是这样定义定向推广的：雅虎中国通过和定向的合作伙伴共同确定，由该合作伙伴提供其网站中某个（或多个）网页的一些固定区域（合作区域），由雅虎中国根据和该网页相关的搜索词，向该区域输出一定数量的搜索结果。这个模式和上文第三阶段中提到的关键词竞价结合，输出竞价结果，该竞价结果会以用户优先级进行输出。谷歌按网页内容定位广告的服务称为网络会员制营销（Google AdSense），通过这个模式，使用关键词搜索的定位广告可以显示在谷歌之外的相关网站上。采用网页内容定位模式的还有著名的搜索引擎网站 Overture。Overture 原名 GoTo，是搜索引擎中比较有特色的一个，它提供了目前大受欢

迎的 "Pay – For – Performance" 网站登录服务，是所谓 "竞价排名" 的首创者。

国内百度推出的竞价排名服务便是借鉴了 Overture 的业务模式。Overture 的 "Pay – Per – Click" 价格通过竞标方式确定，并与特定的关键词挂钩。用户针对某一关键词给出的竞标金额越高，则访问者用该关键词搜索时，该用户的网站排名越靠前。例如，在 Overture 竞价排名推广中，除一些极热门的关键词标价超过 1 美元外，一般的关键词标价从几美分到几十美分不等，但目前 Overture 对一定期限内访问流量达不到限额的关键词不提供竞价机会。另外，Overture 也接受免费登录，但免费网站永远排在付费网站之后。网站通过竞价排名登录 Overture 一般只需 3 天时间，并且还有机会出现在雅虎、AltaVista 等网站的搜索结果中。2003 年，雅虎收购了 Overture。

综合以上论述，这个阶段的搜索引擎营销方法是网页内容定位广告，广告载体不仅仅是搜索引擎搜索结果的网页，也可延伸到合作伙伴的相关关键词网页。

（五）第五阶段（2018 年至今）：智能搜索应用不断深化，垂直搜索崭露头角

2018 年以来，主流搜索引擎平台大力发展信息流产品，吸引用户流量，增加广告收入，以巩固市场地位。为应对垂直 App 的分流竞争，主流搜索引擎利用平台入口优势，通过链接新闻、短视频等内容，推出信息流产品，以持续提升用户使用黏性。信息流广告为搜索引擎收入的增长提供了新动力，正在成为业务收入的重要来源。根据一些企业的财报数据，在信息流产品的推动下，搜索引擎日活跃用户数、用户访问时长都呈现增长趋势。在这一时期，国内搜索引擎行业发展趋势具有以下特点。

①搜索产品与人工智能技术深度融合。这种融合在信息多样性、搜索便捷度、结果准确性等方面大幅提升了用户搜索体验。目前，市场上主流搜索引擎的机器识别技术已经能够以较高的成功率探测或者识别语音、图像、视频等，进一步帮助用户实现所想即所搜、所搜即所得。智能机器人辅助搜索，已经成为各大搜索引擎的标准配置。例如，百度的 "度秘"、搜狗的 "语音助手"、必应的 "小冰" 等，正逐渐受到用户的认可和欢迎。

②社交、新闻、专业问答等垂直搜索发展迅速。综合搜索引擎正在出现信息分类搜索的垂直化、专业化发展趋势。一方面，搜索信息的种类更加丰富，如搜狗搜索相继接入微信、QQ 兴趣部落、知乎等，并与微软必应达成合作，在社交、新闻、专业问答、英文和学术搜索等垂直领域强化优质内容的吸收力度，构建新型内容生态，形成差异化竞争力；另一方面，搜索引擎针对用户在新闻热点、公益查询、应用分发、商品消费等不同领域的搜索需求，推出更加智能、全面、专业的搜索产品。这引发了搜索引擎行业出现新的垂直、专业化发展趋势。

③连接消费支付场景的搜索成为搜索企业转型的突破点。数量众多的移动端垂直应用极大丰富，导致移动搜索流量入口地位下降、商业变现效率低和搜索企业业务转型加速。目前，百度搜索直达的实物商品、本地生活服务、金融产品、文化产品等品类持续丰富，购买与支付方式也越发简便；此外，搜狗搜索、360 搜索、神马搜索等也已经上线网络购物和 O2O 生活服务平台业务，并取得一定的业绩。随着直达服务搜索流量迅速扩大，搜索引擎企业的服务收入占比也保持高速增长，业务发展和收入结构正在进入关键转型期。

在移动互联网时代，搜索入口价值减弱，搜索工具属性明显，开始成为移动 App 中的功能。虽然目前搜索广告在整个互联网广告市场占比仍然较大，但市场已经步入成熟期，领先厂商纷纷主动转型以谋求未来发展。目前，人工智能（AI）成为搜索厂商的转型方向，随着企业对人工智能技术的深入探索，某些领先的企业围绕自身优势发力人工智能的细分领域，开始尝试人工智能的初步商业化。

例如，百度目前一方面构建以手机百度为主要平台的移动搜索生态，通过自媒体、短视频等内容争夺用户时间，并开发新广告位，以"搜索＋信息流"模式提升商业化变现效率；另一方面，继续深入研发人工智能，百度目前主要定位图像识别领域，在汽车行驶场景方面探索商业化模式。2018 年，百度获得北京自动驾驶路测号牌，开始展开自动驾驶合法路面测试，整体发展态势较好。同时，由于人工智能仍处于基础技术开发阶段，百度凭借人工智能开放平台与人工智能技术开放商建立合作关系，以求在快速发展的人工智能多个细分领域获得最新技术共享红利。

而搜狗继续发力以语音为核心的人工智能产品布局，与百度错位竞争，抢占市场份额。2018 年，搜狗推出英文搜索功能，持续将人工智能赋能搜索产品，为用户提供沟通全球的搜索内容；2019 年，搜狗继续强化多语言搜索优势，上线日文、韩文搜索功能，再度拓展搜索范围。同时，搜狗输入法商业化启动，将输入场景与人工智能相结合，探索人工智能在自然语言识别领域的商业化落地。另外，搜狗结合自身语音识别优势，发布翻译硬件产品，积极寻找新兴入口和人工智能商业化渠道。

五、搜索引擎营销的基本形式

搜索引擎营销有三种基本形式：搜索引擎登录和排名、搜索引擎优化、关键词广告。另外一些更高级状态的搜索引擎服务形式是在这些基本形式的基础上发展演变而成的，因此对这些基本形式的研究是应用各种网络营销方法的基础。

（一）搜索引擎登录和排名

登录搜索引擎的方法很简单，一般根据搜索引擎的提示逐步填写即可。一般来说，搜索引擎要求的内容有网站名称、关键词、网址（URL）、网站描述和联系人信息等。在人工智能没有成熟之前，大部分的搜索引擎是需要人工审核的，随着人工智能的发展，人工智能搜索引擎将是未来搜索引擎优化的主流。它采用人工智能算法，具备"自学习、自进化"能力，无须频繁升级特征库。在人工搜索阶段，搜索引擎的管理人员收到用户提交的信息后会访问网站，从而判断用户所提交的内容是否属实，用户所选择的类别是否合理。通过审核及搜索引擎数据库更新后，新收录的网站信息即可显示。一些中小企业网站往往因为网站提交搜索引擎时未建设完成，或网站本身质量不高等原因而被拒绝登录，多次提交都没有结果。这些企业除了应提高自身网站的建设水平外，别无他法。在人工智能搜索引擎时代，对提交的网站信息审核时间将大大缩短。

如果要在多个搜索引擎注册，就需要重复向不同搜索引擎输入相应的资料。理论上讲，只提交网站的首页，网络机械手（或称蜘蛛，Spider）也会爬行到其他页面。但最好是把网站的一些重要的、有特色的网页都注册并提交给搜索引擎，以增加网站曝光率。例如，一个企业有多个领域的产品，就可将不同的产品页面分别登记。在提交不同的网页时，应该注意根据不同的网页设定不同的网页标题、关键词和网页描述等，而不仅仅是原来网站的名称和网址。

在搜索引擎上登录注册后，搜索引擎营销任务还未结束。如果你的网站又有了较大改变，如网址、网站主题的变化，应该重新注册，而不是被动地等待搜索引擎的定期回访，这样会错过被潜在用户发现的营销机会。适当的时候，还需要不定期到所登录的搜索引擎查看网站排名的变化情况。如果你的位置一直在往下掉，尤其落后于你的竞争对手时，需要分析一下原因，如果是网站自身的原因，就需要重新优化网页并向搜索引擎提交优化后的网站。另一件要做的事情是关注网站访问量并进行统计分析，以便及时发现网站在搜索引擎中可能存在的问题。例如，在一个一直可以带来稳定访问量的搜索引擎中，出现访问量突然下降甚至消失的情况，就有必要检查一下，是搜索引擎的问题还是自己的网站被取消了登录资格，并对此采取适当的对策。

除了人工提交，还可以采用自动提交搜索引擎。即通过软件一次性提交到多个搜索引擎，或者将多个网页同时提交到一个搜索引擎。但由于缺乏针对性，而且主要的分类目录和搜索引擎根本不接受自动注册，注册时还有一定的规则和方法，所以自动提交搜索引擎软件并无宣传的效果。另外，访问量最大的几个搜索引擎几乎集中了90%以上的访问量，即使可以登录到数量众多但鲜为人知的"搜索引擎"，也几乎不可能带来实际的访问量，这种登录也就没有任何意义了。

（二）搜索引擎优化

搜索引擎优化（Search Engine Ooptimization，SEO）是指针对各种搜索引擎的检索特点，使网页设计符合搜索引擎的搜索原则及搜索算法，从而获得被搜索引擎收录并在排名中靠前的各种方法。

在以网络机械手搜索为标志的技术型搜索引擎（如谷歌、百度等）中获得好的排名，并不像提交到分类目录型搜索引擎那样简单，网站是否被收录及排列的位置都与网站的质量密切相关，因此进行搜索引擎优化设计非常重要。

例如，雅虎和 Open Directory 本身并不是搜索引擎，而是大型的网站目录，它们和搜索引擎的主要区别是对网站内容进行收集的方式不同。目录是人工编辑的，主要收录网站主页；搜索引擎是自动收集的，除主页外还抓取大量的内容页面。

一个更容易被搜索引擎接受的网站，应该方便搜索引擎搜索信息，并且返回的搜索结果让用户觉得很有吸引力，这样才能使用户达到使用搜索引擎的目的。以下是搜索引擎优化要注意的几个问题。

①确定主关键词。首先要给网站确定主关键词，不能太多，也不能太少，一般控制在5个左右。然后针对这些关键词进行优化，包括关键词密度（Density）、相关度（Relavancy）和突出性（Prominency）等。搜索引擎主要是去理解文本的，所以要努力创建有趣的、有深度的文本形式的关键词。使用 Flash 动作、视频或者一些图片不会起反作用，也不会很好地帮助搜索引擎。

②设置标题。这个标题应尽量体现出网页中的关键核心词汇，这个关键核心词汇应该是有较高通用性但又不是过于泛化的词汇。例如，产品介绍、企业新闻等。

③使用动静结合的网页。所谓静态网页，即纯粹 HTML 的网页，这类网页是没有数据库支持的网页。动态网页简单讲就是通过单击链接可以得到进一步信息的网页。搜索引擎出于保证搜索结果的需要，要求登录的网站所提交的网页有一定内容，并能保持稳定性。所以，网页中也应以文字信息为主。

④付费搜索引擎。搜索引擎也需要赢利，随着互联网业务越来越成熟、越来越商业化，收费的搜索引擎也开始大行其道。最典型的是国内的百度，当然也包括谷歌的广告项目 Google Adwords。越来越多的人通过搜索引擎的点击广告来定位商业网站，这里面也大有优

化和排名的学问，要学会用最少的广告投入获得最多的点击量。

⑤搜索引擎登录。网站做完后不能在那里等着客人从天而降，要让别人找到你，最简单的办法就是将网站提交到搜索引擎。虽然免费已经不再是互联网（至少是搜索引擎）的主流，如果你创办的是商业网站，主要的搜索引擎和目录都会要求你付费来获得收录，但好消息是（至少到目前为止）最大的搜索引擎——谷歌目前还是免费的，而且它主宰着全球70%以上的搜索市场。

⑥链接的广度。网站被外部高质量的网站链接非常重要，在基于网络机械手的搜索引擎上尤其如此。这是搜索引擎优化中唯一一项不能取决于网站自身的因素。在搜索引擎营销中，常用链接广度（Link Popularity）来度量网站被其他网站链接的数量。以谷歌为例，它就将链接广度作为网站排名的重要指标之一。在其他方面差不多的情况下，链接广度高的网站就必然排名靠前。因此，网站交换链接作为一种网站推广的常用方法，对网站排名也有积极作用。

链接广度被认为是搜索引擎优化的一个主要因素。搜索引擎会认为外部链接较多的网站重要性也相对较高，不是所有的链接都是公平的，从高质量网站链接会给网站更多的分数。链接文字必须包含优化的关键词，这样也会提高网站的排名。可以从两个方面提高链接广度：一是做一个高质量的网站，如果人们发现它存在有价值的内容，他们会主动进行链接。二是使交换链接变得更简易，在交换链接页面放置交换链接代码，把交换链接的联系方式放在显眼的地方，方便链接联盟和用户与网站交换。

网页内容都是以超文本（Hypertext）的方式来互相链接的，网站之间也是如此。除了搜索引擎，网民每天通过不同网站之间的链接来上网冲浪。其他网站到你的网站的链接数量越多，网站也就会获得更多的访问量。更重要的是，网站的外部链接数量越多，会被搜索引擎认为它的重要性越大，从而给出更高的排名。所以，需要花很多精力去做供交换的链接。

当然，链接广度并不是搜索引擎考察外部网站链接的唯一因素，链接网站的质量也是需要考虑的关键要素。一个高质量网站的链接，其重要程度远远高过众多低质量网站的链接。实际上，对于一个新网站，它有一种获得有效高质量链接的方法，即在付费分类目录中登记网站，待被收录后再向蜘蛛搜索引擎提交，因为主要搜索引擎分类目录的链接通常可以作为链接广度来计算。

（三）关键词广告

关键词广告是充分利用搜索引擎资源开展网络营销的一种手段，如前所述，它属于付费搜索引擎营销的主要形式，近年来已成为搜索引擎营销中发展最快的一种方式。关键词广告具有以下几个方面的特点。

①关键词广告的形式比较简单。通常它是文字广告，图 2 - 3 是一则以"电脑"为关键词的文字广告，主要包含广告标题、简介和网址等要素，一般搜索结果会与自然搜索结果分开，如百度、谷歌等搜索引擎都采用这种模式。因为投放形式比较简单，不需要复杂的广告设计过程，所以广告投放的效率大大增加了。较低的广告成本和门槛使得个人店铺、小企业也一样可以利用关键词广告进行推广。

②关键词广告显示方式比较合理。与付费排名不同，关键词广告出现的形式与一般搜索结果分离，也不影响后者的结果，用户可以清楚知道哪些是自己的搜索结果，哪些是广告内容。有些搜索引擎根据是否收费及费用的高低来决定搜索结果的排序，会给用户判断信息带

来误导。

③关键词广告一般采用点击付费（Cost – Per – Click，CPC）计价模式，费用可以控制。与按年度收取登录费用相比，关键词广告的定价模式实质是广告主只为被点击的广告付费，而不必为广告的显示付费。当然，关键词广告还有一种竞价排名的方式，是将出价高的关键词广告排在前面，这样为有经济实力并希望排名靠前的网站提供了方便。

图2-3　以"电脑"为关键词的文字广告

④可以随时查看流量统计。当购买了关键词广告之后，服务商通常会为用户提供一个管理入口，可以实时查看广告的点击情况及费用。可查询的指标一般包括每个关键词已经显示的次数和被点击的次数、点击率、关键词的当前价格、每天的点击次数和费用、累计费用等。经常对广告效果统计报告进行记录和分析，可以逐步积累使用关键词广告的经验。

⑤可以方便地进行管理。在传统搜索引擎优化中，不是所有的网站流量统计工具都可以准确地记录访问者来自哪个搜索引擎，以及他使用的关键词是什么，由于缺乏关键词流量分析手段，所以网站的关键词确定之后一般很少进行更换。而付费的关键词广告，搜索引擎提供了详尽的流量统计资料及方便的关键词管理功能，企业可以视自身的营销策略的转变而对关键词广告进行更换。

六、关键词

众所周知，大多数人在网上寻找信息都是从搜索引擎开始的，通过输入关键词来寻找想要的信息，因此，选择恰当的关键词对于网络企业实施网络营销显得越来越重要。

（一）什么是关键词

关键词是指为了方便用户快速找到商品或服务而设定的相关文字，是用户搜索产品时最可能用的名称，如显示器、手机、休闲食品及智能家居等。关键词是信息的最简化的表达方式，如同口诀，便于记忆与使用。

（二）关键词的作用

关键词可以被称为是整个搜索应用的基石。对普通用户和搜索引擎来说，关键词是双方互动的媒介，难以想象如果不使用关键词，我们如何来达到快捷有效的信息查询目的。在搜索商业应用当中，关键词也当仁不让地扮演着极其重要的角色。

不论是开网店还是做企业网站，不论是企业开通博客、微博、公众号还是开发新的产品，当然希望被更多的潜在用户通过某种形式的渠道在最短的时间内找到，而这在搜索营销中则反映为你所选择的关键词是否正好迎合了用户特定的搜索目标。用户在查找产品或服务信息时，通常会以产品服务的特有名称、行业名称，自己的印象思维，甚至是公司名称等为条件进行搜索，而这些搜索条件正是搜索营销的落脚点。因此可以说，关键词是决定营销推广成败的关键。

在关键词竞价中，设立的关键词不合适的话，不仅会影响营销效果，还会冤枉付费，因为你的付出是无效的，增加了成本。

（三）关键词设置技巧

关键词直接导致供应商的产品或供应信息能否出现在用户的搜索结果页面中，而关键词的设置成功与否取决于用户的关键词和用户用来搜索的这个词的匹配程度。提高搜索匹配程度的方法有以下几个。

1. 选择相关的关键词

多而有效的关键词是目标用户寻找到企业或产品的关键所在。如果关键词的相关度低，就成了无效关键词。例如，有一家做饰品的公司，提交了饰品、手机、挂件、贴膜和装饰品等关键词，每天的点击量非常大，但效果却不好。其主要问题在于"手机"这个关键词。因为这家公司的业务中虽然有"手机饰品"这一产品，但它却提交了"手机"这个相关度不高的关键词，一般人们在输入"手机"这个词时主要是想查询相关手机的信息，而对"手机饰品"关注的人并不是很多，所以这就是一个无效的关键词。

企业应根据产品特征来挑选最合适的关键词。例如，某企业主要从事天然植物染色项目，按行业划分，它属于纺织印染行业，如果把关键词定为纺织、印染，虽然符合行业特征，但搜索引擎却无法找到该企业的项目，这就成了无效关键词。选择"植物"也不合适，也是无效的。选择"染色"虽然靠谱些，但出现的页面会有很多，一般人们只会看前三页，效果不明显。如果把关键词定为"植物染色""天然染色"或"环保染色"，这样在各大搜索引擎的关键词搜索结果中就会排名靠前，基本在首页的前几条了。

2. 选择具体的关键词。

在挑选关键词时还有一点要注意，那就是避免拿含义宽泛的一般性词语作为主打关键词，而是要根据你的业务或产品的种类，尽可能选取具体的词。例如，一家销售木工机具的厂家，木工工具（Carpenter Tools）不是合适的关键词，链锯（Chain Saws）则可能是明智的选择。有人会问，既然 Carpenter Tools 是集合名词，涵盖了企业所有的产品，为什么不用？我们不妨拿 Carpenter Tools 到谷歌一试，你会发现搜索结果居然是 6 位数（189 000个），也就是说你的竞争者有近 200 000 个，想在这么多竞争者中脱颖而出几乎是不可能完成的任务。而且对 Carpenter Tools 感兴趣的人未必对你的 Chain Saws 感兴趣。相反，Chain Saws 项下的搜索结果则少得多（69 800 个），你有更多的机会排在竞争者的前面，并得到更有针对性的询盘。

3. 选择用户经常使用的关键词

哪些关键词被搜索到的频率会更高呢？可以借助百度搜索风云榜网站的功能，查看你的关键词在其他网页中的使用频率，以及在过去 24 小时内各大搜索引擎上有多少人在搜索时使用过这些关键词。同时，可以通过这个网站看到和你的产品相关的关键词或者短语，以及它们被搜索的频率，这个也可以帮助我们来扩充自己的关键词库。

4. 从用户处学习关键词

站在用户的角度考虑潜在用户在搜索你的产品时将使用什么关键词，这样就可以从众多资源中获得反馈，包括从你的用户、供应商、品牌经理和销售人员那里获知其想法，也可以从阅读你文章的读者和询盘者中观察和了解。在与用户沟通时，多询问用户关于你的某个产品中更符合一般使用习惯的关键词用法。例如，有些用户平时浏览网站的时候会发现很多同行网站设计得很好，但是心仪的网站具体是怎么做出来的自己却不知道，所以就会通过搜索引擎查询一下是否有高手知道建设这类网站的流程和心得，给自己做个参考。这时，关键词就出来了，"XXXX 网站建设哪家公司好"就是一个合适的关键词。正如，一个人想学做蛋挞，搜索"葡挞怎么做""芝士蛋挞怎么做"会比"蛋挞怎么做"更精准；一个人想做电商网站，搜索"B2B 网站怎么做""B2C 网站怎么做"也会比"电商网站怎么做"更精准。

第二节　电子邮件营销

一、电子邮件发展概况

自从 1971 年电子邮件（E-mail）被发明以来，其地位一直没能被任何新生代的互联网产品所完全取代。当前，电子邮件的使用几乎渗透到生活的各个方面。电子邮件在 1987 年扎根中国，如今，电子邮件已经完全成为我们日常生活工作中必不可少的一部分。与其他互联网产品相比，电子邮件有着无可匹敌的开放性——任何地方的任何人都可以给另外一个人发邮件，从而产生联系。同时，电子邮件是用户日常获取信息的重要渠道之一，特别是企业用户。据微软必应平台统计，2018 年全球电子邮件用户数量达到 38 亿人，即全球超过一半的人在使用电子邮件。如图 2-4 所示，2018 年，全球每天发送和接收的商业及消费者电子邮件的总数超过 2811 亿封。2019 年，每天的电子邮件数量达到 2936 亿封。而到 2022 年年底，预计达到 3332 亿封。有趣的是，即使电子邮件总数一直增长，但增长率却逐年下降。这里面显然有着社交媒体和更为便利的移动通信带来的影响。

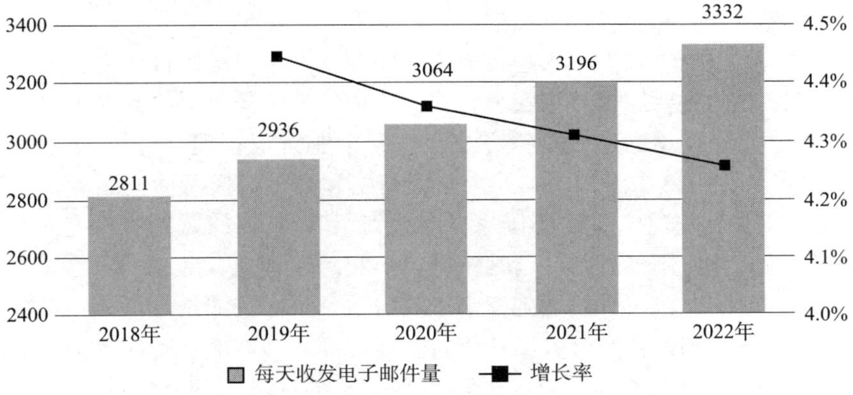

图 2-4　2018—2022 年全球每天收发电子邮件数量变化与趋势（单位：亿封）

二、电子邮件营销的概念

电子邮件营销（E-mail Direct Marketing，EDM）通常也被称为邮件列表营销和电子邮件营销，是在客户事先许可的前提下，通过电子邮件的方式向目标客户传递有价值信息的一种网络营销手段。电子邮件营销是较早的网络营销和推广方式，也是发展比较成熟的网络营销方法之一。

进入大数据时代后，单封电子邮件承担的信息量越来越大，邮件超载、垃圾邮件、钓鱼邮件盛行，让电子邮件的营销价值受到一定的挑战，尤其在社交媒体崛起和即时通信优势显现的今天，电子邮件在沟通速度和效率上的优势渐趋消失，人们越来越多地喜欢使用即时通信软件来代替电子邮件进行工作沟通，电子邮件的使用率明显下滑。

资料显示，当前电子邮件的使用率仅占到了50%左右，在各种互联网应用中，这个占比在下降。一般而言，网民学历越高，电子邮件使用率越高，随着低学历人群不断涌入互联网，在很大程度上会导致电子邮件使用率的下降，但其用户群体的价值相对较高，只要认真去观察，就会发现我们身边随时都在发生一些通过电子邮件实现了良好传播的事件，有的甚至产生了非常好的营销推广效果。

2017年，美国 Adobe 在线营销公司调查了1007名美国成年智能手机用户。当被问企业通过电子邮件实施品牌营销相关问题时，40%的受访者表示获得了更多的信息。数据显示，信息类视频是对购买决策影响最大的视频广告类型。从各种年龄组来看，35岁以上的受访者对信息类电子邮件的偏爱超过宣传类。与此同时，25~34岁的客户更喜欢符合自己兴趣的电子邮件内容。事实上，这个年龄组似乎最重视个性化，大约一半（49%）的人认为品牌定制化沟通很重要。调查报告显示，推荐与客户兴趣不符的商品是品牌缺乏个性化的表现，也是最令人沮丧的方式。但是对于最年轻的成年客户（18~24岁）来说，电子邮件中包含已经过期的优惠同样令人讨厌，这个年龄段的客户最可能因为过期的报价而被惹恼。

Adobe 的调查显示了商品的优惠仍然很被看重，一方面，人们表示他们想要更多的信息和更少的促销宣传，另一方面，客户很喜欢获得他们中意商品的优惠和促销信息，而非账户提醒和其他内容。而且，研究表明，特价优惠和折扣是人们订阅品牌电子邮件的主要原因。值得注意的是，35岁以上的客户对促销和优惠更感兴趣。虽然，年轻客户对促销活动也很感兴趣，但是他们也很希望获得信息类内容。这些内容包括充分利用产品和服务的技巧，以及有关用户如何使用产品和服务等方面的信息。

即使人们对优惠类电子邮件感兴趣，但是品牌频繁发送电子邮件也会让人讨厌，而这也是人们退订电子邮件的主要原因。事实上，很少有成年人希望每天收到品牌电子邮件。

为了调查欧洲企业使用的市场营销方法，一家企业营销管理软件提供商 Unica Corporation 调查了300多名英国、法国和德国的企业营销主管，行业横跨商业服务、制造商、零售商和技术提供商，结果发现这些欧洲国家的企业使用率最高的营销方法是电子邮件营销。75%的被调查营销人员使用电子邮件营销拓展客户和潜在客户。

电子邮件从普通的通信工具发展到营销工具需要具备一定的条件，如一定数量的电子邮件用户；有专业的电子邮件营销服务商，或者企业内部有开展电子邮件营销的能力；用户对于接收到的信息有一定的兴趣和反应（如产生购买、浏览网站和咨询等兴趣）等。当这些环境逐渐成熟以后，电子邮件营销才成为可能。

通常所说的电子邮件营销也指许可电子邮件营销。许可电子邮件营销理论由营销专家Seth Godin 在《许可营销》一书中最早提出，该概念一经提出，就受到网络营销人员的普遍关注，并得到广泛应用，其有效性也已经被许多企业的实践所证实。

按照 Seth Godin 的观点，许可电子邮件营销就是企业在推广其产品或者服务时，事先征得潜在客户的许可，再通过电子邮件的方式向客户发送产品或服务的信息。

许可电子邮件营销的主要方式是通过邮件列表、新闻邮件和电子刊物等形式，在向客户提供有价值信息的同时附带一定数量的商业广告。例如，一些网站在客户注册成为其会员或申请某项网络服务时，会询问"是否希望收到本公司不定期发送的最新产品信息"，或者给出一个列表供客户选择希望收到的信息。在传统营销方式中，由于信息沟通不畅或者成本过于高昂，许可营销很难行得通，但是互联网的交互形式使许可营销成为可能。

三、电子邮件营销的特点

电子邮件营销的特点包括以下几点。

（一）营销范围广

随着国际互联网的迅猛发展，截至 2019 年 12 月底，中国的网民规模近 9 亿，全球网民已经超过 40 亿。面对如此巨大的用户群，作为现代广告宣传手段的电子邮件营销正日益受到人们的重视。只要你拥有足够多的电子邮件地址，就可以在很短的时间内向数千万目标用户发布广告信息，营销范围可以是中国全境乃至全球。

（二）操作简单、效率高

使用专业平台提供的专业邮件群发软件，单机可实现每天数百万封的发信速度。操作不需要懂得高深的计算机知识，不需要烦琐的制作及发送过程，发送上亿封的广告邮件一般几个工作日内便可完成。

（三）成本低

电子邮件营销是一种低成本的营销方式，所有的费用支出就是上网费，成本比传统广告形式要低得多。

（四）应用范围广

广告的内容不受限制，适用于各行各业。因为广告的载体就是电子邮件，而电子邮件具有信息量大、保存期长的特点，具有长期的宣传效果，而且收藏和传阅都非常方便。

（五）针对性强、反馈率高

电子邮件本身具有定向性，你可以针对某一特定的人群发送特定的广告邮件，你可以根据需要按行业或地域等进行分类，然后针对目标客户进行广告邮件群发，这样可使营销目标明确，效果非常好，使宣传一步到位。

四、电子邮件营销的分类

电子邮件营销的分类包括以下几种。

（一）按照是否经过用户许可分类

按照发送信息是否事先经过客户许可，可以将电子邮件营销分为许可电子邮件营销（Permission E – mail Marketing，PEM）和未经许可的电子邮件营销（Unsolicited Commercial E – mail，UCE）。未经许可的电子邮件营销也就是通常所说的垃圾邮件（Spam）。

（二）按照电子邮件地址资源的所有权分类

潜在客户的电子邮件地址是企业重要的营销资源，根据对客户电子邮件地址资源的所有权，可将电子邮件营销分为内部电子邮件营销和外部电子邮件营销，或者简称为内部列表和外部列表。内部列表是一个企业、网站利用一定方式获得客户自愿注册的资料来开展的电子邮件营销；外部列表也被称为电子邮件广告，是指利用专业服务商或具有与专业服务商一样的可以提供专业服务的机构提供的电子邮件营销服务，企业并不拥有客户的电子邮件地址资料，也无须管理维护这些客户资料。

（三）按照企业营销计划分类

根据企业的营销计划，可将电子邮件营销分为临时性的电子邮件营销和长期的电子邮件营销。临时性的电子邮件营销包括不定期的产品促销、市场调研、节假日问候、新产品通知等；长期的电子邮件营销通常以企业内部注册会员资料为基础，主要表现为新闻邮件、电子杂志、客户服务等各种形式的邮件列表。

（四）按照电子邮件营销的功能分类

根据电子邮件营销的功能，可将电子邮件营销分为客户关系电子邮件营销、客户服务电子邮件营销、在线调查电子邮件营销、产品促销电子邮件营销等。

（五）按照电子邮件营销的应用方式分类

按照电子邮件营销的应用方式分类，可将电子邮件营销分为经营性电子邮件营销和非经营性电子邮件营销两类。

五、电子邮件营销的基本方式

电子商务邮件营销的基本方式就是利用邮件列表进行营销。邮件列表的建立有两种方式：一种方式是自己建立邮件列表，目标客户可掌握在自己手中，一旦建立起来就是一笔财富；另一种方式是利用第三方的邮件列表，自己手中没有客户，要用第三方的客户进行营销，缺点是信息资源被第三方掌握。无论采用哪一种方式建立邮件列表，其本质都是为了给客户发布信息。

（一）电子刊物

电子刊物（也称电子杂志）是指在网站上定期更新，也可以用电子邮件发送到客户信箱里的电子形式的杂志，可以是网页、Word 文件、PDF 文件、TXT 文件、图片和视频链接等。

希网网络邮件列表系统创建于 1999 年，在短短的一年多时间内，希网网络凭借特有的运作模式、先进的技术和优质的服务，形成了极高的知名度和很好的口碑，目前已拥有邮件列表 38 000 多份，其中优秀的电子杂志 5000 多份，订户数达 1868 万，不重复客户达 560 万，覆盖了中国互联网约 10% 的网民，并且每天还以 2 万多的客户数稳步增长，杂志分为电脑 IT 类、新闻媒体、证券类、教育类、生活娱乐类、体育类等，成为国内影响最大的邮件列表服务商，也是 2000 年度唯一入围 CNNIC（中国互联网络信息中心）的邮件列表服务商。以下是在希网网络上制作电子杂志的步骤。

①为杂志申请账号。登录希网的主页，进入"新用户注册"，按其要求逐一填写。若客户注册成功，将得到一个"用户名"和"密码"。

②建立电子杂志，使用该"用户名"和"密码"登录，进入"管理中心"页面，选择"邮件列表"选项就可以进入页面设置，填写邮件列表名称（电子杂志名称），将邮件列表

类型设置成"管制"，这样可以避免收到垃圾信息。管理者密码一栏如果不填，系统则默认和登录密码相同。

另外，可以在一个用户名下建立多个电子杂志，也就是说，如果有多个系列电子杂志，不必申请多个用户名。

（二）新闻邮件

新闻邮件是电子杂志的一种表现形式，只是它发送的是新闻而已。在编写新闻邮件时要注意以下几个问题。

①客户总是在想"这里面有对我有用的信息吗"。可见，客户确实想知道与他们有关的竞争对手和新产品与服务的消息。

②保持一致。对于主题、发送地址、创意、格式和品牌要保持一致。

③电子新闻邮件要简短并言之有物。客户不想去阅读和研究长达数页的文本，越是流行的新闻邮件，越是简短。可以将新闻链接指向自己的站点或者专门设立的站点，以鼓励消费者在这里找寻更多信息，而不是在邮件中放置太多信息。

④坚持规律的时间表。如果告诉客户将每月发送新闻邮件，那么就要确保在每月固定的时间发送。规律可以安抚客户，不定期发送的新闻邮件则具有破坏性。

⑤撰写吸引人的主题。主题中要反映人们所关心的问题并带有品牌元素，以方便人们去识别。

（三）注册会员通信

利用会员注册时提供的电子邮箱发送信息。客户在企业的网站上注册时，企业网站会提示输入有效的电子邮箱，并提示客户是否接收邮件、接收什么类型的信息等。企业可以利用这些邮箱进行信息发布。

六、电子邮件营销的基本技巧

电子邮件营销的基本技巧有以下几个。

（一）拼写检查

这几乎是一个不需要说明的最基本的问题，但是，令人难以置信的是，我们看到的许多广告中，都不同程度地存在拼写错误的现象，这种情况给人的感觉是很不专业。因此，广告内容设计好后，比较稳妥的做法是先给自己的电子邮箱预发一份将要发出的广告。再三检查无误后，再将广告内容粘贴到广告发布区或者电子邮件中。这样，既可以做进一步的检查，也可以将其保存在自己的邮箱里。

（二）可点击的 URL

在书写电子邮件广告时，不要忘记在网址前面加上"https：//"，这样，收件人可以直接点击邮件中的网址，否则收件人必须将网址复制粘贴到浏览器地址栏才能浏览。说不定一次很好的商业机会仅仅由于客户不能直接点击就错过了。为客户着想，尽可能提供方便，才是电子邮件营销的根本。

（三）用自己的广告语言

如果没有自己的风格，而是复制网上随处可见的广告语言表达方式，那么你的广告大多会被人忘记或不被理睬，你也许会觉得有些语言是"久经考验"的，那不过只对于原创者是有效的，重复别人的语言很难引起他人的注意。网络广告毕竟是一门专业知识，如果对此了解不多,不妨认真学习和琢磨一段时间,投入时间也许是最好的投资。

(四)不要期望一次电子邮件营销就能马上销售产品

这也许是人们通常出现的最大的错误之一。太长的广告和第一次联系就试图向对方推销自己的产品同样都是徒劳无益的,不仅不能给别人留下较好的印象,反而可能引起客户的极大抵触。广告内容应力求简短、语言优美并且重点突出,不要在广告中告诉客户你的产品有哪些装饰部件,而是要告诉客户,你的产品能使他更美丽动人。化妆品公司或者美容店的广告常用"出售希望或美丽"之类的词语来引起人们的关注,同样,网络广告的最佳目标也是引起人们的足够注意并使其愿意获得更多信息。培养好客户关系是电子邮件营销的第一步,在这个基础上才有可能顺利销售,否则,就只能是欲速则不达。

(五)如何提高电子邮件的被阅读率

现在网民平均每天收到的电子邮件数量越来越多,其中有个人通信邮件,也有许可电子邮件营销邮件,但更多的是未经许可的垃圾邮件。对于非经客户许可而发送的商业广告信息,通常未经阅读就被直接删除了,即使对于经过客户许可的电子邮件,也并非每封邮件都会被客户阅读,事实上,邮件的有效阅读率可能并不高。

但是阅读率的高低会直接影响电子邮件营销的最终效果,因此,了解客户阅读习惯,提高电子邮件的阅读率,对于电子邮件营销具有重要意义。一般来说,邮件标题、发信人、收信人,以及邮件内容本身对于客户的阅读都有重要影响。

2002年10月初,尼尔森诺曼集团发表了一份有关电子刊物有效性的调查报告,调查表明,电子刊物在网络营销中的价值非常显著,甚至超过了网站本身,订阅了电子刊物的客户不需要每天浏览网站,便可以了解到企业的有关信息,对于企业品牌形象和增进客户关系都具有重要价值。但是,即使是客户自愿订阅的邮件列表,也不可能达到100%的阅读率,有些客户虽然在列表上,但对于收到的邮件也不一定阅读。该调查表明,大约27%的邮件从未被客户打开,被完全阅读的邮件只有23%,其他50%的邮件只是被部分阅读,或者被简单浏览一下。要提高电子邮件的被阅读率的方法有以下几个。

1. 邮件标题要提供收件人感兴趣的信息

与一般电子邮件一样,电子邮件营销中邮件的标题也非常重要,一个醒目并且具有价值的标题不仅能让客户将电子邮件与垃圾邮件区别开来,而且有助于客户决定是否打开并阅读邮件内容。不同类型的邮件主题对于客户的阅读决策有不同的影响,并且客户的性别差异也比较明显。表2-1是知名网络广告公司Double Click针对吸引客户的邮件主题的调查结果。

表2-1 吸引客户的邮件主题

类别	男	女
吸引力的信息/新闻	69%	46%
提供折扣	50%	64%
新产品发布	37%	39%
提供免费配送	28%	43%

当然,电子邮件营销的收件人,即企业的潜在客户,一定不会只是男性和女性两种类别区分,还可以从年龄层、收入层、教育背景、关注面和消费品质要求等方面加以区分。针对

不同的客户特征，多采用能引起他们兴趣的标题，这样会改善电子邮件营销的效果。

2. 发件人要让收件人产生信任

邮件主题和发件人两项因素对客户的阅读决策都很重要。如果是客户经常接收的电子邮件（如自己订阅的邮件列表、购物网站的会员通信等），发件人已经获得客户的认可，邮件主题就成为主要的因素。例如，一个知名网站（如 eBay、Dell、Alibaba 等）发来的信息，因为你了解这个公司，对这些公司存在信任感，因此不会轻易将这种邮件视为垃圾邮件，而是看主题是否有吸引力。

而对于第一次发送的邮件，或者发件人信息并不固定的情形，发件人本身信息的影响甚至会超过邮件主题。Double Click 的研究表明，60% 的被调查者认为邮件的发件人对于邮件是否会被打开起决定作用，认为邮件主题发挥决定作用的调查者占 35%。

一般来说，电子邮件营销中邮件应该如实显示发件人信息，再配合邮件主题，以给客户提供真实的信息。这样，一方面，即使客户不打开邮件也可以在一定程度上起到宣传的效果；另一方面，客户也可以根据发信人是否和自己有关来判断要不要阅读邮件内容。

有些电子邮件营销中邮件为了获得较高的阅读率，将发件人和主题都设置得标新立异，夸大其词却无实际内容。这样的邮件可能会多获得一些点击，但却容易让人对邮件广告本身的诚信产生怀疑，甚至产生厌烦心理。如果经常使用，就会变成垃圾邮件。

3. 内容是留住读者的最后机会

如果收件人看了邮件主题和发信人之后决定不打开邮件，那么无论多么有价值的邮件也与垃圾邮件无异，这封邮件很快将会从客户的计算机上消失。但是，还有最后一点希望可能使客户回心转意的这就是邮件正文内容。

虽然内容这个区域不大，但充分利用这一点营销资源，向客户推广你的信息、品牌、产品和服务，也可以起到一定的效果。正文中的内容之所以重要，还有另一层意义，因为已经决定打开邮件的客户，也不一定都会认真看完邮件的全部内容，尤其是邮件内容比较复杂时。这时候，邮件正文显著位置的内容就显得尤为重要，因为这使客户花很少时间就获得对他有价值的信息成为可能。因此，在邮件中设计最重要的信息、最有可能引起客户关注的内容是非常必要的，如内容提要、企业 LOGO、新产品信息和优惠措施等。

4. 要让收件人感觉邮件与自己有关

这往往是容易被忽视的内容，但正确显示收件人的信息，使邮件看起来像是一对一的个性化电子邮件，会让收件人的感觉要更好一些。如果在邮件标题栏就能看到自己的名字，用户往往会进一步关注邮件内容。有些资料认为，以客户姓名为抬头的邮件点击率可以高达 40%~50%，这虽然是未经证实的数据，但至少可以相信，有收件人称谓的电子邮件比没有邮件称谓的电子邮件受关注的程度要高得多。

综上所述，邮件主题、邮件内容、发件人和收件人等是邮件列表内容的基本要素，但很多邮件列表却存在诸如发件人信息不完整、无收件人电子邮件地址等问题。有些邮件不能直接回复，也没有相关的回复说明，这不仅为客户反馈信息增加了麻烦，对邮件列表经营者也有一定的负面影响。如果明确发件人信息并且邮件可以直接回复，不仅方便了客户，增加了企业品牌宣传的机会，同时也是电子邮件营销邮件区别于垃圾邮件的重要标志之一。另外，邮件内容主题或内容中没有该邮件列表的名称也是较普遍的现象。当一个网站有若干个邮件列表，而客户同时订阅了多个邮件列表时，客户仅从邮件主题中不一定能完全读到这是关于什么方面的信息，就需要电子邮件营销者在邮件内容中表现出更多的信息。此外，经过一段时间之后，有些客户可能忘记自己曾经订阅过该邮件列表，为了避免不必要的误会，在邮件内容中给予说明是很有必要的。

（六）如何避免邮件成为垃圾邮件

1. 何谓垃圾邮件

电子邮件被用于营销的目的可以追溯到1994年4月劳伦斯·坎特和玛莎·西格尔的邮件营销。1994年4月12日，这对亚利桑那州的律师夫妇使用了一个自制的脚本软件，发送"绿卡抽奖"的邮件广告到每一个他们可以发现的新闻组。这个"邮件炸弹"让许多服务商的服务一时处于瘫痪状态，引起了轩然大波，整个互联网也随之改变：这对律师夫妻从网上赚钱后半年多时间，网络广告才正式诞生，此后15个月全球著名的亚马逊网上商店才成立。这两位律师在其后所著的《网络赚钱术》中说，他们只花费了20美元的上网通信费，就吸引来25 000个客户，赚了10万美元。但当时这对夫妇的举动得到了愤怒的回应，看上去似乎所有人都不能容忍在互联网这种新兴的媒体上又出现了烦人的广告。因此数千人表达了自己的愤怒，一个新的词语SPAM被创造出来，用来形容那些不请自来的广告邮件。这就是垃圾邮件的由来（同时需注意到，此后不久，电子邮件的普及性和易用性就使电子邮件成了最受欢迎的网络营销工具之一）。

尽管发送垃圾邮件是不道德甚至违法的，但不可否认垃圾邮件有时会有一定的效果，并且由于成本几乎可以忽略不计，因此仍然有很多企业在大量发送垃圾邮件，期望从垃圾邮件中获得惊喜。但是，我们也看到了垃圾邮件获得的另一种立竿见影的"效果"，一个以上网指南知名的教学网站管理员收到用户投诉：深圳一家提供企业建站服务的公司，未经许可发送垃圾邮件，而该教学网站和发送垃圾邮件公司的网站首页有LOGO互换链接，因证据确凿，管理员当即决定取消和该公司的链接。所以，一个注重自己声誉的公司不仅不会发送垃圾邮件，而且也不会与那种不讲究商业道德的网站互换链接，为发送垃圾邮件的公司提供支持和宣传。因为发送垃圾邮件而产生负面影响的企业不在少数，但知名公司往往更加注重积极改变自己的形象，以将负面影响尽可能降低。据《客户关系营销技巧》（汉斯·彼得·布隆德默著，高云等译）一书的介绍，网上零售巨头亚马逊在成立初期也曾向几千个客户发送过垃圾邮件，对此极为不满的客户将邮件内容向媒体公布，媒体上刊出了以"亚马逊是垃圾邮件提供者"为标题的文章。该文章自然损害到亚马逊的品牌形象。好在亚马逊对此比较重视，立即停止发送这种未经许可的电子邮件，并且在公众媒体上发表了新的电子邮件和隐私政策，才适时挽回了亚马逊一向良好的声誉。

国内一些已经成为"知名网站"的公司，在创建之初也有不少是靠发送垃圾邮件起家的。由于当时上网的人数比较少，每周收到的邮件也很少，对于垃圾邮件不会有太大的反感。如果是和自己有关的信息会比较注意，有些新上网者由于网友不多、业务也暂时和网络关系不大，很少收到邮件，有时甚至希望多收到一些广告信息。

现在与1999年之前的情形有很大不同，垃圾邮件在人们心目中已经没有多大的可信度，效果也非常有限，据一些垃圾邮件发送者反映，发送10万封垃圾邮件后获得的反馈寥寥，其中还有一部分是客户表示愤怒的，更不用说实现什么交易了。而且发送垃圾邮件的过程并不轻松，有时还提心吊胆，自己的邮件服务器轻易不敢使用，担心被查封，只好偷偷摸摸用别人的服务器来发送，这当然会面临很多问题。

2. 避免被当作垃圾邮件

Return Path 公司 2013 年上半年的"关于邮件被拒收和过滤的报告"显示，有 17% 的许可电子邮件没有被互联网服务提供商（ISP）发送到接收者那里，却被错误地当作垃圾邮件。由于 ISP 和客户使用了垃圾邮件过滤器，营销人员千辛万苦制作的许可邮件，许多却送不到潜在接收者那里。许可电子邮件营销公司 E – Mail Networks 为了改善邮件投递的成功率，提供了以下几个技巧。

（1）注意标题

避免利用"收件人""抄送"和"暗送"将一封邮件发给大量的接收者。确定一封邮件每次仅发一人。

（2）精心制作主题

写一个能够使人信任的主题。避免使用垃圾邮件常用的单词和符号，如"free（免费）"、全部用大写或感叹号等。

（3）响应电子邮件的要求

要在电子邮件中含有"退订"的超级链接，因为订阅者可能会要求你将他的地址从你的数据库中删除。对于退订的客户，企业应该马上执行，并将处理的结果通知他，响应他们的要求，有助于避免不必的抱怨。这样做有助于增加你的订阅率，而且当你的公司万一因垃圾邮件被调查时，它可以证明你是一个许可电子邮件营销公司，而不是垃圾邮件的制造者。

（4）加入白名单

与黑名单或灰名单相比，白名单指邮件接收者愿意接收邮件的发件人的名单。例如，像 AOL 和 Earth Link 这样的 ISP，就允许客户将电子邮件地址加入他们个人的白名单里。列在这个表里的电子邮件地址就可以通过顺利 AOL 和 Earth Link 的垃圾邮件过滤器。浏览者在你的网站上订阅时，你可以请他们将你的地址加入他们的白名单中。你也可以在适当时候，请求那些使用自己电子邮件程序（如微软的 Outlook）的垃圾邮件过滤器的客户，将你的邮件地址或域名添加进他们的"安全发件人"列表。

（5）跟进你的退回邮件

当一个特殊邮件多次被退回，你可以亲自联系接收人，并请他们将你的地址加入他们的白名单。如果你得不到他们的响应，就要尽快从你的数据库中将这些电子邮件地址删除。如果你使用的是电子邮件管理软件，就设法找出无效的邮件地址并删除它们。

第三节　第三方电子商务平台营销

一、第三方电子商务平台概述

面对经济全球化、竞争国际化的严峻形势，中国中小企业的生存、发展必将面临前所未有的困难。网络营销和电子商务的迅速普及，无疑给广大的中小企业带来极其难得的发展机遇。探索适合中国中小企业特点的电子商务模型，充分发挥中小企业的自身优势，已成为所有中小企业迫切关心的问题。这不仅对中小企业自身的生存、发展意义重大，而且对保持国民经济持续、健康、稳定发展具有深远影响。现在的问题不是要不要使用电子商务，而是要探索一种适合中小企业发展的电子商务模式，这一模式就是第三方电子商务模式。

所谓第三方电子商务模式，其实质就是企业依托第三方电子商务平台展开电子商务。第三方电子商务平台是指提供电子商务服务的网络平台供应商，它可以为多个买方和多个卖方提供信息和交易等服务。目前在全球比较知名的第三方电子商务平台包括阿里巴巴、亚马逊和环球资源等。其特性包括保持中立立场以得到参与者的信任、集成买方需求信息和卖方供应信息、撮合买卖双方、支持交易以便利市场操作。买卖双方在第三方电子商务平台上发布买卖信息，能够很好地利用第三方电子商务平台的规模效益。

买卖双方成为第三方电子商务平台的会员后，就可以在这个平台上拥有自己的网页，并按照平台预先设定的标准网页格式发布自己公司的产品及供求信息。第三方电子商务平台以其较强的市场推广力度、相对庞大的信息量服务于制造业的流通渠道和零售终端甚至资金流，为生产企业和潜在买家搭建起高效的信息交流平台，获得很多企业的青睐。

因此，选用第三方电子商务平台是买卖双方应用电子商务的一种不错的选择。第三方电子商务平台是以客户为中心的开放式中立商务平台，是一种有盈利潜力的电子商务模式。其解决方案对买方和卖方都有益处，主要表现在以下几个方面。

①使交易双方不需要直接连接对方网络，而只需要访问第三方界面，节省了大量费用。

②大量卖方通过第三方电子商务平台发布信息，可以吸引更多的买方访问平台，从而增加卖方的商业机会。

③买方可以自由搜寻自己需要的产品和服务，而不限于和特定的卖方交易，这使卖方不只在价格上，还要在质量、交货时间和定制化生产等方面展开竞争，从而促使整个网络商业环境的良性循环。

④中小企业与单独的买方或卖方一般没有大的交易量，因此，相比买方系统或卖方系统，这样的市场解决方案对于中小企业更实用，为中小企业应用电子商务提供了有力的支持。

除了为买卖双方提供信息服务，第三方电子商务平台还提供一些附加服务，为企业提供需要的相关经营信息，如行业信息、市场动态等；为买卖双方提供网上交易沟通渠道，如阿里巴巴即时通信工具贸易通、阿里巴巴电子邮件等。阿里巴巴网站还可以根据客户的需求定期将客户关心的买卖信息发送给客户，并提供客户管理功能，还可以为会员企业提供网上交易管理功能，包括客户信息、沟通历史记录、报价和订单资料等。

第三方电子商务平台给企业带来的另一个好处是拓宽市场范围。网上市场是无国界的，平台使得企业可以将市场覆盖到原来无法企及的地区，同时向国外延伸，这样就增加了企业尤其是中小企业的商业机会。与此同时，也使中小企业获得更多与大企业平等竞争的机会，使企业赢得更大的发展空间。从庞大的、透明的信息中，企业更容易发现自己的产品发展方向，能够集中资金发展企业核心业务。当然，中小企业之间的竞争也更趋激烈，使所有参与网络经济的各方能够做到更好地降低经营成本、提高经营效率。因此，第三方电子商务平台对中小企业既是机会也是挑战。

二、第三方电子商务平台和企业网站的关系

从企业作为卖方的角度来讲，它的网络营销可分为基于无站点和企业站点两种方式。所谓无站点，是指企业仅仅通过第三方电子商务平台做网络营销；而建立企业网站即基于

"企业站点"进行网络营销。

通过建立企业网站,企业可以拥有一个属于自己而又面向广大上网受众的信息载体,而且这一信息载体的形成是高效率、低成本的,这是其超越传统媒体的一个特点。企业网站信息由企业自行发布,没有传统媒体的时间、版面等限制,可以伴随企业的进步发展不断实时更新。企业网站可应用虚拟现实等多媒体手段吸引受众并与访问者进行双向交流,及时有效地传递并获取有关信息。这些都是吸引企业上网宣传、使其由内部或区域宣传转向外部和国际信息交流的重要因素。

截至 2019 年 12 月底,我国域名总数为 5094 万个,其中".CN"域名总数为 2243 万个,较 2018 年底增长 5.6%,占我国域名总数的 44.0%;网站数量为 497 万个,其中".CN"下网站数量为 341 万个,占网站总数的 68.6%。域名运营商威瑞信发布数据显示,截至 2019 年 12 月底,全球顶级域名注册数达到 3.623 亿个。这意味着,在互联网上,一个企业的信息很有可能被浩如烟海的互联网信息淹没。企业网站相当于是企业的一张名片,尽管可以在名片中尽可能多放些宣传信息,却也不得不面临另一个难题,即企业的名片很有可能无法传递到它的潜在客户手中。因此,企业网站如何让人知晓成为很多企业网络营销共同关心的话题,时下流行的搜索引擎、网络广告和邮件列表等都可以在一定程度上解决这个问题。例如,企业可以通过在搜索引擎里留下链接网址,以被潜在客户注意到,也可以以购买网络广告的形式引人注意。此外,第三方电子商务平台也是不错的选择。

那么,第三方电子商务平台和企业网站这两种方式有什么关系?它们又是怎样互补的呢?可以从下列几个方面来说明。

从企业开展网络营销的一般程序来看,完成企业网站建设不是网络营销的终点。网络营销的各种职能(如网站推广、在线顾客服务等)的实现依赖于网站建设,而这些网络营销方法也是第三方电子商务平台的重要功能。因此,企业网站的策划和建设是第三方电子商务平台的重要条件。

从企业网站在网络营销中所处的地位来看,网站建设是网络营销策略的重要组成部分。通过第三方电子商务平台有效地开展网络营销离不开企业网站功能的支持,网站建设的专业水平同时也直接影响着在第三方平台及其他搜索引擎中进行网络营销的效果,表现为客户对企业品牌形象的认可,在搜索引擎中被检索到的机会等多个方面。因此,在网站策划和建设阶段,就需要考虑将要采用的网络营销方法对企业网站进行要求,如网站功能、网站结构、搜索引擎优化、网站内容和信息发布方式等。

由以上可见,企业通过第三方电子商务平台对其建立的自身网站进行网络营销,实现网络品牌推广是很重要的工作。

企业上网宣传是网络营销的起步和基础,也是目前大部分中国企业网站的基本目标。然而,上网并非只是上线,建立企业网站并不断更新、增添信息,网站才会有生命力。否则,像传统媒体宣传广告中的那种陈年老面孔,只会被网民遗忘。

企业通过第三方平台上专属网页的企业网站链接,使那些已经初步了解企业的潜在客户在有需要时,能够知道更多有关企业的优势和特色,从而使企业不仅仅被知道,还能吸引客户愿意、并有机会与企业做更多的沟通,以此达到更好的网络营销效果。所以企业网站和第三方电子商务平台是一种相辅相成、互补互助的关系。企业网站可以承载更多更个性化的企业信息,而第三方电子商务平台则可以利用自己的网络知名度帮企业迅速完成其在互联网上的推广。

三、选择合适的第三方电子商务平台标准

现在有很多企业已经认识到利用第三方电子商务平台配合自己的企业进行网络营销的重要性。有些企业尝到电子商务的甜头后，会选择在视线所及的所有免费或付费的电子商务平台上进行注册，因为这些电子商务平台的海量信息本身就意味着最大产品信息曝光率，足够的曝光率意味着足够的网络询单。但是结果往往事与愿违，很多企业在他们选择的那些电子商务网站平台发布信息后，却没有得到预想的效果。这些企业会觉得很困惑，我们发布的信息的质量应该是不错的，但是反馈者寥寥无几，到底是什么原因呢？其实，最根本的原因是，企业没有意识到依托一个好的第三方电子商务平台的重要性。有了企业网站，要做好网络营销，选择一个合适的电子商务平台是企业首先要保证的，也是很关键的。

那么，好的电子商务平台的标准是什么？主要判断依据是该平台的人气。人气表现了商业网站的核心竞争力和对客户的吸引力。人气旺的平台，商机才多，所以人气是我们选择电子商务平台的首要考虑因素。下面介绍如何判断一个平台人气的方法。

（一）考察平台的综合信息量

评价一个电子商务平台的综合信息量，可以先看栏目设置。一般而言，栏目很少的平台，综合信息也不会很多。但实践中，评价一个平台综合商务信息的多少，也要全面权衡，不能光看栏目设置。栏目只是一个电子商务平台的架构，光有栏目而无内容，或栏目挺多，但内容很空，或内容更新不及时，对平台的潜在客户来说都是无价值的。

以阿里巴巴中国站为例，它的主要信息服务栏目包括以下几个方面。

①商业机会：有 30 多个行业近 5900 个产品分类的商业机会供查阅，可以提供大约上亿条供求信息。

②产品展示：按产品分类展示阿里巴巴会员的各类图文并茂的产品信息。

③公司全库：公司网站大全，目前阿里巴巴国际站的商品已覆盖全球 200 多个国家和地区，年度活跃消费者在全球范围内近 10 亿。客户可以通过搜索寻找贸易伙伴，了解公司详细资讯。会员也可以免费申请自己的公司加入阿里巴巴"公司全库"中，并链接到公司全库的相关类目中方便会员了解公司全貌。

④行业资讯：按行业分类发布最新动态信息，会员还可以分类订阅最新信息，并直接通过电子邮件进行信息接收。

⑤价格行情：按行业提供企业最新报价和市场价格动态信息。

⑥以商会友：商人俱乐部，在这里会员可以交流行业见解，谈天说地。其中咖啡时间为会员每天提供新话题，为会员分析如何做网上营销等话题。

⑦商业服务：提供航运、外币转换、信用调查、保险、税务和贸易代理等咨询和服务，这些栏目为客户提供了充满现代商业气息、丰富实用的信息。

（二）考察平台的信息更新量与人气指数

平台信息能不能经常更新、是否每日更新，是衡量该平台人气足不足的试金石。信息的动态更新量，反映了一个平台的管理机制是不是灵活，它的资源是不是有吸引力。就像一条河，如果没有涓涓细流时时流入，怎能汇成奔涌的长河？考察一个平台的商务信息的动态更新量，还要注意不能只看一个栏目、一种产品，因为这样做不足以了解平台的全貌。例如，

可从行业内电子商务平台竞争力角度分析，从流量及服务两个方面对综合 B2B 电子商务平台进行分析。在流量方面，近年来阿里巴巴遥遥领先于其他综合 B2B 电子商务平台，且供应链一体化服务完善，数据挖掘与分析方面同样领先于其他电商，具有绝对的龙头优势。2018 年主要综合 B2B 电子商务平台浏览及排名情况，如表 2－2 所示。

表 2－2　2018 年主要综合 B2B 电子商务平台浏览及排名情况

序号	B2B 电商	百度权重	日均 IP	日均 PV	ALEXA 排名
1	阿里巴巴	9	2 668 900	16 041 600	174
2	慧聪网	8	156 400	431 700	3993
3	焦点科技	6	247 500	975 200	2200
4	敦煌网	4	327 100	2 595 500	1185
5	网库集团	4	176 800	707 100	3203
6	国联股份	2	13 800	224 000	37 260

当然，平台的信息更新量大并不能完全说明信息的真实有效。检验平台信息真实有效的做法通常是利用社交网络和站内短信等多种方式与某几条信息发布者进行联系，如果对方回复很快，说明发布信息的人很看重这个平台，总能及时登录平台维护和更新信息，这本身就是平台人气的表现。

（三）考察平台的环境信息能力

电子商务平台的环境信息能力是一种满足客户需求的整体服务能力和综合服务能力，是平台商品意识、服务意识的一种综合表现和反映。平台的环境信息主要包括网络营销过程中涉及或需要延伸服务的相关信息，如网络支付、物流配送、进出口代理、保险和诚信安全等。

网络营销过程中需要查找和参考的资料信息的齐全、丰富与否，也是平台环境考察的重要内容，如平台主动提供的行业动态、政策法规及各地价格行情等。

阿里巴巴在环境信息方面是同类平台的佼佼者，它不但提供所有会员共同关注的综合内容，也会有针对性地提供行业信息，如与中国服装网、中国化工网等合作，建立服装、化工等专门频道，提供更鲜活、更专业的服装、化工等行业信息。

四、第三方电子商务平台的盈利方式

第三方电子商务平台的盈利方式有以下几种。

（一）会员费

企业通过第三方电子商务平台参与电子商务交易，必须注册为 B2B 电子商务平台的会员，每年要交纳一定的会员费才能享受平台提供的各种服务。目前会员费已成为我国 B2B 电子商务平台最主要的收入来源。

（二）广告费

网络广告是门户网站的主要盈利来源，主要是根据其在首页的位置及广告类型来收费。例如，中国化工网有弹出广告、浮动广告、横幅广告、文字广告等多种表现形式供客户选择。

（三）竞价排名

企业为了促进产品的销售，都希望在 B2B 电子商务平台的信息搜索中将自己的排名尽量靠前，而网站在确保信息准确的基础上，根据会员交费的多少对排名顺序作相应的调整。

（四）增值服务

B2B 电子商务平台通常除为企业提供贸易供求信息外，还会提供一些独特的增值服务，包括企业认证、独立域名、行业数据分析报告、搜索引擎优化等。例如，现货认证就是针对电子商务行业提供的一种特殊的增值服务，因为通常网络采购商比较重视供货是否能够及时这一问题。

（五）线下服务

线下服务主要包括展会、期刊、研讨会等。通过展会，供应商和采购商可以面对面地进行交流，一般中小企业比较青睐这种方式。期刊可以发布行业资讯等信息，期刊里也可以植入广告。

（六）商务合作

商务合作包括广告联盟、政府、行业协会合作，传统媒体的合作等。广告联盟通常是网络广告联盟，亚马逊通过这个方式已经取得了不错的成效，但在我国，联盟营销还处于萌芽阶段，大部分平台对于联盟营销还比较陌生。当前比较成熟的广告联盟有百度联盟、谷歌联盟等。

（七）按效果付费

所谓"按效果付费"服务，是指供应商自愿依据第三方电子商务平台为其推广带来的效果支付服务费的一种增值服务。按效果付费系统融合了谷歌竞价排名和传统 B2B 两种模式的精华。目前谷歌竞价排名是根据客户出价高低决定网站排名，但按照实际点击付费，而传统 B2B 服务采用固定年费的形式，不同服务等级的价格不同。供应商采用"按效果付费"服务，决定付费的前提在于供应商通过网站收到的有效询盘，供应商在收到买家的大量询盘后，可以根据询盘的内容来自主判断是否为有效询盘，平台只对供应商自主筛选后的有效询盘收费。

五、第三方电子商务平台的营销方式

有了好的电子商务平台，是不是就万事大吉了？实际上，平台是基础，发布信息是工具，客户服务是核心。现实当中往往能看到、听到很多中小企业主的片面做法，由于对网络营销认识的局限性，很多企业主抱着投机心态，认为只要上了网就不愁没有客户，认为全中国 9 亿多的网民，只要其中一些人浏览了我的网站，就有发财的机会。同时，这些企业主对网络营销也缺乏清醒的意识和判断，以为只要发布了信息，就不愁没有人来询盘，成交也就指日可待，完全忽略了网上竞争比传统社会竞争更激烈的客观事实。那么，应该怎样理性对待第三方电子商务平台呢？如何才能更好地利用它展开网络营销呢？下面简要地从信息发布、优化二级页面和关键词竞价排名三个方面来进行分析。

（一）信息发布

信息发布，顾名思义就是将产品或供求信息发布在网上。在当今网络普及的年代，大部分人都有网上寻找自己所需信息的经验，很难被一条毫无特色的网上信息所吸引。信息发布的主要内容包括信息标题、图片和产品描述等，好的信息发布是任何上网企业首先要掌握的第一步，因为这将直接影响到网络营销的效果。标题能否引人入胜，会直接影响买家是否会仔细看你的信息。如果只是平淡无奇的标题，相信买家"仅仅路过"的机会比较高。要设计出引人入胜的标题，需要多做换位思考，从客户的喜好角度去唤起购买欲望。一位营销专家曾说过，在网上卖产品其实就是卖感觉，首要任务就是处理好产品图片，图片清晰才能很好地表达产品，并能吸引人的眼球，使产品成为客户的首选。客户通过图片对产品有了选择，接下来更关心的是产品的细节，如果没有产品描述，客户无法进一步地了解产品，很可能将产品信息过滤掉；如果产品描述不到位，也会造成客户离去。所以，专业到位的产品描述也是一条好的产品信息必不可少的条件。

（二）优化二级页面

如果关键词设置到位，产品图片及产品描述有吸引力，客户就会被吸引到厂商在第三方电子商务平台上的网页上。这个网页相当于生活中的实体商店，商店布局是否合理，商品的摆放是否让人觉得愉悦，潜在的客户是否不用费劲就能够找到产品线中他最想要的那一个，这都取决于网页的质量。网页的质量主要在于产品的展示和公司的展示，而产品组则是公司网页最重要的表征。

产品组就是供应商在网站上展示的某类产品的集合，即供应商对经营的多种产品按某些特征分类成组，按组发布产品。这样，客户在进入网店后，如果还对这个页面以外的其他产品感兴趣，按照产品组很容易地就能找到。

不同产品线的产品、同类商品都可以通过设置成产品组，方便管理。例如，如果产品线全做女式服装，就可以按服装的风格分成女士职业装、女士休闲装和女士晚会装等。

对于公司来讲，产品是不断更新的，所以每个产品组内的产品都要及时删减。即使是最热销的产品组内的产品，受客户的关注情况也不同，所以也需要对产品组内的产品不时地调整排列顺序。

（三）关键词竞价排名

在网上激烈的竞争中，仅仅让产品和供应信息出现在客户的搜索结果里是远远不够的。很多时候，由于行业竞争的激烈程度，供应商希望产品供应信息出现在客户搜索结果中最显眼的位置，从而增加被客户看到的概率。例如，阿里巴巴为了帮助会员达到这个效果，平台向所有会员开放了关键词竞价排名服务。

什么是关键词竞价排名？关键字竞价是阿里巴巴专为诚信通会员推出的搜索排名服务。参与关键词竞价的会员竞价成功后，客户在阿里巴巴用关键词搜索供应信息时，该会员发布的与竞价关键词对应的供应信息会排在阿里巴巴中文网站"供求信息"及"供应信息"搜索结果页面第一页的前三名，且长达一个月时间，使会员不必每天重发信息就可以排在客户搜索结果的前面。竞价排名最大的作用是提高会员在客户面前的曝光率，并因此获得更多的询盘机会。经阿里巴巴统计，排名前三的企业的供应信息，它所获得的客户询盘量，比普通信息要高出 16 倍。竞价的另一个作用是能提升企业的知名度和整体形象。想象一下，假如客户每次搜索信息时，都看到你的信息排在同行的前面，那么在客户眼里，你就更有实力。

选择关键词是重点，那么怎样选择合适的关键词呢？

①参考推荐关键词的客户搜索量。这个搜索量以横条显示，横条越长，说明客户搜索量越高，一般来说竞价效果也越好。

②查看产品供应信息数。用关键词搜索后，同类产品供应信息越多，表示这个行业的竞争越激烈，排名前三的价值也越大。

③结合推广目的进行选择。品牌推广可以选择搜索次数高、具有行业覆盖面的词。

④让对口的客户更精确地找到。例如，竞价产品是女鞋，就直接竞价"女鞋"这个关键词，也可以选用与竞价产品密切相关的词，如"鞋""皮鞋"等。

需要注意的是，想利用好竞价成功的关键词，还要做好两件事。一是按时付款。例如，在阿里巴巴上竞价成功者务必在竞价结束后的三个工作日内付款，会员可以通过支付宝支付。为了保证款项及时到达，会员可以登录"我的阿里助手"，打开"关键词竞价"栏目下的"我的竞价账户"，查看充值记录，以免因资金不能及时到位而失去竞价成功得来的推广机会。二是绑定商业信息。会员可将竞价成功的关键词与自己在平台网站发布的供应信息进行绑定，这样就能够及时收到供应信息。

在第三方平台上，发布信息、优化自己的二级页面都是基本功，是依托第三方平台进行网络营销必需的基本工作，而关键词广告方法的应用使信息更易于被客户找到。这些都是从客户角度出发的，让客户更容易看到我们所发出的供应信息。英语里有句谚语"Last one is not the least one"，意思是最后面的并不一定是最不重要的。同理，更好地利用第三方平台，除了上面提到的内容，还要具有主动出击的能力。

要想取得更好的网络营销效果，供应商会员还应尽量积极参与知名电子商务平台的各项推广活动。例如，在网站的首页申请广告位；在国际性电子商务平台上参展，争取"露脸"的机会；积极参与平台的网上库存拍卖活动及平台在各地的网商论坛活动等。一位在阿里巴巴平台经营的网商曾说过："我不会错过任何一届网商论坛，因为它能发挥的经济效应远远超出几个订单。一方面，我能从各地网商那里汲取更多营养；另一方面，论坛大大提升了我和我公司的知名度。每次参加完阿里巴巴论坛，公司的业务电话就会激增。现在不得不将服务热线大大增加。一段时间下来，询盘量翻三番，每天已经接近100条。"由此可见，利用阿里巴巴平台多多"露脸"，可以分享外贸知识，或贡献电子商务经验，只要一直保持这种网络热情，收获便指日可待。

第四节　微博营销

一、认识微博

微博，即微博客（Microblog）的简称，自2006年美国网站"Twitter"（推特）推出了微博客服务以来，国内微博也悄然兴起。经历了微博引入、探索和群雄逐鹿之后，发展到今天，新浪微博一家独大，微博也成了新浪微博的代名词。新浪微博从最初的支持140字左右的文字发布，到现在已进化到支持长文字、多图片、短视频和长图文的发布。

当前，新浪微博月活用户达到3亿多，日均使用时长是34分钟。此外，新浪微博用户明显要更加年轻。25岁以下的用户占了微博用户人数的57.4%。在微博的用户中，男性用户更喜欢表达观点，因此发微博更频繁。女性用户更喜欢关注名人状态，因此更喜欢刷微博而不是发微博，有18.4%的女性用户几乎从不发微博。微博自诞生到现在，一直在改变着我们的生活，比如获取和传播信息的方式，比如人际交往、信息传递等。同时，微博用户群又是中国互联网使用的高端人群，这部分用户虽然占不到中国互联网用户的50%，但他们是城市中对新鲜事物最敏感的人群，也是中国互联网上购买力最高的人群。

微博作为移动互联网时代新媒体的典型代表，具备鲜明的特点，微博传播模式表现为人人都是发布者和传播者、传播内容碎片化、传播效果裂变化等特征。

CNNIC 发布的《中国互联网络发展状况统计》显示，2018 年中国微博用户规模为35 057 万人，与 2017 年末相比增长了 3456 万人，在整体网民数量中微博用户数比例达到 42.3%。微博的强社交属性让它依然是各个热点内容输出与品牌曝光的重要途径。

二、微博营销的价值

微博是社会化媒体中用户极其活跃的社交平台，它因内容短小、发送信息方便而彻底改变了媒体和信息传播的方式，不仅如此，微博的信息还可产生病毒式传播，使得微博具备极高的营销价值。

微博营销是指以微博作为营销平台，利用更新自己的微博、联合其他微博来设计跟网友的互动，或者发布大家感兴趣的话题让网友主动关注、评论、转发等，从而达到营销的目的。该营销方式注重价值的传递、内容的互动、系统的布局、准确的定位，微博的火热发展也使得其营销效果尤为显著。微博营销涉及的范围包括认证、有效粉丝、朋友、话题、名博、开放平台、整体运营等。自 2012 年 12 月后，新浪微博推出企业服务商平台，为企业在微博上进行营销提供一定帮助。对于企业和个人而言，微博的营销价值可分为三点来实现：品牌传播、客户关系管理、市场调查与产品开发推广及危机公关。微博在营销中的意义主要体现在以下几个方面。

（一）微博是品牌传播的利器

微博的信息传播模型可概括为"微博传播 = 人 + 情绪 + 行为"。其中，人是意见领袖和忠实粉丝；情绪是为客户制造一个传播的理由；行为是引导用户创造内容，如网友的评论、转发、晒图等。对于一个企业来说，可利用微博展示企业品牌形象、产品独特之处和企业文化；与目标消费者建立情感，听取他们对产品的意见及建议；在客户服务上，提供企业前沿资讯、服务及新产品的信息；及时发现客户对企业和产品的不满，并快速应对；通过微博组织市场活动，打破地域及人数限制，实现线上和线下的互动营销。

（二）微博是客户关系管理的绝佳助手

企业可以通过微博进行对客户的挖掘、维护和服务，通过与目标客户一对一沟通、交流和反馈，使客户进行购买或追加，是很多商家推广的基本策略。在以客户为中心的商业模式中，客户关系管理强调时刻与客户保持和谐关系，不断地将企业的产品与服务及时传递给客户，同时全面、及时地收集客户的反馈信息。此外，微博模式的客户关系管理方式，极大地降低了企业进行管理运作的成本。

（三）微博是市场调查和产品开发推广的创新工具

企业可以通过微博与会员之间互动交流，根据会员的意见及时调整产品营销策略与推广进度；还可以借助粉丝对博主的信任，塑造粉丝消费理念。微博既是品牌推手，同时又可能成为扼杀品牌的利剑，当危机事件发生时，微博是很好的公关阵地。

三、微博营销与微信营销、博客营销的区别

博客、微博、微信作为网络时代的社交媒体，从营销的角度来看都属于微营销，它们代表不同时代的社交模式与群体，在营销的内容上与范围上也有一定的区别。

（一）微博营销与博客营销的区别

①信息源表现形式不同。微博营销内容短小精炼，重点在于表达现在发生了什么有趣的

事情，而不是系统的、严谨的企业新闻或产品介绍。而博客营销以博客文章的价值为基础，并且以个人观点表述为主要模式，每篇博文表现为一个独立的网页，因此对内容的数量和质量有一定的要求，这也是博客营销的一个关键所在。

②信息传播模式不同。微博注重时效性，三天前甚至一天前发布的信息可能很少有人再去问津，同时，微博的传播属于病毒式的，一条微博除了自己的粉丝可以浏览外，自己的粉丝进行转发后他们的粉丝也能浏览和转发，这样就可以达到一传十、十传百的效果，因此，微博是一个快速传播简短信息的方式，而博客却不同。博客营销除了客户可以直接进入网站浏览外，还可以通过搜索引擎获得持续的浏览。博客时效性不高的特点决定了博客可以获得多个渠道客户的长期关注，这也是博客营销需要更加注重提高博文质量的原因。

③用户获取信息的差异。微博营销的客户可以利用电脑、手机等多种终端方便地获取微博信息，发挥零散时间的价值。而博客营销的客户在信息获取上远不如微博方便、快捷。所以，企业只有把微博营销和博客营销相互结合起来，共同促进企业品牌、产品信息的传播，才能促进企业的快速发展。

（二）微博营销与微信营销的区别

微博和微信是目前使用最多的两个社交平台，在营销方式上它们有以下区别。

①微博用户的操作是电脑端和移动端并存，微信基本是移动端。

②微博多是发布信息，微信主要是交流。微博更像是新闻媒体平台，微信则倾向于社会化关系网络。

③在范围上，微博是广场文明的代表，它面对的是粉丝；微信是社区文明，它面对的是"熟人"社会。

④微博是媒体，微信是社交工具。

⑤微博适合曝光，微信适合推送。微博有媒体属性，更适合做企业品牌曝光，维护公共关系和媒体关系；微信是一个社交圈子平台，适合信息的定向推送和客户关系的定向维护。

四、微博营销的技巧

微博营销的技巧包括以下几个。

（一）注重价值的传递

企业微博经营者首先要树立观念——企业微博虽然有"索取"与"给予"之分，但其更是一个"给予"的平台。截至2019年12月底，微博的用户数量已经达到4亿，只有那些能对浏览者创造价值的微博才是有价值的，此时企业微博才可能达到期望的商业目的。企业只有认清了这个因果关系，才可能从企业微博中受益。

（二）注重微博的个性化

微博的特点是"关系""互动"，因此，虽然是企业微博，但也切忌只将其作为一个官方发布消息的窗口，而要让粉丝感觉微博像一个人，有感情，有思考，有回应，有自己的特点与个性。如果一个浏览者觉得你的微博和其他微博差不多，或是别的微博可以替代你，那你就是不成功的。这和品牌与商品的定位一样，必须要塑造个性。有个性的微博具有很高的黏性，可以持续积累粉丝的关注，因为此时的你有了不可替代性与独特的魅力。

（三）注重发布的连续性

微博就像一本随时更新的电子杂志，要注重定时、定量、定向发布内容，让大家养成观看习惯。当浏览者登录微博后，能够想着看看你的微博有什么新动态，这无疑是成功的最高境界，虽很难达到，但我们仍需要尽可能出现在他们面前，成为他们的一个习惯。

（四）注重互动性加强

微博的魅力在于互动，拥有一群不说话的粉丝（僵丝）是很危险的，因为他们慢慢会变成不看你内容的粉丝，最后可能离开。因此，互动性是使微博可持续发展的关键。首先应该注意的问题就是，企业的宣传信息不能超过微博信息的10%，最佳比例是3%~5%。更多的信息应该融入粉丝感兴趣的内容之中。"活动内容＋奖品＋关注（转发/评论）"的活动形式一直是微博互动的主要方式，但实质上奖品比企业想宣传的内容更吸引粉丝的眼球，与赠送奖品相比，能认真回复留言，用心感受粉丝的思想，才更能换取情感的认同。当然，如果情感与"利益"（奖品）共存，那就更完美了。

（五）注重系统性布局

企业任何一个营销活动想要取得持续而巨大的成功，都不能脱离系统性，单纯把营销活动当作一个点子来运作，很难持续取得成功。微博营销虽然看起来很简单，但对大多企业来说效果也很有限，因而其被很多企业当作一种可有可无的网络营销方式。其实，微博这种全新形态的互动形式，很少有人能看到它的潜力，它发挥作用很小的原因是企业投入的精力与重视程度不高。企业想要微博发挥更大的效果，就要将其纳入整体营销规划中来，这样微博才有机会发挥更多作用。

（六）注重准确的定位

微博粉丝众多当然是好事，但是，对于企业微博来说，粉丝质量更重要。因为企业微博最终的商业价值，或许就需要这些有价值的粉丝来实现。很多企业抱怨微博人数都过万了，可转载、留言的人却很少，宣传效果不明显。这其中一个很重要的原因就是定位不准确。例如，企业实施微博营销，就应围绕一些产品目标客户关注的相关信息来发布，吸引目标客户的关注，而不是只考虑吸引眼球，导致吸引来的都不是潜在消费群体。在起步阶段，很多企业的微博都陷入这个误区当中，完全以吸引大量粉丝为目的，却忽视了粉丝是否是目标消费群体这个重要问题。

（七）专业化是核心

企业微博定位准确很重要，但是专业更重要。同场竞技，只有专业才可能超越对手，持续吸引关注的目光，专业是一个企业微博重要的竞争力指标。微博不是企业的装饰品，如果不能做到专业，那企业只会流于平庸。因为，作为一个零距离接触的交流平台，负面的信息与不良的客户体验很容易迅速传播开，并为企业带来不利的影响。

（八）注重控制的有效性

微博的传播速度快得惊人，当极高的传播速度结合传递规模，创造出的惊人的力量有可能是正面的，也可能是负面的，因此，必须有效管控企业微博这把双刃剑。

（九）重方法与技巧

很多人把微博定位成短信，发随笔或闲谈，但是对于一个企业微博来说，就不能如此。我们不是明星大牌，也不是普通百姓，我们开设微博不是为了消遣娱乐，而是以创造企业的价值为己任，任何不以创造企业价值为目的的企业微博都是一种门面装饰。想把企业微博变得有声有色，可持续发展，单纯在内容上传递价值还不够，必须讲求一些技巧与方法。例如，设定微博话题的表达方式就很重要，如果你的博文是提问性的，或是带有悬念的，能引导粉丝思考与参与，那么浏览和回复的人自然就多，也容易给人留下印象；反之，新闻稿一样的博文只会让粉丝想参与都无从下手。

第五节　微信营销

一、微信概况

"2019 年中国主要社交产品的用户数据和使用情况"显示，微信仍然是当之无愧的国民级应用，月活跃用户达 10 亿，用户日均使用时长 60 多分钟，用户日均启动次数达到近 20次。有超过五成的用户表示对微信比较依赖或非常依赖。就微信而言，超过一成用户的好友人数多于 500 人，超过两成用户的好友人数在 200 人到 500 人之间。但是，实际上有超过六成的用户，每周交流的人数不超过 20 人，用户发朋友圈的频率差异也很大。四成用户每天都发，两成用户一个月发不到一次。不过，大家都很爱看别人发的内容，九成用户每周会刷朋友圈，六成用户每天都会刷朋友圈。发朋友圈和刷朋友圈的频次跟年龄的相关性很强，年龄越大的用户，发朋友圈和刷朋友圈都越勤。近六成的 60 后用户每天发朋友圈，而 00 后发朋友圈的频次最低，仅有 14.9% 的 00 后每天发朋友圈。

二、微信营销认知

（一）微信营销的概念

微信营销是网络经济时代企业或个人营销模式的一种，是伴随着微信的火热而兴起的一种网络营销方式。微信不存在距离的限制，用户注册微信后，可与同样注册的朋友形成一种联系，用户订阅自己所需的信息，商家通过提供用户需要的信息来推广自己的产品，从而实现点对点的营销。

微信营销是一种在手机或者平板电脑中的移动客户端进行的区域定位营销，商家通过微信公众平台，结合转介率，在微信会员管理系统展示商家微官网、微会员、微推送、微支付、微活动。目前，已经形成了一种主流的线上线下微信互动营销方式。

（二）微信营销的优势

微信营销的优势包括以下几点。

1. 点对点精准营销

微信拥有庞大的用户群，并且微信是一个交互平台，我们可以更好地了解客户需求，借助移动终端、天然的社交和位置定位等优势，每个信息都是可以推送的，能够让每个个体都有机会接收到这个信息，继而帮助商家实现点对点精准化营销。在微信平台中，品牌信息可以一对一地发送给客户，产生"专享"感受，这是大众媒体无法达到的"境界"。

2. 形式灵活多样

在微信公众平台上，商家可以通过对微信公众平台的推广让客户关注自己的微信公众平台，在公众平台上推广自己的商品、服务等，也可以推广一些小段子获取关注量。其次还可以通过自己的二维码、漂流瓶等多种方式，宣传和推广自己的产品和服务。

3. 到达率高

我们都知道手机上通常会有短信拦截的功能，甚至 QQ 的群发消息也有拦截的功能，但是微信并没有。也就是说，只要在微信上发表东西，你朋友圈里面所有的人都能看到，在微信公众号里面发表东西，也都是能够全部到达微信终端的。微信本身自带的群发助手，可以帮助用户节省大量的营销时间，当然小企业也可以配备自己的智能微信营销系统来替代人工群发，用智能聊天软件来替代人工聊天。微信的到达率比较高，这对营销过程来说是一个很好的策略。

（三）微信营销的功能

微信营销的功能包括以下几点。

1. 分享功能，扩大朋友圈

在互联网世界中，用户通过不断添加好友，看他们分享的视频、文字、音频、图片等来获取更多的信息。人们通常会在看到有人分享了自己感兴趣的内容后，就去查看对方的资料，这可能是个无意间或是习惯性动作，但是在多次看到某个人分享了自己感兴趣的内容后，就会考虑加对方为好友，这样，交际圈就扩大了。

越来越多的运营商看准这个功能，纷纷把目光投向"信息分享"，当"分享"按钮嵌入页面中，用户在看到网站中感兴趣的东西后，就可以点击"分享"按钮，将它分享出去。你可以选择分享到新浪微博、人人网、抖音等平台。当"粉丝们"看到你的分享，就会到你的个人主页中查看内容，这样便增加了你的访问量。你也可以在自己的公司网站中添加"分享"按钮，具体步骤如下：

①打开"分享"按钮进行页面设置。在地址栏中输入目标网站的链接方式。

②选择样式，可以是图标，或是按钮等。图标的大小、是否显示分享数等信息都是可以设置的。

③观察效果，看看是否满意。

④如果以上工作都完成了，可以单击最下方的"获得代码"按钮，将代码复制到你的网站代码中。

现实生活中，我们必须先认识某个人，再了解对方的兴趣爱好，最终成为朋友。网络世界刚好相反，因为你无法找到对方并与之面对面交流，所以必须通过分享信息的方式，看出对方的兴趣点。当然，也可以形成一个组织，像"网购俱乐部""驴友会议室"那样将类似的信息放到一起，你发布的信息量越多，越能够吸引客户的眼球。

如今，出现了不少以分享信息为主的网站，"美丽说"就是其中之一，它先将网站内容进行分类，然后再把相关信息添加进去。在网站首页，客户可以看到包包、饰品、衣服、鞋子等分类。当客户看到中意的商品，一定会打开看看详情，还想找到商品出处，在网站没有写明出处的时候，客户会去关注其他客户留言，同时关注他们的评价，此时，交际圈正在慢慢扩大。

互联网的信息传递功能和信息容量是我们无法想象的，如果能够利用好"分享"按钮，你就能得到想要的信息，认识更多人。企业和个人的需求都会在互联网上展现出来，在信息交流的过程中，就有机会结识更多有共同兴趣和需求的人。从企业的角度说，这能够为将来获得利益创造机会；从客户的角度说，这可以在实现更优质网络生活体验的同时，实现在网上货比三家的愿望。朋友多了，了解的信息量就很大，对企业和客户都有很大好处，当然，这一切都要从点击"分享"按钮开始。

2. 一同参与，互动营销无死角

既然是信息分享和交流软件，微博、微信等信息平台有一个非常重要的功能就是能够实现互动，所以才会有"无互动，不微博"的说法。然而，很多企业却因为受到传统观念的束缚，非常不适应微博上的互动，或者说不清楚该如何利用互联网与外界进行交流，继而失去了很多塑造品牌形象和赢得更多客户的机会。当营销出现"死角"，企业的利润就会打折扣。从某种意义上说，互动并不比发布原始信息更简单，也需要花费心思和动脑筋，才能让互动内容在打动人的前提下，显示出足够的诚意。

人与人交往首先要有诚意，在网络营销中也一样，虽然买卖方式发生变化，但是内涵不变。在互动的过程中，客户可能会问你一些与产品相关的问题，不论多么麻烦都要耐心解决；在与客户交流时，需要保持礼貌，并且给予对方专业、详细的解答。就像在实体店，客户向商家咨询问题的时候，都会获得耐心的解答一样。

"态度决定一切"。在互动的时候，要把真诚的一面展现在对方面前，即使没有一次性完成销售工作，也可以给对方留下良好的印象。优质的服务是赢得客户的重要环节，营销本身就侧重于品牌推广，只要品牌打响了，还会担心没有客户吗？

当然，互动也需要注重技巧，没有人喜欢死板的交流方式，语气轻松明快、语言幽默诙谐更能迎合客户的口味。幽默就像润滑剂，能够活跃紧张的气氛，虽然要求企业和客户交流的时候具备专业性，但是说话太严肃会引起对方的反感。

不论是谁，每天都要面对众多压力，如果连互动都是枯燥的，便很难调动对方的情绪。互动的目的是为了让更多客户了解产品，市面上同类型产品很多，想要赢得客户，必须提升服务质量，让对方拥有愉快的购物体验。

你是否看到了微博、微信等产品在互动方面的优势？销售人员向客户介绍商品的时候，无法表现出夸张的动作，但卖萌、亲吻、拍手、拥抱或其他表情都可以通过网络表情包体现出来，如果配上生动的文字，效果会更好。

商家经常推出优惠活动，可能会张贴在橱窗玻璃上，或是在门口立个牌子，只是这种让客户了解详情的渠道比较窄，如果在互联网上传播，速度就快多了。作为互联网产品，其主要功能是将客户聚集到一起，人越多，越有利于商家发布产品信息。因为网络的虚拟性，所以让客户了解产品并对其产生信任的关键要素便是互动。

三、微信营销的方式

说到通信软件，用户可能觉得各类产品差别不大，使用哪一种都可以。这时候，品牌便失去了竞争力。微信之所以能够保持用户高速增长，很大原因是其拥有强大且难以复制的功能。很多软件都可以进行文字和语言对话，但是无法开启视频模式，或是开启视频模式需要耗费很多流量，微信刚好做到"扬长避短"，既把产品设计得非常简便，又涵盖了很多内容，更重要的是，用户仅需"一点点"流量，就可以做到沟通无障碍。

微信还有很多"妙招"吸引用户。例如，通过"摇一摇"的方式，能够找到在同一时间做相同动作的人，证明对方也想找朋友；投入"海中"的"漂流瓶"能够被很多人捡到，用户的社交圈就能在短时间里扩大。

要想做到产品不被取代，就要使其拥有其他产品没有并且非常好用的功能，这样才能吸引用户的目光。当用户体验感增强，就会推荐给身边的人，因用户数量的增加而带来的商机是无可限量的。

（一）从微信开始进行产品先期推广

互联网产品的诞生，不仅满足了人们沟通的需求，还为商家和客户搭建了信息分享的平台，让客户在最短时间里获得更多资讯，及时找到他们想要的产品，同时还能获得一定程度的优惠，对于买卖双方来说，都是很好的。

任何企业想要扩大知名度，完全可以利用互联网资源。例如，很多企业将信息发布在微博上，并且公布经营状况和理念，通过多角度解读，牵引出与产品有关的信息，引起客户注意。因为互联网本身就存在虚拟性，这会导致客户缺乏安全感，当商家详细说明企业情况后，便打消了客户的疑虑，简单地讲，就是变无形为有形。

互联网产品可以促进企业新产品的发布和推广，这就是很多企业在微博、微信等平台上进行先期推广的原因。客户只要动动手指，就能看到最新产品的介绍。从商家的角度说，适当地在互联网上发布产品，并且通过创意十足的方式呈现在客户面前是非常重要。有了关注产品的人，就要对其进行管理，可以根据客户的性别、年龄、工作、爱好等将他们进行分类，不妨给他们"贴上标签"，定期给对方发送邮件。

微信营销的高明之处，就是将产品的售前与售后工作全部搬到网上。客户或是潜在客户向企业咨询产品，说明对方对此很感兴趣。为了留住客户的兴趣，把原先存在于企业内部的客服部搬到网上来，这也是降低成本的方法，因为一个账号可以同时接待多个客户的咨询，这种交叉服务的方式大大降低了人力。商家也可以把促销活动搬到互联网上，因为这里存在很多潜在客户，可以通过打折、抽奖或是派送试用装等活动，吸引他们的注意。不论在微博还是微信上发布此类信息，都只需要花费较少的成本。因为消息一出，客户就会争相转发或是分享了。

可见，商家完全可以把销售活动放到互联网上，虽然减少了与客户面对面交流的机会，却可以通过创意无限的活动和有趣的策划，令对方喜欢你的产品，为实现销售打下基础。

（二）在互联网产品促销活动中开展游戏竞赛

作为大众共享的信息平台，互联网产品能够以其独特的方式，将客户组织起来，如果商家策划出丰富多彩的活动，对于产品本身可以起到推广作用。

经常发布公益活动的消息会引来不少明星参与，因为公益是全社会都很关注的活动，加之公众人物的助推，会获得很广泛的效应。同时，公益也是非常敏感的问题，所以在操作的过程中，要特别注意细节的处理，如消息简短明了、真实可靠，有条件的情况下要提供相关证明等。总之，想要让客户都参与到活动中来，必须让他们建立起信任。

在互联网产品中添加促销活动也很必要。某女性门户网站就发布过一次促销活动，利用"造句体"的幽默性和智慧性，让更多人参与到活动中，这体现了互联网产品"短、平、快、碎、即、开"的基本特点。

如今，网上有不少五花八门的抽奖活动，在吸引客户的同时，也能变相给予对方一定的优惠，抽奖的人越多，消息传递得就越广。在进行抽奖活动的时候，方式和规则都必须清楚、严密，以便整个活动在平稳的状态中有效进行，并且要注意奖品数量、中奖比例和活动的时间跨度等问题，以免引起客户的猜疑。

游戏竞赛活动在互联网产品中也很常见，其组织形式和竞赛方式与微博公益、促销活动很类似，但是还存在一些区别。

首先，要设计一份有创意的策划。如考虑组织竞赛的目的、要利用哪些题材、活动对象是哪些人等，先将大范围定好，再进行详细的安排。

竞赛想要吸引人，就要以近期发生的事情为主题。例如，某品牌曾在情人节做过一次名为"默契大考验"的竞赛，将比赛时间定为情人节前一天（不影响情侣们在情人节当天出去庆祝）。比赛要求在规定的时间里，参赛选手通过网络回答主持人的问题，正确率最高者获得比赛礼品。而这个礼品，就是这个品牌旗下的新产品。

其次，要注意活动的评分细则。既然是比赛，就要公平，不妨把评分机制公布出来，并且让客户监督，这也是让广大客户参与进来的有效方式。

很多商家为如何选择评委而烦恼，其实，你完全可以将专业评委和大众评委结合起来，因为这并不是一次很正式的比赛，商家意在宣传品牌，所以既不能过于正式，也不能让比赛结果毫无根据。

最后，竞赛作品的评比也值得商家思考。虽然评比工作很烦琐，你也要尊重参赛者的辛勤劳动，本着"公平、公正、客观"的原则，认真审核参赛者的作品。如果量过大，不如先将它们分类，然后再讨论作品优秀与否。比赛结束后，商家可以在征得选手同意的基础上，对比赛获奖名单及其作品进行公布，这也是向客户展示了公司对比赛的重视程度。例如，秦时明月官方微博就曾公布了其在"横店 Cosplay 英雄会平面大赛"中获奖的作品，一时间引来很多人围观。

（三）增加线下活动

很多企业把线上交流和线下活动结合起来，对巩固活动效果有很大帮助。

组织线下活动意在传播企业形象，扩大品牌影响力，推广企业新研发的产品，加强企业与客户的联系，而这些都能扩大企业的知名度。

线下活动分为很多种，如把企业近期重要活动呈现在客户眼前；介绍新产品或是通过活动将试用装分发出去；通过线下活动组织客户进行交流分享和答谢会；组织企业所处领域的论坛者聚会；举办企业或是部门各类庆典；召开企业年会或者组织大型活动等。

企业可将线下活动看成在线活动的延伸，分成不同类别进行。例如，新浪微博将线下活动分为同城活动和有奖活动等类别，同城活动指有具体时间和地点的聚会，可以组织很多人参加，让大家有面对面交流的机会。虽然组织方式一样，但商家依然可以用不同形式呈现出来，值得一提的是，越新颖的活动越受到大家的欢迎，如座谈会、联欢会等。活动形式多样化是吸引客户参加的重要因素，有些人注重内容，有些人乐于享受活动带来的感觉，有些人比较随意。在活动经费允许的情况下，也可以考虑请名人到场来增加活动的气氛。除了谈话交流，组织者还需要在活动现场准备一些小礼品、试用装，也可以设计抽奖活动，对于参与者来说，这些都是具有极大吸引力的。

组织线下活动虽然能够促进品牌推广，但是如果管理不好，也会存在问题。商家应当随时了解参加活动的人，了解活动准备和进行情况，以免途中出现问题，影响了整个活动进程。值得一提的是，商家不能忽略对参与者身份的"认证"，简单地说，要确定所有报名的人，都已经被安排妥当，以免出现人员遗漏的情况。

除了在线活动，线下活动也是吸引客户参与到企业活动中来的重要方式，正因为其特殊性，所以更需要主办方核实其身份，进行有效的活动管理，才能保证活动达到预期效果。

四、微信营销的技巧

把微信变成营销工具，不能只是会发消息、发图片就可以的，还应掌握以下技巧。

（一）掌握微信营销的基本要素

①设计鲜明的头像。头像好比商店的门面，你得让客户在第一次看到它的时候，就产生

深刻的印象，一般草根的头像都很有个性，有些则非常夸张，而企业头像必须稳重些，才能让客户放心。最常用的就是企业的 Logo、名称、商标、建筑物等，目的就是为了让客户一眼看出这是哪家企业。

②利用好"签名"。通过微信，你可以找到"附近的人"，系统除了显示附近用户的名称外，还会显示对方的个性签名，商家可以利用这个免费"广告牌"为企业做宣传。

③设定二维码吸引用户关注。如今，大家都在宣传自己的二维码，目的是推广自己的微信，正因为用户可以通过识别二维码身份来添加好友、关注企业朋友，所以商家可以通过设定自己企业的二维码来吸引客户关注，成功开启 O2O 的营销模式。

④用好开放平台。正因为微信是个开放的平台，所以应用开发者可以通过微信开放的接口，让第三方应用接入，还可以把应用的 Logo 放到微信的附件栏目中，目的是让微信用户方便在会话中使用第三方应用，从而进行内容选择和分享。

⑤利用好"漂流瓶"功能。这个功能涵盖了很多内容——扔瓶子，即用户可以选择把文字信息或是语音信息投入大海中，如果被其他用户捞起来，就可以展开对话；捡瓶子，即去海里把人家"丢"的瓶子捡起来。企业可以通过这种方式传播信息，虽然每天"扔瓶子"和"捡瓶子"的机会只有 20 次，但是企业丢一个瓶子出去，可以同时被很多人捡到。

⑥使用微信公众平台。当前企业或者是个人都可以用通过 QQ 账号申请微信公众号，借助这一平台优势实现和特定群体的全方位互动。

（二）通过"漂流瓶"寻找客户

使用微信的用户都了解"漂流瓶"功能，你可以选择"扔瓶子"或是"捡瓶子"。关于前者，无论瓶子里装的是语音还是文字，都可以被扔到"海里"，并且在短时间里会被人捡起来。很多人惊奇地发现，当自己把瓶子扔出去后，可能同时会被若干人捡到，当然，很多人会给你回复。

作为企业"玩家"，你完全可以把企业或者产品信息"装入"瓶子里面，不过，你无须担心会被"不需要"的人捡到而错失宝贵机会，虽然每天"扔瓶子"和"捡瓶子"的数量是有限的，但当人们捡起瓶子并且了解了其中的内容后，可以选择回复或是再次扔进海中留给需要这些信息的人。企业通过"漂流瓶"寻找客户的技巧包括以下几种。

①需要简短地表达想法，意在吸引潜在客户的注意力。每个"漂流瓶"都只分给你很少的时间与书写空间，所以在发表想法的时候，需要做到简明扼要，既要说清楚企业的背景资料和经营项目，还得把联系方式留下来，这就考验使用者的语言组织能力了。当然，你不一定要说满一分钟或是把字打得满满的，内容越简要，客户越有兴趣看。例如，某企业在利用微信宣传新产品时这样说道："还在为送家人和朋友礼物而发愁吗？不如让我帮你解决这个难题，如果你愿意加我为好友，就能看到相册中各种富有创意的礼物，至于价格应该也是客户满意的。"在微信平台中想要留住更多潜在客户，必须利用好每一项资源。当然，最好不要表现出希望对方购买的意愿，而是要把最好的产品呈现在他们眼前，一旦潜在客户心动，就会主动联系你，营销过程会变得更加有意义。

②通过"捡瓶子"的方式，寻找潜在客户。除了把企业的信息发布出去，商家也可以去寻找有需要的人，"漂流瓶"功能中，你每天可以捡到 20 个瓶子，也就是说，完全有机会寻找到潜在客户，这也是商家不能放弃的机遇。

③管理好从"漂流瓶"中寻找来的客户。捡到"漂流瓶"的客户也许会回应你的瓶子，

但是不一定马上接受你的好友申请，这就要求商家抓住沟通机会与对方建立起"亲密关系"。对商家而言，"漂流瓶"的出现，无疑是给他们提供了寻找潜在客户的另一机会。

（三）利用好微信中"查看附近的人"功能

当你走在大街上，即便身边有很多人，你都无法走上前去与之交流，而微信却能够克服这一点。在微信平台中，有一项"查看附近的人"功能，可以帮你在几秒钟之内找到那些正在使用微信的用户。

使用企业或店铺的名字，申请一个微信账户，写明详细的地理位置，当客户需要找相关信息的时候，企业店铺的头像就自动显现在他的手机里面了。例如，某酒店在申请了一个微账户之后，接待的客人显然增多了，营销管理人员做了一个简单的调查，超过50%的客人都是通过微信中"查找附近的人"找到这家店的。可见，当你选择了微信，并且能够好好利用它，商机也在悄然而至。但是，等着客户上门总不是最好办法，所以要在恰当的时间，把潜在客户聚集起来。

首先，看看通过"查找附近的人"找出的人当中，是否有固定出现的人，也可以将找到的人分类，这样便于管理。如果某些人固定出现在栏目中，说明他们可能在附近居住或是上班，对这些人，你可以主动找他们聊天，在沟通的过程中，将企业信息传递出去，因为这些在周围生活的人，可能对你的品牌还不熟悉，这是你主动出击的好时机。对其他不经常在此栏目中出现的人，可以先把题目记录下来，然后查看其出现的次数，再根据实际情况进行分类，如果遇到出现次数比较多的人，也可以主动找他们交流。

其次，可以把"附近的人"聚集起来，到店铺聚会或是找个合适的场所聚会。既然知道了周围有潜在客户，就要想办法将他们引向你的实体店，不妨用聚会的形式，既轻松明快，又能引起参与者的兴趣。如果总是在微信平台聊天，对方可能永远也不会真正参与到品牌活动中来，所以要在时机成熟的时候，把用户聚集到一起，正因为大家都非常在乎这种真实的体验，所以，组织大家进行聚会非常有必要。

最后，商家还可以据此推出优惠活动。前段时间，某餐厅打出这样一则活动广告：门店已经开通了微信，将会在每天早上10点和下午4点，准时举行"查找最近客户"的活动，如果谁离门店最近，谁将额外获得一份甜品。之后的几天，该门店一到饭点就引来很多客人，让路过的人觉得这家店人气火爆，加之本身饭菜就非常可口，门店生意蒸蒸日上。

那些从门店前经过，或是常年生活在周围的人，都是你的潜在客户，想要赢得他们的青睐，就看你用什么方式了。

（四）通过二维码了解信息

二维码又称二维条码，常见的二维码为 QR Code（Quick Response Code），是一个近年来移动设备上超流行的一种编码方式，它能够比传统的 Bar Code 条形码存储更多的信息，也能表示更多的数据类型。企业完全可以利用二维码来获得更多信息。传统企业的运营方式极其单一，非常机械化，近年来，很多商家开始利用微信平台拓宽营销渠道。一份调查显示，在城市的一线商圈中，有超过95%以上的手机用户装有微信终端，因此，这是商家不能错过的良机。

二维码是对微信的消息融达能力的良好利用，因为高质量的关系链已经成为推动企业发展的不竭动力，有管理者说："用户在线下扫了二维码之后，就有可能成为企业的潜在客户。"

营销的目的是推广企业品牌，品牌就像商家的名片，传统思路中，名片都是呈现在客户眼前的东西，而在互联网日益发达的今天，商家完全可以将微信平台作为一种沟通的媒介，使其起到桥梁的作用，这种做法所带来的效果远远超过分发名片带来的效应。

当商家申请了微信账号后，紧接着就要在原来设计名片的基础上，再次添加企业的二维码图案，并且在旁边备注一下这个账号代表哪个单位，客户就可以通过扫二维码添加商家好友了。

小小的二维码涵盖了丰富的内容，企业要以正确的方式，尽快令二维码呈现在客户面前。那么，如何让更多人了解企业的二维码呢？因为在使用微信的人当中，有一部分用户不会主动去扫企业的二维码。但如今的二维码可以通过 PC 平台，被放到互联网或是 QQ 对话框中，商家可以通过群发的方式，或者在其他互联网产品中发布企业的二维码，客户只要"扫一扫"就可以获得对方的信息了。

正因为二维码中涵盖了大量的内容，所以企业不仅可以让客户发现自己，还能借机寻找合作机会。所以，发挥好微信二维码的作用，是商家吸引客户的另一个技巧。

五、微信营销的关键

微信营销的关键是要做到精、准、稳。

（一）精：查找更快，更精确

所谓精，是指精准。微营销至今，越来越多的商家开始利用微信平台推广企业品牌，并且获得较好的利润，而这些都要归功于微信能够实现精准查找目标和快速读取信息。

1. 企业微信平台要为客户提供服务

很多人讨厌传统广告的原因，是觉得它们在没有得到观众允许的情况下，将信息全部塞给观众，其中很多是客户不需要的，这就是一种"骚扰"行为，把客户不需要的东西送给他们，反而会引起客户的反感。而微信在这方面处理得非常好，因为公众账号是不会主动添加个人用户的，客户想要添加公众账号，必须使用手动方式。既然人家愿意添加你为好友，说明他肯定很中意这个企业，这就算不上骚扰了。一段时间后，如果客户觉得这个平台发布的东西不好，可以自行删除，就不会再收到相关信息了。

2. 企业要借助微信对客户进行营销推广，从而实现扩宽品牌传播渠道的目的

公众号的盛行，不仅满足了企业发布信息的需求，也让微信用户实现了"掌中"信息库的愿景。不过，想要利用微信公众号进行营销，必须获得众多粉丝的关注，这便给企业带来了一个"前提式"的营销难题，即如何推广自己公众号。

很多企业在面对大量客户的时候，容易出现"眉毛胡子一把抓"的情况，反而忽略了潜在客户。企业需要用更多的精力和成本进行客户背景分析、维护和梳理工作。

初期，企业微信账号主要用于增加客户黏性，而不是急于把产品卖出，否则，容易给客户造成一种错觉，即这个账号就是向我推销产品，而不是和我交朋友的。企业不妨用富有创意和情感的宣传活动，将客户的目光都吸引过来，客户购买产品就是一个与商家互动的过程，其步骤是：①商家和潜在客户分别找到了对方；②商家提供的商品正好是客户所需要的；③商家取得客户的信任，买卖成为顺其自然的事情。

3. 精准挖掘客户

①使用 QQ 群挖掘客户。商家不妨通过企业自身行业属性，在 QQ 群中进行关键词检索，可以精准地找到潜在客户群。同时，QQ 账号和微信账户互为联系，商家可以通过发送

QQ 邮件、邀请好友等方式，实现短时间里客户的批量导入，这种方式存在很大可行性。

②通过微博群、行业网站或是各大论坛导入客户。在这些平台上聚集的人，都存在某些共同属性，或是共同爱好，对某个行业的产品存在很大兴趣，这些都可以从他们在互联网上的表现体现出来。如果商家在这里进行公众号的推广，精准度就能得到保证，并在短时间内取得很好的效果。

③把传统介质和新型媒介结合起来。如今，很多人放弃了发宣传单、张贴海报、印刷名片等方式，商家完全可以把微信公众号和二维码印刷在传统介质上，特别是在线下活动中，这是让客户开展直观体验的最好方法。

微信营销之所以能够成功，在于它可以准确定位需要的客户，并且牢牢把握他们，这是开创良好结果的第一步。

（二）准：麻烦减少，方式更多

所谓准，是指准确。商家选择微营销的另一个原因，就是它能够准确定位客户需要的东西，避免出现资源浪费的情况。当麻烦少了、方式多了，企业才有更多精力搞好各种营销活动。当商家拥有了众多粉丝后，还需要做一些动作来巩固自己的粉丝数量。

1. 在恰当的时间发布信息

例如，早上 8 点、中午 12 点或晚上 6 点到 8 点之间，是客户最有可能阅读信息的时候，不妨选择一个时间段，发一条信息，以免频繁发送消息而让客户反感。这就需要商家在了解客户习惯的基础上进行管理，这就给前期准备工作提供了非常精确的方向，诸如商家要了解关于客户的哪些内容，如何对客户进行管理和分类等。

2. 内容必须"精耕细作"

公众号上发布的信息应当是客户需要的，可以涵盖生活服务、娱乐风尚等在内的很多行业信息，但是要注意，语言应当简练，并且能充分表达想法。没有营养的内容和纯粹的广告，只会令客户反感，甚至他们会删掉这个公众号。在满足用户需求的基础上，商家不妨用更新颖的形式将内容呈现出来。目前，不少商家的公众号，还能实现二次开发的应用接入，令该公众号更具灵活性，他们运用文字、视频、音频等方式，将消息推送给客户，极大地满足了对方的好奇心，整个活动的趣味性也更强了。

3. 加强公众号与客户互动

公众号不是只用来发布消息的，还要完成与客户的互动。商家不妨通过自动回复等方式，让这个公众号更具有趣味性，也可以设置一些有意思的问答题，让客户在轻松的范围中实现与商家的沟通。不要把微信公众号看成非常严肃的媒介，这样无法令客户产生兴趣，大家都喜欢在轻松的氛围中享受一切，所以，商家可以多和客户"做游戏"，而不是把消息硬生生地推给他们。

（三）稳：成本更低，效率更高

所谓稳，是指稳定。商家都非常看重"效率"和"利益"，所以越来越多的企业选择稳定的微信营销的方式。这种方式能够让企业在低成本运营的状态下，实现高效率。

1. 要具备精益求精的内容

策划内容与题材是微信营销的命脉，如果内容不精彩，怎么能吸引客户的眼球呢？其实，设计一段引人注目的文字，或是来一段创意无限的视频，都可以在低成本的情况下完成，虽然不及商家举办的活动那样华丽，但是能拉近人与人之间的距离，让客户在轻松愉快的气氛下享受商家提供的服务，并且最终实现产品销售。

2. 要真诚地与粉丝进行交流

在营销活动中，客户越来越重视情感上的感受，他们不仅要购买产品，还要获得精神上的慰藉。在实体店的活动中，通常只能允许部分人参加，并且要配备多名组织人员。即便是在日常销售活动中，每个店员也只能和一名客户交流。而微信平台却能够克服这个缺点，商家可以同时为很多客户服务，并且同时将最新消息推送给广大客户，这正是节约成本的地方。当然，在和粉丝交流的过程中，要尽可能表现出真诚的态度，这是打动客户的最好方式。虽然没有在一起，但是互联网把双方联系在一起，这为后面的销售工作打下了基础。

3. 快乐营销是重点

在微信营销中，需要特别注意客户的心理状态，商家首先要有端正而良好的心态，再将客户融入企业活动中来。其实，令客户快乐并不是件难事，只要注意语言的表达，再加上图片、视频、音频的配合，就可以把客户带入轻松的氛围中。从这个角度来看，快乐营销并不需要花费很大成本，只需要你能玩转文字、图片等。只要有客户愿意与企业互动，就说明你的方式很成功。

4. 要具备个性

这个时代，谁都追求个性化，因为大家都不希望自己和别人是一样的。营销方式也不例外，越是新颖有趣的活动，越能够吸引客户的注意力。都是千篇一律的活动，凭什么要求客户参加你的活动呢？只有做到与众不同，客户才会被吸引过来。很多人有这样的误区：新颖有趣就是要花钱，实际并不是这样，平台是否具备个性，在于你如何利用身边的资源，同样一件事情，你从不同的角度看，个性便显现出来了。即便是件普通的白色 T 恤，如果你用颜料在上面画出缤纷的图案，也是非常有个性的，不用花很高的成本，微信营销也是这样。

5. 要互动

如果互联网产品缺少互动，就会像一潭死水，要经常组织线上和线下的活动，微信营销不像实体店那样，必须先租用场地、雇佣相关人员、做广告等，作为互联网产品，微信可以在线上发布消息，并且用较低的成本，完成线上活动。对线下活动来说，需要相对较多的经费，但是比起其他活动，还是节约很多了，而且同时会引起更广泛的效应，正因为客户参加活动也非常简单，所以他们更加愿意参加。

可见，微信营销带来的是稳定的低成本和高效率，这是互联网特有的优势，必定会产生更多的经济效益。

第六节　网络视频营销

一、网络视频营销的概念

网络视频营销主要基于视频网站为核心的网络平台，以内容为核心、创意为导向，利用精细策划的视频内容实现产品营销与品牌传播的目的。它是视频和互联网的结合，具备二者的优点，既有电视短片的感染力强、形式内容多样、创意新颖等优点，又有互联网营销的互动性、主动传播性、传播速度快、成本低廉等优势；既有由专业团队制作的精美微电影，如益达口香糖的视频广告，又有中小企业的独立制作、小型外包甚至众包。

视频包含电视广告、网络视频、宣传片、微电影等各种方式。视频营销归根到底是营销活动，因此成功的视频营销不仅仅要有高水准的视频制作，更要发掘营销内容的亮点。

网络视频营销的发展有三大趋势：①品牌视频化。很多广告主将品牌广告通过视频展现出来，这个趋势非常明显。很多广告客户都希望通过视频营销方式，把自己品牌展现出来。②视频网络化。这已经成为一种趋势了。③广告内容化。很多人看电视的时候，一发现广告就拿遥控器调台了，不想看了。如果我们发现一个广告成为一个电视节目或电视节目的一个重要组成元素，或者成为一个剧情纽带的时候，大家就愿意去看了。其主要方式是植入式广告。我们经常看到一些大片，包括著名导演的影片里，会有一些广告穿插在里面，这就是广告的内容化。广告内容化已经成为一种新的营销趋势。

二、网络视频营销方式

网络视频营销方式将视频与互联网相结合，让这种创新营销形式具备了两者的优点。可以说，网络视频营销方式将电视广告与互联网营销两者"宠爱"集于一身了。

（一）网络视频直播

网络视频直播是将电视直播手段与互联网视频系统相结合的一种传媒或宣传手段，主要由下列元素组成：一是音视频编码工具，用于创建、捕捉和编辑多媒体数据，形成流媒体格式，这可以由音视频编码工作站、音视频切换器、摄像设备组成。二是流媒体软件与数据，包括流媒体服务器软件系统、编码软件，还有 WMV、ASF 等格式的视频流。三是视频服务器网络主机，用于安装流媒体系统，并且存放和控制流媒体数据。四是接入网络，主要是直播现场网络接入。五是播放端，就是供客户浏览的端口，该端口可以是网络播放器，可以是网站页面，也可以是户外 LED 视频显示器。

（二）网络流媒体系统

常见的网络流媒体系统有以下几个。

①微软的 WMS（Windows Media Services）流媒体系统。其文件格式为 ASF（Advanced Stream Format），文件后缀为 .asf 和 .wmv，对应的客户端播放器是 Media Player。其适用于视频点播与直播，且与 P2P 技术容易结合。

②Real Networks 公司的 Real Server、Helix Server 流媒体系统。其对应的客户端播放器是 Real Player 或 Real One Player，其文件格式包括 Real Audio、Real Video 和 Real Flash 三类。其适用于视频点播与直播，且与 P2P 技术容易结合。

③苹果公司的 QuickTime Streaming Server、Darwin Streaming Server 流媒体系统。这类系统使用的文件扩展名通常是 .mov，其对应的播放器是 QuickTime。

④Adobe 公司的 FMS 流媒体系统，即 Flash Media Server。它已成为视频和实时通信领域业界领先的解决方案，与 Adobe Flash Player 运行时紧密集成，几乎横跨所有操作系统和屏幕，文件格式是 FIv。其优点是占用缓存与带宽小，可用于视频分享，缺点是不能运用 P2P 技术。

三、认识短视频及短视频营销

《2019 中国网络视听发展研究报告》显示，短视频独立用户数近 6 亿，占国内网民总数的 75%。这意味着基本上每 4 个互联网用户中就有 3 个使用短视频。从短视频地域分布上看，短视频用户已经向三四线城市深度下沉，三线及以下城市用户占比 52%，小镇青年成为引领短视频内容消费时尚的主要群体。2019 年，中国的各短视频平台 KOL（关键意见领袖）规模已经超过 20 万个。其中，快手数量最多，抖音、秒拍次之。不过，在用户红利期消失及平台流量"去中心化"的双重影响下，KOL 增速开始放缓，这与短视频平台用户增长趋势接近。

那么短视频是什么呢？它其实就是一种视频长度以秒计数，并且主要依托于移动智能终端实现快速拍摄和美化编辑，可在社交媒体平台上实时分享和无缝对接的一种新型视频形式。短视频不同于文章、音频那种单一的内容模式，它融合了文字、语音和视频，使得内容显得更加立体化，而且短视频强调的是一个"短"字，所以它的花费也就较低，并且也非常符合当今快餐时代以"快"为主的思维。所以，如今的短视频正在快速发展，也使其构成体系更加完善。不过，短视频也是视频，"短"只能作为其"表"，视频才是其"里"，所以短视频的宗旨还是如视频一样，核心内容才是主导短视频成败的关键。

例如，2018 年，一向"正经"的麦当劳联合全世界最受欢迎的短视频平台 Snapchat（色拉布）悄悄开启了一场"Snapchat 招聘"。想来麦当劳上班吗？请先用 Snapchat 弄一份个性化的面试简历！麦当劳表示，面试者要在 Snapchat 里"套上"一件虚拟的麦当劳工作制服，然后在一个十秒钟的视频中展示自己的才能、优点，并把视频发送给麦当劳。如果你的视频足够有趣，料又足，麦当劳就会通知你进入下一轮的面试环节。因此，本节主要围绕短视频做进一步的探讨。用视频展示个人才艺已经不是招聘过程的新鲜做法了，社交平台用其来进行招聘也已经很常见。不过，当这两个结合，在 Snapchat 上的玩法和脑洞就多了起来。当然，招聘只是麦当劳试水短视频营销的一个噱头，比较起来，该行为的品牌传播性显然大于招聘严肃性。麦当劳也因为这个举动迅速在网络上走红，成为各大版头条话题中心。

不止麦当劳，星巴克的星享卡推广、GUCCI（古驰）的线上接力赛 24HourAce、欧莱雅的化妆滤镜等。许多国际一线品牌纷纷选择短视频营销，连格莱美大奖歌手 Ed Sheeran 的新歌推广都选择了 Snapchat 的短视频滤镜。

四、短视频营销的优势

短视频营销的优势包括以下几点。

（一）短视频内容更具表达力

在内容营销时代，品牌营销已和以往形式不同，它更致力于用情感和角色来打动客户，从而让客户与品牌的产品或服务建立情感纽带。当讲述情怀、引发共鸣的营销形式成为趋势，相较于传统手段，短视频的优势就凸显了出来，比起图文，视频内容更具三维立体性，结合声音、动作、表情于一体，可以让客户更真切地感受到品牌传递的情绪共鸣，是更具备表达力的内容业态。

（二）短视频是新人类的社交名片

年轻化已成为品牌绕不开的一门必修课，90 后、00 后是客户年轻化客户的分水岭，这两代人是互联网时代的原住民，依靠纸媒、电梯楼宇广告等传统媒介渠道已不足以引起他们的关注。相反，快速兴起的社交网络则是品牌吸引年轻受众的最有效途径。数据显示，短视频是当下年轻化受众最潮流的社交方式。

（三）短视频是大脑更喜欢的语言

研究数据表明，大脑处理可视化内容的速度要比纯文字快 60 000 多倍。这是从人体本能的生理角度的来分析的，人们更乐于接受短视频。而同时，当下"年轻人很忙"的生活节奏催生了人们地铁上看、上厕所看、等车也要看的现状，短小精悍的短视频也更符合当下"忙时代"的时间碎片化场景需求。这就意味着品牌使用短视频作为与客户交流的语言将更容易被受众接受，更容易实现品效合一的传播效果。

（四）短视频营销策划更加专业

短视频营销和普通的网页营销不同，做视频相对来说是一个专业性比较高的工作，就如同做电影一样，需要好的编导、策划、脚本等，同时还需要摄像师、音响师、灯光师等，所以这不是凭一个人的力量就能够完成的，而是需要一个团队的力量才能够将这件事情做好。当然也有一些玩自拍的短视频营销高手，其短视频营销的策划更加专业，也正是因为其专业性比较高，才能避免出现仿制的行为，这样就能够保证营销策划的独一无二性。

五、短视频营销的策略

当前短视频营销火爆，各大品牌也都纷纷赶在风口上试水，但在摸索前行中除了热闹之外，真正被传承为佳话的案例却微乎其微，那么品牌商们该如何更有效地利用好这张牌呢？

（一）找到一个能引爆客户群的"社交话题"

短视频营销其实是基于社交营销的一次更迭，核心是互动型的社交营销模式，那么拒绝"自说自话"就成了第一要义。想要发起一场短视频营销战役，首先要找到一个能引爆客户群的"社交话题"，搜集一个目标受众切实关心的问题，然后借助短视频的丰富表达力予以解答，将为品牌推广内容获得大量"种草"。例如，一向擅长短视频营销的"淘系"在2017年"双11"品牌竞技场中再次崭露头角。面对各式眼花缭乱的品牌大促，上千万个品牌信息狂轰滥炸，哪个是真，哪个是假，哪个才是千年难得一遇的史上最低折扣，"忙时代"的年轻人早已晕了头。比起"剁手"，他们更需要的是一份"剁手清单"！在"双11"期间，天猫联手陌陌，双方从万千信息中捕捉到了购物清单这一社交话题，在陌陌平台推出的天猫短视频话题定制页"双11爆款清单"，迅速在陌陌平台引爆。

（二）实施品牌传递"场景故事"化

没有人喜欢看广告，却没有人不爱听故事，比起不接地气的高大上的广告片，品牌更需要去讲一个富有感染力的故事，就是把品牌化为一个元素或一种价值主张，去融入一个富有感染力的故事，就可以很好地吸引用户的注意力，打动他们，并让他们分享你的视频，你的品牌也就获得了持续的传播。例如，2017年"双11"前期，天猫在第一步找准"双11爆款清单"这一话题后，陌陌针对该话题邀请了"红人"进行原创短视频创作，通过趣味的场景化故事表达，丰富地诠释该了话题的意义，为天猫"双11爆款清单"的传播再造新话题。

（三）利用"红人资源"搭建情感纽带

在短视频营销的传播方式上，一是要找对沟通方式，二是要抓准渠道。"红人"就是短视频营销的渠道，他们在这个舞台的影响力甚至远超一些明星艺人，这种交互式的、自下而上的传播模式，更符合年轻人的认知模式，甚至在年轻人圈子中形成一种信任传递。借助"红人资源"的信任传递为品牌搭建与目标受众对话的情感纽带是引爆一次成功短视频营销的第三个关键词。例如，美妆大师分享"双11"抢购攻略，时尚主播精选"双11"潮流搭配，运动达人推荐装备，垂直于客户群体的内容"种草"快速地帮助品牌俘获消费者，实现导流与传播。同时在"双 11"当天，陌陌针对天猫开发了直播间定制特效礼物与定制 AR 比心特效。定制虚拟礼物，契合打赏场景，营造有趣的互动氛围，基于网友打赏习惯的这些创意，拉动了网友主动与品牌互动，迅速增强了天猫品牌好感度。

本章小结

　　网络营销可以说是近些年来的大热，伴随着互联网时代的到来，人们日常生活越来越离不开网络，企业就可以利用这一点，开展营销。网络营销贯穿于企业网上经营的整个过程，从信息收集、信息发布，到开展网上交易为主的电子商务阶段，网络营销一直都是一项重要内容。

　　搜索引擎营销是目前最主要的网站推广营销手段之一，尤其是基于自然搜索结果的搜索引擎的推广，因为是免费的，所以受到众多中小网站的重视，搜索引擎营销方法也成为网络营销方法体系的主要组成部分。电子邮件营销特点是范围广、操作简单、效率高、成本低、应用范围广、针对性强，所以电子邮件营销是经久不衰的营销方式。但是垃圾邮件很容易引起客户反感，进行电子邮件营销时需要慎重考虑，选好客户人群。第三方电子商务平台营销是直接为客户带来订单、带来销售额的"企业网站"，它是以营销为核心目标进行网站规划和建设的。企业可以利用互联网各种相关平台进行营销，如阿里巴巴代表的第三方电子商务平台。

　　企业要做好微博营销，就需要对企业产品做一个定位。移动互联网时代，集文字、图片、视频于一体的微信社交平台，成为人们的又一"新宠"，在改变人们的社交方式的同时，对移动互联网的营销模式有较大影响，微信营销成了移动互联网营销新时代的最佳工具。如今，博客被称为广场文明，微博被称为部落文明，微信被称为社区文明。网络视频营销是指主要以视频网站为核心的网络平台，它以内容为核心、创意为导向，利用精心策划的视频内容实现产品营销与品牌传播的目的。短视频营销策略，一要找到一个能引爆客户群的"社交话题"；二要实施品牌传递"场景故事"化；三要利用"红人资源"搭建情感纽带。

复习题

　　1. 搜索引擎优化的方法是什么？搜索引擎营销的基本方式有哪些？请举例说明。

　　2. 什么是关键词广告？它有什么特点？关键词设置技巧有哪些？请举例说明。

　　3. 什么是许可电子邮件营销？许可电子邮件营销的条件有哪些？许可电子邮件营销的基本方式是什么？请举例说明。

　　4. 选择第三方电子商务平台的标准是什么？第三方电子商务平台营销方式有哪些？请举例说明。

　　5. 什么是微博？微博的主要特征是什么？微博营销价值体现在哪些方面？

　　6. 什么是微信营销？微信营销的优势体现在哪些方面？微信营销方式如何切入？请举例说明。

　　7. 短视频营销的优势有哪些？短视频营销的策略有哪些？

　　8. 微博、微信、博客三者的区别与营销技巧是什么？

第三篇

营销战略篇

【知识结构】

★ 第三章　网络营销调研

★ 第四章　网络市场细分与营销战略

第三章　网络营销调研

![学习目标图标] **学习目标**

1. 掌握网络企业开展调研活动的三个主要的数据来源；了解网络企业为何需要判断从网络上收集的调研数据的质量，以及判断的方式。
2. 了解企业利用互联网作为接触手段去收集一手数据的原因，并描述利用互联网收集一手数据的主要方法；描述几种可以通过监控万维网来收集所需信息的方法。
3. 掌握服务器端数据收集法及实地数据收集法之间的区别；了解大数据和云计算的基本概念与内涵特征。
4. 熟悉网络企业对数据仓库中的信息进行分析的四种主要方式。

![案例导引图标] **案例导引**

普瑞纳公司的故事

企业网站和在线广告有助于增加离线的商品交易，雀巢普瑞纳宠物食品公司（Nestle Purina Pet Care Company）清楚地知道这一点。那么普瑞纳公司是如何了解到这一点的呢？原来它是通过对在线和离线的消费行为数据进行仔细的分析和研究后获得的。

2001年12月，总部设在瑞士的雀巢S.A.公司收购了罗尔斯顿普瑞纳公司（Ralston Purina Company），并把一系列的猫、狗饲养用品的品牌（如Friskies，Alpo，Purina Dog Chow，FancyFeast等）收入自己的麾下。雀巢公司如今经营着30多家品牌网站，服务对象有普通消费者、兽医和兽医培训学校、营养学家和食品科学家、饲养员及其他宠物爱好者。雀巢公司在开展市场调研时，总要先问三个问题：

①我们的消费者使用我们的品牌网站吗？

②除了这些品牌网站以外，我们是否还应该在其他网站上为在线广告投入资金？

75

③如果真的需要在其他网站上投放在线广告，那么哪些网站比较合适呢？

美国著名的数字媒体调研公司 comscore Media Metrix 开展调研的样本专题小组包括 150 万名网络消费者，Knowledge Networks 市场调研公司的样本专题小组则由 2000 万户经常购买日用品的家庭构成。结合这两个数据发现，其中有 5 万名消费者同时属于这两个不同的样本专题小组，于是这 5 万名消费者最终成为普瑞纳公司调查的研究对象。在调研过程中，工作人员将这些研究对象分为三个小组，其中两组受调查者将在日常网上冲浪时看到 Purina O. N. E. 品牌狗粮的旗帜广告。这三个小组分别为一个对照小组（无广告影响）、一个低广告影响度测试小组（1 ~5 次广告影响）和一个高广告影响度测试小组（6 ~20 次广告影响）。在两组受广告影响的受调查者随意浏览网页时，旗帜广告就会随机显现。接下来，公司对所有三个受调查小组的成员进行测评，判断他们对普瑞纳的品牌意识、购买意向和广告知晓度。最后，研究者把该网络调查的结果与对 Knowledge Networks 公司的样本组实际离线购买行为的调查结果进行了比较。

雀巢公司的营销人员对这项研究的结果非常感兴趣。起初，旗帜广告的点击率很低（平均为 0.06% ）。后来，当调查参与者被问到"在想到狗粮时，您第一个想到的品牌是什么"时，两个受广告影响的测试小组中有 31% 的人提到普瑞纳，相比之下，未受到广告影响的对照小组中仅有 22% 的人提到此品牌。这个结果明显地显示出广告的影响程度。此外，与低广告影响度的小组相比，高广告影响度小组中提到此品牌的人多出 7% 。接下来，研究人员研究了购买普瑞纳产品的网络调查小组成员浏览网页的习惯，得出的结论是这些顾客平时访问最多的是有关家庭、健康和生活的网站。这些信息可以帮助该公司决定在哪种类型的网站上放置旗帜广告。在所有此类网站中，宠物市场网站点击率最高，因此它应该是广告投放的首选。

第一节　数据时代网络营销调研面临的挑战

一、数据驱动战略

美国调查研究组织委员会（Council of American Survey Research Organization）公布的数据显示，美国的企业用于营销调研的资金每年高达近 80 亿美元，而全球的这一数据在 200 亿美元左右。这些资金可以用来购买许许多多的数据。信息过载对企业和客户来说都是一个问题。营销管理人员每天要面对各种各样的数据，如市场调研数据、网站分析数据、呼叫中心数据、产品销售数据、竞争对手信息、社交媒体沟通信息等，还有许多数据或是在网站上自动获得的，或从实体门店中与客户接触等各种渠道获得的。例如，如果客户在推特网上搜索一个产品品牌，企业就会给他发送一条信息："请点击此处，下次购物可以优惠 10 美元。"客户点击以后，他会被要求输入电子邮件地址等多种个人信息，然后才能得到优惠券。于是，他在推特网上的各种信息就被存入数据库中，以后如果他在网上购物，购物的信息都会存入数据库，如果他打电话询问产品信息，这一信息又会积累在数据库中，如此循环往复，有关客户的个人信息与消费模式信息越积越多。把客户的各种信息积累起来，对厂商十分有利，因为它们能据此建立并维系客户关系，提升客户价值。

面对这些数据，企业该如何处理呢？普瑞纳宠物食品公司的营销人员对客户的各种数据分门别类，以此来确定如何制定网络广告战略。在阅读本章时，有一点需要格外关注，那就是这些数据如果不是用来制定营销战略，就毫无意义了。

如图 3-1 所示，公司从无数的渠道中收集到数据，经过过滤输入数据库，并转化为营销信息，然后用来制定营销战略。本章将讨论互联网数据资源，讲述重要的数据库分析技术，最重要的是研究所有这些工作的利弊得失。尽管大部分的数据分析技术都需要基于大量的营销实践，但是营销调研人员在运用这些新技术的过程中仍然遇到了不少障碍。网络分析数据及绩效考核指标都融合在这些营销实践中，在市场细分中还将进一步阐述。

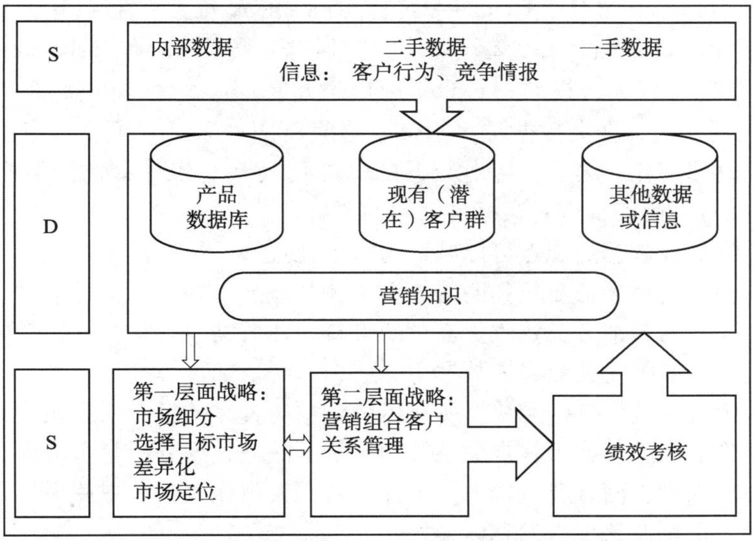

图 3-1　从数据来源到数据库再到战略（SDS 模型）

营销信息一般是由在原始数据转变为知识的过程中产生的。知识并不是一系列信息的集合，它是存在于营销者大脑中（而不是计算机内）的东西。我们可以用教与学之间的区别来解释信息与知识的差异。例如，一位教授可以通过课堂讲解或者教材向学生传授大量的信息，对学生而言，只有消化了这些信息，然后把这些信息与其他信息相联系，最后加上自己的理解，才能够真正地把它们转变成有用的知识。所以说，是人类创造了知识，而不是网络或计算机。计算机的作用只是帮助人们进行更有效的学习而已。

二、大数据

2011 年，有一本名为《从消防栓饮水：在数据泛滥的世界做出明智的决定》（*Drinking from the Fire Hose：Making Smarter Decisions Without Drowning information*）的著作问世，书中提到了我们一直关注的问题：企业被泛滥的数据淹没了。互联网数据中心（IDC）发布的《数据时代 2025》报告显示，全球每年产生的数据从 2018 年的 33 ZB 增长到 2019 年的 175 ZB，相当于每天产生 491 EB 的数据。那么 175 ZB 的数据到底有多大呢？1 ZB 相当于 1.1 万亿个 1GB。如果把 175 ZB 的数据全部存在 DVD 光盘中，那么 DVD 叠加起来的高度将是地球和月球距离的 23 倍（地月最近距离约 36.3 万千米），或者沿赤道绕地球 222 圈（一圈约为 4000 千米）。目前美国的平均网速为 25MB/S，一个人要下载完这 175 ZB 的数据，需要几亿年。随着物联网基础设施及智能手机、可穿戴设备的普及，我们每个人时刻都在产生大量的数据。我们也完全已经成为数字化的个体。大数据（Big Ddata）指的就是现有的软件难以处理的巨量的数据。例如，一个营销人员如何将来自微信公众号的15TB的数据运用到有意义的品牌决策中去？这是一件非常难的事情。

目前，数据的增长率相当惊人，每年30%的增长率对硬件存储空间提出了严峻的挑战，后者的增长速度只有20%。这就给信息技术管理者带来了不少麻烦，网络营销人员也必须学会如何从数以亿计的字节中提取有用的信息。IDC预测，到2025年，全世界每个联网的人每天平均有4909次数据互动，是2015年的8倍多，相当于每18秒产生1次数据互动。

智能手机让人们的社交生活彻底数字化，每天在社交网络上花费的时间越来越多，产生的数据量也相应地不断增长。Facebook统计，Facebook每天产生4PB的数据，包含100亿条消息，以及3.5亿张照片和1亿小时的视频浏览。此外，在Instagram上，用户每天要分享9500万张照片和大量视频；Twitter用户每天要发送5亿条信息。

美国IBM公司认为，在大数据时代，企业要应对四件事情：第一，应对数据的量；第二，应对数据的迅速变化；第三，应对数据的多样化（社交媒体的沟通数据、客户点击的数据、统计数据等）；第四，应对数据准确性的要求。

美国营销专家对大数据的观点可以归纳为以下几点。

①31%的营销人员每天都要收集网络数据。

②在美国，74%的营销人员要收集客户的人口统计数据，64%的营销人员要收集交易数据，35%的营销人员要关注社交媒体数据。

③42%的营销人员认为自己无法将所获得的数据与具体的客户联系在一起，这就是面对大数据时人们遇到的困惑。如果客户关系管理系统不能与数据分析紧密结合，那么事后对数据进行分析就十分困难，而且费时费力。因此，营销人员在购买客户关系管理系统时一定要清楚地提出自己对市场调研报告的具体要求。

亚马逊公司对大数据技术利用得非常娴熟。该公司跟踪每位客户的网站浏览信息栏的内容和网络购物信息，然后利用这些信息对用户提出购买建议。

普瑞纳公司市场调研图能够直观地展现了一个企业如何分类处理数亿个数据片段（这些数据包含了大约2150万名消费者的相关信息），并收集其他的相关信息，再根据分类整理结果做出经营决策的全过程，如图3-2所示。企业必须将所收集的数据运用于整个过程，否则这些数据就只是一堆简单的事实和数据而已。

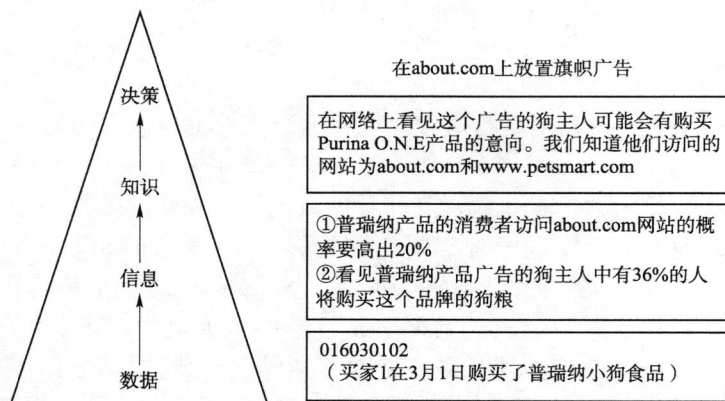

图3-2　普瑞纳公司市场调研图

第二节　网络营销知识管理

一、知识管理

知识管理（knowledge Management）是指对知识的产生、运用和传播进行管理的过程。企业拥有的数据信息和知识都必须与企业内部的营销决策者、商业伙伴、分销渠道参与者（有时还要与客户）共同分享。当企业的利益相关者能够获得和分享这些知识时，企业就变成了一个学习型组织，能够更加有效地实现预期的投资回报率和其他的经营目标。

营销知识是企业营销人员、咨询顾问、商业伙伴甚至公司员工的数字化"群体性意识"或"集体记忆"。有时，知识管理技术甚至允许营销人员通过实时交谈来解决问题，这也是为什么该系统包括了联络信息的原因。例如，一个在客户办公室处理电子商务问题的公司咨询顾问可以通过注册阿里巴巴全球采购官网，进入阿牛商家助手系统，并可以立即与阿里巴巴商家助手交流如何解决开店等问题。一个完整的营销知识数据库应该包括现有客户、潜在客户、竞争对手的全部相关信息，还要包括数据的分析和结论，以及与营销专家沟通的方式。这一切只需通过数字接收装置就能全天候获得。具体的案例有以下几个。

①一家国际技术公司使用 Salesforce 网站来管理和控制公司的销售过程。当某个客户从网站上下载了一份白皮书，在网上进行注册，或者发送电子邮件询购时，所有这些过程都将被 Salesforce 网站软件记录和保存下来，并且允许公司所有销售人员和经理人浏览和共享，甚至还可以提取电子邮件或电话号码等联系信息。每当信息有更新时，公司首席执行官就会收到一条短消息提示。

②一家保险公司拥有 200 个独立经营的代理商，该公司允许这些代理商共享 100 多万个客户的索赔数据。这种信息共享使代理商规避了高风险客户，并能将自己客户数据库中的数据与索赔数据进行比较。

③i－Go 公司是深圳一家产品目录直销商，也是网络零售商。公司将打入的客服电话与网络购买、电子邮件询购、传真订单及邮件订单整合在一起，从而使客户服务代表在与客户的交谈中掌握最新的信息。

④强生制药公司通过市场调研了解到，隐形眼镜的使用者都喜欢用短信沟通，因此开发了一款手机游戏，游戏中嵌入了 ACUVUE 隐形眼镜的品牌。

二、网络营销信息系统

企业利用营销信息系统（Marketing Information System，MIS）来管理所掌握的信息和知识。人们利用营销信息系统来判断信息需求，对信息进行收集、分析，并且将信息传递给营销决策者。当营销决策者需要解决一个涉及数据处理的问题时，营销信息系统便开始启动，从企业内部资源、二手数据资源或一手市场调研资源中收集整理数据。当营销决策者获取到所需要的信息时，营销信息系统的整个工作过程才算结束。例如，网络广告商需要获得广告受众数量的统计数据来决定在哪个位置购买旗帜广告空间（这就是营销决策者需要解决的问题），他们想知道在目标市场内有多少人浏览不同的网站，以此来衡量网站广告的价值，并与电视广告或其他媒体广告进行比较（这就是决策者对信息的需求）。这些信息通过二手数据资源（如艾瑞咨询公司或搜索引擎公司提供的网络评价服务）来获得。这类咨询或搜索引擎公司通过研究大量客户的网络使用习惯来评估网站，网络广告商通过这些数据可以做出可靠且高效的网络媒体购买决策。

过去，营销经理在遇到问题时总是先询问负责信息技术或信息系统的员工，什么样的软件可以用来解决这个问题。如今，网络营销推动了技术变革，并在以下几个方面改变了营销信息系统的环境。首先，许多公司在数据库和数据仓库中存储网络营销数据，这些数据库和数据仓库使企业在任何时间都能获得准确、适用并且有价值的信息。其次，通过智能手机App浏览承载数据库信息的网页和电子邮件，而不仅是从台式计算机上获得数据信息。再次，客户也有权获得部分数据库的信息。例如，当消费者访问亚马逊公司的网站时，随时可以在产品数据库中查询书籍目录，并了解个人的账户情况及购书历史记录等信息。许多企业客户、供应链渠道参与者及商业伙伴还可以经常查看客户销售数据，以便制定产品计划。客户数据库还可以使客户询购流程自动化，并在瞬间生成个性化的网页。最后，大多数企业都认识到数据与信息只有在转化为知识以增加收益时才是有用的，因此，先进的企业使所有的利益相关者都能通过营销信息系统的网络查看员工的项目记录、建议及数据分析。总的来说，一家企业的营销知识体系是由所有的数据、处理这些数据所得到的结果，以及通过营销信息系统所收集的利益相关者的联系信息共同组成的。

互联网、物联网、人工智能及其他的新技术使营销数据收集的过程变得十分便捷。企业的内部记录向营销规划者提供了大量的有关销售与存货变动的信息。二手数据有助于企业了解竞争者、消费者的相关信息，了解经济环境、政策和法律动态、技术资料，以及其他能够对组织产生影响的宏观环境因素。营销规划者还运用互联网、电话、产品条形码扫描仪和其他识别技术去收集有关客户的一手数据。企业通过使用电子邮件与在线调研、网络实验、专题小组，以及与网络用户讨论进行观察等调查方法来了解企业现有的和潜在的客户群。

图3-3展示的是Market Research Careers网站进行的一次有关最常用的数据调研方法的调查结果，其中提到的辛迪加调研（syndicated research，也叫联合调研）通常指的是市场调研公司使用一个系统化的调研过程定期进行数据收集的方法，如尼尔森公司的电视收视率调查。有些公司也会购买辛迪加调研的结果作为公司的一手数据。图3-3所示的扫描仪数据是指在销售点收集的数据。在本章的"实地调研法"部分我们会对此概念做进一步的描述。图3-3所示的所有方法中，除了专题小组法，其他几种方法都非常适用于网络环境。

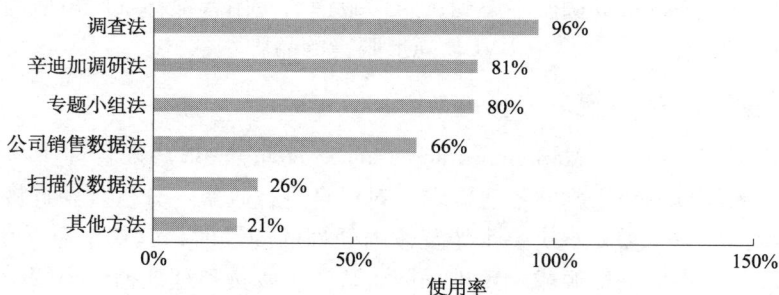

图3-3　最常用的数据调研方法

三、网络营销调研的内涵与特点

（一）网络营销调研的内涵

随着信息技术的进步和信息传播媒体的不断变化，营销调研工具也趋于多元化。传统的调研媒体有报纸、杂志、邮件、电话等。随着互联网的普及，一种新型的调研方式——网络营销调研应运而生。

网络营销调研是指基于互联网系统进行营销信息的收集、整理、分析和研究的活动，它以各种基于互联网的技术手段为研究工具，利用网页问卷、电子邮件问卷、网上聊天室、电子公告板等网络多媒体通信手段来收集调查与企业市场营销相关的数据和访谈资料。该方法充分利用了网络信息交流与远程交互功能，将网页制作、数据库管理和远程控制等技术结合，使调研者能够通过网络来收集、管理和处理调查研究的数据信息，不仅降低了调研成本，提高了调研效率，同时增加了调查数据收集的准确性和科学性，有效降低了调查测量的误差。

网络在营销调研中的应用可以分为两个层面。

①作为营销调研的工具，通过网络手段与被调查者进行交互和沟通，如网络问卷调查、在线访谈等。网络营销人员通过这种方式开展调查活动，所获取的多为一手数据。

②作为营销调研的信息来源，充分利用丰富的网络信息资源，从网络上获得相关数据，如在网上查询产品数据库、公开获取的调研报告等。通过这种渠道，网络营销人员无须亲自开展调查，而是在网上搜索，所获取的多为二手数据。

（二）网络营销调研的特点

与传统营销调研相比，网络营销调研具有以下几个特点。

1. 及时性和共享性

传统的营销调研需要耗费大量的人力，周期也比较长；网络的交互机制使得网络调研范围更为广泛，速度快、周期短。网络上的信息传输速率快，而且能及时传送给网络用户。这保证了网络信息的及时性和共享性，使市场营销策划人员能及时根据情况制定出相应的营销方案。

2. 便捷性和经济性

在传统调研方式下，参加调研的人员比较多，而网络调研不需要印刷问卷，可将繁重的信息采集和录入工作分布到众多网络用户的终端完成，省去了调研实施过程中营销调研人员的费用等人工介入成本。而且网络调研能够 24 小时运行，样本数量更为充足，样本分布也更为广泛，有些调研甚至可以即时看到推断总体的频率分布结果，这是传统调研方法很难做到的。

3. 多媒体性与交互性

网络媒体为信息的传递提供了图片、声音、视频等多种方式，网络问卷能以图文并茂的多媒体方式呈现，吸引受访者作答。网络的另一个突出特征是具有交互性。开展网络调研时，被调查者可以自由地填写自己的意见，同时还可及时就调查问题提出自己更多的看法和建议，可减少因问卷设计不合理而导致的调查结果偏差。网络用户也可以对产品从设计到定价和服务等一系列问题发表意见。这种双向互动的信息沟通方式提高了网络用户的参与性和积极性，使企业的营销决策有的放矢，从根本上提高网络用户的满意度。

4. 被调查者具有主动性和隐匿性

在网络调研中，如果被调查者对调查主题感兴趣，或迫切想了解调查的结果，他会主动认真地给予回答和配合；如果被调查者对调查主题不感兴趣，他可以选择不予回答。而在传统的调研方式中，一般都是调查者主动向被调查者提出问题，被调查者被动回答问题，在主动性和可选择性上明显弱于网络调研。由于被调查者的参与意愿和参与程度对调研的效果会产生较大影响，因而网络调研需要充分调动被访者的主动性，获得其配合。由于网络用户身份的不真实性，使得网络调研的隐匿性较传统离线调研要高，这样，被访者在填写调查问卷时的心理防御机制会有所降低，从而可以提高问卷内容的真实性与客观性。

5. 可检验性和可控制性

利用网络进行网上问卷调查，可以有效地对采集信息的质量实施系统的检验和控制。究其原因，一是网上调查问卷可以附加全面规范的指标解释，有利于消除因对指标理解不清或调查员解释不一致而造成的调查偏差；二是问卷的复核检验由计算机依据设定的检验条件和控制措施自动实施，可以有效保证调查问卷复核检验的准确性；三是通过对被调查者的身份验证技术，可以有效地防止信息采集过程中的舞弊行为。

利用网络开展营销调研的优势是明显的，但网络调研也存在着局限性，主要表现在以下几个方面。

①无法监控调查过程，存在回答率、覆盖率低及网络调研样本代表性的问题。只有在网络覆盖率极高的情况下，才能消除覆盖率问题的顾虑，但即使达到了较高的覆盖率，较低回答率的难题仍然不能有效解决。传统调研中存在的这个难题在网络调研中仍然面临。此外，由于参与网络调研的对象在如性别、年龄、职业、收入等用户特征方面存在明显的偏向性，他们和非网络用户的态度、行为、购买或者选举意愿不见得相同，同时网络调查样本也与电话调查样本在许多态度性题目上存在明显的差异。因此，网络调研缺少高质量的样本抽样框，样本代表性受到较大限制。

②网络调研的价值受到人们参与意愿的限制。网络用户对网络调研可能不予理睬，或者是单纯为了获得奖励而草草填写问卷，也有用户通过某种技术，过滤掉网页上自动弹出的问卷。

③建立一个完备的抽样调查网络系统是一项艰巨的工作，需要大量的资本、技术和人力投入。另外，网络的普及应用仍然需要一段时间。网络调研的技术、工具还需进一步完善，专业的网络调研人员数目偏少，服务专业度有待提高。

四、网络营销数据来源

网络营销数据的来源主要包括数据的内部记录、二手数据和一手数据。

（一）数据的内部记录

营销知识的一个重要来源是内部记录。例如，销售数据、会计、财务及生产人员收集并分析的数据，这些数据都为营销规划提供了有价值的信息。营销部门本身也收集并保存有关客户特征和活动的相关信息。例如，物流部门的人员通过配送渠道跟踪产品运输的情况，这类信息能帮助企业缩短从接受订单到交货再到付款的周期。数据的内部记录主要包括以下几个方面。

1. 销售数据

销售数据来源于公司的会计部门和公司的网站日志。若客户从网上购买产品，这个交易过程就会被记录到公司的数据库内以便相关人员进行数据的提取。营销决策者通过审阅和分析这些数据以计算转换率（指进行网上购物的访问者的比率），并依此判断网络广告或者其他营销沟通方式能否刺激销售量。

企业可以利用销售业绩自动处理软件来构建销售信息系统。销售代表可以利用这一系统输入与实际客户或潜在客户进行网络销售的信息。许多销售代表还可以在路途中通过自己的手提电脑登录产品与客户数据库，输入信息，并浏览客户记录。例如，一家办公用品公司可能会有来自各个部门的销售人员拜访同一个大客户的情况。当客户投诉时，销售代表必须将投诉内容输入数据库，这样做有利于其他的销售代表在走访该客户前预先浏览已有的客户记录。这家公司有这样一条规定，假如四个销售代表记录了同一项投诉，系统就会发出警告，这些销售代表必须立即组成一个团队去拜访这个客户并解决问题，同时，销售人员还可以输入实地收集到的竞争信息和行业信息。在一些先进的企业中，营销人员还会将建议、报告和涉及各种话题的文章输入知识数据库中。

2. 客户特征与客户行为

最重要的内部营销数据也许就要数个体客户行为了。图3-4所示的是网络企业从客户那里获得信息的过程，一家计算机公司利用网络和电话收集客户数据，并通过这些数据来改进产品。即使是最小的数据库记录也至少得包括客户（或潜在客户）的姓名、地址、电话号码和购买行为。

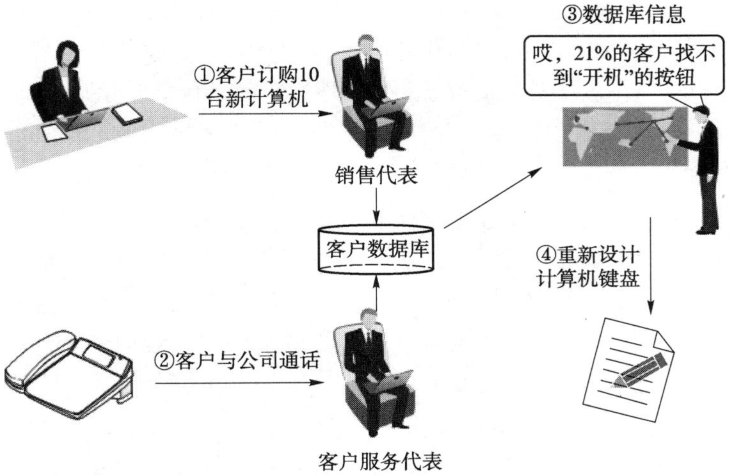

图3-4 网络企业从客户那里获取信息

多年来，许多公司一直都使用这种技术。如今，随着新的存储和检索技术的出现，再加上获取大量电子信息的可能性提高，更加速了这种技术的发展。例如，在访问携程旅游公司的网站之前，访问者需要先进行注册。这家公司拥有一个庞大的数据库，该数据库录入了客户的电子邮件地址、客户特征、网站浏览习惯、购买行为等。在此数据库中，每个客户文档中还可能包括与客服代表的聊天记录、产品服务记录、与各种产品相关的具体问题，以及其他的一些信息（如优惠券或其他促销凭证等）。

一个完整的客户记录应该包括所有的客户接触点（与公司接触的渠道）的数据，包括网络订单、电子邮件沟通，以及在便利店购买的产品和优惠券兑换等数据。实体店铺的购买行为数据是通过扫描产品上的通用产品代码（Universal Product Codes，UPC，条形码）来收集的。企业使用这些数据来提高销售的有效性，改进产品组合，确定产品的合适价格，评估促销效果，发现销售机遇。在你希望获得更多的优惠或赠品时，零售商有时会要求你扫描公司二维码，你思考过原因吗？这是因为零售商希望你通过扫描的二维码并注册成为会员，你的信息会第一时间输入营销数据库，这些数据对商家来说有利可图。

许多有自己网站的公司通过网页追踪用户的活动，并用这些数据来提高网站的效率。一旦了解用户在每个网页、每个网站逗留的时间长短及他们进入网站的路径，网站开发商就能适时重新规划网页，调整网页内容，此外，公司也能判断网站用户在访问公司网站之前和之后还访问了哪些网站。这些信息可以为企业提供一些具有竞争力的预见，尤其当用户在搜索某种特殊产品时更是如此。这些数据会被动记录下来，输入公司的营销数据库。例如，联邦快递公司在使用互联网自动收集客户信息方面是相当擅长和娴熟的，客户能通过公司的网站预约取件人来取包裹，可以跟踪货物转运地点和装运过程，查明邮资，填写快递清单，还可以要求公司提供对方签收的凭证（提供多语种服务）。上述这些信息都可以为联邦快递的营销人员制定营销规划提供参考。联邦快递还专门为频繁邮寄物品的客户保留了一个外联网，用于提供个性化的收费标准和一些特殊的服务。此外，公司还有一个集人力资源管理、快递分拣车间、市场管理于一体的内联网，每月有近2万人次的访问量，这是一个非常完整的内部数据收集系统，为公司进行有效的营销知识管理提供了便利。在智能手机的普及时代，任何一个网民在浏览网站时，网站的数据库都会记录你浏览的痕迹，当你再次打开搜索引擎时，搜索系统会自动向你推送你这段时间感兴趣的话题、视频、热点等，甚至是相关商品信息。

从以上的介绍可以得知，要把内部和外部的数据整合在一起是很不容易的，因为这些数据不管是形式、数量，还是形成时间都不同。2012年，有专家对全球各地的企业做过一项调查，结果显示，43%的营销人员认为客户数据整合是数字时代他们面临的最大挑战。

（二）二手数据

如果公司需要的是某些内部或合作伙伴的信息，而数据库均无法提供，网络营销者就会首先向二手数据求助，因为二手数据往往比一手数据获得的速度更快，成本更低，尤其是在人工智能的今天，互联网中有200多个国家和地区的最新信息，无论信息使用者是在家中还是在办公室，只要花几秒钟搜索，就能随时获得所需信息。辛迪加调研公司可以通过具有信用卡注册和密码登录功能的网络来获取数据。

因为二手数据是为其他目的收集的，所以往往与企业的信息需求不相符。另一个较普遍的问题是有关二手数据的质量。由于营销人员无法控制数据收集的程序，因此他们需要对二手数据的质量进行评估。还有一个问题是，二手数据往往已经过时。中国国家统计局提供了大量的人口统计数据，但是由于数据量巨大，人口普查一般每10年进行一次，尾数逢0的年份为普查年度，而每次的调查结果也只能在数据收集完的次年才能完成并公布在网站上，如果网络营销管理人员要使用国家统计局网站的数据，那就要仔细辨别数据收集的时间。例如，某公司若想了解中国老年人的人口统计特征及他们的行为特征，就可以访问中国国家统计局网站，还可以在其他相关的网站及报纸中阅读相关的文章，并关注以这些群体为目标市场的网站（如可爱老人网和全国老年网）。中国国家统计局人口统计页面如图3-5所示。

企业应该经常审视公司的宏观经营环境，借此发现所面临的挑战与机遇，这一过程一般称为商务智能（Business Intelligence）。那么，哪些信息是值得营销决策者关注的呢？审视公司的宏观环境以寻找市场信息的工作包括以下几个方面。

①人口统计资料。

②竞争对手信息。

③技术发展趋势。

④自然资源信息。

⑤社会及文化发展趋势。

⑥国内外经济发展趋势。

⑦法律与政策环境信息。

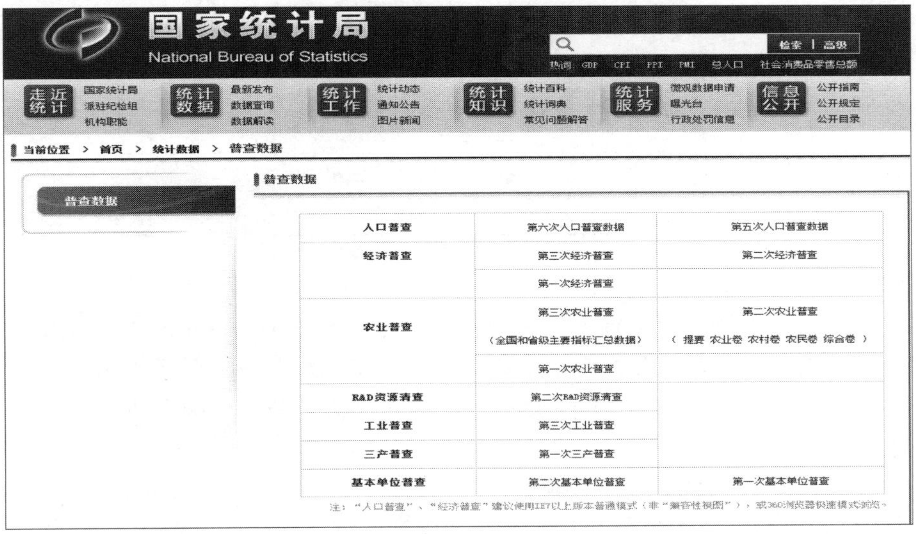

图3-5 中国国家统计局人口统计页面

政府机构和非政府机构关于企业宏观环境数据的来源包括以下几个方面。

1. 公共数据

中国的许多政府机构都会在各自的领域提供网络信息。例如，国家知识产权局网站主页提供详细的申请专利的相关细则，人们也可以在网站上检索哪些是正在申请中的产品商标。许多国际组织（如国际货币基金组织网站）也是很好的信息来源，人们可以了解世界各国的社会、政治和经济环境。总体来说，与其他国家的政府相比，美国政府机构所收集并传递的数据更多一些。例如，在《美国中央情报局世界各国年鉴》中能够找到世界各国互联网的普及率。在非营利机构中，许多大学通过自己的图书馆提供大量信息，教师们也把自己的研究成果展示在网络上。此外，在一些行业和专业协会的网站上（如中国商业企业管理协会的市场营销网站）也有不少行业及专业的相关信息。

维基百科（Wikipedia），又称"人民的百科全书"，是来自世界各地的人用不同的语言共同创建的百科全书。它基于Wiki技术，强调自由、免费、内容开放，任何人都可以编辑百科全书中的任何条目。其宗旨是为全人类提供一个动态的、可自由访问和编辑的全球知识体。目前，中文维基百科已有350 000多个条目，参与人数方面，共有逾50 000个注册用户曾进行编辑。此外，还有许多其他的维基系列网站提供一些专门的信息，如众包式知识百科全书网站提供各种文章和视频资料，教人们如何自制手工操作台等。知网百科是全球最大的百科知识库，是人类一切知识的总和，目前已有近1500多万词条，内容来源于正规出版的2000余部字典、辞典、百科全书、图录表谱等，全部词条均由该领域的权威专家撰写，每个条目都有明确的来源和出处，年更新条目数达100万以上。国内外提供公共数据的网站举例如表3-1所示。

表3-1 国内外提供公共数据的网站举例

网站	信息
国家知识产权局网站	为企业提供商标与专利数据
世界贸易组织网站	提供国际贸易数据
国家统计局网站	提供重大国情国力方面的数据
国际货币基金网站	提供许多社会问题与社会项目的信息
知网网站	面向海内外读者提供中国学术文献、外文文献等数据
中国证券网站	提供中国上市公司的财务数据
中国市场营销学会	提供行业及专业的相关信息
经理人网站	提供商业思想和解决方案的高端财经管理类中文杂志

2. 企业及个人数据

许多企业的网站提供了大量有关公司使命、产品、合作伙伴和最新动态的信息。在一些个人网站上也会出现与企业相关的有用信息，在些公众人物在网络上开通博客、微博等对某些社会事件进行评论。例如，著名的营销作家赛斯·高汀的博客，国内知名的营销专家卢永峰在新浪上开通的博客等。

另一个好的数据来源是大型市场调研公司（如 ComScore 公司、Forrester 公司及国内的艾瑞咨询集团），它们时常在公司网站上公布一些抽样统计数据和新闻稿，以此来吸引企业购买完整的调查报告。例如，英国的网络调研企业尼尔森公司旗下的 NetRatings 服务项目在开展市场调研期间会公布最佳网站和广告商的排行榜。关于电子商务的信息，如亿邦动力网和中国国际电子商务网提供的免费时事通讯是非常有用的。这些简短的信息虽然不完整，但是在判断经营环境时很有用，并能帮助企业决定是否需要购买完整的调研报告。

许多商业性的网络数据库也会在网上提供一些供公众浏览的相关信息。不少数据库还会提供些互联网新闻报道、行业数据、百科全书、航班信息和票价、黄页指南，以及电子邮箱地址等。如今不少营销人员还可以通过网络获取一些知名调研公司的辛迪加调研数据信息，如尼尔森公司的电视媒体收视率，Simmons 市场调研公司每年对 2 万多名消费者进行的调研，以及 SRDS（Standard Rate and Data Service 公司）提供的媒体广告费率与细节列表。学生们在家里也可以通过互联网登录他们所在大学的图书馆数据库浏览知名媒体发表的文章。

值得注意的是，这些数据库中的许多信息都不是以网页形式出现的，而是我们平日在图书馆里检索到的文章或者其他信息的电子版本。其中的部分信息是免费的，有些则会相应收取年费。国内外典型企业和个人提供数据的网站举例如表3-2所示。

表3-2 国内外典型企业和个人提供数据的网站举例

网站	信息
尼尔森公司网站	提供电视观众信息及超级市场销售信息等
网经社	提供专业电子商务信息，在线发布最新研究成果
艾瑞网	提供电子商务、移动互联网、网络游戏、网络广告、网络营销等行业与产业数据
阿里云	提供云服务器、云数据库、云安全等云计算服务，以及大数据、人工智能服务、精准定制基于场景的行业解决方案

续表

网站	信息
国家企业信用信息公示系统	提供查询市场主体信用信息，市场主体年度报告
阿里巴巴	提供国内近 700 万企业的数据
智联招聘	目前拥有 1.4 亿职场用户，累计合作企业数达 400 万家

3. 竞争情报

竞争情报是指对企业所在的行业进行分析，以此来定位企业战略，了解竞争对手弱点的信息。

收集竞争情报是合法的行为，也是许多企业在做的事情。收集情报也很不容易，因为竞争对手意识到别的企业会来收集情报，所以会使用障眼法来混淆视听。美国主要的竞争情报机构福德咨询公司的专家认为，收集竞争情报应做好以下工作。

①确定情报收集的要求。

②收集已经公开发布的各种信息。

③收集一手数据（靠人工收集情报）。

④对情报进行分析。

⑤报告情报利用的结果。

福德咨询公司网站上有关于协助竞争情报收集工作的专用软件使用情况的评价和相关论坛。该公司声称，企业如果没有处理情报的能力，还不如不要投资购买情报收集软件，这与互联网领域的其他投资是一样的。

要收集竞争情报，就需要了解竞争对手的新闻发布会、新产品上市时间、合作伙伴、合作品牌、产品展示会，以及社交媒体信息等。互联网的出现使竞争情报的收集变得更容易了，你可以直接到竞争对手的网站去追踪其营销战略，有时还能在媒体正式报道之前预先了解到竞争对手新产品的上市或价格变化的信息。

营销人员应该了解竞争者的网页上有哪些其他网站的链接。要做到这一点并不难，只需在百度、谷歌或者其他提供这种服务的搜索工具上键入竞争者公司名称就行了。搜索的结果会出现一个链接列表，从中你可以了解为什么这些网站能链接到竞争者网站。还有一种收集竞争情报的技术是，通过分析一家公司的网站日志来查看网页用户在浏览此网站之前和之后所访问的网页。例如，假设日本本田汽车制造厂的营销人员发现网页用户在查看本田车型之前访问过丰田汽车制造厂 ToyotaMatrix 款式汽车的网页，这样就可以通过消费者的视角来判断消费者的购车倾向。除了竞争对手的网站以外，从第三方企业的网站或者行业网站上也能及时了解竞争情报。例如，航空公司都十分关注在线旅游公司（如携程旅游公司和同程旅游公司等）的网站信息，从中了解竞争对手的报价和航线变动情况。此外，航空公司也会关注诸如大众点评网、口碑网等社交媒体网站（游客会在此类网站上发表入住酒店的感受）来了解相关信息。上市公司的情报可以在深圳证券交易所或上海证券交易所网站的在线数据库和许多投资公司网站上找到。

获得有价值的竞争情报的另一个来源是网络用户的论坛。例如，目前新浪微博的注册用户超过 4 亿，这些用户都可以对各种产品评头论足，企业只需输入关键词，就可以找到消费者关于竞争对手产品的评论内容。不过，若要了解更详细的信息，还是要到社交媒体的统计表中去搜索。

4. 脸谱网

每一个脸谱网的用户都可以使用免费的网页数据应用软件了解自己的行为数据。这一款软件是由美国社交网站监控公司开发的。该公司每天都会更新脸谱网上大部分网站的统计数据，网络用户可以了解到的信息包括以下几个方面。

①网页浏览量最多的网站。

②一天中浏览最多的网站，过去一周浏览最多的网站。

③张贴评论最多的网站，分享最多的网页，帖子最多的网站。

用户可以浏览所有脸谱网的网页，关注上面的统计数据，这些数据有助于营销人员将本企业在脸谱网上的网站内容与竞争对手的网站内容相比较，并采取相应的改进措施。

5. 信息质量

二手数据和一手数据都存在许多局限性，因此，营销人员在使用时要十分谨慎。在审阅数据时应尽可能保持客观，在使用信息进行决策时要持一定的怀疑态度，尤其在使用网络信息时更应如此。这是因为任何人都可以随意地在网络上发布信息，不需要经过平台的审阅，也不需要接受筛选以判断数据的准确与否或恰当与否。由于文化差异及信息收集方式的差异，在处理来自国外信息渠道的二手数据时，尤其需要谨慎对待。

网络营销人员不应被精巧的网站设计迷惑，设计最佳的网站上的信息不一定是最精确的，反之，设计不佳的网站上的信息也不一定就不能利用。例如，美国证券交易委员会发布的各种上市公司的报告，其信息格式都非常简单，并没有花很多纳税人的钱来美化报告的格式。有些网站冒充其他知名企业网站进行不法销售，甚至取得了不错的业绩。例如，2016年9月，不法分子注册"乐山市人力资源公共服务中心"域名，仿冒乐山市人力资源和社会保障局官方网站内容，在网络上贩卖伪造的职称证书，非法牟利；2018年，无锡市工商局北塘分局北大街工商行政管理所根据天津市滨海新区工商局辖区内一家国际知名企业的投诉，对无锡某机械有限公司利用网站搞虚假宣传的不正当竞争进行查处。美国纽约州州府奥本尼市的纽约州立大学的两名图书管理员借制作一个假网页来告诉人们，在网上被人愚弄是多么容易的事，有趣的是，这个网页竟然在网上放置了将近10年，后来这两名图书管理员不得不从网上撤下了这个假网页，因为有太多的人误解了他们的真实意图，并且认为这是一个真实的网站。对网上收集的二手数据的质量进行评估的方法有以下几种。

①查明网站作者。由政府部门或著名的公司建设和维护的网站比那些由不知名的人创办的网站信用度更高。有时候，察觉其中的差异并不容易。例如，同一个音乐乐团会有许多网站，其中一些是官方的，而另一些则是由个别音乐爱好者自建的。

②判断网站作者是否为该网站话题的权威。例如，一位来自北大经济学院或长三角产业创新智库联盟的经济学专家提供的有关利率方面的信息会比一位负责金融方面的行政负责人提供的信息更可靠。此外，由大学网站所发布的信息要比金融公司网站提供的信息更客观一些。

③要判断网站的信息的更新时间。有许多网站会每日更新内容，也有一些网站的内容几周都不更新。显而易见，信息越新，对于决策的制定就越有用。此外，还可通过查看网站的超文本链接来判断网站内容的更新程度。当然，许多网站偶尔也会出现一些无法打开的链接，若一个网站有太多无法运行的链接，那么该网站的更新程度必然会遭到质疑。

④要判断网站内容的综合性。这需要查看网站的观点是比较片面，还是能够比较全面地分析问题。

⑤通过其他途径寻找相同信息（如查询网络上的其他资源或图书馆资料）以判断所获信息是否可靠。如果无法获得同样的统计数据，则可考虑通过寻找其他途径来解决。例如，想要确定互联网服务提供商的客户人数是否有效，则可核查拥有计算机的人数（当然后者的人数会多些）。一般来说，对包含同一主题的不同网站进行对比分析是一个很好的办法。

⑥检验网站内容的准确性。如果网站内容中有大量错误，或数字相互不匹配，就表明该数据是不可信的。

如果第一次搜索就出现了许多超文本链接，千万不要因此停止寻找，因为这些网站只是你寻找的潜在网站之一，而且这些相关的超文本链接列表可能只是网站提供的一种服务，所以这些网站未必是关于这个主题的最佳资料来源。

那么维基百科呢？它所提供的信息是否准确呢？学生们在做调研时都喜欢使用这个网站，但是许多教授都质疑该网站内容的准确性，因为该网站的所有内容都是由公民记者（Citizen Journalists，一般是指那些通过在博客、论坛及网站上发表未经专业人员审核的文章来表达自己观点的普通网络用户）编写完成的。有一家名为《自然》（*Nature*）的国际科学医疗杂志曾经开展过一项调查以对比分析维基百科和《大英百科全书》的文章内容的准确性，经过 42 位预先选定的来自不同科学领域的专家对文章进行核查后发现，《大英百科全书》每篇文章平均有 2.92 个错误，维基百科每篇文章则有 3.86 个错误。值得注意的是，维基百科中每篇文章的平均长度是《大英百科全书》每篇文章长度的 2.6 倍，这就意味着维基百科的错误率更低。这其中的部分原因是维基百科有众多的网民对文章进行编辑，而且他们相互之间还会进行核对，以避免过多差错。然而，维基百科的信息毕竟不是百分之百准确，在使用其中的内容时，最好还是查找文章的原始资料来源或查阅其他作者的类似文章，以确保信息的准确性和可靠性。

（三）一手数据

有时候，当无法找到足够的二手数据来帮助制定营销规划时，营销决策者就可以考虑由企业自己来收集信息。一手数据就是为了解决某个问题而进行的首次信息收集。与二手数据相比，一手数据的收集往往更费时费力，成本也更高，但是一手数据的及时性非常好，而且与营销人员所面临的具体问题的相关度更高。另外，一手数据还有一个优点，它属于企业所有，因此竞争对手无法获取。本章第三节将介绍传统的一手数据收集方法如何通过互联网进行优化。

深度访谈法（In-Depth Interviews，IDI）是另一种重要的一手数据收集方法，但是这种方法比较适合于离线操作，因为在访谈过程中涉及的大都是一些无结构化的、开放式的问题，不太容易在网络上完成（当然，现在可以通过 Skype 网络电话来实现）。后面中还将讨论几种非传统的一手数据收集方法，而这些方法只有在网络技术环境下才能很好地应用。无论是在线还是离线，所有通过客户"接触点"（如电子邮件、电话、网站、超市收银台、社交网站、商店柜台等）收集到的电子数据都将输入营销数据库，成为营销知识的一部分，并用于制定有效的营销规划。

每一种一手数据收集方法都可以提供重要信息，与此同时，网络经营者也应该看到一手数据的局限性。例如，在线调研所收集的信息均来源于网络用户，却忽略了中国人口中还有近 40% 的非网络用户，在其他发展中国家，这个比例可能更大。为了便于叙述，我们首先罗列出一手数据调研的步骤，然后具体讨论上述几种方法的用途，以及每种方法的优缺点。

一手数据调研分五个步骤，如图3-6所示。

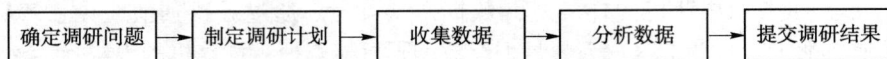

确定调研问题 → 制定调研计划 → 收集数据 → 分析数据 → 提交调研结果

图3-6 一手数据调研步骤

1. 确定调研问题

与收集二手数据一样，收集一手数据一定要明确目标，如表3-3所示，列出了网络营销人员经常面临的问题，这些数据均可依靠人工智能来协助解决。

表3-3 网络营销人员经常面临的调研问题

在线零售商	普通网站和社交网站
改进在线销售规划	判断经常受到访问的网页
预测产品需求	提升客户的参与程度
测试新产品	增加社交平台上的发帖量
测试不同的价格点	跟踪用户浏览网站的路径
测试合作品牌和合作伙伴的作用	判断网站访问者的整体满意度
评估合作项目的效果	判断社交网站上人们交流时的情绪
实际客户与潜在客户	**营销沟通**
识别新的细分市场	测试社交网络的应用程度
测试网站注册用户的忠诚度	测试新的促销方案
描述实际客户的特征	优化网站的收益和效用
测试网站定制化技术	计算展示广告的点击率

2. 制定调研计划

①调研方法。根据所需收集信息的特征，调研人员选择合适的调研方法。

②样本设计。在这一环节，调研人员要确定样本来源，预计受调研者的数量。

③联系方式。与调查对象联系的方式包括传统的方式（如电话、邮件、面对面交流等）和非传统的方式（如利用网络和其他社交媒体等）两种。

④工具设计。如果调研人员准备使用调研法，就需要设计一个调查问卷作为调研工具；如果准备使用其他调研方法，就需要拟定一个标准来指导整个调研过程。

3. 收集数据

调研人员根据调研计划来收集相关信息。

4. 分析数据

调研人员根据最初确定的问题来分析结果。这个环节包括使用统计软件来分析传统的调查数据，或者通过使用数据挖掘技术和其他相关技术来探寻数据库中潜在消费者的行为模式并衡量变量间的假设关系。

5. 提交调研结果

调研最终获得的数据信息须输入营销知识数据库，并以书面或口头的形式传达给营销决策者。

第三节　网络调研的技术与方法

一、网络调研的技术分析

互联网是一手数据收集的沃土，原因之一是消费者对传统市场调研方式的合作热情正在逐渐减退。据统计，一般电话调查拒绝率在40%~60%之间。例如，在2019年中国互联网调查中，约有28%的人未回复邮件。回复率不高，就不可能得到有代表性的样本。尽管网络上要获得有代表性的样本不容易，但是随着在线消费人数的日益增加，使用廉价且快速的网络调研方法将更有意义。美国市场研究职业网站开展的一项调查显示，2011年美国有95%的企业使用网络调研方法，71%的企业担心回复率不高。以下是四个网络调研的成功案例。

（一）创造性测试

Leo Burnett是一家广告代理商，该公司为了测试面向儿童市场的广告效果，将50所小学作为调查对象。Leo Burnett公司的工作人员在网上刊登广告，然后向学生们发送电子邮件，引导他们访问刊登广告的网页，后来，学生们完成了评选最佳广告的一项调查。在这个测试中，800多名小学生为公司寻找最好的广告创意提供了帮助。

（二）客户满意度测试

英国航空公司在公司网站上登出一份调查问卷，用以收集英航会员俱乐部成员对公司服务的意见。9个月内有9000多人完成了这份调查问卷。

（三）产品开发测试

地处里诺市的内华达大学在该校营销专业的网站上登出了一份调查问卷，邀请从业人员与学术界人士就高校电子商务专业中应该添加哪些课程各抒己见，结果有140名答复者为新课程的设置提供了极大的帮助。

（四）企业声誉管理测试

有一家大型制造企业在生产中发生了一个很小的差错，结果发现在谷歌网站上关于该公司的搜索结果中，第一页中有90%的内容含有负面信息，第二页中有80%的内容含有负面信息。其中包括博客版主对事故的评头论足，还有在YouTube网站上观看公司视频后的负面评论。由此看来，收集一手调研数据时应该格外关注有关企业、品牌及企业高管的各种评论。

如今，营销人员正在学习怎样高效地将在线数据与离线数据整合起来（正如普瑞纳公司的案例所显示的情况），有不少实体商店也都在学习如何开展电子商务活动。要做到这一点，就需要将旧有的系统、电话呼叫中心、零售商的条形码扫描仪、政府统计数据，以及其他一些难以整合的数据合并在一起。例如，美国知名市场调研公司ComScore Media Metrix为信息资源有限公司（Information Resources，Inc.，IRI）购物者热线专题访谈小组的几千位组员的电脑安装了一种叫作PC Meter的软件，该软件所收集的网络数据包括广告影响率、被访问网站购买的频率和模式等。公司将这些数据与专题访谈小组的离线调查数据相结合，离线调查数据则包括这些专题访谈小组成员在实体商店实际购买的包装产品的种类、购买量、购买时间、促销对他们的影响，以及他们对品牌的忠诚度。

二、网络调研的方法

网络调研的方法主要包括实验法、专题小组法、观察法、内容分析法、在线调查研究法、网络专题访谈小组调查法。

(一) 实验法

利用实验法开展调研的目的是测试因果关系（如普瑞纳公司的例子）。研究人员首先挑选出调研对象并将其随机分成两组或多组，然后给予每组不同的刺激因素。随后，研究人员会测量调研对象对于刺激因素的反应。研究人员通常会用问卷调查的形式，从而判断在这些组之间是否存在差别。如果能仔细掌控实验（也就是说在实验过程中只有刺激因素在发生变动），那么组与组之间的差别就能归因于这个刺激因素（这个过程就是所说的因果关系）。当然，必须在不同的条件下对不同的调研对象进行测试，由此来判断这些结果能否普遍应用。

营销人员在网上可以比较容易地测试备选网页、展示广告和促销活动。这种测试一般称为 A/B 测试。A 组看到一则广告或一个网页，B 组则看到另一则广告或另一个网页。企业可以用这种方法提高回复率和在线销售额。例如，企业可以将两个不同的定价方案以电子邮件的形式发送给客户群中各占一半的客户，如果这两个不同的定价方案中各自包含了一个超链接（可以分别链接到公司赞助方网站上的两个不同网页），营销人员就可以根据这两个网页的点击率来轻松判断究竟哪种定价方案的拉动作用更大。另一个例子是，如果客户在百度网站上或是 App 应用程序上搜索一款产品，企业可以随机地将一半的客户链接到一个网页上，将另一半的客户链接到另一个网页上，然后观察哪一个网页实现的销售额高。

Forrester 调研公司曾经开展过一项调研，有 71 家企业开展了在线测试，结果显示，71% 的受测试者从 A/B 测试方法中受益，有的是订单增加了，有的是网站的访问量提高了。Forrester 调研公司从调查中发现，开展各种形式的在线测试的企业有各种不同的诉求：① 71% 的企业测试网站的有效性，如网站设计、网站导航能力；②58% 的企业测试网站带来的收益，如通过网络促销活动等；③42% 的企业测试客户满意度和参与度；④42% 的企业测试访问者细分和目标定位。此外，Forrester 调研公司还发现 100% 的企业测试固定的网站，23% 的企业测试移动网站。在开展营销调查与测试中，互联网的作用显而易见。因为它方便、快捷、成本低廉，而且结果可以量化。

(二) 专题小组法

专题小组法是一种定性调查方法，它试图从少数参与者中收集比较深层次的信息。通常营销调研人员都会在使用调查研究法设计调查问卷之前，通过专题小组法来预先了解一些重要的客户产品体验和客户行为，这将有助于更好地设计调查问卷。这种定性分析方法在过去几年中得到更加广泛的应用，2011 年，国内开展市场调研的企业中有 40 家采用在线专题小组法（开展实地专题小组法的企业占 81%）。

当然，在线专题小组法与聚于一堂的传统专题小组访谈法相比还是具有一些优势的。首先，互联网可以使居住在不同地理区域的人聚在一起（如来自五个不同区域家庭的客户可以组成一个专题访谈小组讨论在线购物经历）；其次，由于参与者在网上是在同一时间输入答案，因此不会受到其他人观点的影响（这种现象称作集体思考）；最后，由于使用网络，调研人员能向参与者展示动漫广告、示范软件，或运用其他多媒体刺激因素来促进组内的讨论。

在线专题小组每次只能包括 4~8 名参与者，而传统的专题访谈小组通常包括 10~12 个人，其原因在于一旦参与者人数过多，研究人员就很难控制和解决网络环境下的回复同步性及会话内容的重叠问题。一些研究为了避免这个问题，会选择采用在线公告栏并持续数周保持专题小组的讨论。再有，在线方法无法对非言语沟通进行观察，而通常进行离线专题小组调研时，参与者面部表情对调研人员的调研工作很有帮助，但这种表情是无法通过网络上的一个笑脸符号来判断和观察的。另外，在线专题小组还有一个缺点就是无法保证真实情况。例如，在网络上，小孩子装扮成成年人是很普遍的现象。当然，这一问题可以通过检验回答者的真实身份和要求用密码加入在线专题小组来解决。除此以外，技术问题也会妨碍在线专题小组的调查。最后，根据一项将面对面交流、电话交流与在线专题小组访谈等方法进行比较的研究结果，调研对象在网络环境下通常会比在其他情形下更倾向于使用偏激词汇，其原因就在于打字和说话是不同的。

这里还有一个有趣的案例，比利时市场调研机构 Synthetron 公司进行在线专题小组讨论时，每组最多可以同时容纳 200 名参与人。在此过程中，某组的所有参与人首先输入他们自己对调查问题的见解，接着每个参与人在所有答案中选出一个心目中的最佳答案，然后通过一种合作过滤软件将这一组中排名最靠前的几个最佳答案发送给另一个正在同时进行的专题讨论小组，也允许该组的参与人进行评选。这个评选过程将不断持续，直到大部分人一致公认的某些最佳意见置顶才算结束，而且这些意见都会纳入最终的调查报告。下面罗列出了客户参与这个公司在线专题小组的四个步骤：

①输入你的个人意见。

②浏览和评估其他人的意见（请选择同意的程度）。

③你可以通过添加更多的意见来反馈和评论你最喜欢的见解。

④点击"总结"按钮可以对本阶段所有的最佳意见进行评论。

还有一个类似的例子，TechSmith 公司开发了一款名为 Snagit 的软件，这是一款非常优秀的屏幕、文本和视频捕获与转换程序软件。在软件开发进入贝塔测试（Beta Testing，在开发和测试基本完成后，正式发行之前最后进行的测试）阶段时，公司利用了众包这种调研形式。在为期 10 个月的贝塔测试阶段，有 40 万人参与了讨论和评价。TechSmith 公司估计，这样的调研为公司节省了 30~50 万美元的研发经费。传统的面对面专题小组调研一般只能持续几个小时，但是互联网为更多人参与、持续较长时间创造了条件。

（三）观察法

观察法指的是在相关自然环境中观察人们行为的一种方法。例如，零售商会对客户进行摄像，以了解他们在商店内的选购模式和各种购物行为。一些研究人员认为，观察客户行为往往比客户自己表述更能反映他们的真实想法。因此，与调查法相比，研究人员往往更倾向于使用观察法。当然，作为一种定性分析方法，对于一小部分人的观测并不能完全用于描述所有人的行为。有一种只能在互联网上应用的非常有趣又十分重要的观察调研法，就是对客户在社交网站、公告板或其他社交媒体中的闲聊行为进行观察。若要了解客户观察法的价值，可以参见关于苹果电脑公司产品的讨论，如图 3-7 所示。这类讨论小组多达 1280 个，这类信息对于苹果公司和它的竞争者而言都非常重要。另一个追踪客户闲聊的方法是在公司网站上提供聊天的空间，或者让客户加入相关产品话题的公司电子邮件列表。

图 3-7 关于苹果电脑公司产品的讨论

网民会在各种社交媒体上发布各种相关信息，因此，企业必须十分关注多达3亿多的个人和公司博客，以及社区图片网站上有关自己的品牌、企业或经营者个人的各种信息。这是一个非常严重的问题，因为如今想要了解对公司不利的流言蜚语，光靠在谷歌或百度上做一些简单的搜索已经远远不够。公司需要及时自动地追踪对自己不利的信息并做出必要的回应，及时对风险进行控制。有些企业聘请公关公司或网络形象管理公司（如 Weber Shandwick 公司、Reputationdefende 公司等）来做好品牌形象管理工作。企业也可以自己建立自动跟踪系统，利用电子邮件、简易信息聚合技术或专用软件来进行信息跟踪。例如，谷歌公司提供一种特殊服务，那就是按照客户设定的关键词（如人名、品牌名、竞争对手的品牌名等），用电子邮件的形式提示客户。谷歌公司每周向客户发送警示性电子邮件（按照作者的名字）。客户可以设定接收警示性电子邮件的要求（如包括万维网、博客、新闻组、视频、专题小组等各种范围），可以要求实时发送，也可以要求每天发送一次，或每周发送一次。搜索引擎 Technorati 是专门用来监视博客内容的，它也能向用户发送警示性电子邮件。有些社交媒体网站（如 YouTube）可以向用户发送电子邮件提醒有人在媒体上对其进行了评论。企业也可以通过订阅电子邮件来了解行业内动态，监视竞争信息和市场动态，这些都是可以通过技术来实现在线观察的。

简易信息聚合（Really Simple Syndication，RSS）技术是可扩展标记语言（Extensible Markup Language，XML）的一种，它用来分享标题和其他各种内容。如果客户利用 RSS 技术订阅博客或其他社交媒体的内容，这些内容就会自动发送到客户的电脑中。客户可以通过下载一个免费的阅读器软件（如谷歌阅读器，如图3-8所示）来阅读 RSS 发送的内容。大多数企业就是利用 RSS 技术来跟踪行业内有影响力的博客版主，关注与公司相关的帖子，一旦有风吹草动，他们就可以及时采取措施应对。

有些专用软件可以帮助企业跟踪社交媒体上的言论，并及时发送给相关人员。例如，Copernic Tracker 软件的功能非常强大，有些网站虽然不和其他站点共享内容，但是这个软件依然可以对其进行跟踪（如美国公平贸易局网站上提供的企业动态），它还可以帮助跟踪在线论坛、竞争对手网站上的内容等。

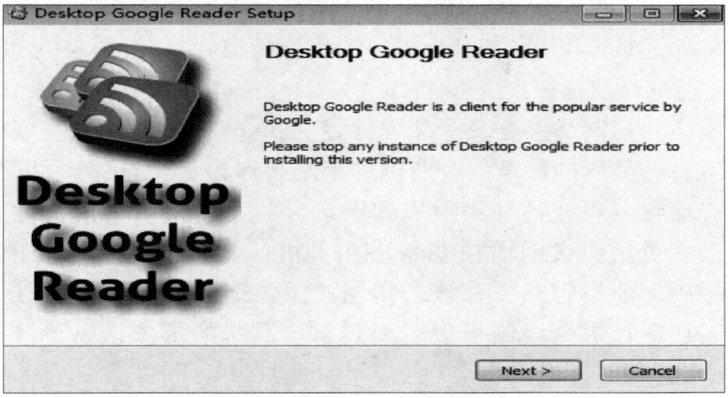

图 3-8　谷歌阅读器

　　企业需要到哪里去跟踪自己需要的信息呢？2008 年，比尔和施特劳斯（Beal & Strauss）提出，企业可以通过十二种途径监视有关自己声誉的在线信息。

　　①企业自己的内部渠道，包括公司博客、微博、微信公众号上的评论专栏，以及允许用户发帖的其他公司网站。

　　②利用警示性邮件和 RSS 技术跟踪社交媒体网站和博客网站。

　　③谷歌、百度等网站上的视频、新闻、专题小组等内容。

　　④电子邮件实时通讯发送的行业新闻，以及竞争对手网站的内容。

　　⑤相关利益群体在其他网站上发布的内容。

　　⑥企业所在行业的网络社区，如中国旅游信息网站的论坛。

　　⑦社交标签网站，如美国标志情报局网站，用户可以在这样的网站上为各种网站贴上标签与人分享。

　　⑧各种多媒体信息，如百度视频、火山小视频等。

　　⑨各种论坛和公告板，如 Google Groups、中国音乐公告牌、天涯社区等。

　　⑩各种网站上的客户评价，如美团点评、大众点评、百度口碑等。

　　⑪社交网站，如 Facebook、微信、人人网、知乎等。

　　⑫利用网络分析工具监视公司网站的浏览量，监视用户在百度或本企业网站上输入的关键词，或用户是如何通过其他网站链接到自己公司网站的。

　　我们将上述这些实时监控技术归类到在线观察法的市场调研中，其实，他们也可以归类到内容分析法中。

（四）内容分析法

　　内容分析法主要用来观察文本信息和图片信息，目的是评价网络用户沟通交流的内容。利用这样的技术，市场调研人员可以评价各种文本信息的内容，观察广告的作用（如男性消费者受到广告怎样的影响）。研究人员利用内容分析法做市场调研已有多年，他们以此来了解消费者沟通的环境、既往的情况、未来的发展趋势、促销的方式等。这种调研方法既可以用作定性分析，也可以用作定量分析。根据调研的目的不同，它可以用来收集一手数据或二手数据。有时，调研人员还会计算出现的词语数量，提供定量分析的结果。

社交媒体上无数的沟通信息为市场调研创造了诸多机遇。对社交媒体上的内容进行分析可以了解到很多信息。例如，消费者的特征（如脸谱网上的用户特征）、客户偏好（如公司网站或竞争对手网站的浏览量，微信公众号上的信息种类）、品牌形象（如产品评价和排名网站，百度网站上的论坛信息等）。

Solve Media 网络公司网站上有一个品牌标签（Brand Tags）板块，成千上万的企业通过这个板块来了解自己品牌的形象，企业把这个网站称为"全球第一品牌形象网站"。本章案例导引中的普瑞纳公司就是利用免费的定量分析工具来收集消费者提供的各种词语的。该公司要求消费者用任意词语描述普瑞纳品牌。参与这一调研的消费者有 3000 多人，在这样的调查中，消费者只要在该公司网站上注册，然后就可以对任何品牌用自己的词语去描述。企业通过数据收集可以了解到自己品牌的形象，以及消费者对自己品牌的感知。

一些社交网站（如知乎、品牌评价、百度论坛等）是进行市场调研、关注有关竞争对手言论的最佳场所，它们既可以用来进行内容分析，也可以用来进行实时在线观察。

（五）在线调查研究法

Market Research Careers 网络公司称，在线调查研究法是如今使用最为广泛的市场调研方法。2013 年，有 95% 的市场调研人员使用在线调查研究的方法，35% 的市场调研人员认为在线调查研究是最有价值的决策工具。市场调研人员使用的各种调研方法如图 3－9 所示。

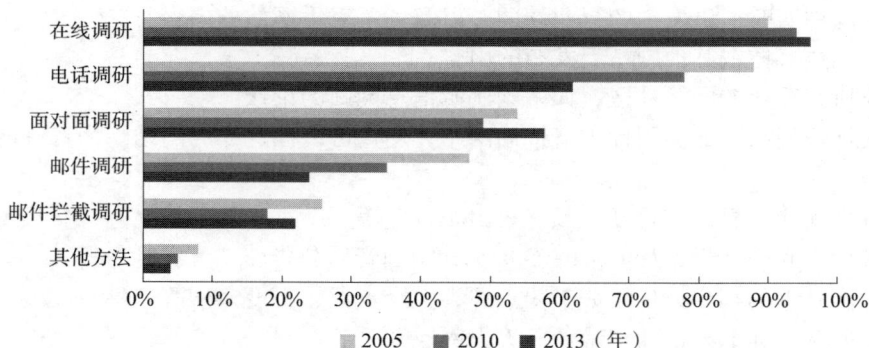

图 3－9　市场调研人员使用的各种调研方法

在线调查研究法通常包括以下几种方式。

①客户浏览网站或在网络上购物，或参与跳出窗口调研时，企业都可以进行拦截取样，这是一种自我选择的调研方法，营销人员有时将其称为"河水取样"。这种方法与离线的拦截式市场调研方法相似。离线的拦截式市场调研方法指调研人员在公共场合随机地拦住调研对象询问一些预先设计好的问题的调研方法。BizRate 公司是一个比较典型的开展拦截式调研的企业。该公司在客户网站上放置调研问卷，调研对象是随机的网络购物者，它用这种方法帮助客户网站改进营销模式。腾讯公司也经常通过 QQ 向在线会员询问一些预先设计好的问题，调研会员对本公司网上产品的满意度。

②企业可以通过电子邮件向目标群体发送邀请，要求他们打开链接完成调查，这种方法是直接定位法。企业也可以根据电子邮件地址设定一个概率样本，从数据库中挑选具体的调

研对象，按照年龄、地理区域、专业等从第三方购买电子邮件列表。

③专题小组调研是一种选择参与式的调研方式。企业挑选一批愿意参加调研的调研对象，当然，企业可以给予一定的报酬或赠品，如中国移动通信公司借助即时通信功能，向客户发出调研请求，客户在自愿提交即时问卷后，中国移动通信公司第一时间会给予一定的流量或积分奖励。

④公告板调研一般是开放式的，调研对象可以随意发表意见，前文讲 Snagit 软件时已经提到过。

许多企业会在自己的网站上放置调查问卷，回复人将答案输入自动回复系统。有的是单选按钮（用户点击表示回复），有的是下拉菜单，有的则是空白区域便于调查参与者回复开放式问题。曾经有一项网络调研就是通过这种方式来调查学生们购买什么样的饮料，由此作为企业产品定位的依据。网络调查问卷的问题的设计类型如图 3 – 10 所示。

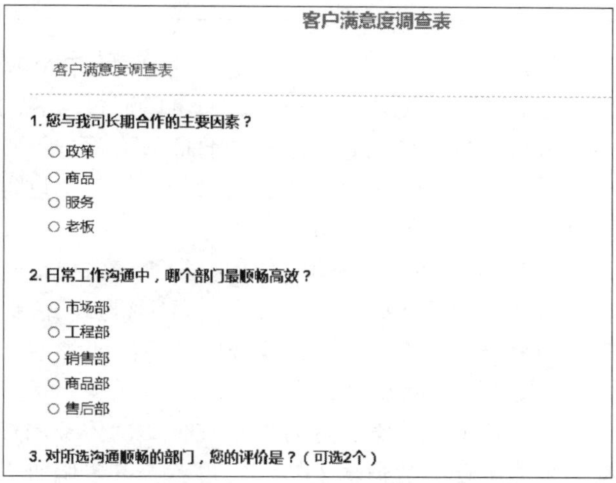

图 3 – 10　网络调查问卷的问题设计类型

有时候，这些调查问卷的目的是收集某网站访问者的意见（如网站注册率），而有时调研的内容则要更深入一些。例如，New Balance 公司邀请随机选取的公司网站访问者对网站内各功能的重要性和运作方式（如客户服务、导航的便捷度、产品选择和价格、网站安全、购物等）进行评估。通过这种调查，公司了解到客户愿意为快递服务买单，于是在定价时可以将这个因素考虑在内。

研究人员经常会在网站上设计一份调查问卷，然后以电子邮件或其他形式引导受调查人员登录该网站并参与完成这项调查。最高的回复率一般都来自该网站电子邮件列表的成员（实际客户或潜在客户），因为他们通常对调研的主题特别感兴趣。有时电子公告栏上的广告或者旗帜广告，以及其他网站对本网站的链接也都有助于提高网络问卷调查的回复率。例如，一家公司在百度上放置了一个展示广告，实现的点击率是 1%，共计有 826 位问卷回复者。总的来说，网络调查的回复率通常接近或者超过传统调查方式的回复率，有时回复率高达 40%。

与传统调查方式相比，在线问卷调查法有许多优点，也有不少缺点。在线问卷调查法的优缺点如表 3 – 4 所示。

表3-4　在线问卷调查法的优缺点

优点	缺点
快速、经济	样本选择问题或普及性问题
调查范围包括全球范围细分市场中不同且特征各异的网络用户	测量有效性问题，自我选择偏差问题
受调查者自己输入数据，有助于减少调研人员录入数据时可能出现的错误	难以核实回复人的真实身份
对敏感问题能诚实回复	轻率的、不诚实的回复
任何人都能回答，被调查者可以决定是否参与，可以设置密码保护	重复提交的问题
易于制作电子数据表格	回复率降低的问题
采访者的主观偏见较少	习惯性地把参与调研的邀请邮件视为垃圾邮件

与传统调查方式相比，在线调查法既快捷又经济，这也许是在线调查法最大的优势。调查人员无须向采访者支付劳务费，也无须支付邮资，便可以通过互联网将调查问卷瞬间传递至全世界各个角落。调查者只需将网络调查问卷转为 HTML 文件，不需要再花费打印、整理和收发邮件的时间。完成一份调查问卷一般只要三天时间，使整个过程更快捷。假如使用电子邮件邀请参与调查，企业还要重复发出提醒函。

许多调研人员认为，在线调查能减少差错。例如，调查中会设计一些预设问题，这些问题的设计取决于受调查者对前一个问题的回答，并且是计算机自动生成的。

假如回复人对第 9 个问题选择答案 C，那么调查软件便立即跳过三个问题而直接询问回复人第 12 个问题。这种技术降低了回复过程的复杂性，并为受调查者节省了时间。此外，在线问卷调查需要由回复人自行输入答案，这有助于减少使用传统调查法时研究人员将书面调查问卷输入电脑过程中可能出现的数据输入错误。再者，许多调研人员发现受调查者在没有采访人在场的网络环境下都表现得比较诚实，不太会隐瞒问题，甚至还会比较直率地回答一些关于个人隐私的敏感问题。这是因为智能设备及软件是没有感情的，在受调查者输入答案时，不会有人在一旁监视其输入的内容。

与离线调研相比，在线调研样本的代表性和计量的有效性是两个最大的弱项，但也有专家认为样本的代表性已经不是问题了。企业难以抽取一个科学的概率样本，因为目前还没有一个完全的网络用户清单，除非样本是从企业的客户清单中采集来的，而且这些客户全部是网络用户，企业还必须拥有所有客户的电子邮箱地址。在实际操作中，使用面对面的调查或者邮件调查的调研人员会有组群的总体列表，然后从这个总体中抽取概率样本。尽管我们手里也没有所有的电话号簿，但是随机拨号技术帮助解决了概率样本的抽取问题。当然，如果客户都停止使用座机而改用手机通信，事情也会发生变化。如果无法解决随机抽样的问题，调研人员就不能将样本的研究结果应用到总体中去。正因如此，调研人员可以通过电子邮件发送调查问卷，或者在万维网上开展调查，但是对调查结果进行分析时需要格外谨慎。如果参与网络调研的人中有 15 000 人点击了他们通过网络购买的商品，那能说明什么问题？它与网络用户的总体是一个什么样的关系？这是一个概化理论的问题。有些企业（如 BizRate 网络公司），在开展网络调研时预先设定对网站的访问者以固定的间隔确定对象并发送一份调查问卷，以此来解决抽样问题。如果企业希望从网站的访问者中组成一个理想的样本，这是一种很好的方法。

在线问卷调查目前存在许多度量上的技术问题。由于参与问卷调查者的网络浏览器的类型不同，计算机或手机显示器的大小不同，屏幕分辨率设置也存在很大的差异，因此，调研人员担心颜色会出现偏差，度量比例不能够正确地在线显示。

许多研究者都非常关注日渐下降的在线调研回复率及在线调研数据的质量问题。在2011年开展的一项调查中，71%的市场调研专家表示担心在线调研的回复率不高。Market Research Careers 网络公司开展的这项调查中，绝大多数的调查对象提到，回复率不高是出于两个原因：一是调查问卷太长；二是被调查者收到的调查邀请太多。他们提出了几种解决方法，比如缩短问卷的长度、增加调查问卷的吸引力（调查对象对自己感兴趣的话题肯定愿意回复问卷）。

解决调查样本问题的一个方法是给样本加权。将代表性不够充分的调查对象乘上一个系数，这样就能使得样本与总体的特征相对比较接近。

网上调查与不受密码保护的问卷调查所面临的另一个问题是无法控制回复者。一般来说，收到邮件的人通常是亲自回复这个邮件，但如果这个邮件地址被公之于众，那么其他所有人都能回复这项网络调查，这造成了难以衡量的自主选择性偏差。

与此密切相关的另一个问题是答复者的真实性。这是任何一种自助式调查方法都会遇到的问题，在网络环境中这个问题尤其突出。很多调查者发现20%～50%的网络用户会伪装自己的性别，而小孩子则经常在网上冒充成年人。这种情况很难进行修正，且明显会造成调查结果的偏差。许多研究人员目前正在尝试筛选出不合逻辑且回答轻率的回复者，其中有一种方法就可以辨认出草率的回复，比如回复有规律可循（如每道题的答案在前一道题的基础上加1，由1、2、3、4构成，等等）。

还有一个问题是对在线调查重复提交的问题，要解决这问题并不难，只需通过查找相似时间内提交的类似回复就可以从数据库中把它们删除。

最后，一些调研人员使用电子邮件恳请回复者完成网络调查问卷。除非这些邮件接收者都是该公司的客户，否则这些电子邮件极有可能被视为垃圾邮件而被删除。

应当注意的是，调查表不像其他类型的网页那样易于制作。另外，为了使表格具有互动性，制表人必须在网络服务器上安装一个特殊程序（公共网关接口 CGI 或 Perl 程序语言）来"告诉"服务器如何处理回复者信息。有些企业会自行开发软件来协助这个调查过程，如基于网络的 surveymonkey 网站。问卷星调研公司还开发了一些软件方便市场调研人员制作网络调查表，它们与其他网页制作工具或文字处理软件一样简单。调查表格完成以后，调研人员可以将网页发布在问卷星的网站上，并在网站服务器上完成所有的互动工作。调查回复由调研人员自行下载，调研人员就可以使用软件将这些内容转换成适合于表格程序或统计软件进行分析的数据信息。

（六）网络专题访谈小组调查法

许多市场调研人员利用网络专题访谈小组的形式来解决抽样问题及回复率不足的问题。网络专题访谈小组（Online Panel）也称为"选择加入"的群体，它是由一群同意成为营销调查对象的人组成的。有时是调查者向他们支付费用，有时则是提供免费的商品。在同意接受调查后，这些调查参与者需要完成大量的调查问卷，这样，调研人员对他们的特征与行为会有一个全面的了解。当这些成员参与产品试样调查，或完成调查问卷，或使用优惠券和其他促销商品时,调研人员就可以将这些调查结果与已收集到的有关这些受调查者的人口统计数据联系起来进行研究。与此同时,调研公司可以使用相对简短的调查问卷以提高回复率(调查问卷设计时可以删除那些有关人口统计特征的问题)。本章"案例导引"中的普瑞纳公司所使用的这类大规模专题访谈小组有一种优势,那就是可以将众多的消费者根据其行为和人口统计特征分类成数组不同的小型目标市场。像这样拥有大量网络专题访谈小组的国外公司有尼尔森公司、NPD 集团、Harris 互动公司和数字营销服务有限公司(DMS)等,国内主要有问卷星、艾瑞咨询公司等。

尼尔森公司曾经非常巧妙地使用了公司拥有 10 万成员的专题访谈小组,该调查的目的是追踪这些调查参与者浏览网络广告的情况。公司要求广告代理商在广告内放置一个跟踪像元。像元就是电脑或者电视屏幕上的一个染色点,广告浏览者是无法看到这样微小的一个跟踪像元的,接着尼尔森公司在每位调查参与者的电脑上安置一个网络跟踪器文件用以追踪那个跟踪像元何时被浏览(也就是说,谁浏览了广告),最后通过将追踪信息与专题访谈小组的人口统计特征进行对比分析,尼尔森公司成功地整理出了一份网络广告浏览者的完整信息档案。

与传统的抽样调查相比,网络专题访谈小组对调查的客户公司来说成本更高,此外,由于一些调查公司在招募网络专题访谈小组成员时方法不够科学,导致最终的调查结果难以实现普及应用。当然,如果回复者的规模足够大,回复率足够高,就可以抵消这种问题的影响。网络专题访谈小组面临的另一个问题是,由于这些参与者必须完成调查才能获得报酬,他们往往会为了获得报酬而说谎,以下是常见的三种说谎形式。

①对于某些有关他们从来没有使用过的特殊产品的提问或者一些他们应该回答"否"的筛选类问题,他们会选择回答"是",这样可以避免他们在调查中途由于不符合调查要求而被强迫退出参与调查(如果中途退出调查,他们就无法得到报酬)。

②草率回答问题可以更快完成调查。例如,在没有仔细阅读的情况下随机点击选项,或者"直线式答复"(接连几个问题全部选择同一标号的答案)。调研人员可以通过设置陷阱问题来避免这类问题发生,如设计一些前后相互矛盾的问题使回复者必须仔细阅读和回答,以避免自己的答案前后不一致。

③与草率行为密切相关的一种不诚实行为是快速答复。调研人员可以通过计算回复者完成一份调查问卷所用的总时间来进行判别。假如调查参与者只用 5 分钟就完成了一份至少需要 15 分钟才能完成的调查问卷,这样的回复显然是无效的。

三、网络调研的道德规范问题

几乎每个公司在网上进行营销调研时都会考虑到"礼品文化"的问题,会考虑赠予回复者一些礼品来感谢他们的参与。在传统调查中,回复者时常因完成问卷而获得象征性的报酬(如日用品或一些积分等)。有些调研人员则从提交了回复的参与者中抽取部分人来赠送现金或免费的产品,另外一些则免费送给由回复者选出的身边朋友(如移动公司要求每递交一份调查问卷,就送 100MB 的流量给身边的朋友或家人)。在调查完成后,有些公司会将整个调查结果以可下载的格式发布在网站上,而大部分公司至少都会在网站上公布部分调查结果。在互联网上开展调查研究,企业还面临着其他几种道德规范问题。

①在电子邮件调查中,受调查者对那些不请自来的邮件越来越厌恶。

②许多调研人员未经许可就从新闻组中"攫取"电子邮件地址或会员账号。也许这种

行为类似于从电话本上搜集人名，但是这种观点遭到了一些人的反对，因为消费者在网上发表言论时并不希望与营销人员联系。

③有些企业开展"市场调研"只不过是为以后的销售建立数据库。有道德的营销人员应清楚地区分营销调研与促销的区别，他们不会以调研作为伪装去开展促销活动。

④在网络环境中，用户数据隐私是一个大问题，因为通过互联网将电子数据发给其他人是一种相对简单又有利可图的事。BizRate 公司的首席执行官法哈德·墨西特（Farhad Mohit）指出，有许多公司都非常想得到他们所收集的数据，保护好受调查者的数据隐私是 BizRate 公司经营成功的关键。恰恰相反，美国最大的社交网站 Facebook（脸谱网）就没有在客户隐私方面下足功夫。2018 年 3 月，Facebook 被曝有 5000 万用户数据遭到泄露，这是有史以来，Facebook 被曝出的最大规模的数据泄漏。受此影响，Facebook 股价大跌，市值一夜间蒸发了 367 亿美元，当时相当于蒸发了一个网易市值。造成客户隐私泄漏的主要原因是剑桥分析公司与 Facebook 进行了合作。前者开发了一个让用户进行"个性人格测试"的 Facebook App（类似国内微信的小程序），每个用户做完这个测试，就可以得到 5 美元。剑桥分析公司不仅收集了用户的测试结果，还顺便收集了用户在 Facebook 上的个人信息。剑桥分析公司以此访问并获得了 5000 万活跃用户数据，并建立起用户画像，依靠算法，根据每个用户的日常喜好、性格特点、行为特征，预测他们的政治倾向。然后定向向用户推送新闻，借助 Facebook 的广告投放系统，影响美国用户的投票行为。

正是上述这些因素导致欧洲民意与营销研究协会（ESOMAR）将在线调查的指导原则纳入其制定的《关于营销和社会调研实践的国际标准》中。截至 2018 年年底，ESOMAR 在全世界 120 多个国家中拥有 4900 多名成员。

尽管存在许多严重的不足，网络仍然是营销人员的重要工具，对于完成一手调研至关重要，只是在使用一手数据或二手数据时，营销人员必须仔细评估数据的质量并适当地加以运用。

四、其他由信息技术支撑的调研方法

网络是观测客户行为的极好场所，依赖技术可以记录用户行为，而记录的数据则可以简单、快速应用数学的方法进行分析。客户端与服务器端自动数据收集法是两种非传统的技术辅助型市场调研方法，特别值得一提。其中，在网上进行实时建档是一种十分有用的服务器端数据收集方法。这些技术极为有趣，而且非同寻常，因为在互联网诞生以前它们并不存在，企业可以利用这些技术对网页、促销方式和定价做出迅速的反应。下面介绍其他几种由信息技术支撑的调研方法。

（一）客户端数据收集法

客户端数据收集法（Client – Side Data Collection）指的是直接在客户的个人电脑或移动终端上收集他们网上冲浪的信息的一种方法，其中一种方法就是当客户访问某网站时，在客户的硬盘驱动器上添加一个小型数据文件，即网络跟踪器文件。对于网络营销和其他网络活动来说，网络跟踪器文件是很有帮助的，甚至是必不可少的。一些网络跟踪器文件跟踪客户网上浏览轨迹，并帮助营销人员向客户发布合适的促销信息和网页。图 3 – 11 所展现的是网络日志帮助进行销售漏斗分析的例子，它显示了网络跟踪器文件和网站日志怎样识别有多少进入网站浏览网页并最终购买产品的访问者。

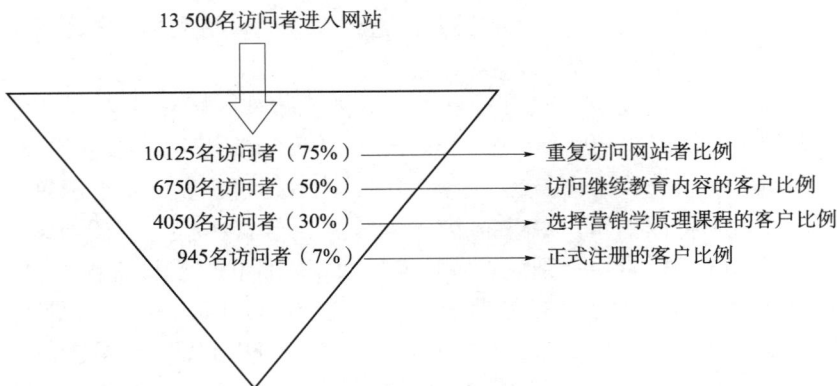

13 500名访问者进入网站

10125名访问者（75%）————————→ 重复访问网站者比例
6750名访问者（50%）————————→ 访问继续教育内容的客户比例
4050名访问者（30%）————————→ 选择营销学原理课程的客户比例
945名访问者（7%）————————→ 正式注册的客户比例

图 3–11　网络日志帮助进行销售漏斗分析

还有一个重要的客户端数据收集方法是在一组网络专题访谈小组成员的电脑上安装一个叫作 PC Meter 的软件，用来追踪客户的点击量，测量客户网上冲浪的模式。这种方法与 AC 尼尔森公司在电视机上安装"人群测试表"（People Meter）相类似，该公司以此来测定不同节目的收视率。

（二）服务器端自动数据收集法

网站分析工具通过使用网站日志软件分析和记录访问网页的客户数，客户在站点上刚买的产品，访问本公司网站以前客户所在的位置，并生成报告。随着电商平台应用模式的发展，许多网络企业通过会员制注册、大数据、人工智能技术来追踪和分析客户网购轨迹与行为。例如，京东、阿里巴巴等电商平台企业一般会要求客户首先在网站上进行注册，才能购买商城上的商品，这样企业后台就能追踪到会员购买商品的情况、浏览平台的模式，以及访问网站的频率。电商平台企业可以通过这些信息向客户提供个性化的产品和服务。此外，股票证券公司也在实施这一流程。

亚马逊公司利用过滤软件追踪客户订购的图书，然后根据数据库中显示的客户购书倾向，对客户进行购书推荐。这些观测数据有助于公司改进网络营销策略与促销广告，制作更有效的网站。图 3–12 展示了代代 SEO 热力点击分布概况。

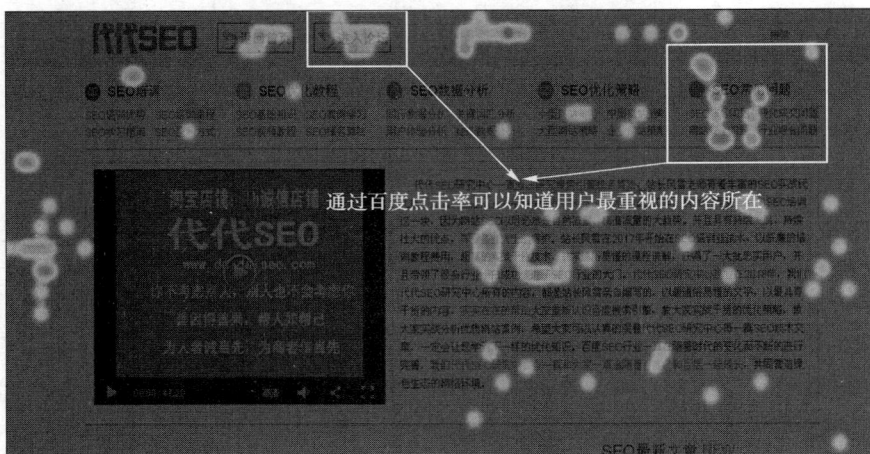

图 3–12　代代 SEO 热力点击分布概况

从图 3 - 13 中可以看到，"SEO 常见问题"的点击量最高，然后是"SEO 优化策略"，这两部分是网站中点击量最高的栏目，后台可以把这两个板块挪动到左边第一位，更新文章时，重心移到这两个模块，来提高客户的关注度。

越来越多的企业开始运用服务器端数据收集法对网页进行不断改进，提出新的促销方案。软件追踪到客户在网站中的行为会自动生成实时形象建档，然后即刻对数据进行编辑和报告，这种方法也被称为"实时点击流追踪"，它方便了营销人员分析消费者的在线行为。并对网站促销方式和网页做出即时的调整。实时形象建档并不便宜，据估计，购置软件需要上万元，一般是包年。尽管如此，如果企业能够通过软件根据客户过去的行为预测其将来的行为，并在此基础上对网页进行个性化的改进以满足客户的需求，那么如此高成本的付出也是值得的。

（三）实地一手数据收集法

实地一手数据收集法是指在离线购买点收集数据，然后通过技术辅助工具将这些数据输入营销数据库以便日后决策使用。最重要的实地数据收集技术包括使用条形码扫描仪和实体零售商店的信用卡读卡机，当然，还有其他方法，如销售代表在与客户通话时将信息输入电脑等。

实地收集一手数据是在离线的购买点进行的。这种数据收集方法对网络营销十分重要，因为将这些数据与在线收集的数据相结合，就可以为零售企业描绘出消费者行为的全貌。实地收集消费者数据可以有多种方法，如智能卡与信用卡的读卡机、互动式的收银机终端（iPOS）、条形码扫描仪及零售店推出的支付宝和微信二维码等。其中，通用产品代码在1974 年以后就开始广泛应用于各大超市连锁店，如今它仍然是一种重要的数据收集方式，每天对条形码的扫描常常高达数百亿次。如今，大型零售店通过扫描条形码、二维码收集产品销售数据的主要目的是进行库存管理。当条形码、二维码数据从移动终端转到后台数据库时，软件会自动核减库存数量，并与供应商保持联系随时补充存货，这种即时更新库存的方法对零售商、批发商及制造商都十分有益。

第四节　数据存储与分析

一、营销数据库和数据仓库

无论数据是在线还是离线收集的，它们最终都会被输入到各种营销数据库中（如图 3 - 1 所示）。产品数据库有库存情况的信息，如产品特征、价格、库存水平；客户数据库有客户特征和消费行为的信息。按照交易情况实时刷新数据库十分重要，它能将数据从一个数据库移入数据仓库。数据仓库是整个组织历史数据（不仅是营销数据）的储藏室，它是专门为制定决策提供必要的分析和数据支持而设计的。有时，数据仓库中的数据被分开放在许多主题明确的区域（数据中心），这样便于检索。这些概念对于营销人员来说十分重要，因为他们要依赖数据仓库中的信息制定营销规划。实体数据收集与存储如图 3 - 13 所示。

如今的网站非常复杂，同类网站通常有好几万个网页，来自企业不同的部门，也为众多部门服务，因此，网站内容管理成为一个新的热门领域。许多软件开发商（如微软公司）正试图通过其软件解决网站维护问题，这些软件有许多特征。例如，新闻发布数据库会将最新的文章自动放置在指定的网页上，将陈旧的文章归档，然后按规定的日期删除。

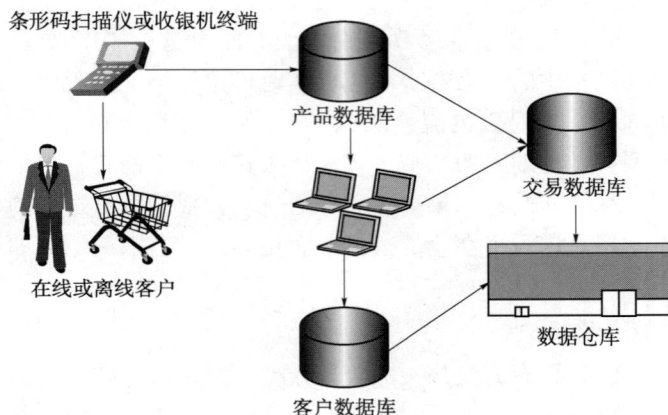

图 3 - 13　实体数据收集与存储

　　数据存储的发展趋势是云计算（Cloud Computing）。云计算网络远离企业所在地，人们利用它来存储和管理数据，如图 3 - 14 所示。企业的员工经过授权，可以读取数据或上传数据，只要设备联网就行。云计算技术的优越性在于企业可以不必为管理服务器或管理数据的软件投入资金，还可以免费利用一些数据（如百度数据库、腾讯地图等提供的数据）。当然，企业要为使用云计算服务支付费用。目前，比较知名的提供云计算服务的企业是美国的亚马逊公司和国内的腾讯网络公司。

图 3 - 14　云计算网络

　　云计算产业中的主要客户是互联网 IT 行业，现在虽然不懂技术的客户相对较少，但因其涉及的范围、行业很广，又根据长尾理论，也存在很多的潜在客户，他们能促进云服务器售卖的增长。存在的问题是他们对技术不擅长，更希望能够直接利用现成的云服务器产品立刻产生价值。因此，腾讯云抓住了这一点，推出一些吸引"小白"客户的云服务器产品组合。例如，博客云服务器（集成 Wordpress + 附赠普通域名）打出"5 分钟拥有属于自己的博客网站"；机器学习云服务器（Tensorflow + Ubuntu + 示例代码 + 教程）打出"10 分钟掌握机器学习"等促销宣传。其目的在于让技术变得简单化，吸引"小白"客户的购买和尝试。

云计算并不仅仅是数据存储的技术，数据处理也可以通过云来进行。例如，脸谱网上的各种应用软件都存储在云里，阿里巴巴、百度等也是如此。许多供多人操作的网络游戏也是通过云来进行的。

二、数据分析和提交

从各个客户接触点收集到的数据都会存储在数据仓库知识管理系统中，可以随时用于分析并递交给营销决策者。用于营销决策的数据分析方式主要有四种，即数据挖掘、客户建档、RFM 分析（最近购买时间、购买频率、消费金额）、生成报告。下面我们详细介绍一下前三种。

（一）数据挖掘

数据挖掘（Data Mining）是指通过统计分析，从大型数据库中提取潜在的预测信息。营销人员在研究数据库时只需探寻数据中潜在的消费模式即可。例如，营销人员可以通过数据来判断某个产品的大客户是否会在某些特定的月份增加购买量，也可以判断社交网络中有多少客户在与他人分享应用软件。通过数据挖掘发现的潜在消费模式可以帮助营销人员调整营销组合战略、开发新产品，并预测客户行为。美国第二大邮购商 Fingerhut 公司拥有 20 亿美元的资产，它使用数据挖掘技术发现客户在搬家之后 12 周内的商品购买量是搬家前的 3 倍，数据挖掘还显示，搬家的人一般会较多地购买家具、电子产品及装饰品，而不是珠宝首饰或家用电器。Fingerhut 公司利用这些信息推出了一本特殊的《搬家者目录》，这本目录中的产品是从公司销售的 15 000 多种产品中精挑细选出来的。除此之外，在客户搬家后 12 周内，公司不断向其递送其他特价商品目录。数据挖掘方法还帮助美国汽车协会（AAA）亚特兰大分区简化了营销沟通的过程，减少了 96% 的促销邮件，即从原来的每年 120 万封邮件减少到 4 万封，这样，公司在保持会员注册人数不变的前提下将成本削减了 92%。

国内的京东推出人工智能写作项目"莎士比亚"人工智能系统。据悉，该系统在借鉴传统 NLG 和语言模型方法的基础上，基于京东集团自身在商品标签和搜索数据库层面积累的大数据，从句子层面做结构解析、训练模型和语言生成。"莎士比亚"人工智能系统与京东成熟的个性化推荐算法打通，实现千人千面。当网络客户登录系统界面输入关键词"夏季""雪纺""连衣裙""白色"，单击"生成"按钮，不到一秒时间就能提上千条匹配文案。该系统还能赋予客户筛选不同风格类型文案的功能。如客户在点击获取到所需文案时，根据自己的喜好，可附加"文艺风""古文风"等筛选条件，缩小机器提出文案的范围，使得产出文案更贴近所需。

苏州国云数据科技公司开发了一款大数据魔镜可视化分析软件（简称"魔镜"），它是一款面向企业的大数据商业智能产品。通过魔镜，企业积累的各种来自内部和外部的数据（如网站数据、销售数据、ERP 数据、财务数据、大数据、社会化数据、mysql 数据库等）都可将其整合在魔镜中进行实时分析。魔镜为企业提供从数据清洗处理、数据仓库、数据分析挖掘到数据可视化展示的全套解决方案，同时针对企业的特定需求，提供定制化的大数据解决方案，从而推动企业实现数据智能化管理，增强核心竞争力，将数据价值转化为商业价值，获取利润。中石化等企业积极借助该系统分析数据，将数据可视化，供企业进行合理地判断、决策，以节约成本，合理配置资源，提高收益。

（二）客户建档

客户建档（Customer Profiling）是指利用数据仓库信息帮助企业了解目标群体的特征和行为。通过这一过程，企业能真正了解到是谁在购买哪种产品，以及他们对促销活动和价格变动有哪些反应等。客户建档还有以下几种用途。

①为促销活动挑选目标群体。

②发现与社交媒体中的客户联络的最佳途径。

③寻找并维系终身价值较高的客户。

④了解大客户的重要特征。

⑤向客户推荐可以交叉销售的产品。

⑥明确回应率较高的目标市场，以便降低直复营销的成本。

（三）RFM 分析

RFM 分析（RFM analysis，即 Recency，Frequency，Monetary）指的是在数据库中寻找三种信息，即客户最近一次购物是在什么时间（最近一次购买时间）；客户多长时间来购买一次产品（购买频率）；客户在产品购买上花费了多少钱（消费金额）。通过这种方式，企业可以对那些响应比较多的客户调整促销方式，从而降低促销成本，增加销售额。例如，一家在线零售企业注意到最理想的客户群的销售量占总销售量的 32%，平均订单是 500 元，还发现在百度网站上放置关键词广告，千次广告曝光率的销售额是 160 元。这样，零售商能对这种广告形式的价值进行评估，并且尽可能直接与购物量最大的客户进行沟通。

营销人员可以随时利用数据仓库进行数据挖掘、客户建档及 RFM 分析，分析结果也可传送至参与决策的营销人员手中。研究报告生成器可经常通过数据仓库内的信息自动生成易读的且高质量的营销报告。这些报告可以放置在内联网或外联网的营销知识数据库中，以供所有人浏览。营销人员可以对这些自动生成的报告中出现的某些具体信息及提交的时间间隔进行详细的说明。阿里巴巴、腾讯、京东等电商平台企业都会提供一种可以自动将企业宏观环境与微观环境中收集到的数据整合在一起的协同软件服务。例如，当某个制定营销计划的营销经理将计划存盘时，系统会自动将此文件放置在服务器上供其他人查看。这种软件还会将企业的内部数据与企业网站、外部网站、新闻组和数据库紧密地整合在一起，以供相关决策者随时查看。这种软件为企业提交数据库分析结果提供了很大的帮助，云计算服务提供商也能够提供各种软件为企业提供这样的服务。

三、知识管理考核指标

营销调研的成本往往比较高，因此，营销人员会仔细进行成本收益分析，比较获取额外商业信息的成本和潜在的商业机会的收益。他们还会仔细衡量和考虑根据不完整信息做出的错误决策带来的风险，以及太字节（TB）级的数据信息的存储成本，这些数据来自网站日志、社交媒体信息、在线调查、网站注册和其他各种实时实地的调查渠道。有一个好消息是，自 1998 年以来，数据存储成本平稳下降，特别是云存储应用的普及，企业存储成本明显下降。图 3-15 所示为 2019 年阿里云多种存储空间价格。

多种存储类型

	标准类型	低频访问类型	归档类型
适用场景	通用场景，平均每文件每月访问大于1次	单文件月访问不到1次，但访问需实时	单文件月访问不到1次，且适应解冻过程
对象最小计量大小	按照对象实际大小计算	64KB,即小于64KB的文件，按64KB计费	64KB,即小于64KB的文件，按64KB计费
最少存储时间要求	无	30天	60天
数据访问特点	实时访问	实时访问	需先解冻后才能读取，解冻时间1分钟
图片处理	支持	支持	支持，但需要先解冻
数据取回费用	无	按实际获取的数据量收取，单位GB	按实际解冻的数据量收取，单位GB
存储空间价格	¥0.12元/GB/月 立即购买	¥0.08元/GB/月 价格详情	¥0.033元/GB/月 立即购买

图 3－15　2019 年阿里云多种存储空间价格

将数据存储在网络上有诸多的优越性，可以多处存储、随时下载、实时共享、传播速度又快又安全等。

下面是各大企业目前广泛使用的两种知识管理考核指标。

（一）投资回报率（ROI）

企业都希望了解为何应该保存所有这些数据，这些数据又应该怎样利用。企业还希望了解，增加的收益或降低的成本究竟在多大程度上能补偿为构建数据存储空间而付出的成本。对于硬件存储空间来说，投资回报率往往是指节约总成本与安装总成本之比，值得注意的是，企业也常常会使用投资回报率来判断其他的知识管理系统是否物有所值。

（二）总体拥有成本（TCO）

该考核指标被信息技术管理者大量使用，它包含为数据存储所花费的硬件、软件和劳动力成本。

例如，携程旅游是一个在线票务服务公司，为会员提供即时预订服务，合作酒店超过 32 000 家，遍布全球 138 个国家和地区的 5900 余个城市，有 2000 余家酒店保留房，员工超过 25 000 人，每天呈现 TB 级的增量数据，包括近百亿条用户数据和海量的产品数据。2018 年，携程网面向中国市场的品牌总交易用户数达到了 1.35 亿元，同比增长了 30%。携程网的投资回报率计算方式非常简单，其公司营销人员称 2018 年总交易额（7250 亿元人民币）中的每一分都有数据存储系统的投资回报的功劳。

美国最大的卡车运输公司 Schneider 公司掌握的数据如果用软盘存储，这些软盘可以装 10 辆约 16 米的集装箱卡车。尽管如此，公司仍然难以解释为什么用汽车运到得克萨斯州的福特汽车销售商那里的货物每 1 英磅（约 454 克）要花费 0.2 美元，而运到其他地方每 1 英磅却只要 0.17 美元。该公司使用约 200 万美元购买商业情报软件，这使员工能够迅速解决许多营销问题。这项投资在两年内实现了 250 万美元的回报（投资回报率达 25%）。

🔄 本章小结

网络经营者需要数据来指导决策，制定或者改变营销组合。这些数据可以从各种渠道获得并被存入数据库，然后营销人员将其变为营销知识，用来制定营销战略。知识管理就是对知识的创造、使用及传播进行管理的过程。营销信息系统是营销人员管理知识的过程。营销人员运用这个系统来评估信息需求，收集并分析信息，然后将其递送给营销决策者。

企业能从三个渠道获得营销知识：第一，内部记录（如现金流、销售量数据、客户数据等）；第二，二手数据（指政府或非政府机构从在线数据库收集的信息，用作竞争情报）；第三，一手数据（为了解决某个特殊问题而首次收集的信息）。竞争情报包括对公司所属行业的分析，并将此信息用于公司的战略定位和了解竞争者的弱点。营销人员在使用这些数据解决调研问题时必须评估数据的质量。

几乎所有的企业都通过网络进行一手数据的收集。一手数据调研通常分为以下五个步骤：第一，确定调研问题；第二，制定调研计划；第三，收集数据；第四，分析数据；第五，提交调研结果。网络调研包括在线开展的各种调研活动，比如实验法、专题小组法、观察法和内容分析法等。在线调查研究法可以通过发送含有调查问卷网页链接的电子邮件邀请函来完成。在线调查的优点是快捷、成本低廉、接触面广、差错少、人们愿意诚实作答、可以局限在愿意接受调查的群体中间进行，而且容易制成表格。这种方法的缺点是调查结果的普遍应用性太低，因为样本选择局限性大，存在自我选择偏差，会出现难以确定回复者的真实身份，回复的随意性大及重复提交等问题。

为了解决在线调查的抽样问题和回复率等问题，人们越来越多地使用网络专题访谈小组这种新形式。有些专题访谈小组规模较小，而有些专题访谈小组则包括了百万名参与者。与在线调研相关的道德问题包括不请自来的电子邮件、从新闻组"攫取"电子邮件地址、以调研作为伪装来销售产品，以及用户数的隐私权不受保护等。

企业必须经常关注社交媒体和其他网站以了解由自由网民或其他利益相关者发表的有关公司产品和人事的信息。企业可以通过订阅警示性电子邮件、RSS 及使用一些特殊专业软件来简化或者自动化这些信息的追踪过程。

营销人员利用一些技术来观察用户的行为，包括通过网络跟踪器和 PC Meter 在用户计算机上（客户端）进行调查，或者通过网站日志和实时形象建档在服务器上（服务器端）进行调查。实地一手数据收集是在离线的购物场所进行的，如智能卡和信用卡的读卡机、收银机终端和条形码扫描仪等，这些数据能用于存货控制或者制定促销方案。

数据仓库是企业历史数据的储藏室。数据中心则是按不同的主题区域细分出来的数据仓库的子仓库。来自所有客户接触点的数据都存储在数据仓库中。这些数据可以用数据挖掘、客户建档、FM 分析与生成报告这些方式进行分析。数据挖掘是指通过统计分析的方法从数据仓库中提取隐含的预测信息。客户建档有助于营销人员了解具体目标人群的特征与行为。RFM 分析方便企业将促销活动定位于最有可能回应的客户。运用复杂的报告生成软件，计算机系统和网络系统能自动制定计划并生成营销调研报告。

🔄 复习题

1. 解决营销调研问题的三个主要数据来源是什么？

2. 比较一手数据和二手数据，并说明它们的优点和缺点。

3. 对于营销人员来说，为什么大数据反而成了一个问题？

4. 为什么网络营销人员要评估网站数据信息的质量？如何评估？

5. 在互联网上收集一手数据和二手数据的优势和劣势有哪些？

6. 一手数据调查有哪几种方法？营销人员应该如何利用？

7. 营销人员怎样将营销数据转变为营销知识？

8. 企业声誉在线监测有哪十二种渠道？为什么说这些渠道都十分重要？

9. 什么是实地一手数据收集？它的重要性体现在哪里？

10. 没有数据仓库能进行数据挖掘吗？为什么？

11. 什么是云计算？这种技术对营销人员有什么意义？

12. 营销调研过程包括哪几个步骤？

第四章　网络市场细分与营销战略

学习目标

1. 讨论互联网用户的一般状况。
2. 描述互联网交易过程及消费者在参与过程中所涉及的科技、社会、文化和法律因素。
3. 描述消费者的总体特征及消费者用于网络交易的各种资源；关注消费者从在线交易过程中寻求的五种主要利益。
4. 概述电子商务的三个主要细分市场的特征。
5. 了解网络经营者进行市场细分来吸引网络消费者的原因和方法。
6. 罗列最常见的市场细分方法与变量。
7. 概述几种类型的网络细分市场及其特征。
8. 了解网络经营者选择网络客户目标市场的两种重要战略。
9. 对差异化战略和市场定位进行定义，并举例说明网络企业如何使用这样的战略。

案例导引

多国 "千禧一代" 消费大不同

一、中国：最舍得在网上花钱

和传统消费者不同，正在成为全球消费市场主力军的"千禧一代"（1982—2000年出生，多指80后、90后），逐渐形成自己独特的消费价值观，主导未来的消费市场。在互联网上长大的多国"千禧一代"，既有共同的消费趋势，如喜欢网购、注重个性，也有各自不同的消费习惯。谁抓住了"千禧一代"的钱袋，谁就抓住了市场。了解他们的消费特点，企业才能及时转型、抓住商机，在"千禧一代"中建立自己的品牌。

2019 年高盛最新发布的一份报告称，中国的 80 后和 90 后约有 4.15 亿人，占中国总人口的 31%，而随着他们平均年收入从 2014 年的 5900 美元增长至 2024 年的 1.3 万美元，他们将主导未来 10 年的消费格局。美国《福布斯》杂志网站称，中国的"千禧一代"是从改革开放中大大受益的一代，甚至与西方的同龄人相比，也有着独特的优势：他们没有沉重的学业贷款，不少父母也会为孩子们购置住房。因此，中国的"千禧一代"是"自由的消费者"，他们可以将收入中的更大比例用在消费上。

伟达（中国）旅游和生活方式总监舒菲在接受《环球时报》记者采访时表示，中国"千禧一代"的消费方式有三个最显著的特点：品牌至上，"千禧一代"通过品牌获得自身认同感，品牌是决定其购买行为的主要因素；追求个性化，小众品牌、限量版和定制化产品等可以带来优越感的独特商品受到欢迎；注重消费体验，更加在意消费的便利性和顺畅的数字体验，并期望将数字经济中的消费变成一种"社交活动"。舒菲表示，"千禧一代"是社交媒体最重要的用户，受数字经济和社交媒体的影响，"千禧一代"个性特点及对社交化和泛娱乐化的偏好，将推动旅游、文娱及上下游产业发展。同时，科技产业也在根据消费者需求颠覆和影响着消费行为，为消费市场注入活力。

二、德国：更喜欢共享式消费

当前"千禧一代"正改变德国的消费模式。德国经济研究所最近公布的一项调查显示，德国"千禧一代"与"婴儿潮一代"等上一辈相比，对科技的应用明显更为突出。尤其是对网络的依赖，导致他们喜欢通过网络来消费。

"几乎什么都喜欢在网上购买，甚至扩展到全球购。"德国经济研究所消费专家罗特奈尔对《环球时报》记者表示，优步等平台式服务也深受欢迎。市场研究公司益普索的报告说，"千禧一代"的一个特点是"懒惰"，网络消费正满足这一特点。

德国经济研究所的报告认为，德国"千禧一代"消费的第二大特征是注重环保。这从他们的汽车消费上可以看出，2/3 的千禧人希望购买电动汽车。第三，德国"千禧一代"更倾向个性化消费。他们希望自己购买的商品最好有自己的印记，比如刻上自己的名字，加入自己的构思等。为此，许多德国企业已先行一步，推出个性化定制。例如，汽车、电脑、家居产品、厨房设备等，在细节上都可以提出个性化要求。

"共享式消费"也是德国"千禧一代"消费的一个特征。罗特奈尔表示，目前，德国有许多共享消费 App，比如邻居间通过 App，可以相互借用各种家里的物品等。罗特奈尔认为，"千禧一代"正改变德国消费模式。许多实体店正在消失，为迎合"千禧一代"出现了一些新模式，如加开网店，通过社交媒体推销，利用网红宣传等。未来，一些行业会没落，如邮局、书籍出版等传统行业。同时，新创企业会层出不穷地出现，来解决网络时代新的需求。他认为，中资进入德国市场机会不少，现在已经在做。一是投资或并购德国企业，二是带着中国自主创新产品进入德国市场。

三、北美：热衷"短期奢侈品"

对于北美"千禧一代"的消费习惯，许多研究机构都做了深入调查。2019 年，Bankrate 联合普林斯顿调查研究协会组织，就北美 37 岁以下"千禧一代"的消费习惯做了统计，结果令人稍感惊讶。

研究发现，北美"千禧一代"更热衷于购买杂物、餐饮消费、支付手机费用，以及令人费解地支付更多天然气费用，这4个项目累计较其他年龄段的人每年多支出15%，约合2300美元。与之相反，"千禧一代"在电视和旅游方面比其他年龄段的人每年少支出1130美元，其中"'千禧一代'不热衷旅游"的调查结果出乎许多人的预料。

Bankrate信用卡分析师弗兰克尔认为，"千禧一代"刚刚开始撑门立户，需要单独开伙，所以天然气费用和杂物购买费用大幅攀升；他们的收入不高，所以不敢花钱去旅游，储蓄也不多，而不怎么看电视则是因为一方面他们从小就不怎么看电视，另一方面上网、玩手机等足以替代看电视，手机费用的大幅上升就可证明这一点。餐饮的增加和外出旅行的减少，则被认为是年青一代消费习惯和消费认知的个性差异。

另有北美的调查显示，北美"千禧一代"也热衷炫耀自己的消费和财富，但有自己的特点。"独立人士和代际基金会"联合创始人艾默生认为，"千禧一代"在偿还学生贷款、社保商保和缴纳所得税后，和父辈相比，他们很难轻松购房，日后的养老金也不一定丰厚，这使得他们满足于购买并炫耀所谓"短期奢侈品"，而不是那些价值高昂的大件。

北美"千禧一代"的消费观念和习惯新动向，对于中国电商企业和电子消费产品开发商而言会有一定商机。总体来说，那些生产性价比较高的日常消费品和"小时尚产品"的厂家也会有相当的机会。相反，那些盯着长线奢侈品、大件不放，或一味走低价低档路线的中国厂家，恐怕难以从北美"千禧一代"越捂越紧的口袋里掏出多少钱来。

第一节　网络消费者行为

一、21世纪网络消费者

截至2018年12月底，全球有41亿互联网用户。亚洲是互联网用户最多的大洲，占全球所有互联网用户总数的49%（低于2017年的约50%，高于2018年中期的约48%）。其次是欧洲，占比为16.8%。中国是拥有最多的互联网用户的国家。中国有超过8亿互联网用户，占全球互联网用户的近20%。其次是印度，拥有超过5亿互联网用户。

2019年，电子商务行业产生近3.5万亿美元的销售额。只有35%的购物者愿意支付在线订单的运费，其余65%的人不愿意支付在线订单的运费。线下店铺有56%的营业额会间接或直接受到互联网的影响。只有22%的企业对电子商务的转化率感到满意。全球男性在线消费比女性多28%。人们平均每周花5小时在线购物。95%的美国人每年都会在网上购物。谷歌或百度首页排名第一的网站，关键词PC点击率为34.36%，移动设备的点击率为31.35%。经常计算和分析"投资回报率"的企业更有可能采用有效的互联网营销策略，这样的企业高达72%。

2019年，全球有超过6.15亿台设备安装了广告拦截程序。北美80%的成年人使用至少一种广告拦截方法。50%的北美成年人使用至少两种广告拦截方法。90%的带有广告拦截程序的移动设备位于亚洲。55%的电子商务销售发生在品牌商店，而只有45%的销售发生在普通市场。

在过去的十年中，科技已从提高交流的便利性发展到提供多维度的互动和共同体验，这种发展将持续改变我们与朋友、同事甚至陌生人的交往方式，即使我们不在一处，也能通过网络互动来创造与分享。2019 年全球每代人口每周线上活动所占比重，如图 4-1 所示。

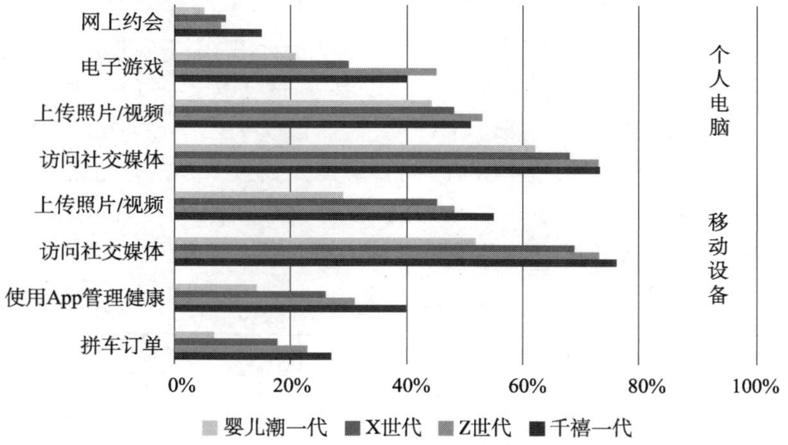

图 4-1 2019 年全球每代人口每周线上活动所占比重

企业受这一趋势影响，也在对产品和服务进行转变。法律事务、医药服务逐渐向线上转移，人们日常消费也大多通过网络平台完成。从政府部门到日常生活，新科技推动着线上互动的发展，让生活更加高效。

社交媒体将继续在我们的线上活动中占据重要位置，除了个人隐私，用户可以在社交平台上分享日常活动、定位和同伴，创造他们可以回顾并永久保存的网络记忆。当越来越多的消费者能够使用高速网络，可以通过网络互动的活动也将越来越多，我们也会期待这些互动能更加生活化。未来品牌需要满足消费者对网络社交的需求，提供更多基于人工智能、虚拟技术和大数据分析预测的产品与服务。

当前互联网在发达国家的普及率已经达到了一个临界点，如今的营销人员在进行营销时通常都会问如下几个问题：一家企业的目标市场是否为互联网用户？这些用户在网上都做些什么？有哪些因素会促使他们在网上进行购物？企业应该在互联网渠道上花费多少营销成本？本章将主要以网络市场最为发达的中国与美国为例，分析网络用户的一般消费行为，找到这些问题的答案。有一点是确定的，那就是对工业化国家的大多数消费者来说，技术正在发挥着越来越重要的作用。

二、网络消费者的行为模式

消费者的在线购物行为与离线购物行为大体上是相似的，因此他们对网络营销活动也具有同样的意义。以下的消费行为模式不管在线还是离线都一样，都可以用来指导基本的营销决策。

①从购买流程来看，消费者一般要经历全部的或大部分的步骤。例如，需求确认、信息收集、评价与选择、购买、购买后行为。

②消费者会经历购买决策过程，即从知晓产品或品牌，到对产品做出正面或负面的评价，到最后采取行动。例如，在线注册或购买产品。

③营销人员一般会用 AIDA 推销模型来开展工作，即"注意、兴趣、欲望、行动"推销模式。日本的一家广告公司 Dentsu 公司在 2004 年对 AIDA 模型进行了修订，将"欲望"改为"搜索"，还添加了一个新的因素"分享"，即"注意、兴趣、搜索、行动、分享"。

④消费者在与家人和朋友分享产品体验时，主要使用的是口口相传的方法，这种方法一

旦迁移到网络上，分享的内容就会传遍网络世界，如虎添翼。

购买的过程由于消费者的参与程度深浅而各不相同。参与程度的深浅可以按照社会的、经济的、与个人名望相关的等因素来判断。对于这一点，在线、离线是一样的。保罗·马斯顿（Paul Marsden，《今天的社交商务》一书的作者）博士按照消费心理学的研究方法来解释社交商务活动中的购买行为。马斯顿博士从《影响力》一书的作者罗伯特·西奥迪尼（Robert B. Cialdini，全球知名的说服术与影响力研究权威人士）的传统理论出发，又结合哈佛大学心理学博士丹尼尔·戈尔曼（《社交商：人际关系新论》一书的作者）的理论，得出了如下的一些结论。其体现的社交商务的社会性心理学特征如表4-1所示。

表4-1 社交商务的社会性心理学特征

类别	普及性	权威性	亲和性	持续性	互惠性	稀缺性
社交广告				☆		
评价与排行	☆	☆				
推荐与指引		☆	☆		☆	☆
社交商务	☆		☆	☆		
社区与论坛		☆		☆	☆	☆
社交媒体优化（SMO）	☆	☆			☆	☆

①普及性：普及性还有一个称谓，那就是"随大流"。亲朋好友喜欢和购买的东西，许多人都愿意购买，这种现象在天猫、京东商城、拼多多和亚马逊购物网站上都表现得很突出。亚马逊网站上有"五星级产品"评价专栏，浏览者看到这些信息，马上就认为这肯定是一本好书，或者是一件物超所值的电子产品。

②权威性：如果一个名人使用或推荐一种品牌、一个社交网络、一个网站，许多人都会跟随。如果你喜欢 TFBOYS，那么他们推荐的歌手唱片你就会去买。

③亲和性：消费者会受到家人和朋友的影响，因为这些人比较可靠。病毒营销利用的就是这个原理。如果朋友发给你一个今日头条网站上的视频链接，你一般会打开去看，同样，微信上朋友推荐的商品，你也可能去买。

④持续性：如果消费者对某种产品表现出一种特别的态度或偏好，要改变这种态度就不容易，这种现象也称作认知的持续性。购买行为是如此，浏览网上新闻是如此，观看天气预报也是如此。这也可以用来解释消费者为什么有的喜欢、有的不喜欢 TFBOYS 的歌曲。

⑤互惠性：礼尚往来。大型购物商城里零售商店用免费试吃、试用的方式来开展促销，企业允许用户下载 App 即可享受免费的优惠券或其他福利，这些都有助于商品的销售。

⑥稀缺性：如果产品是稀缺的，那么需求就会增加，如限时折扣。

马斯顿博士把这些最基本的营销学理论与社交媒体消费行为和社交媒体营销战略结合在一起，提出了如下一些营销方式。

①在社交媒体上放置广告。

②在网络上对产品进行评价（如亚马逊网、淘宝网等）。

③在网络上进行产品推荐和指引（如在抖音上推广）。

④在论坛和社区上进行评价（如在天涯社区和一些旅游网站上议论某一个品牌）。

⑤社交媒体优化，这是搜索引擎优化的一部分，利用社交媒体网站宣传产品、品牌、事

件、网站等。

三、互联网的交换过程

消费者的购买行为与许多因素相关，如消费激励、消费者特征和消费过程等。消费激励就是鼓励消费者购买此产品而不是彼产品，这种激励包括营销沟通信息，以及文化、政治、经济、技术等因素。消费者个体的特征包括收入水平和个性，消费者心理的、社会的、个人方面的因素也会起到影响作用。最后，消费环境和产品属性也会影响购买决策。关于消费者行为的营销知识非常复杂，虽然我们能够归纳出许多一般规律，但是消费者的个体差异也非常重要，尤其是互联网技术使得市场定位更加有效，定位甚至可以精确到一个人一个市场。

为了制定有效的营销战略，网络经营者需要了解人们购买商品或服务的短期和长期动机（也就是培养客户的品牌忠诚度）。"交换"是一个基本的营销概念，它指的是一种行为，即从别人那里得到自己需要的东西，同时提供一定的商品或服务作为回报。当消费者购买一件产品时，就是用钱来交换所需要的产品或服务。当然，营销交换活动还有许多其他类型，如政治家让民众用选票来交换他所提供的服务。

图4-2展示的是基本的网络交换过程，个体消费者将自己的特性及个人资源带入交换过程，同时在交换中得到自己想要的结果。这个过程是在技术、社会、文化、法律的大背景下发生的，整个交换过程往往会受到营销刺激的影响。

营销刺激主要来自宏观环境和微观环境。营销宏观环境是指对企业网络营销活动影响较为间接的各种因素的总称，主要包括政治法律、社会人口、经济环境、社会文化、科学技术、自然地理等因素。微观环境是指与企业网络营销活动联系较为密切并且作用比较直接的各种要素的总称，它由顾客需求及如何通过市场中的竞争者、中间媒介和上游供应商向其提供服务来共同构成。

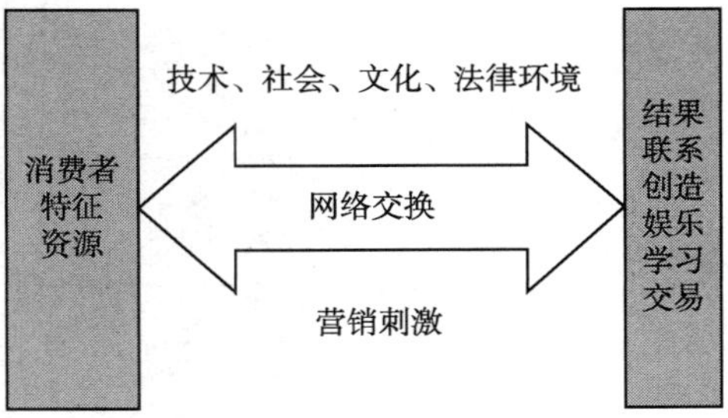

图4-2　网络交换过程

第二节　市场细分与市场类型

一、市场细分

2019年，星巴克在中国推出樱花主题限量版猫爪杯，虽然售价高达199元人民币，但仍受到年轻人的热捧。这款杯子的内壁被制成立体猫爪的形状，当倒入有颜色的饮料后，猫爪会变得更加清晰，呈现肉乎乎的猫爪形态。甚至有人为了抢购杯子大打出手，被网民戏称为"圣杯之战"。"一杯难求"的猫爪杯在门店卖断货，网上"黄牛党"也随之而来。这款杯子在网上被炒到双倍甚至999元的高价。星巴克此次推出的粉红猫爪杯，是年轻人喜欢的萌系产品的一个代表，它在中国市场的受欢迎程度，折射出"萌经济"的市场当道与吸金威力。

"萌经济"近年日益走俏，不少品牌推出萌系产品，从手机外壳、零食，到日用品、彩妆产品等，都可能出现吸引眼球的"萌设计"，驱动了不少人的购买意愿。不少商场、购物中心甚至城市的旅游推介也借助卡通形象等萌物开展营销，以求带来更多娱乐体验。

星巴克公司清楚地了解自己的不同目标市场的需求和行为。它的目标是一群注重享受、休闲、富有小资情调的都市白领，这部分年轻人主要出生于 20 世纪 80 年代和 90 年代，在中国大约有 2 亿，他们具备了一定的购买力，尚未成家者也无家庭负担。注重品质而不太在乎价格的他们是所有市场必争的消费群体。因此，企业必须对市场信息有深入的了解，并且要很好地设计市场细分和目标战略。

企业根据内部数据、一手数据和二手数据来制定市场细分战略，选择目标市场数据来源、数据库和战略，如图 4-3 所示。市场细分是指将具有相似特征（如产品或服务的用途，消费量或利益）的个人或企业整合在一起的过程。市场细分的结果是形成若干客户群，称为细分市场。我们这里用"群"这个词并不十分严谨，实际上，一个细分市场有大有小，小到仅有一个人，大到由数百万人组成。明确这一点十分重要，因为网络营销技术使企业很容易制定适合个体目标市场的营销组合。另外值得一提的是，只有当不同的细分市场之间存在的差异比各细分市场内部的差异明显时，才值得进行这样的分类。例如，假设互联网客户在工作和生活中的行为存在差异，营销人员才可以根据这些差异进行细分，否则就没有必要把这些客户分为两个细分市场。

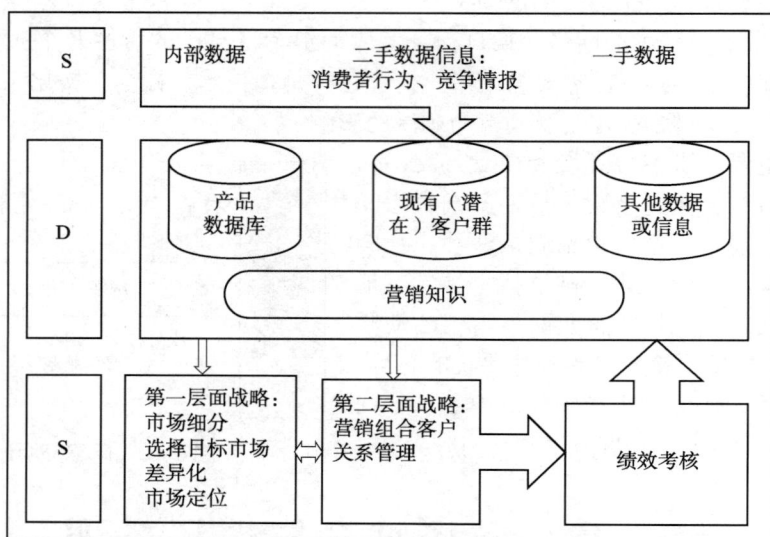

图 4-3　数据来源、数据库和战略

目标市场定位是指选择对企业最具吸引力的细分市场的过程，有些企业采用一些标准以确定目标市场，这些标准包括可行性、盈利性、增长性等。

二、市场类型

可口可乐公司前全球营销总监塞尔希奥·齐曼（Sergio Zyman）曾说过："营销就是要把东西卖出去。"信息技术有助于销售商品的表现形式之一，就是在交易前后公司能够更加便捷地与潜在客户、现有客户、合作伙伴及供应链成员建立关系，但是，如果营销人员无法识别合适的目标市场，那么即使是最新的技术也无法帮助商品销售。表 4-2 列出了存在买卖关系的三种基本市场，即企业、消费者和政府。本书重点介绍的是企业与消费者交易（Business to Consumer，B2C），同时适当介绍企业与企业交易（Business to Business，B2B）。下面将首先对这三方市场中的每一方做简要描述。值得一提的是，除了 B2C 和 B2B 市场以外，大多数电子商务活动也发生在企业与政府交易（Business to Government，B2G）和消费者与消费者交易（Consumer to Consumer，C2C）的市场中。

表4－2　三种基本市场

发起者	与企业	与消费者	与政府
企业	企业与企业交易（B2B） 环球资源网，阿里巴巴	企业与消费者交易（B2C） 京东、天猫	企业与政府交易（B2G） 企业电子报税等
消费者	消费者与企业交易（C2B） 逆向团购网	消费者与消费者交易（C2C） eBay、淘宝	消费者与政府交易（C2G） 个人网上报税等
政府	政府与企业交易（G2B） 政府采购网	政府与消费者交易（G2C） 加利福尼亚州政府官网	政府与政府交易（G2G） 政府内部网络办公系统

（一）企业市场

在企业市场运营过程中，企业可以将产品销售给其他的企业、政府或者各种非营利机构，作为其他企业最终产品中的配件，也可对产品进行再销售。当前企业连接到互联网的比例高于消费者连接到互联网的比例（特别是在发展中国家），因此网络 B2B 市场十分庞大。由于许多网络企业都有自己的企业网站，企业间可以实现信息和数据库的共享，消费者可以通过网络了解企业间的商务活动。顺丰快递公司就是一个很好的例子，这家公司拥有包含企业客户货运业务和账目信息的庞大数据库，它的客户可以通过网站预订寄件时间，利用移动终端跟踪包裹，在线支付货运账单。有时，当消费者在阿里巴巴在线购买商品时，可以自动生成货运订单，然后阿里巴巴后台智能生态系统第一时间通知零售商，告知商品递送进展情况。

信息技术为 B2B 市场创造了惊人的效率。同时，互联网引发的全球化和较低的市场准入门槛，使在线销售的企业面临日益激烈的竞争。许多企业正在调整自己的供应链结构，因此经常引发渠道冲突。当制造商直接通过网络向消费者销售时，这种冲突表现得更为明显，因为这样一来，零售商的生意被抢走了。另外，由于许多公司之间存在在线合作，使它们在价值链上更加相互依赖。在 B2B 市场上，企业既获得新的机遇，也面临新的挑战。

互联网允许陌生的商业伙伴加入其中。企业在非竞争行业中比较容易建立合作关系，为消费者带来价值。例如，第三方物流公司与电商平台合作。线上企业与线下零售商合作，在这种情况下，企业不仅要为赢得消费者而竞争，还要为吸引更多的合作伙伴而竞争，有时甚至要为此与竞争对手结成伙伴关系。例如，多家实力雄厚的航空公司联手组成一个航空票务预订中心（如美联航与另外 26 家航空公司结成的"星空联盟"）削弱了网络旅行社的实力。另一个很好的例子是京东商城拥有一个共享的物资采购中心，以此来联络供应商。

（二）政府市场

中国政府是全球最大的买家之一，再加上各省、市、县及其他地方性政府机构的采购方，形成了一个巨大的市场。当然，其他国家的政府也是主要的买家。希望能和政府进行交易的企业面临政府市场特殊的挑战。供应商需要遵守政府机构的各项规定，包括提供资质证明、各种书面文件等。另外，企业必须通过竞争才能得到政府的认可，成为供应商名单中的一员。之后，企业还得通过竞标取得供货合同或劳务合同。政府机构特别重视在价格合理的情况下及时交付合格产品。

值得庆幸的是，企业无论大小，通常拥有同等的竞争机会。政府也会在投标前在网站上公布其采购需求。中国的任何一个地方政府都有一个政府采购网站，互联网技术使得企业能够有效地向政府供货，因为它们能将自己的产品信息上传到政府网站，完成许多竞标的流程。

（三）消费者市场

消费者市场是指把商品或服务销售给最终消费者的市场。本章描述了许多消费者细分市场，而本书的大部分内容也着重描述消费者市场上的网络营销，因此在本部分就不再进一步阐述。

第三节　市场细分的要素与变量

对消费者市场进行细分，营销人员一般考虑四个要素，即地理位置、人口统计特征、心理特征和行为特征。在每个要素中，又有许多细分变量，如表4-3所示。例如，麦当劳公司按人体生命周期将目标市场细分为儿童、成年人、老年人等。我们可以把市场细分要素看成几个大类，而细分变量则是许多子类目。

表4-3　市场细分要素与相关变量

地理位置	人口统计特征	心理特征	行为特征
县	年龄	行为	寻求的经济利益
市	收入	兴趣	适用程度
省	性别	观念	网络活动参与程度
地区	受教育程度	性格	社会地位
国家	民族	价值观	

企业经常将多个要素结合在一起考虑，形成市场细分的大类，如地理人口统计特征即地理位置加上人口统计特征。尼尔森公司旗下的克拉瑞塔斯公司（Claritas）开发的PRIZM系统将美国人口按照邮政编码的统计分析划分，将美国划分成62个细分市场。企业也可以运用任何变量组合，建立对所在行业有意义的细分市场。营销人员可根据不同变量选择目标市场，这有助于识别客户，有助于适时地接触到目标市场的客户。

对这四个要素单独使用或者组合使用后，营销人员可再用其他变量来确定细分市场的成员。例如，一些母婴网站就可以通过直接或间接调研数据收集孕婴妈妈的资料，如孩子的年龄，家庭偏爱的活动等。相比于传统零售业，苏宁旗下的红孩子公司最重要的优势是能通过网站精确掌握消费者数据，在最贴近消费者的地方收集市场需求，通过对既有消费者群体的深度了解和数据挖掘，反向开拓产品线，并以此为核心拓展业务范围。例如，红孩子公司经过数据分析挖掘，发现公司的目标消费者——年轻妈妈们往往是家庭购物的核心，"她们消费比较稳定，多以家庭消费为主"。因此红孩子公司决定从母婴用品销售商转型为家庭用品销售商。在母婴用品目录的基础上增加了《时尚红妆》《生活时尚馆》《健康生活馆》这三本册子，产品线延伸至化妆品、保健品、家居、3C用品等多个品类。如果在离线环境下，要接触这些孕婴妈妈群体就不那么容易了。因此，营销人员可以通过使用变量对营销组合进行重新调整，包括网站内容和广告。

下面将具体描述互联网上的地理细分市场、人口统计细分市场、心理细分市场和行为细分市场，我们主要以中美两国市场为例进行分析。

一、地理细分市场

尽管对网络用户而言，开展网络经营的企业所处的地理位置并不重要，但它对企业自身是很重要的，因为大多数企业瞄准的是它们提供产品或服务的具体城市、地区或国家。即使最大的跨国公司通常也是根据地理特征来制定多重细分市场策略的。产品的分销策略对地理细分是个重要的驱动力。一些在线消费品零售商（如日本电商平台 Rakuten 等）只希望与销售其产品的国家的客户打交道，同样，提供在线服务的公司只会向它能够用合适的语言提供客户服务的地区开展销售。在一个组织决定为网上社区服务时，它必须调查所选地理目标市场中网络用户所占的比例，如为尼泊尔的居民开发专门的网站是否值得？那里的互联网普及率不到 20%。

2019 年 6 月 12 日，有"互联网女皇"之称的玛丽·米克尔发布了 2019 年的互联网趋势报告，这也是她第 24 年公布互联网报告。玛丽·米克尔对中国的发展力量给予了肯定；除巨头估值 Top20 之外，各个领域均显示出世界互联网产业的中美争霸局势。

（一）世界互联网巨头估值：中国进九的逆袭

《2018 年互联网女皇报告》显示，世界互联网巨头估值 Top20 被中美瓜分，其中 9 家公司来自中国；而在 2013 年的估值排名中，美国占 9 席，中国只有腾讯和百度两家企业位列其中。值得注意的是，阿里巴巴、蚂蚁金服在 2018 年突围前 10，估值分别为 5090亿美元和 1500 亿美元，位列第 6 和第 9。2018 年，Top20 互联网巨头中，9 家中国公司估值总计 14 690 亿美元；11 家美国公司估值总计 43 190 亿美元，约为中国的 3 倍。2018 年世界 Top20 互联网巨头估值与 2013 年情况比较如图 4－4 所示。

2018年排名	公司	国家	2013年估值	2018年估值
1	苹果	美国	418	924
2	亚马逊	美国	121	783
3	微软	美国	291	753
4	谷歌/Alphabet	美国	288	739
5	Facebook	美国	56	538
6	阿里巴巴	中国	—	509
7	腾讯	中国	71	483
8	Netflix	美国	13	152
9	蚂蚁金服	中国	—	150
10	eBay+ PayPal	美国	71	133
11	Booking Holdings	美国	41	100
12	Salesforce.com	美国	25	94
13	百度	中国	34	84
14	小米	中国	—	75
15	Uber	美国	—	72
16	滴滴出行	中国	—	56
17	京东	中国	—	52
18	Airbnb	美国	—	31
19	美团点评	中国	—	30
20	头条	中国	—	30
	总计		1429	5788
	美国		1324	4319
	中国		105	1469

图 4－4　2018 年世界 Top20 互联网巨头估值与 2013 年情况比较（单位：10 亿美元）

（二）互联网及社交媒体普及率：美国人民网络社交最多

2017年，虽然美国网民数量不及中国的40%，但美国作为北美地区第一大互联网市场，互联网普及率为87.9%；中国互联网普及率从2009年的28.90%增至55.80%；而全球平均水平则从2009年的24%升至49%。可以看出，中美两国互联网普及率已经与全球平均水平拉开更大的差距。在社交媒体方面，美国社交媒体使用人数占总人口的58%，中国则为48%，而世界平均水平为33%左右。2009—2017年互联网普及率变化与2017年社交媒体普及率比较如图4-5所示。

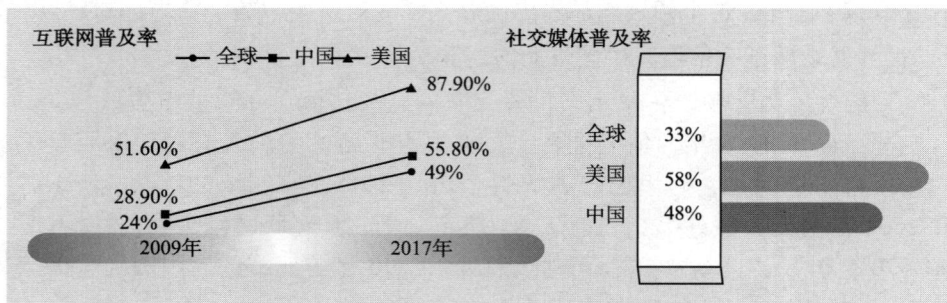

图4-5 2009—2017年互联网普及率变化与2017年社交媒体普及率

（三）智能手机：中国为世界第一大代工厂

全球互联网产业的人口红利正在消失，从上网设备来看，2017年是智能手机出货量首次未能实现增长的一年。2017年，中国智能手机出货量为4.59亿部，为世界第一大智能手机代工厂；美国智能手机用户占总人口比重达70%，而中国智能手机使用率还不到50%。2017年中美与全球智能手机出货量与智能手机用户比例如图4-6所示。

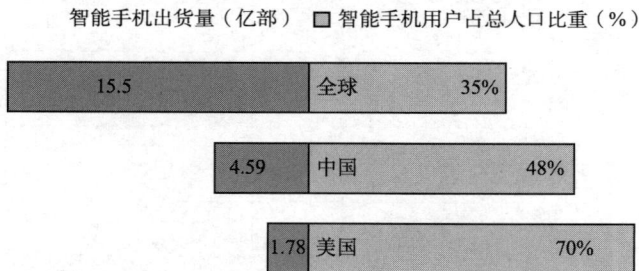

图4-6 2017年中美与全球智能手机出货量与智能手机用户比例

（四）社交媒体使用情况：WhatsApp（应用程序）平均每天处理消息数量达650亿条

平均而言，网民使用社交媒体的时间从2012年的1.5小时/天增加至2017年的2.25小时/天，社交媒体愈加深入网民生活。2017年，中国网民平均每天三分之一的上网时间花在社交媒体上，而美国成年人一天在包括社交网站在内的媒体上所花时间超过12小时。部分原因是多任务的影响，人们经常同时使用多种媒体，将这些时间加起来长达12小时。例如，如果有人花一个小时看电视，同时在使用智能手机上网，那么媒体使用时间就是两个小时。

截至2017年底，中国社交媒体月活跃用户量最多的是微信及WeChat（10亿人），海外社交媒体App月活跃用户量最多的是Facebook（22亿人）。据统计，微信在2017年平均每天处理消息数量达380亿条，WhatsApp平均每天处理消息数量达650亿条。结合二者用户数量来看，使用 WhatsApp 的国外网民对社交媒体的依赖稍大。2017 年全球网民使用社交媒体时间及中美社交媒体 App 使用情况如图 4－7 所示。

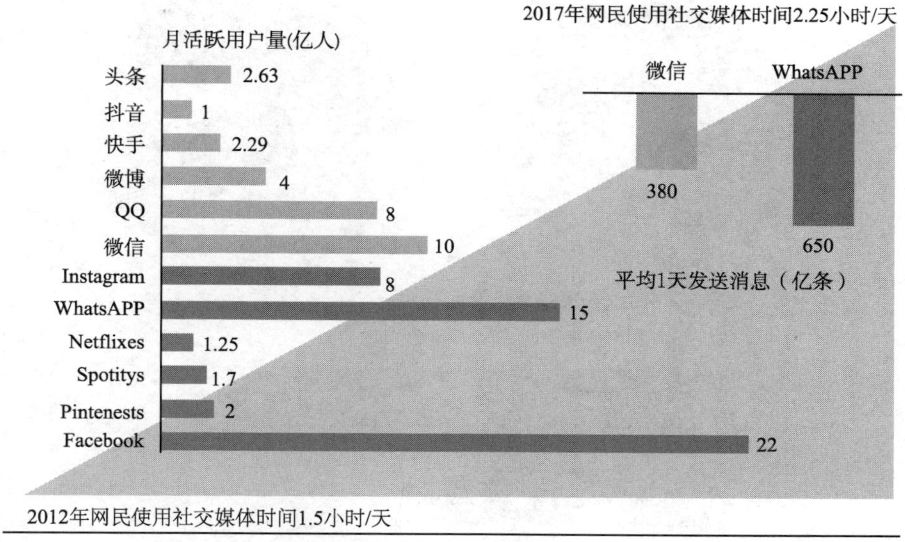

图 4－7 2017 年全球网民使用社交媒体时间及中美社交媒体 App 使用情况

（五）线上购物：中国全球第一，中美线上消费出现视频化和社交化特征

2017 年，全球网络零售交易额达 2.304 万亿美元，同比增长 24.8%；美国网络零售交易额达 4 366 亿美元，同比增长 19.84%，约占全球的 19%；而中国全年网上零售额同比增长 32.20%，达 7.18 万亿元人民币，约占全球的 50%。阿里巴巴、亚马逊分别是中、美两国最大的电商平台。截至 2017 年，二者在物联网领域均有布局。值得注意的是，阿里巴巴估值较亚马逊低近 2800 亿美元，但 2017 全年交易额与营业收入均高于亚马逊，毛利率与自由现金流也是更胜亚马逊。

根据调查，美国和中国消费者在线上购物时均出现了"分享"的行为特征，如发布或查找视频点评分享、团购打折等。据统计，38% 的中国消费者在线上购物时为了更低费用或个性化定制等福利而分享个人数据；美国有 25% 的用户愿意分享，略低于全球网络购物消费者的分享比例。

（六）移动支付：2017 年中国移动支付交易规模约为美国的 70 倍

中国的移动支付发展强劲。2017 年，支付宝在中国的移动支付市场中占比 54%，微信支付占 38%，剩下则是不到 10% 的其他支付工具；美国仅有 14% 的消费者使用 Apple Pay 等移动支付工具，大多数人仍然使用信用卡等支付方式。据统计，2016 年，中国移动支付交易规模为 9 万亿美元，美国为 1120 亿美元；2017 年，中国移动支付交易规模达 15.4 万亿美元，是美国的 70 倍。2017 年中美移动支付情况比较如图 4－8 所示。

（七）联网广告：美国流量变现约为中国的 2 倍

《2018 年互联网女皇报告》显示，美国投放广告的互联网平台代表有 Facebook 和谷歌，中国互联网平台代表为腾讯和阿里巴巴，各平台月活跃用户量差别明显。2017 年，美国互联网广告市场规模达到 880 亿美元，中国为 445 亿美元，约为美国的一半。2017 年中美互联网平台及 App 月活跃用户量比较如图 4－9 所示。

中国移动支付工具占比

美国移动支付工具占比

中国VS美国移动支付交易规模(万亿美元)

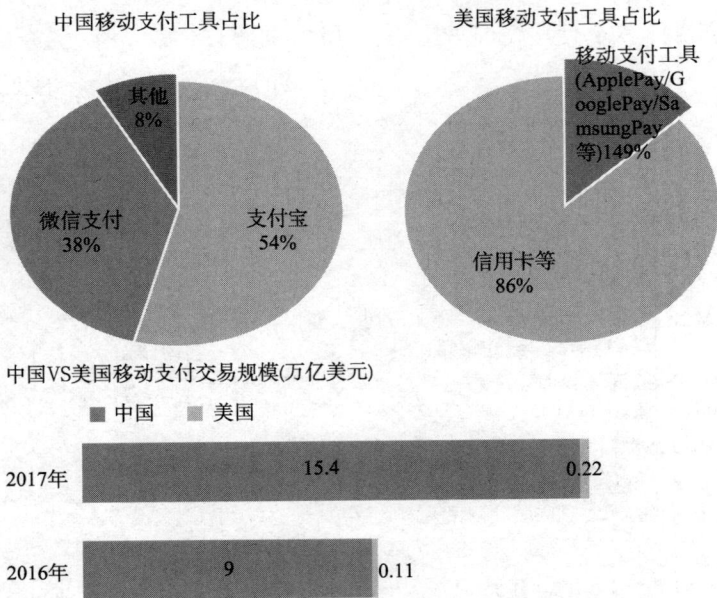

图4-8　2017年中美移动支付情况比较

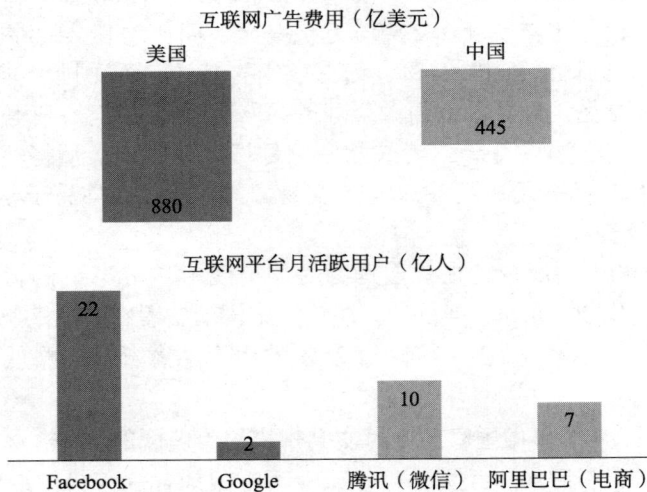

互联网广告费用（亿美元）

互联网平台月活跃用户（亿人）

图4-9　2017年中美互联网平台及App月活跃用户量比较

（八）互联网科技巨头研发：小米发展力度最强

前瞻产业研究院发布的《2018—2023年中国智能硬件行业发展前景预测与投资策略规划报告》汇总，2017年在中美互联网科技巨头中，小米研发支出较2016年增加最多，增幅达52%；其次是亚马逊和Facebook，研发支出分别同比增加45%和40%。同时，中兴、百度在2017年研发费用同比缩减了5%和4%，美国的微软、苹果公司在2017年研发费用增幅亦低于10%。2017年中美互联网科技巨头研发支出同比增幅如图4-10所示。

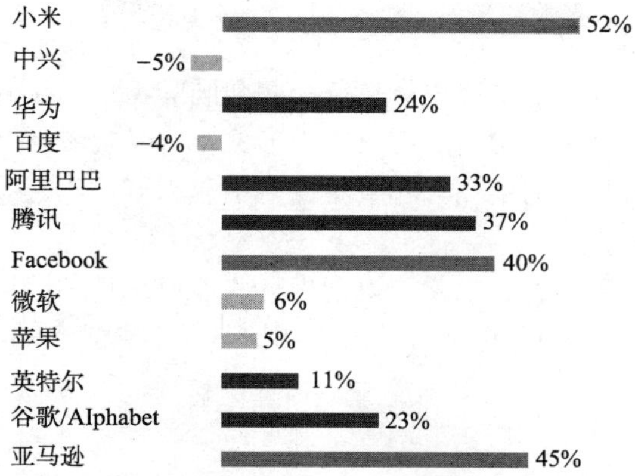

小米 ████████████████ 52%
中兴 −5% █
华为 ███████ 24%
百度 −4% █
阿里巴巴 ██████████ 33%
腾讯 ███████████ 37%
Facebook ████████████ 40%
微软 █ 6%
苹果 █ 5%
英特尔 ██ 11%
谷歌/Alphabet ███████ 23%
亚马逊 ██████████████ 45%

图 4 – 10　2017 年中美互联网科技巨头研发支出同比增幅

（九）人工智能：中国投资并购布局缓慢，但技术发展势头强劲

截至 2017 年底，AI 产业单笔融资额超过 1000 万人民币或等值外币的公司共计 378 家，其中中国公司 140 家，以美国为主的海外公司 238 家。海外互联网和 IT 巨头均完成了至少 10 亿美元级别的投资或并购，以并购交易为主，占比高达 70%，其中不乏 Altera、Mobileye 等百亿美元的重大交易；中国巨头投资和并购布局相对缓慢，仅完成接近海外巨头 1/3 的数量，以前期投资为主，金额较小，且最关注的是海外优质标的。

在各层级的布局中，以美国为主的海外巨头明显对技术层的创业企业更为关注，尤其在平台级 AI 能力及在美国相对比较发达的图像识别、语义识别等能够快速应用的领域。中国同样主要布局于技术与应用层公司，其中技术层各大巨头布局以图像识别为核心，语音及 AI 平台次之。2018 年，在持续至今的斯坦福问答数据集中，中国有四家机构进入前 5 名，在 30 年中改写了美国称霸的局面，技术发展势头强劲。2017 年中美互联网科技巨头 AI 产业布局企业数量及 2018 年中美人工智能发展情况比较如图 4 – 11 所示。

	基础层	技术层	应用层	玩家战队
中国	2	10	17	阿里、腾讯、百度、京东、小米等五大战队
美国	6	51	26	谷歌、微软、英特尔、苹果、Facebook、亚马逊等六大战队

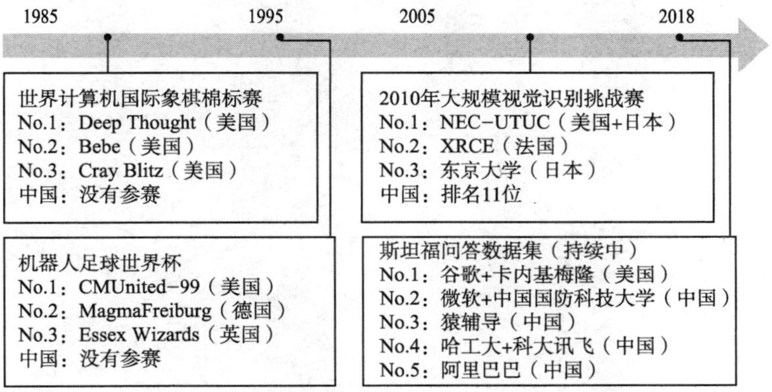

1985　　　　　　1995　　　　　2005　　　　　　2018

世界计算机国际象棋锦标赛
No.1：Deep Thought（美国）
No.2：Bebe（美国）
No.3：Cray Blitz（美国）
中国：没有参赛

2010年大规模视觉识别挑战赛
No.1：NEC-UTUC（美国+日本）
No.2：XRCE（法国）
No.3：东京大学（日本）
中国：排名11位

机器人足球世界杯
No.1：CMUnited-99（美国）
No.2：MagmaFreiburg（德国）
No.3：Essex Wizards（英国）
中国：没有参赛

斯坦福问答数据集（持续中）
No.1：谷歌+卡内基梅隆（美国）
No.2：微软+中国国防科技大学（中国）
No.3：猿辅导（中国）
No.4：哈工大+科大讯飞（中国）
No.5：阿里巴巴（中国）

图 4 – 11　2017 年中美互联网科技巨头 AI 产业布局企业数量及
2018 年中美人工智能发展

二、人口统计细分市场

在互联网发展初期，普通网络用户都具备一些共同的特征：年轻男性、大学毕业、拥有高收入。除性别以外，这是一个典型的创新者的形象。这一现象在互联网普及率较高的国家普遍存在。在发达国家，互联网用户看起来更像是主流人群，年轻、高收入、受教育程度高等特征已经不是很明显了。

为了接近这些群体，营销人员必须能识别出哪些人口统计细分市场比较具有吸引力。下面将讨论三种细分市场，目前这些细分市场已引起网络经营者的注意，它们是"千禧一代"、"银发一族"和女性市场。

（一）"千禧一代"

普遍意义上来说，全球范围的"千禧一代"是指生于 1984 年至 2000 年之间的人群，他们的成长伴随着互联网的诞生和快速发展，他们是主动寻求消费升级、推崇个性消费的群体，它们具备前卫、新潮、追求新鲜感的消费意识。

中国"千禧一代"是一群什么样的消费者？无论目标市场是哪部分人群，品牌与零售商都应了解"千禧一代"的需求。不仅是因为"千禧一代"人数众多、购买力强劲，更是为了满足各个年龄段消费者日益增长的需求。相关数据显示，美国的"千禧一代"有 8000万人，中国的"千禧一代"则超过 4 亿，这一数字是美国"千禧一代"的 5 倍，超过美国和加拿大两国人口总和。中国的"千禧一代"比欧洲、北美和中东同龄人的总和还要多。

"中国'千禧一代'消费者将主导未来 10 年中国乃至全球的消费格局。"这是 2019 年罗兰贝格联合全球退税服务商环球蓝联（Global Blue）在《"千禧一代"，重塑旅行与购物习惯》报告中提出的观点。

1. 品质消费已成为中国"千禧一代"的重要消费趋势

罗兰贝格调研发现，截至 2017 年年底，中国的"千禧一代"人均月收入 6726 元，人均月支出 4386 元，收入支出比达到 3∶2，他们将主导未来 10 年中国市场的消费格局。当前，中国"千禧一代"正在成为推动奢侈品市场发展的重要力量，其购买奢侈品的频次相比年长群体有显著提升。"千禧一代"与其他年龄群体在奢侈品方面的比较如图 4 – 12 所示。

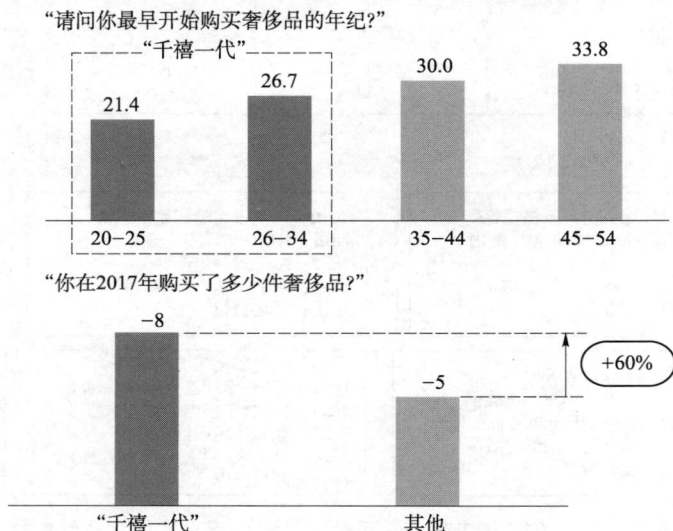

图 4 – 12　"千禧一代"与其他年龄群体在奢侈品方面的比较

2. 小众消费是中国"千禧一代"消费趋势的关键词之一

在基本物质生活得到充分满足的背景下，与上一代相比，中国"千禧一代"更加追求可以带来优越感的独特商品，如小众品牌、知名品牌的限购产品，以及定制化产品。同时，年轻消费者也更愿意与品牌商沟通其喜好，交流关于商品和品牌的想法，并开始深度参与产品及服务的设计过程。超前消费越来越为中国"千禧一代"所追捧。在中国，月收入4000元以上的年轻人办理信用卡的比例已经超过76%，超前信用消费已被大部分中高收入的年轻人所接受。各类互联网金融平台凭借其低门槛、高效率的特点，为年轻消费者提供消费支持。超前消费不等同于非理性消费。中国"千禧一代"的消费意愿正在攀升，其理财意识也在不断增强，多数年轻消费者正开放、理智地尝试多元化理财方式——基金、股票等。

3. 懒人消费是中国"千禧一代"消费者的另一重要特征

"千禧一代"见证了中国互联网的快速发展，互联网培养了年轻消费者追求简单、快捷的生活方式，在此背景下，懒人消费应运而生。尤其是进入移动互联网时代后，社交工具、网购、外卖，以及跑腿业务等服务的出现如雨后春笋，持续满足"懒"人"足不出户"的全方位生活需求。"千禧一代"与其他年龄群体在互联网上每周花费时间比较如图4-13所示。

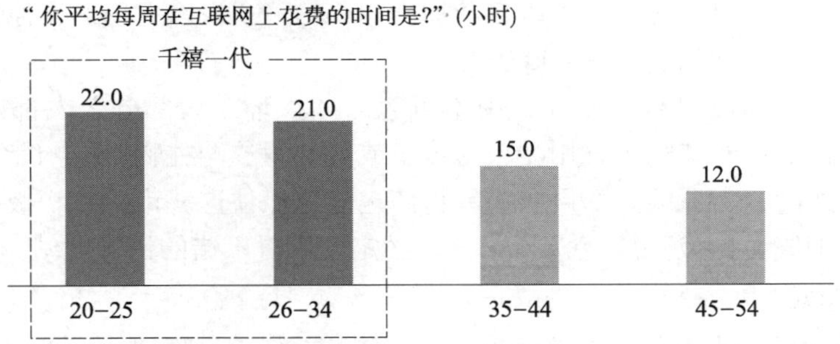

"你平均每周在互联网上花费的时间是？"（小时）

图4-13　"千禧一代"与其他年龄群体在互联网上每周花费时间比较

4. 群体规模不断扩大、影响力不断增强的"千禧一代"消费者，也在重塑中国乃至全球旅游零售业的格局

自助游成为最受中国"千禧一代"欢迎的旅行方式之一。报告显示，有33%的中国"千禧一代"旅行者，在旅行前一个月就开始制订旅行计划，相较上一代，自助游明显更受"千禧一代"青睐。

越来越多的"千禧一代"愿意分享个人的旅行体验和攻略。他们既会在旅行前，去UGC（User Generated Content）平台上搜寻旅行信息，也会在平台上分享自己的游记、行程和攻略。有些"千禧一代"旅行者甚至成为旅行话题的意见领袖，影响了年轻人的旅行目的地的选择，以及相关旅行产品的使用。互联网出行平台崛起，它们拥有传统线下出行服务商不具备的便利性，为年轻消费者提供了签证办理、酒店机票预定、游玩门票预定等高效服务。

"千禧一代"是一个重要的细分市场，因为他们是互联网诞生和成长的一代。他们对网络产品与体验独特性的需求，推动购物过程变得透明，使购物行为更加高效，让购物更适合各个年龄段的消费者。他们享受新科技带来的服务，在改变自身消费行为的背景下，也在影响父辈的购物行为。"千禧一代"喜欢线上线下无缝连接的服务、限量版产品、小众品牌，以及体验式环境，促使商家不断提升改进自身服务，提升消费便利性，其他年代的消费者也因此获益。

如果营销人员能够吸引他们的注意力或向他们提供娱乐活动，他们就会通过网络口口相传的方式倾听和传播这类信息。这个群体对需求的及时满足要求很高，企业必须对他们的要求及时回应，而且要模仿他们的行为方式。这对于那些 35 岁以上的中青年人来说是很不容易的。对网络营销人员而言，这个消费群是企业未来盈利的坚实保障，是一个真正的挑战和十分重要的目标市场，如果企业无法吸引这些年轻人，最终会被市场淘汰。

（二）"银发一族"

近年来，中国老年人也渐渐迷上网上购物，这个趋势预计在未来将变得更加明显。中国正面临人口老龄化的现状。"地大物博，人口众多"一直是外界对中国的印象，在西方人口学者看来，中国之前针对老年人生活的基础建设和服务设施或许还不算完善，但世界绝不能忽视中国发展"无现金社会"，网络将给老年人带来更多的便利。中国的线上支付平台正席卷全球，在这股浪潮中，中国的"银发一族"完全没有落伍。根据电子商务平台京东公布的最新数据，仅在 2017 年，中国 50 岁以上人口网购价值实现了 78% 的巨大增长，这个增幅超过了各年龄段人口平均网购价值的增长。面对自己喜爱的商品，中国老年人不再犹豫，积极投身网络消费。阿里巴巴统计，中国目前拥有 3000 万 50 岁以上用户，他们在阿里巴巴定期购买产品，每个人年均消费额达 800 美元。

如今，网购已经构成"银发经济"中不可忽略的一环。大部分老人都是通过智能手机来完成消费的。他们最青睐购买日用品，为孩子或者孙辈选购礼物。网购能够送货上门也是他们青睐这种方式的一大原因。如果网络零售商也能够抓住这一市场，积极在网购市场中创造更好的条件，围绕"银发一族"深入细分，必定会取得不错的销售业绩。

（三）女性市场

2019 年，美国消费者新闻与商业频道（CNBC）刊登了一篇"中国女性消费增长迅速"的报道，指出在中国年轻女性消费习惯发生巨变的推动下，中国的"女性经济"正在迅速发展，中国女性的总开支在过去五年里估计增长了 81%，达到 6700 亿美元。尽管中国存在性别失衡的问题——官方数据显示，2018 年底中国男性比女性多 3160 万人，但女性在网上消费中所占比例达到 55%，大大高于女性在总人口中所占比例。在零售商竞相赢取女性市场之际，一系列被冠以"女王节""女神节"或"蝴蝶节"的网购活动提供了令人眼花缭乱的优惠券和折扣。这样的促销手段似乎正在奏效。截至 2018 年的三年时间里，在中国最大的网购卖场阿里巴巴的淘宝平台上，女性用户在国际妇女节这天的消费额增加了 65%。

美国电子商务市场研究公司统计显示，中国网上零售额所占比例大约为 35%，到目前为止是世界上最高的。相比之下，电子商务在美国销售额中所占比例只有 10.9%。中国商务部的统计数据显示，2013 年中国的网上零售总额为 2800 亿美元，但到 2018 年这一数字激增至 1.34 万亿美元。有营销学者认为，更广泛的文化潮流推动了女性消费模式的"根本性转变"，主要来自出生在 20 世纪八九十年代的新一代女孩，她们生活在一个国家经济不断增长、个人收入不断提高、父母消费力和消费观念发生转变的时代。

中国妇女杂志社发布的《2018 年女性生活蓝皮书》中的调查结果显示，在城市地区，女性已经成为家庭收入的顶梁柱。蓝皮书对约 4300 名中国成年女性（平均年龄为 36 岁）进行了调查，给出回答的被调查者平均家庭年收入为 17.6 万元人民币，平均个人年收入为 9.2 万元人民币，由此可见，女性收入超过了家庭收入的一半。

蓝皮书指出，当前中国女性消费的特征包括"旅游等非物质消费增长"和"智能手机消费（通过移动终端进行的商品和服务消费）增加"。在智能手机消费中利用社交媒体交流商品的照片和使用体验之后再购买的情况尤其明显。当问及女性的消费观时，46% 的受访者回答"会选择绿色用品"，42.7% 的人回答"比起数量更重视品质"，凸显出她们的消费理念更趋成熟。受访者中高中以上学历的占比超过八成，也可以说是当今中国社会的一个缩影。

女性不仅在服装和化妆品等传统市场居于优势地位，近年来迅速增长的新消费领域，女性的存在感也在增强，咖啡就是其中一个。受收入增长和生活方式变化的影响，近年来中国的咖啡需求量猛增。全国的咖啡厅数量从 2016 年的 8.6 万家增至 2018 年的 14 万家。相关调查显示，经常前往咖啡厅消费的 35 岁以下人群占到总客户群的七成多，其中七成为女性。同时，经营实体店和外卖业务的新兴咖啡品牌瑞幸咖啡的迅速扩张也得益于女性顾客的青睐，在该店消费必须使用手机 App 程序下单，其中 92.2% 的用户为二三十岁的年轻人，女性比率占到 54%。除咖啡外，二三十岁的女性也同样是健康市场、宠物市场的消费主力军。

80 后和 90 后女性有经济实力，在安全和安心之外，已经建立起关照环境和社会的消费意识，虽然攻略中国消费市场的方法不一而足，但在"智能手机＋新兴消费市场"中，优先关注到这些年轻女性的需求已经变得非常必要。

三、心理细分市场

用户心理特征包括个性、价值观、生活方式、活动、兴趣及观念。个性是指诸如他人取向、自我取向、习惯（如做事拖沓等）等显著的特点。价值观是指内在的信念，如宗教信仰、绿色环保等。生活方式和活动在心理学中指的是与产品无关的活动，如喜欢运动，喜欢撰写网络产品评价，喜欢外出吃饭，乐于社交。兴趣和观念是指人们所持有的态度和信仰。例如，有些人认为上网是在浪费时间，而有些人认为如果离开了网络，生活几乎无法想象。

（一）兴趣社区

互联网是把具有相同兴趣和目的的人聚集到同一社区的理想场所。社交媒体和其他各种网络社区吸引网络用户，允许他们在网上发表自己的评论，建立自己的信息档案，或者上传信息与他人分享。有时，浏览者需要支付订购费用。社区可以在网站上或者博客上根据用户发表的内容或通过电子邮件与成员沟通而组建。表 4-4 罗列了 9 种重要的网络社区。

表 4-4　9 种重要的网络社区

社区类型	解释与实例
1. 娱乐社区	人们加入这类社区的目的是玩多人在线游戏。例如，在腾讯游戏网站上玩虚拟三维网络游戏
2. 社交网络社区	用户加入和访问这类社区是为了交朋友，或者建立工作社交圈。用户愿意为加入这类社区并支付费用，特别是大规模的社区。有些网站的存在纯粹是为了让志同道合的人进行联系和交朋友的，这些网站包括天涯社区、人人网、脸谱网等

127

续表

社区类型	解释与实例
3. 交易社区	这类社区为用户交换产品或服务提供场所。例如，消费者市场的在线拍卖的网站（拍拍网、亿贝网）、企业市场拍卖网站（聚拍网），以及音乐共享网站等
4. 教育社区	这类社区是按照教学领域形成的社区。例如，Learnist 号称教育行业的分享网站，教育工作者可以在上面快速创建课程和课件
5. 倡导社区	组建这类非营利社区的目的在于引导公众舆论。例如，深圳的恩派公益组织发展中心（NPI）致力于公益孵化、能力建设、社区服务、政购评估、社会企业投资、社创空间运营等
6. 品牌社区	公司在网站上根据公司品牌创建客户关系管理社区，允许消费者张贴信息。例如，关于产品的评价（亚马逊），许多企业还专门建立了自己的品牌社交网站
7. 消费者社区	消费者可在天涯社区目录下的"消费者故事"上对产品进行评论或在百度论坛里讨论他们的产品使用经历，消费者社区与客户关系管理社区的区别在于前者缺乏品牌赞助，因此基本上是一些未经编辑的评价
8. 员工社区	美国领英（LinkedIn）网站就是一个非常重要的职场社交网站
9. 专题社区	除上述社区外，有些网站纯粹为进行范围有限（如电影、某个汽车品牌、模型或不同宗教等）的用户聊天和电子公告板而存在，这类社区主要有百度论坛、高清论坛等

可能最重要的一种网络社区就是社交网络，这是指通过人与人之间的交往，扩大工作或生活的接触范围的网络社区。它是建立和应用在六度分隔理论（"任何两个人结识，中间最多通过五个朋友就能达到目的"的一种假设）基础上的。LinkedIn 就是一个很好的职场社交网络的例子，该网站覆盖全球 6.1 亿会员及 200 多个国家和地区，致力于打造"一站式职业发展平台"，帮助职场人发挥所长，连接无限机会，如图 4-14 所示。一般来说，人们宁愿信任跟他们相似的人所提供的信息，而不愿相信企业提供的信息，因此，社交网络和其他类似的网络社区将会变得越来越重要。

图 4-14　LinkedIn 职场人士的社交网络社区

建立网络社区有三种方法：第一种，可通过聊天室、讨论组、电子公告板、微信、钉钉或其他在线活动等形式在公司网站上建立社区，有共同兴趣爱好的人聚集在虚拟世界里进行交流，他们所接纳的信息和社会纽带所产生的价值观会保证用户再次回到社区；第二种，企业可以在另一个公司社区网站进行广告宣传，或通过电子邮件告知社区成员；第三种，是许多公司加入社区，听取网友对于公司所在行业的讨论并获取相关信息。比如，斯科特·欧里尔瑞（Scott O'Leary）是美国大陆航空公司客户体验部门的常务董事，他每天要花费好几个小时在旅行类网站上搜寻客户投诉的问题。这样的网站拥有将近50万名用户，他们经常发帖披露乘飞机出行时遇到的问题，或者为网友提供一些小贴士。根据《辛辛那提邮报》的报道，欧里尔瑞有一年在旅游类网站上总共发布了500多个回帖，以回答客户的提问并辟谣。

建立网络社区既有优点又有缺点。当企业建立和维护社区时，可在社区展示根据消费者兴趣进行定位的产品并掌握相关信息（如亚马逊网站），这类社区也是对这个产品感兴趣的消费者所关注的。例如，网络游戏用户总是有兴趣了解最新的付费游戏，而哈雷车主会的成员希望了解哈雷-戴维森（Harley-Davidson）品牌的产品。可能最重要的是，企业可以通过这些社区听取客户的问题和建议，正如欧里尔瑞的案例所反应的那样。相反，如果网络社区的议论内容没有得到很好的控制，就会出现一些对产品不利的评价和过激的言论。如果公司出面建立社区，则必须关注社区内容，但是，如果公司对于社区内容编辑太多，人们又会失去继续在网上跟帖的热情。此外，如果企业删除了一些负面的评论，那么用户很可能会在网络的其他地方发表同样的内容，与其如此，还不如把这些内容保存在企业自己的网站上。最后，以社区为核心建立的网站（如百度社区）在吸引广告方面存在一些困难，原因是社区内出现的一些无法预知的内容可能会给广告商的品牌形象带来负面影响。还有一点值得一提，那就是参与社交网站的评价活动很费时间，要监视社交媒体或其他网络社区上的言论也是很不容易的。

（二）态度和行为

态度和行为之间有哪些差别呢？态度是指对人、产品或其他事物的心理评价，它可以是正面的，也可以是负面的，评价过程是发生在一个人的头脑中的。行为是指人的机体行动，如说话、吃饭、在网站上注册、在博客上发帖、在微信圈点赞，或访问网站购买产品。营销人员没有把与产品有关的行为归入心理细分要素中，这是因为行为特征是描述细分市场的一个非常重要的要素，它自身就能组成一个大类，因此，当营销人员讨论心理特征时，他们指的是消费者消磨时光的一般方式，一般都和产品联系在一起。

消费者的心理统计信息有助于网络经营者判断和描述细分市场，可以使公司更好地满足消费者的需求，这对网页设计尤其重要。例如，中国网民不喜欢一些网站含有轻浮、挖苦的语气。中国的网站相对更严肃，而且没有政治讽刺一类的内容。父辈一代比较喜欢的网站颜色偏向于大众色（如蓝色、灰色等同一色系），而"千禧一代"的年轻人则比较喜欢更加新潮、更加亮丽的颜色。类似这种表达网络用户态度的信息在网络上越来越多。

大部分营销人员认为人口统计细分要素并不能预测哪些人会选择在线购物，哪些人会选择离线购物。人口统计细分要素所起到的作用是帮助营销人员找到需要进行沟通的目标市场，如果需要对市场进行预测则必须借助其他细分要素才能完成，因此营销人员在选择市场细分要素时要找到一个平衡点，这样才能更好地定义细分市场。Forrester市场调研公司曾经以消费者"是否会进行在线购物"为题展开过一项调研，其中一种方法就是根据细分市场对技术的态度进行判断。

1. 对技术的态度

例如，美国Forrester市场调研公司在衡量消费者和企业对技术的态度时运用了一种理论系统，称为技术消费学。自2002年以来，Forrester市场调研公司每年在全球进行十万次调查，其中1/3的调查数据是通过离线方式收集的。技术消费学研究的是消费者如何看待技术，如何购买和使用技术（指涉及医疗卫生、金融服务、零售领域的名种设备和媒体）。

技术消费学将三种具体变量结合起来应用于实践。首先研究人员设计一些问题来判断一个人对技术持积极态度还是消极态度；其次，他们估量一名消费者的收入水平，因为这是在线购物行为的重要决定因素；最后他们询问消费者上网的主要动机。在进行了多年的数据收集的基础上，Forrester 营销调研公司将全美消费者分为十个技术消费细分市场，如表4–5所示。按照 Forrester 市场调研公司得到的调查数据，可以从技术的角度对市场进行如下细分。

①快走族，商用软件最主要的消费者。

②新观念族，最容易被忽视的技术消费者。

③网虫族，热爱 PC 机互动娱乐节目。

④拼搏族，低收入用户中 PC 机拥有率最高的消费群。

⑤数字潜力族，低价 PC 机的巨大潜在市场。

⑥追星族，低价高科技玩具的消费者。

⑦握手族，进行商业交易时不涉及技术的使用。

⑧保守族，除了智能手机之外不用其他的娱乐设备。

⑨新闻八卦族，喜欢看电视，是卫星电视接收器的早期使用者。

⑩局外族，技术落后者。

表4–5 美国技术消费细分市场

			使用互联网的动机		
			职业	家庭	娱乐
对技术的态度	技术积极群体	高收入	**快走族** 有愿望也有能力改变自己的现实环境。他们希望为产品和体验投入资金，并以此来提升自己的社会地位	**新观念族** 有愿望也有能力为亲友改变现实环境。他们希望通过技术来相互联络，有一份安全感	**网虫族** 希望得到娱乐和刺激。主要目的是利用新技术来体验新事物
		低收入	**拼搏族** 像快走族那样愿意为自己的社会地位投入资金，但是又有一点力不从心。若达不到目的，拼搏族会犹豫不决	**数字潜力族** 他们愿意为亲友或工作投入精力。为了达到目的，他们可以先使用低配置的产品，而不是等着高配置的产品降价	**追星族** 他们像网虫族那样追求娱乐和刺激，但目标是较廉价的项目，这样既得到了娱乐，又不会花太多的钱
	技术消极群体	高收入	**握手族** 他们使用较传统的品牌，保持自己的社会地位。对创新技术并不太追求，但是也不拒绝	**保守族** 他们希望传统的产品和服务依然能够维持自己的生活和工作。他们希望在用惯了的产品和服务中依然能得到安全感	**新闻八卦族** 他们在两个世界里徘徊，他们既希望体验新事物，又对新事物不放心；他们希望得到刺激，又不想去体验它，因此电视节目就是最好的依靠
		低收入	**局外族** 这一群体的差异很大，但是他们也有共同的特点，那就是收入相对比较低，对创新事物带来的利益也不太信任，因此就不在乎什么刺激。他们担心的是自己会失去什么，而不在乎是否有机会改变自己的处境		

　　Forrester 市场调研公司的研究揭示了一些有趣的现象。技术乐观者的人数随着年龄的增长而逐渐减少，年纪大的用户对于技术持比较否定的态度，但是，如果这些年长的用户在工作中需要使用电脑，或者他们居住在大城市中，他们对技术的态度就不会那么消极。男性用户态度更为积极，在所有的人口统计群体内，来自同辈间的压力可以增添乐观态度，也就是说，当朋友们聚在一起讨论网络社交热点时，悲观者经常会重新思考自己的态度。从收入来看，某些低收入人群（如在校大学生和年轻家庭）对技术也很乐观。

　　这些调查结果与在线消费有何关联呢？首先，高收入的乐观主义者在网上购物的频率是其他群体的 2 倍，而低收入的悲观主义者中只有 2% 的人会在线消费，因此，这类群体不是电子商务企业理想的目标市场。其次，Forrester 市场调研公司的研究运用技术消费学来分析早期使用者的情况，发现他们多为高收入的技术乐观主义者，从而确定了在线购物的第一批消费者。相反，滞后者是最后上网购物的悲观低收入者。最后，企业可以使用技术消费学细分市场对网上购物的消费者进行分类，决定如何分配资源以吸引更多同类别的消费者。星巴克公司通过研究发现，其47%的消费者是早期使用者（"快走族""新观念族"和"网虫族"）。该公司还发现，22%的消费者是热衷事业的"快走族"，他们使用互联网是为了提高自我能力。根据这些研究结果，星巴克公司多年前就开设了网上销售业务。

　　Forrester 市场调研公司拥有一个针对企业市场技术消费特征的统计数据库，该公司访问了 2500 多位北美各大企业的资深经理人，这些企业的年收入都在 10 亿美元以上。总体上说，对技术消费特征的调查结果有助于推动企业进行产品开发与推介，引领潮流，促进交叉销售，改善消费者服务及创立品牌。

　　2. 网络行业的意见领袖

　　在社交网络流行的年代，博客、微博等在日常生活中越来越普及，传统的大众媒介传送商品信息的公关与营销概念逐步受到挑战。许多网络经营者把自己的营销对象定位在有影响力的人物身上，因为他们是意见领袖。这些影响者有的是公司的利益相关者，他们对公司的品牌很在意，而且在社交网络上影响也比较大；有的则是有一定社会地位的人，他们能够影响人们的购物行为。

　　行业意见领袖因行业的不同而不同，这些人一般包括行业分析师、知名博客版主、思想领袖、网红、大公司高管等，企业要操作意见领袖并不是容易的事情，但是如果出现一种新的社会趋势，意见领袖的思想还是会对网络舆论起一定的作用。例如，Altimeter 集团的营销总监、社交媒体专家赖恩·索利斯（Brian Solis）就是一个影响力很大的人，他专门通过网络社交媒体对营销活动和文化趋势造成的影响发表自己的见解。

　　网络的出现和传播改变了消费者的信息检索和购买行为，伴随互联网经济和社交网络的飞速发展，越来越多的消费者通过 Facebook、Twitter、YouTube、个人博客、微博等社交网络平台追踪博主们发布的最新资讯并从中获得启发。过去十年，商家和杂志的建议对消费者的影响日渐式微，如今，消费者更偏向于听取来自博客、社交媒体和网络评论的声音。

　　调查显示，"千禧一代"中喜欢通过社交平台挖掘新品的人数是前辈的 3.8 倍。在社交平台上分享时尚品牌相关信息能让潜在消费者了解商品的方方面面，提高购物转化率。因此，越来越多的品牌借助拥有较高浏览量和关注度的时尚博主的影响力来带动销售额。

　　美国的拉扎菲尔德等人在伊里调查（1940 年，社会学家拉扎斯菲尔德、贝雷尔森等人在美国大选期间，围绕民主党和共和党的大众传播竞选宣传对选民投票意向的影响所做的一项实证调查的研究报告。这次调查是在伊里县进行的，所以被称为"伊里调查"）中提出大众传播的信息要经过意见领袖的中介流向一般受众的观点，即为"大众传媒—意见领袖—一般个人"的两级过程。研究两级传播的社会学家把目光集中到初级群体这个概念上，并做出假设：受众在对大众传媒讯息的解释和决策过程中，会受到与他人社会关系的影响。在新媒体时代下，海量的碎片化的信息充斥着受众的生活，受众为减少信息环境中的不确定性产生需求，意见领袖很大程度上起到为受众解读信息的作用，受众在某种程度上依旧依赖于意见领袖提供、解读信息。2017 年，Dolce & Gabbana（杜嘉班纳）在秋冬男装系列发布会上，邀请了 49 位在社交媒体上拥有相当影响力的意见领袖登上 T 台展示服装，品牌旨在借助他们的网络影响力，以帮助品牌更好地接近年轻人的世界。

通过测量 2016 年和 2017 年有#ad hashtag（女装品牌）标签的 Instagram（图片分享社交应用）帖子数量发现，2017 年意见领袖营销增长了 198%。意见领袖营销的趋势是非常乐观的，保持平均每月 5% 左右的增长。例如，知名博客 Pink Peonies 的博主 Rachel Parcell 通过分享产品"链接"获取了大部分引流收入，读者点击并购买她在博客网站上分享的产品链接。2014 年，这个营销模式为 Parcell 带来了高达 96 万美元的收入。不少品牌不再认为传统广告能够贡献投资回报率，倾向于将营销预算转向意见领袖，采用意见领袖营销的方法提升品牌价值。Tribe Dynamics 调查显示，90% 的品牌在过去五年内增加了免费获得媒体预算，其中就包括意见领袖渠道。

在中国市场，年轻一代消费者更倾向于在社交媒体上获取奢侈品相关资讯，意见领袖为奢侈品牌的数字营销提供了重要通道，成为奢侈品牌向消费者宣传必不可缺的重要环节，其商业价值也自然在市场竞价过程中成为重要的衡量标准。

四、行为细分市场

将消费行为作为要素来对市场进行细分，人们一般会考虑两个变量，即追逐利益和产品使用习惯。利益型细分市场指营销人员根据消费者从产品中获得的利益来划分消费者群体。例如，用户在网络上搜索旅游网站或下载旅游 App，他们的利益诉求是什么？大多数人希望在航空公司或旅游网站上搜索到机票价格、航班信息。有的希望了解其他旅行者对酒店的评价，有的则想了解到了目的地可以做什么、看什么。网络用户的这些诉求告诉企业应该如何设计网站，如何编辑内容去迎合消费者。只要企业做得好，消费者就会乐意购买商品或服务。

产品使用习惯在很多方面可以运用于市场细分中。营销人员往往依据消费者对产品使用的多少（少、一般、多等）加以细分。假如使用互联网"最多"的一群人是那些每天用掌上无线设备上网的用户，使用情况"一般"的是每隔几天用移动终端上一次网的用户，使用"少"的是每隔一周左右才接入一次互联网的人，那么企业必须通过调研来判断这些用户的实际使用情况，才能决定如何按几个合适的消费者类型来划分自己的目标市场。例如，亚马逊公司就是用免递送费的方式将使用"少"的消费者变为使用"一般"的消费者（设定为一份订单要超过 49 美元）。另一种方法是把消费者分成品牌忠诚者、竞争产品忠诚者、摇摆者和非产品使用者四类。下面我们将讨论如何将其中的一些变量运用于互联网。

（一）利益型细分市场

很明显，每个人都能够从互联网上有所收获。如果营销人员可以根据消费者寻求的利益构建细分市场，那么他们就可以设计产品或服务来满足这些需求。与简单地按人口统计特征细分市场相比，按利益细分市场的方法通常比较实用，它可以帮助识别国内一线城市的职业女性上网需要什么？尽管营销人员可以使用各种市场细分要素来定义、评价和确定目标市场，但是对利益的追逐是制定营销组合策略的关键因素。

有什么更好的办法能确定消费者追求的利益，而不是仅仅看到消费者在网上做什么呢？营销人员可以评估在线活动，营销人员还可以判断哪些网站最受欢迎，哪些网站每月报告主要的在线功能。截至 2020 年 3 月，网民各类互联网应用使用率排行榜中，排名前十的应用分别为即时通信、搜索引擎、网络新闻、网络支付、网络购物、网上外卖、旅游预订、网约车、在线教育、网络音乐。2018.12—2020.3 网民各类互联网应用使用率排行榜对比，如图4 –15 所示。

应用	2020.3		2018.12		增长率
	用户规模（万）	网民使用率	用户规模（万）	网民使用率	
即时通信	89613	99.2%	79172	95.6%	13.2%
搜索引擎	75015	83.0%	68132	82.2%	10.1%
网络新闻	73072	80.9%	67473	81.4%	8.3%
网络支付	76798	85.0%	60040	72.5%	27.9%
网络购物	71027	78.6%	61011	73.6%	16.4%
网上外卖	39780	44.0%	40601	49.0%	-2.0%
旅行预订	37296	41.3%	41001	49.5%	-9.0%
网约车	36230	40.1%	38947	47.0%	-7.0%
在线教育	42296	46.8%	20123	24.3%	110.2%
网络音乐	63513	70.3%	57560	69.5%	10.3%
网络文学	45538	50.4%	43201	52.1%	5.4%
网络游戏	53182	58.9%	48384	58.4%	9.9%
网络视频（含短视频）	85044	94.1%	72486	87.5%	17.3%
短视频	77325	85.6%	64798	78.2%	19.3%
网络直播	55982	62.0%	39676	47.9%	41.1%
互联网理财	16356	18.1%	15138	18.3%	8.1%

图 4 –15　2018.12—2020.3 网民各类互联网应用使用率排行榜对比

（二）使用习惯细分市场

营销人员也可以根据用户使用技术的特征（是使用智能手机、台式电脑还是电视机上网，以及他们都使用了哪些浏览器）来对互联网用户进行市场细分。下面将讨论两种根据消费者在线使用习惯划分的重要细分市场，即移动设备接入和网络参与程度。当然也可以用其他的变量来对市场进行细分，如视频浏览用户、社交网络用户、在线玩家等。

1. 移动设备接入

毫无疑问，使用怎样的设备接入互联网，如何接收信息，这些都会影响用户的使用习惯。第 45 次《中国互联网发展情况统计调查》显示，手机用户中有 99.3% 的人是使用智能手机上网的，使用电视上网的比例为 32.0%，通过台式电脑与笔记本电脑上网的分别为42.7% 和 35.1%，台式电脑使用比例下降较为明显（第 44 次《中国互联网发展情况统计调查》显示台式电脑使用比例为 48%）。随着智能手机的购买成本下降，网络服务运营商"提速降费"工作取得实质性进展，居民入网门槛进一步降低，信息交流效率得到提升。无线用户不仅用智能手机接电话、接收电子邮件、玩游戏、购物、视频，还用手机跟踪包裹信息，查看股票行情、航班信息，时刻关注朋友圈的动向。根据极光大数据发布《2019 年 Q1 移动互联网行业数据研究报告》，可以发现以下几种情况。

①四巨头加大推广力度，用户时长争夺白热化：腾讯社交地位稳固，百度发力视频直播，阿里转向移动购物，头条短视频占比回落。

②提升留存率成社交新势力发展的关键：多闪、音遇、Soul 等垂直社交应用层出不穷，微信和 QQ 仍延续社交霸主地位。

③渠道下沉对新闻资讯的影响不容小觑：趣头条凭借"现金补贴 + 社交裂变"模式快速崛起，拉近与今日头条、腾讯新闻的差距。

④生鲜电商领域尚有共同成长空间：头部应用渗透率不高，第一梯队中多点、盒马和京东到家渗透率依次为 1.5%、1.1% 和 0.9%。

⑤百度发力短视频，实现弯道超车：凭借好看视频和全民短视频两款应用，百度成为继头条、腾讯后短视频领域的第三极势力。

⑥手游行业仍由腾讯主导头部玩家阵营：《王者荣耀》《绝地求生：刺激战场》以 16.5% 和 14% 的渗透率稳占前两位。

⑦智能硬件成各厂商抢占物联网赛道的第一站：各厂商着力智能硬件，截至 2019 年 3 月，智能摄像头、儿童手表、运动手环和智能音箱的行业渗透率依次为 4.4%、4%、3% 和 2.3%。

2019 年，国内移动网民整体规模在 9 亿上下浮动，移动网络支付用户使用率达 71.4%，人均每日使用 App 的时长为 4.2 小时，从休闲娱乐 App 用户使用时长的内部占比来看，短视频和在线视频类 App 是最大的时间杀手，二者内部占比分别为 36.4% 和 32.2%，其中短视频的占比增幅最大，同比增长 65.5%。受短视频内容崛起冲击，手机游戏和数字音乐的时长占比呈现持续下降趋势。

2. 网络参与程度

客户网络参与指的是网络用户积极参与网络活动，提供各种信息与网友分享。由于网络参与主要发生在社交媒体出现以后，所以 Forrester 市场调研公司利用社交技术问卷相应地提出了网民参与的类型与形式，如表 4-6 所示。

表 4-6　网民参与的类型与形式

网民参与类型	网民参与形式
创作者	写博客，上传自己的网页、视频、图片，上传制作的音乐或音频节目，上传写作的故事或文章
交流者	在社交媒体上更新个人信息，在贴吧、论坛、微信圈发帖子
评价者	评价商品或服务，评价别人的博文，点赞，打赏，参与在线论坛讨论等
收集者	在 RSS 平台发帖子，在线投票，为网页或图片跟帖
参与者	在社交网站留下个人资料，浏览社交网站，关注各种群聊，偶尔发帖
旁观者	浏览博客、小视频、在线论坛，浏览客户评价商品内容，浏览微博、微信内容
不作为者	其他

在调查中，Forrester 按照对社交媒体的参与程度来对客户进行分类，其中创作者、交流者、评价者三类是参与最积极的群体。调查者没有将管理者这个重要群体归入分类（他们与收集者类型相似）。管理者一般是指博物馆或艺术馆里管理艺术品或展品的人。到了网络

上，管理者的作用就是把其他人的信息上传，分享到自己的社交媒体网站上。例如，美国的Pinterest 网站是一个图片分享网站，目前其访问量仅次于 Facebook、Youtube、VK 和 Twitter。管理者对这个网站很热衷，创作者、交流者、评价者，再加上管理者这四种类型的人占了社交媒体用户的大部分，这是因为他们都想创立自己的品牌。咨询人员、企业家、演讲者都属于这个群体。还有一些移动设备用户和即将走入职场的学生也加入了这一群体，他们往往会对其他人这样介绍自己："你想了解我，去看我的社交网站内容就行了。"

如果一家企业要使用 Forrester 调研公司的调研报告，它得了解自己的客户属于哪种类型的网络用户。如果公司的客户不属于创作者类型，那么公司若是组织客户参加视频创作比赛就是没有效果的。当然，如果能因此吸引新的客户，则又另当别论。换一种思考方式，如果公司的客户属于旁观者类型，那么公司发布帖子或各种社交媒体内容后，尽管客户不进行议论，但并不说明他们没有关注网站的内容。企业应该仔细判断如何参与社交媒体活动，如何与各类客户及市场影响者进行沟通。按照社交媒体参与程度对市场进行细分有助于网络企业制定社交媒体营销战略。

（三）使用方式细分市场

按使用方式对市场进行细分，在行业之间是有很大差异的。例如，Forrester 市场调研公司和 comScore 公司的研究表明，汽车网站访问者的行为与其他电子商务网站访问者的行为是不一样的。即使真想买车的人访问汽车网站的次数也不会太多。64% 的购车者通常在线浏览不会超过 5 次，而 25% 的人会在访问汽车网站后的三个月内购买汽车。Forrester 市场调研公司为汽车网站确定了如下三种访问者细分市场。

①探索者：这是最小的一个消费群体，但差不多有一半的人在访问一个汽车网站后的两个月内购买新车，他们需要一个方便、直观的购买过程。

②离线购买者：他们倾向于上网了解市场信息，然后可能会在实体 4S 店购买汽车。

③观察者：他们经常访问专业网站或二手车网站，但只有 15% 的人会在短期内购买汽车。尽管如此，他们对汽车非常感兴趣，而且对其他购买汽车的人有很大的影响，这使得这类用户成为重要的访问者。

第四节 网络客户目标市场定位与经营战略

一、目标市场定位

在审视了许多潜在的细分市场后，企业必须选择最佳目标客户。为实现这一目标，企业需要对市场进行分析，可以借助 SWOT 分析结果进行评价，并且通常要寻求市场环境与企业专长和资源的最佳契合点。这个过程有时很简单，比如发现新的细分市场客户浏览了公司的网页，然后用可能吸引这类客户的产品去试着了解这类细分市场，但有时却是冗长烦琐的。一个有吸引力的在线细分市场必须是可以通过互联网接近、规模大且不断增长、拥有巨大潜在收益的市场。

接下来，网络企业需要选择目标市场战略，其中包括决定哪些目标市场适合在线战略，哪些适合离线战略，哪些需要通过产品目录邮购。网络的出现对于以下两大类目标市场战略特别有效。

（一）单一细分市场营销

单一细分市场营销是指企业选择一个细分市场并开发一个或多个营销组合来迎合这个细分市场的需求，如亚马逊公司就是采用这种战略对网站用户分别定位的。Fulcrum 市场调研公司称互联网为"及时出现的事物"，意味着单一细分市场时代到来了。运用这种市场战略虽然能获得实在的收益，但常会令企业处于一种危险的状况。因为竞争者经常会纷纷挤入这个赚钱的市场，如果市场突然不景气了，那么企业就等于把所有的鸡蛋都放在快要翻倒的篮子里了。

（二）微型市场营销

微型市场营销也被称为个性化市场定位，是指企业为一小群人定制全部或部分的营销组合。如果把这种营销战略发挥到极致，就是一个客户一个目标市场。

互联网的一个发展趋势就是目标市场个性化，这也是许多企业目前正在努力实现的目标。图 4 – 16 显示了营销人员跟踪客户在网站上进行注册和购买全过程的销售漏斗。每一步骤都创造了一个客户细分市场，营销人员可以根据这些细分市场客户的具体行为，通过有说服力的沟通方式来吸引客户，比如发送邮件给那些在网上注册过但未购物的用户。例如，亚马逊网站为每位在网站上浏览或购买图书的客户建立个人档案，追踪客户阅读的图书，根据他们过去的购买行为推荐书籍。亚马逊也会给那些可能会感兴趣的潜在客户发送相关产品的电子邮件。这个方法充分体现了营销理念的极致状态，即在适当的时间和地点，准确地给予个人客户想要的产品。互联网技术与人工智能的整合让这种个性化营销的普及成为可能，在互联网问世以前这是完全不能想象的。

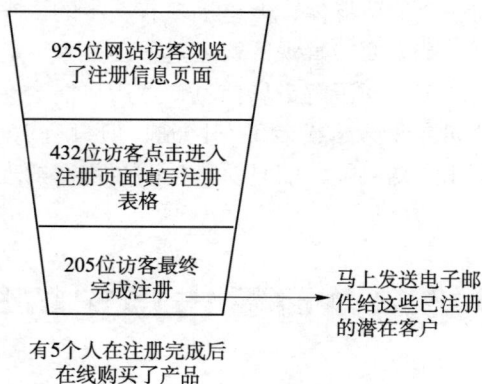

```
    925位网站访客浏览
      了注册信息页面

   432位访客点击进入
    注册页面填写注册
         表格

   205位访客最终          马上发送电子邮
     完成注册             件给这些已注册
                          的潜在客户

    有5个人在注册完成后
    在线购买了产品
```

图 4 – 16　销售漏斗

二、网络经营的差异化战略

面对各种目标市场，企业应该如何行动？在设计企业的营销组合以前，企业应该根据目标市场的需求及竞争环境的状况制定差异化经营战略和市场定位战略。制定战略的目标是体现差异化优势。体现差异化优势的方法有以下几种。

（一）产品的特性

在同类产品中显示其独特性，这种独特性要让客户感知产品，能够给他们带来价值，一个企业的差异化优势就是它的竞争优势。

（二）企业独有的优势

企业独有的优势是竞争对手难以企及的。简言之，差异化定位与市场定位不同，差异化定位体现在产品上，而市场定位是作用在客户的心理上，要客户明白产品具有差异化优势。产品的差异化体现在以下几个方面。

1. 产品创新

Pinterest 网站有一个全新的服务理念，那就是将图片保存在网络上，并建立一个网络公告板，称为"Pinboard"。在其"相关技术"专栏里介绍了苹果公司 iPod 和 iPad 的创新理念，这是产品创新的一个很好的案例。

2. 规模定制

传统大规模工业化制造的前提是生产品种少批量大的标准化产品，用流水线大大提高生产线率，但与此同时，客户会牺牲自己的个性化需求或偏好。青岛红领集团与其他服装企业在经营上有很大差异。该集团研发了一套通过信息技术把工业生产与定制相结合的大规模服装定制系统。在网络平台完成采集信息的数据化之后，以数据为生产驱动，网络设计、下单、定制数据传输全部数字化。然后通过严密的算法，测算出大批量个性化生产环节应该安排的合理工作量，每道工序的工作时间等，以保证每一个工序的相互衔接，避免造成产能浪费。

3. 服务差异化

服务差异化适用于一切互联网产品，同质化越高的产品越需要服务差异化。为提升客户满意度，丰富客户送修途径，华为公司在传统维修流程之外，提供了双向免物流费的寄修服务，客户可以通过官网、会员服务 App 进行申请，快递员会上门取件，操作简单、方便快捷，尤其对于偏远地区和不方便到店的客户，非常贴心。

4. 客户关系管理

客户关系管理与服务的差异化是密切相关的。它要求企业通过不同客户的接触点去全方位地了解客户。例如，美国加州的勇士队利用社交媒体推介自己的新标识和篮球队的品牌，结果球队在脸谱网、推特上的粉丝数量大增，2011 年，球队获得了"客户关系管理优胜奖"。

5. 员工差异化

对成年人来说，有一份好工作非常重要。但是工作过的经历多了，就会发现，待遇方面，除了到手的工资不一样之外，商业保险和节假日福利几乎大同小异，反倒是公司的管理制度，一次比一次严格，有同事吐槽，公司老板恨不得让员工天天上班。谷歌公司在员工差异化方面做得最好。在谷歌的办公室里面，员工可以根据自己的想象在墙角上绘制涂鸦，只要是能够放松心情、释放压力，自己觉得有趣，简单舒适就可以了。如果写代码的时候，写累了怎么办？可以去娱乐休闲区走一趟，投一下篮球，练一下瑜伽，打一场桌球，如果还是不能缓解的话，还可以踢一场足球赛。编程人员、代码设计人员还可以在家办公。为了鼓励创新，谷歌技术员工可以利用 20% 的工作时间做自己工作以外的事情。谷歌的创办人曾提出过一个"70/20/10"的模式——70% 的精力应该放在核心业务上，20% 放在与核心业务相关的创新业务中，而 10% 可以放在开发较为"疯狂"的创意上。

6. 形象差异化

如果客户把阿里巴巴和京东两家电商企业放在一起比较，结果还需要做什么解释吗？两家企业的形象差异化很明显。

7. 网站氛围

在高速发展的互联网时代，网站设计的重要性不言而喻。这种差异化表现在一个网页或社交媒体网站页面对客户是否友好，能否提供合适的内容，视觉设计是否大方美观上。企业要做到网站的差异化，就要在图案设计、排版、小屏幕效果、社交媒体整合（如链接到新浪微博）、高级网络技术等各方面做文章。对于企业来说，一个好的网站可以为自己持续带来流量及品牌曝光度。例如，威马汽车网站的设计实例，该网站设计使用了全新的分屏设计，这种网站设计可以很好地为客户呈现两方面的信息，并且能够针对不同尺寸的屏幕进行匹配，使网页端和移动端做到很好的兼容，以便为客户创造良好的客户体验。客户在浏览网站时能一次获取两种不同的信息。网站鼓励客户根据个人喜好做出选择，使客户不会错过任何重要的信息。

8. 客户制作内容

企业可以通过使用有效的众包方式来收集客户提供的内容，当然也可以在网站上开设一个空间让客户上传评论和意见。星巴克公司在这方面做得很出色，该公司开发了一个名为"我的星巴克点子"的空间，客户可以在该空间里对新产品、体验、服务和改进意见等发帖，也可以对金点子投票。

9. 高效及时的订单处理

有些企业在订单处理上胜人一筹。客户在网站上下单以后，企业能在很短的时间里送货上门，而且这期间会发送多个确认递送的网络短信。例如，深圳兆信微信订单管理系统能够支持多个平台操作，随时随地管理订单，为商家打造专属的移动订货平台。该系统同时支持PC、微信、App、网页等多个终端，以便商家随时随地处理业务，对订单进行全程的记录、跟踪和分析，有利于进一步整合和优化企业内部资源，紧密连接企业的上下游，帮助企业建立更生态、更高效的订单管理系统。

三、市场定位的基础与战略

市场定位战略就是帮助在特定的客户群（普通客户、企业、政府机构）中建立企业形象和产品形象。定位的第一步就是判断产品能否提升品牌形象。例如，字节跳动科技公司推出今日头条时，人们并没有把握认为它能与门户网站或搜索引擎网站竞争。功能饮料能敌得过碳酸饮料吗？App能抢占搜索引擎的市场份额吗？这些都是摆在企业面前的问题。一旦企业明确了谁是直接的竞争对手，就要判断品牌是否具有差异化优势，形成竞争性市场定位的基础。

本书前面介绍过一些企业具有的差异化优势，这使得它们的产品具备了竞争优势。网络企业在进行市场定位时一般会以如下一些要素为基础，即技术（如新型的智能手机，各种应用软件）、特殊利益（如网上下单后快速送达）、客户类型（如抖音短视频是最受年轻人欢迎的应用程序）、竞争优势（如小米手机比苹果手机价格低很多）等。有些网络企业把自己定位为集成商。例如，杭州火烧云科技有限公司推出的综合性互联网结婚服务平台——婚礼纪App是国内一站式结婚服务平台，提供找婚庆、婚礼策划、购买婚品、婚纱摄影、租婚车、预订婚宴酒店、制作结婚请柬及新娘说攻略等一条龙服务的婚礼筹备网站。

尽管有上述这些市场定位的基础，但是从客户的角度看，品牌依然是重要的，否则就成了自我标榜、自我膨胀了。网络企业要吸引市场的眼球，但是市场留给它们的时间并不多，它们要用内容来吸引客户，让更多的网络用户参与进来。

本章小结

电子商务主要分为三类市场，即 B2B、B2C 和 B2G 市场。当然，C2C 市场上也存在一些商务活动。许多公司与互联网连接，在 B2B 市场产生了很大的交易量。信息技术提高了商务活动的效率，同时加剧了竞争。消费者市场是最大最活跃的在线市场。政府市场指各级地方政府机构及中央政府购买商品和服务而形成的市场。为了与政府市场客户交易，企业必须密切关注法规和条例。各种发展趋势在不断影响着企业开发新市场和成功进行网络营销的能力。

市场细分是指集合有相似特征（产品或服务的使用习惯、消费量、利益诉求等）的个人或企业的一个过程。市场细分的结果是形成若干客户群，又称为细分市场。选择目标市场是指选择对企业最具吸引力的细分市场和选择适合的细分市场战略的过程。

消费者市场细分的四个要素分别是有关产品的人口统计特征、地理位置、心理特征和行为特征。每一个要素可进一步划分出多个细分变量（如人口统计要素有年龄和性别等细分变量）。目前，网络营销人员针对一系列的人口统计要素关注一些新兴的细分市场，即"千禧一代"、"银发一族"及女性市场等，不同的战略可以用来针对不同的细分市场。

用户心理特征包括个性、价值观、生活方式、活动、兴趣和观念。互联网是一个绝妙的方法，能把有相同兴趣和任务的人聚集到网络社区进行有效的市场定位。对技术的态度是预测在线购买行为的一个重要的市场细分变量。网络营销人员通常运用的行为细分变量分别是追逐利益（指消费者想要从产品中得到的利益，如电子邮件或网络购物），产品使用习惯（指消费者在互联网上的行为），影响者（指意见领袖等能够影响舆论的人）。Forrester 市场调研公司提出的社交技术消费学可以用来作为社交媒体参与程度的一个衡量指标。

网络用户细分市场可进一步分为家庭上网用户或工作场所上网用户细分市场，移动设备接入网络细分市场，网络参与程度细分市场等。

营销人员针对细分市场运用两种营销战略，即单细分市场营销和微型市场营销（指目标市场个性化）。互联网拥有无限的发展前景，特别是在有效的微型市场营销方面，更是如此。

差异化定位针对的是产品，市场定位则针对客户的感知。信息、产品和服务在网上传播要求企业必须找出使自己的产品或服务表现出差异化的方式，这样才能吸引客户并和他们建立长期的关系。很多传统的差异化战略可以运用到网络营销的战略中，如产品、服务、人员、渠道、形象等。尽管这些战略可以有效地应用到网络营销中，但是网络营销还需要一些新的、独特的差异化战略，主要包括网站环境、建立信任、提高效率、准确定价、改善客户关系、邀请客户提供原创内容等。

传统的离线定位战略也能运用于网络。不过，网络经营者要制定专门针对网络的定位战略，如基于技术、特殊利益、客户类型、竞争优势的定位，或者是综合定位。

复习题

1. 电子商务的三个主要市场是什么？它们的区别在哪里？
2. 解释主要的四种市场细分的方法。分别对每种细分市场方法列举两个以上的细分市场变量。

3. 网络企业为什么要十分重视"千禧一代"细分市场、"银发一族"市场、女性市场？

4. 为什么网络经营者需要衡量细分市场对技术的态度？衡量的标准是什么？

5. 消费者在网络上追求哪些利益？

6. 利益型细分市场与使用习惯细分市场有何区别？

7. 按在线参与程度划分有哪三个重要的细分市场？Forrester 市场调研公司提出的社交媒体技术消费学在市场细分活动中有什么意义？

8. 微型市场营销与单一细分市场营销的区别是什么？

9. 为什么网络经营者要创建并维护网络社区，建立在线社区？

10. 差异化定位与市场定位有什么不同？

第四篇

营销组合篇

第五章 网站建设与推广

![学习目标图标] **学习目标**

1. 了解企业网站所具备的基本特点。
2. 熟悉企业网站的分类与构成。
3. 掌握如何规划企业网站栏目内容。
4. 掌握企业网站所具备的功能。
5. 掌握企业网站的规划方法。

![案例导引图标] **案例导引**

《华尔街日报》开设设计网站，分享内部设计心得

2019 年，《华尔街日报》推出了一个关于设计的网站 WSJ Design，展示内部设计团队的进展和看法。

网页的形式类似博客，上面刊登了设计团队的成员写的文章，内容包括《华尔街日报》手机 App 和网站设计的思路和进展，"what we're reading" 栏目中会定期提出团队最近关注的问题（如如何设计供盲人使用的新闻网站，如何让动画更好地融入版面设计），还有设计团队工作和活动内容记录。这看起来很像是《华尔街日报》分享给读者的、关于设计的"幕后故事"。

以发布的"手机广告创新"为例，最终决定的几种新模式包括：全屏轮播；夹在文章中的"故事弧"和"故事单元"，可以前后翻动，中间的部分可以扩展成全屏视频；可变化高度的单元，主要服务于纵向的广告。

《华尔街日报》的设计负责人 Che Douglas 在接受平面设计网站 it's nice that 的采访时表示，开发这样一个设计平台的主要目的有三个：让读者知道关于设计的决策是怎么做出来的；吸引新的人才；激励设计团队，通过把成果向读者展示而带来一种"目标感"。

由于技术发展、新闻形式不断变化,《华尔街日报》这个用来突出设计的重要性的平台能称得上是应对变化的一个方式。团队在接受设计网站 Dribbble 的采访时表示,"我们花了很大精力去改善数字产品,但是也同时想着所有能把我们和读者联结的其他方式"。他认为,可见的"方式"可能包括线下会议、像亚马逊 Alexa 一样的语音设备,以及"其他智能计划"。

目前,《纽约时报》已经和亚马逊的智能语音助手 Alexa 合作,推出专属新闻播报的功能。用户除了能发送语音指令、听到需要的新闻、获取音乐榜单等信息外,还能与语音助手互动,让它提出几个与最近新闻有关的问题供用户回答。

新探索可能意味着风险,这样"分享'探索现代媒体组织意味着什么'的旅程"可能获得用户理解、吸引有想法的人。能看得出,《华尔街日报》想利用这个平台把产品设计"内幕"开辟成专业领域、培养出对其感兴趣的群体。

从目前来看,设计团队通过这个平台最想得到的东西并不是用户的即时反馈,因为 WSJ Design 发布内容的方式现在还是单向的,没有留言和评论区域。这个网站发挥的最大作用是让读者明白《华尔街日报》设计决策的合理性,提高读者对这个媒体的信任度。

第一节 企业网站内容与功能

一、企业网站概述

企业网站是指企业、公司或商业机构在互联网上建立的门户站点,通过该站点企业可以宣传企业的形象,发布企业的产品信息,实现电子交易,实现与商务活动有关的各种售前、售中和售后服务等功能。企业建设网站的目的首先是为了树立企业的良好形象,通过网站来宣传和介绍商品;其次是为了开展电子商务活动,利用网络来实现销售。在互联网时代,企业网站已经成为从事电子商务活动的基本平台,可以对企业的业务流程改进起到有力的促进作用,进而提高企业管理水平,使企业更好地运转。基于此,一个企业网站能否良好运营已成为衡量该企业总体素质的重要标志。

企业网站具备一般网站的固有特性,因其以企业为主体,还具有以下几个特点。

(一)商务性

商务性是指企业网站必须具备供求之间交易的最基本功能。网站本身只是交易的一个平台,商务是其核心,每一个企业的目标不是建网站,而是追求利润,追求利润最大化。所以,一个企业对网站的运营和维护,必须要考虑这种模式的经济效益,如果运营的结果是得不偿失,那么必须要重新考虑运作的模式。

(二)服务性

企业网站的创建就是为了方便客户和企业本身,因此服务的好坏也是衡量网站成功与否的一个指标。在当前的互联网环境下,企业应为客户提供一个不受地域和时间限制的虚拟场所——企业网站,通过它,客户随时随地都可以实现交易。服务质量的好坏在经营中往往起着决定性因素,企业应尽可能地提高网站的服务质量,可以从诸如增加网站的便捷性、响应的及时性及界面的友好性等方面入手。要尽可能地提高网站用户的黏性,了解用户的各种偏好和消费意向，以便为客户提供一些个性化的服务。

（三）安全性

交易的安全对于网站和客户来说都是至关重要的，如果不能保证，一切都无从谈起。安全性包括两个方面内容：一个是客户隐私的保护；另一个是网站技术上的安全。

客户隐私保护指如何保存和保护会员用户的个人隐私。企业网站一般要通过 Cookie 和注册内容收集和使用客户的个人信息，保存和保护个人隐私应有明确的保护政策，让客户打消被泄露和侵犯的疑虑。对于某些网站，如游戏类网站，涉及未成年人信息，也有专门的处理方案。

网站技术上的安全指保障网站安全运营的技术手段。企业网站必须要有一套严格的安全技术体系，来防范病毒、木马、钓鱼和欺骗等非法入侵，保障网站内容不因偶然或者恶意的原因而遭到破坏、更改、泄露，保证系统可以连续可靠正常地运行，保证网站不出现拥塞影响稳定性。安全隐患主要包括物理安全、网络结构安全、系统安全、应用安全和管理安全。应对这些安全隐患，网站要做好加密机制、签名机制、数字证书、防火墙、杀毒软件及备份和恢复等技术手段与措施，也要具备一定的可扩展性以保证其稳定运行。

（四）综合性

企业网站作为企业的门户，代表了企业的形象，是企业所有商务操作的综合平台。一个企业网站不应仅仅满足于发布企业动态，展示企业产品，进行商品交易等常规模块，在产品研发、企业创新及企业文化等方面也应有所体现。完整的企业网站应包括企业活动的方方面面，有企业介绍，有社会责任，有投资者关系，有人才计划，也有具体企业特定的版块。应配备专门的管理人员，对网站进行短期和长期的规划，保障网站健康运营。

企业构建网站之前，首先要分析自身的需求，即建立网站的目的是什么。需求分析是做好网站设计与规划的前提工作。其内容一般包括以下几点。

①了解企业客户（或本单位）的现状并作为建设该网站的基础。

②了解企业的客户环境并据此来设计网站的栏目结构。

③弄清企业客户的目的，即网站应该具备哪些基本功能。

④企业产品和服务适合什么样的表现方式，据此来确定网页设计风格。

⑤清楚企业准备投入建设网站的资金量，从而确定网站规模等。

以上五个环节是做好需求分析的主要因素，也是与企业客户达成共识的基础。需求分析工作做得越细，对网站设计与规划就越有帮助，企业客户对网站设计方案的认可度就越高，就越能达到客户的最大满意度。做好分析后再进一步整理自己的需求结构，并根据自身的情况，结合已经有的网站设计技术来分析能够达到哪些目标，即要进行目标分析。最后要根据需求分析与目标分析来确定网站建设所需要的软件和硬件设置、连接互联网的方式、建设和运行费用等。这一步是网站建设的基础和关键，在很大程度上决定了网站建设的成功与否。

企业在构建网站之时，一般要从结构、内容、功能、服务这四个方面去考虑，这四个部分也是企业网站的一般要素。

①网站结构。网站结构包括向客户表达企业信息所采用的网站布局、栏目设置、信息的表现形式等内容。

②网站内容。网站内容是指客户通过企业网站可以看到的所有信息，也就是企业希望通过网站向客户传递的所有信息。网站内容包括所有可以在网上被客户通过视觉或听觉感知的

信息，如文字、图片、视频、音频等。一般来说，文字信息是企业网站的主要表现形式。

③网站功能。网站功能是为了实现发布各种信息、提供服务等必需的技术支持系统。网站功能直接关系到可以采用的网络营销方法及网络营销的效果。

④网站服务。网站服务即网站可以提供给客户的价值，如问题解答、优惠信息、资料下载等。网站服务是通过网站功能和内容来实现的。

企业构建网站之后，还要做好网站的维护工作。网站维护一般需要做到以下几点。

①网站服务器及相关软硬件的维护，对可能出现的问题进行评估，制定响应时间。

②数据库维护，有效地利用数据是网站维护的重要内容，因此数据库的维护要受到重视。

③网站内容的更新、调整等工作。

④制定相关网站维护的规定，将网站维护制度化、规范化。

⑤做好网站安全管理，防范黑客入侵网站，检查网站各个功能、链接是否有错。

不同的企业有不同的建站需求，建成的站点又各有不同。但就其一般流程来说，大致相同，企业建站的一般流程如图5-1所示。

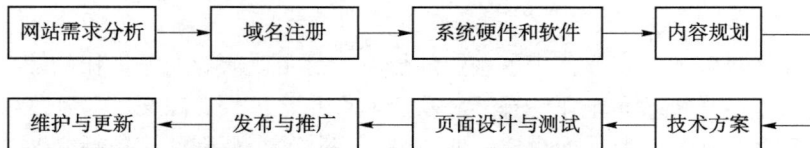

图5-1 企业建站的一般流程

二、企业网站的分类

根据企业网站的不同特点，可将企业网站分为以下几种类型。

（一）展示型

企业官网是一种极为常见的展示类型网站，可以作为企业对外交流的窗口。官网的建设主要是为了宣传企业形象、展示企业产品、发布企业动态、宣扬营销理念、沟通客户渠道和做好售后服务等。例如，华侨城官网、信达地产官网、宝钢集团官网等。

另一种展示型网站是企业的品牌宣传站。一个企业可能有多个品牌，每个重点品牌都可以创建一个品牌展示站。有的企业为了推广自己的品牌，通常将品牌主页设计得高端大气上档次，以此来塑造品牌形象辨识度，扩大其知名度和影响力。例如，东阿阿胶官网、长安汽车官网、耐克品牌官网等。

（二）交易型

根据交易对象的双方不同，企业网站可分为B2B、B2C、C2C、B2G、C2B等几种类型，这些类型在前面章节中也有所涉及。

1. B2B（Business to Business）

B2B指企业对企业的交易，即企业与企业之间通过网站进行产品或服务的经营活动。企业与企业之间可以直接通过各自的网站交易，也可以借助第三方提供的平台交易。目前常见的第三方平台有阿里巴巴、慧聪网、中国制造网、中国供应商网等。

2. B2C（Business to Consumer）

B2C指企业对消费者的交易，即企业通过网站为消费者提供产品或者服务的经营活动。

146

B2C 方式是目前电子商务的主流，多数企业都是通过网站把商品卖给消费者的。比较有代表性的典型网站如亚马逊网、天猫商城、苏宁易购、京东商城、携程旅行网、中国移动官网、铁路 12306 订票网等。

3. C2C（Consumer to Consumer）

C2C 指消费者对消费者的交易，即消费者通过网站进行产品或服务的经营活动。C2C 方式一般借助第三方平台进行交易，常见的平台有淘宝网、eBay 等。

4. B2G（Business to Government）

B2G 指企业对政府的交易，即企业与政府之间通过网络所进行的交易活动。如企业根据政府机构在网上进行产品、服务的招标和采购，进行投标后提供产品服务的商务活动。另外，电子通关和电子纳税等也可看作是企业与政府间的业务往来。

5. C2B（Consumer to Business）

C2B 指消费者对企业的交易，即消费者通过网站为获取企业的某种产品或者服务的商务活动。C2B 方式是消费者提供价值，企业消费价值。消费者向企业提供购买消费意向信息，企业确定买方人数、商品特征、品牌、型号及商品价格等，然后企业直接或者通过第三方平台召集买方，最后达成交易。比较典型第三方平台有美团网、拉手网、大众点评。比较典型的 C2B 企业有尚品宅配等。

（三）综合型

综合型网站是企业综合门户展示、营销、信息、交易、服务和交互于一体的网站。该类网站既可以展示企业风采，宣传企业文化，又可以让客户浏览企业产品，体验企业服务；既可以直接交易商品，又可以进行售后服务；既可以作为反馈窗口，又可以在论坛和社区交流。综合性网站一般容量较大，业务多，访问群体大，有利于社会对企业进行全面了解。例如，联想中国官网，客户在该综合型网站可以享受一站式服务，从企业文化到增值服务，从解决方案到产品体验，从资讯快讯到社区交流，从商城购物到投资者关系等。

三、企业网站的内容

（一）网站内容概述

内容是网站的核心，是网站的灵魂，是一个网站的重中之重，是衡量一个网站好坏或优劣的主要标准。无论多么赏心悦目的网站，如果内容空洞无物，最终注定是会失败的。在建立网站之前就要对网站内容进行仔细遴选，统一规划。一般要注意以下几点。

1. 内容主题要突出

网站内容要紧紧围绕建站的宗旨，做到中心突出，重点鲜明。主要栏目要紧扣主题，把网站的核心价值体现出来。子栏目要服务于主栏目，做到于细微处见精神，确保内容是企业所需要，客户所需要的。如果把网站内容规划成一个无所不包的百科全书，认为精彩的全部写在页面上，会造成什么都想抓住，却什么也没抓住的后果。访问者抓不住重点，在长时间浏览后耐心会被消磨掉，从而兴趣索然。因此在规划网站内容时，凡是和网站核心内容不符的，要果断舍弃，对网站定位有帮助的可以采取分级管理，按醒目层次分配到各个页面上。

2. 内容质量要高

网站的内容要引人入胜，才能让相关浏览者沉浸其中，才能吸引回头客。内容要根据网站受众的定位，在网站的交互方式、制作手段、营销宣传等方面精心制作，并不断修订。内容上既要吸收其他同类网站的精华，又要尽可能地避免与其他网站雷同，用差别化提高自己的竞争力；既要兼收并蓄，善于汲取外部营养，又要有一定的创新意识，形成自己独具的特色，让人过目难忘。而没有创新的网站好比一潭死水，结果就是门可罗雀，最后关门大吉。因此，不断提高内容的质量是网站建设极为重要的一环。

3. 内容与建设成本相匹配

网站内容既要保证质量又要保持更新，这是网站建设的大难题。因为长期保持更新极为不易，而保持更新又要保证质量更是难上加难。如果内容长时间不变，或者由优变劣，就会导致访客特别是网站游客的大量流失。网站内容必须经过采选、整理、编制等一系列操作后才能发布，发布之后也会带来增、删、改的管理成本。因此，在创建网站时，必须统筹考虑网站维护更新的成本，也必须考虑维持网站内容质量的成本。

（二）网站栏目策划

对网站的内容的安排要有个大体的框架，以确定站点的逻辑结构，这就是网站的栏目策划。把栏目的主题定好之后，要做的是对这些栏目细化，分出不同层次的子栏目，最后填写具体的内容。栏目规划好之后，网站的整体结构就搭建完成，可以进行下一步设计工作了。

根据站点的性质、服务对象和内容类别，可以制定一些规则来进行策划，这些规则是灵活的，可以遵循以下要求的全部或者一部分来制定。

①根据类别划分好主要栏目。

②每个栏目自顶而下策划出大体内容。

③设定宣传广告栏目和版权栏目。

④主页与各个栏目之间的层次划分。

⑤设置互动版块和交流反馈栏目。

⑥预留部分可扩展栏目接口。

栏目的结构可以设计成层次型、线型、网型等形式，图5－2展示的是一个较完整的网站层次型栏目策划的例子。

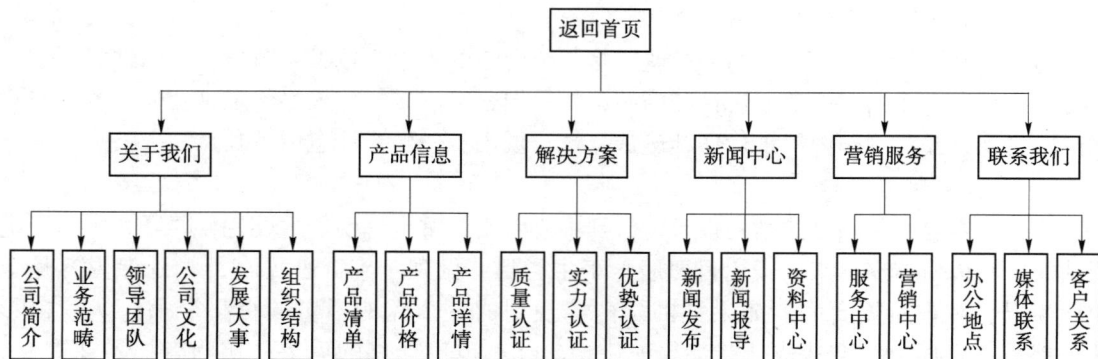

图5－2　网站层次型栏目策划

企业网站的栏目一般包括企业信息栏目、业务信息栏目、服务信息栏目和其他信息栏目等，股份制企业特别是上市公司则必须有投资者关系栏目。这些主要栏目可以进一步细化成子栏目，下面介绍一些主要子栏目作为参考。

①公司简介。公司简介主要介绍公司发展历史、现状、使命、愿景、理念、核心业务及组织结构等，让客户对公司情况有一个初步认识。

②管理层及员工信息。管理层及员工信息主要介绍公司的人力资源结构，管理层和主要员工应着重介绍，特殊的员工作为宣传应有专属的页面隆重介绍。

③公司动态。公司动态用于发布公司发展中最新的大事要事，公司举行的市场活动，客户接待日，行业的资讯，媒体的报道等，通过这个栏目可以让客户紧跟公司的发展动向，加深对公司的印象，从而达到展示企业实力和形象的目的。

④产品清单。产品清单主要介绍公司供应或生产的产品与服务清单，用于客户选择浏览。产品一般根据实际需要决定其介绍的方式，可以是文字、图形、图片、音频、动画或视频资料。

⑤产品价目。可根据需要提供一个客户可参考的价格，以满足客户的索求。对于一些涉及商业机密而不便于报价的，可以通过某种询价的方式，给出详略得当的询价步骤。也可以设计询价的表单，专门用于询价。

⑥产品详情。对于一些公司的拳头产品，可以制定专门的栏目介绍，在简介的基础上进一步介绍，可以要求对公司产品感兴趣的浏览者注册成网站会员才可以查看。

⑦解决方案。阐明公司通过的认证体系，公司贯彻质量的方针，采用的管理模式，以及不断创新、锐意进取的精神，确保产品实物质量能够得到保证。一般包括质量认证、实力认证、优势认证和专业度认证等。

⑧营销中心。营销中心是企业中负责产品营销工作的部门或组织，负责管理发现消费需求、产品定位、主导产品开发、价格策略与竞争、通路管理、推广、组织和部门日常管理、营销战略规划和策略执行等系列工作。一般来讲，企业或组织的营销中心是相对于制造中心、研发中心而存在的，营销中心与研发中心、制造中心构成一个企业或组织的铁三角，他们既有分工又相互配合，研发是因，生产是果，营销贯穿于整个过程，既是因又是果。

⑨服务支持。公司的售前、售中和售后服务对客户非常重要，本栏目应阐明公司服务的方式和优势，服务网络的分布，有关质量保证条款和售后服务措施等。一般应设计一个反馈信息表单，方便用户投诉和建议。不少企业设立了在线客服，及时响应投资者的诉求。

⑩联系信息。联系信息主要说明公司的办公地点，与投资者的联系方式，与媒体的联系方式，与客户的联系方式。公司的办公地点一定是详细地址，联系方式可以是电子邮件、微信、QQ 和电话等。

⑪投资者关系。股份公司特别是上市公司必须要有这个栏目。介绍有关公司与投资者关系的新闻及活动，发布股东大会的资料，发布定期业绩报告，介绍公司的治理情况等。

⑫人才招聘。该栏目介绍公司的招聘信息和人员离职情况，发布招聘公告，指明社会或校园招聘的流程。招聘的简历是网投、邮寄还是应聘者送达，素质测评如何进行，笔试面试的方式，入职体检的方法，录取职位的发布等。

⑬招商加盟。该栏目包括招商加盟的条件与方式，申请的程序，渠道发展规划等。例如，对品牌的认同感，兴趣程度，是否国家注册的企业法人，是否具备良好的资金实力和银行资信状况，具备的管理水平，优先考虑的条件，是否拥有独立的经营场地等资质要求。

⑭网站其他服务。网站上的一些必要服务信息，如友情链接、版权信息、免责声明、隐私政策、网站地图等。

四、企业网站的功能

企业网站根据其所属类型的不同，所提供的功能也有所不同。但电子商务网站的主要功能有一定的共性，通常应该包含宣传与形象、产品与信息发布、网络营销、交易支付、客户关系管理、物流配送支持等功能的部分或全部，如表 5 - 1 所示。

表 5 - 1　电子商务网站的主要功能

宣传与形象	产品与信息发布	网络营销	交易支付	客户关系管理	物流配送支持
企业概况，品牌形象	产品信息发布，人力资源信息发布，经营业绩及报表	网络广告，商品展示与报价，商品选购，商品预订，客户购物信息查询	电子支付方式或第三方支付	会员注册功能，客户反馈信息记录，网上论坛，邮件列表，售后服务，网站调查，在线咨询	送货方式选择，自营配送过程管理

下面就其中的一些主要功能，再做进一步说明。

（一）宣传与形象

企业网站是对外宣传的窗口之一，应该让客户通过此窗口方便快捷地了解到企业的各种信息，特别是企业的理念与文化，企业的愿景与目标，企业的社会责任，企业的隐私保护和知识产权保护等，以此来提升企业的形象。网站的宣传与形象应包括以下内容。

1. 企业概况

企业概况主要说明企业的发展历史、现状和未来发展规划，企业的文化和经营理念，企业的服务品质，企业经营内容和目标等。应在网站公布企业所属的行业性质和状况，企业各个部门、机构的设置，以及这些机构和部门的职能、人员组成和联系方式等。

2. 品牌形象

企业网站可以利用文字、图片、动画、视频等多种多样的方式来宣传自己的品牌，企业的品牌影响网站形象，同时网站形象本身也影响企业品牌。网站建设的专业与否是十分重要的，影响着企业在电子商务应用推广中的成败，也可能对网站其他功能产生直接或间接的影响。网站品牌的推广费用与其他各种广告形式相比，成本最为低廉，而给客户的信息量却最为丰富。

（二）产品与信息发布

1. 产品信息发布

企业可以在网站上发布最新动态、产品信息、促销信息、招标信息等与产品有关的信息。网站上的信息更新速度比任何传统媒介都快，通常几分钟之内就可以做到内容更新，从而使企业在最短的时间内发布最新的消息。

网站应详细列出企业提供的各种产品的内容，以及所能够提供的服务和条款，使客户可以在网上查询到商品的主要技术规格、实物图片和其他可公开的信息。如果有条件还可以通过虚拟现实技术进行商品和服务的演示。

2. 人力资源信息发布

企业可以在网上发布公司人力资源情况，如人员招聘的方式、薪酬管理情况、人员培训状况等。对于在网上招聘的公司，必须在此发布招聘流程、招聘资料的提交方式等。

3. 经营业绩及报表

对于股份公司，特别是上市公司，应该将其经营业绩和财务报告在网上公布，包括中报、年报和各种配股计划等，让投资者能够方便地查询到这些信息。

（三）网络营销

企业网站在很大程度上是企业开展网络营销的一个平台和工具。利用网站进行营销活动，具有传统营销方式无法比拟的优势。开展网上营销活动的网站除了具备上面提到的网站的各种功能外，一般还可以具备下面的功能。

1. 网络广告

企业网站的 LOGO 就是一种广告宣传，企业也可以在网站的各个部位适当摆放 BANNER（横幅），浏览者访问网站时，不自觉地会接触到这些广告。流量大、受众广的网站，广告不仅可以扩大影响力，也可以为其他企业作有偿宣传，把广告收入作为一种经济来源，而其制作成本与推广成本却极为低廉。

2. 商品展示与报价

对于网上营销的商品，应详细提供其图片、规格、形状、性能、报价甚至反馈等相关信息，从而使客户尽可能多地了解有关情况，放心购买。

3. 商品选购

客户可以在企业网站上进行商品搜索、加入购物车、下单购买等操作，网站后台应具备对客户的订单及时处理的功能。

4. 商品预订

网站可以面向客户提供产品或服务的预订，以增加商品的销售。例如，许多鲜花礼品网、成衣订制网站、饭庄酒店网站，其很多业务都来自网上预订。

5. 客户购物信息查询

提供客户购物信息查询，方便客户随时随地查询当前所购货物及历次所购物品的数量、单价等有关情况，并可以让客户跟踪订单的执行情况。

（四）交易支付

能完成在线商品交易的网站，一般要提供安全可靠的电子支付方式或第三方支付接口。用以实现网上交易各方开立账户、转账及货款支付和结算功能，支付方式可以选择邮局汇款、银行一卡通，以及电子交易支付和结算系统等来完成。

（五）客户关系管理

公司网站可以作为企业提供的一种为客户服务与客户保持联系的渠道和方式。网站客户可以通过网站直接向企业或厂商咨询信息、发表看法、进行投诉等。企业也可以通过网站向客户提供各种商品信息、技术支持，收集客户的反馈信息并向其提供个性化服务，保持客户的忠诚度。为了更好地实现客户关系管理，企业网站还应提供以下几种功能。

1. 会员注册功能

客户可以通过注册链接注册成会员，然后登录到会员中心。会员中心有会员联系信息、会员兴趣爱好、会员绑卡、会员消费记录和其他信息。根据会员的联系信息，企业可以很方便地为客户办理送货退货、上门服务和客户回访等，从而进行更有效的客户关系管理。

2. 客户反馈信息记录

商务网站通常通过客户留言等功能使客户发表意见并将该意见记录下来，便于网站管理者从中了解客户的意愿，明白客户需要的商品和服务等，从而为客户提供更好的商品与服务。

3. 网上论坛

网上论坛可以使客户或访问者利用网站公开发表自己的意见，从而对共同感兴趣的问题进行探讨与评论。

4. 邮件列表

网站应该建立自己的邮件列表，将希望得到邮件的客户名称及邮件地址存入此列表中。当网站新增某些商品和服务时，或举行促销活动、出台新的购物优惠措施时，就可以通过电子邮件列表，向列表中的每一位注册会员自动发送相关信息的电子邮件。

5. 售后服务

企业通过网站的售后服务栏目，可以指导客户对商品进行正确使用、维护和保养，即时解答客户的提问，处理客户对企业商品及服务的投诉。

6. 网站调查

通过在网站发放和收集各种调查问卷，以便了解客户的需求、市场的变化、客户的构成和消费的新趋势等。利用网站进行调查，便于信息的收集和对调查结果数据的统计、分析处理，降低了成本，提高了效率。

7. 在线咨询

企业可以通过即时通信工具就客户急需解决的问题，进行面对面的在线语音或视频交流，从而更好地为客户服务。

（六）物流配送支持

物流配送通过商品的供求运输系统实现，主要承担供货商的送货请求，将产品或商品通过各种运输手段送到采购者手中。涉及物流管理的网站还应该包括以下两种功能。

1. 送货方式选择

送货方式包括自营配送、第三方物流等。规模较大的企业可采用自营配送，规模较小的企业可采用第三方物流。对于特殊商品，应制定特殊的配送模式。

2. 自营配送过程管理

自营配送时，企业要对物流过程中的人员安排、车辆调度、运输路线选择、货物装运过程等进行全程监控管理，保证产品安全送达客户。

第二节　网站规划、设计与制作

一、网站规划

（一）网站规划的任务

网站规划是企业建立网站最重要的环节，也是贯穿建站始终的一个重要步骤。规划如此重要，部分企业却不太重视，往往造成后期被动，方向错误甚至推倒重来。网站规划是指在网站建设前对市场进行分析，充分调查客户需求，确定网站的目的和功能，并根据需要对网站建设中的风格、内容、测试、维护等做出规划。

网站规划主要包括网站的宗旨和长期目标、网站的类型选择、网站的开发方案（包括主题设计、风格设计、内容设计、版面布局设计及网站策划书的撰写）等。网站规划对网站建设起到计划和指导作用，对网站的内容和维护起到定位作用。这一环节的有无和好坏，不仅直接影响网站的整体效果，而且是网站发布后能否成功运行的主要因素。

企业创建网站系统，首先要确定企业网站的战略定位，然后要确定通过什么方式来开展企业网上业务，建立什么样的网络交易系统，通过企业网站达到什么目标，当然还要确定准备投入多少资金来建立网站系统。

网站规划时，要制定规划好各阶段的目标和查阅一定的文献，为网站的设计与实施做出方向性指导。一般地，网站规划要完成以下几项任务。

1. 建立网站前的市场分析

建站前，企业必须花大力气调研行业的市场是怎样的，市场有什么特点，是否能够在互联网上开展公司业务。对市场主要竞争者要进行分析，竞争对手的上网情况及其网站规划、功能作用。同时也要对公司自身条件进行分析，分析公司市场优势、劣势、威胁及对策，可以利用网站做出哪些提升，公司建设网站的能力，包括费用、技术能力、人力资源等。

不是每一项的业务活动都适合在网上进行，也不是每一项活动在网站进行后都能够获得良好的预期效果和可观的经济效益。因此，作为企业来讲，确定在企业网站上开展的业务范围、重点内容、预期效果就变得极为重要。

2. 建设网站的目的及功能定位

企业应根据经营管理过程中存在的问题和电子商务应用的内容，来确定企业网站的功能和目标。此阶段要完成网站的需求分析，从网站访问者和网站管理者（运营者）的角度确定网站应该具有的功能及性能要求。

3. 网站技术解决方案

企业应根据网站的目标和战略，设计网站技术开发的总体结构及系统各个组成部分的结构和构成，拟订构造网站的技术解决方案。主要体现在服务器的选择，接入方式的选择，操作系统的选择，安全方案的选择，WEB 服务器的选择，数据库的选择，设计脚本语言的选择等。此外，也要确定网页测试的方案，网站发布与推广的技术方案，系统维护的方案等。

4. 网站内容规划

内容作为网站的灵魂，是必须要做出详尽而周密的规划的。这部分已经讨论过，不再赘述。

5. 网站建设日程表

企业应根据网站建设工程的环境、资源等条件，制订一个详细的进度表。规定各个任务的优先次序和完成任务的时间安排，给项目组成员分配具体任务和确定任务完成的时间。

6. 建设费用预算

企业要对网站建设的各项费用进行预算，列出明细，要实际调研一下市场的价格后再做出预算。

（二）网站规划的原则

网站的定位、发展目标不能模糊不清，必须清楚明了。要从企业的实际出发，制定切实可行的目标。主次目标也要分明，中心目标要重点策划，某些次要的目标规划时也可以预留一些变化的空间，以使在实施时有回旋余地。为达成目标，应对企业的现状、企业的管理模式、行业政策与趋势、竞争对手的状况、资金人才的实力、资源整合的能力等，进行详尽而实际的调查，切忌订立不切实际的目标。

网站规划的整个过程中可以允许错误发生，并且要将网站设计成即使有错，客户也可以包容这个错误的结果。还要注意网站的建设有其自身规律，随着经验积累与时间推移会越来越完善。此外，网站的软硬件技术，前后兼容的程度，网站的可扩展性及安全性都是需要兼顾的方面。一般来说，网站规划时应遵循以下几项原则。

1. 实用性

建立网站是满足公司需要和客户需求的，不是为炫耀和摆酷的。因此，保证网站的实用性是网站设计的基础。做到实用性的前提下，尽可能采用先进成熟的技术满足当前的需求，并兼顾其他相关的业务需求，以适应未来业务的发展和技术升级的需要。

2. 可靠性

为保证将来的业务应用，网络必须具有高可靠性。要对网站结构、数据库、应用程序等各个方面进行高可靠性的设计和建设。在可靠性技术的基础上，采用相关的软件技术提供较强的管理机制、控制手段和事故监控与网站安全保密等技术措施来提高网络系统的安全可靠性。

3. 可扩展性

网站系统是一个不断发展的系统，所以它必须具有良好的扩展性。能够根据将来信息化的不断深入和发展的需要，扩展网络覆盖范围、扩大网络容量和提高网络各层次节点的功能。具备支持多种语言、数据库扩充、功能增加等能力，提供技术升级、更新的灵活性。

4. 开放性

要具备与多种协议计算机通信网络互连互通的特性，确保网络系统基础设施的作用可以充分发挥。在结构上真正实现开放，基于国际开放式标准，包括各种广域网、局域网、计算机及数据库协议，坚持全国统一规范的原则，从而为未来的业务发展奠定基础。

5. 经济性

应以较高的性价比构建网站系统，使资金的产出投入比达到最大值。能以较低的成本、较少的人员投入来维持系统运转，提供高效能与高效益。尽可能保留并延长已有系统的投资，充分利用以往在资金与技术方面的投入。

6. 可管理性

在网络的设计中，必须建立一个全面的网站管理解决方案。网站系统必须采用智能化、可管理的系统，同时采用先进的网络管理软件，实现先进的分布式管理。最终能够实现监控、监测整个网络的运行状况，可以迅速确定网络故障等。

（三）网站规划的具体步骤

不同类型的企业网站，规划的具体步骤也不尽相同，一般具体的步骤包括以下几个方面。

①提出规划的基本问题。讨论网站规划的方法、时间、人员与地点等。

②资料收集。一是从网络、文献、期刊、书籍等处收集，再是从建站企业内部、同业甚至竞争对手等处收集。

③网站现状状态评价和识别计划约束。该内容包括规划目标、系统开发方法、计划活动、现有硬件及其质量、信息部门人员素质、运行和控制、资金、安全措施、现存的设备、现存软件及其质量等。

④设置网站的各种目标。其内容包括服务的质量和范围圈定、政策支持程度、组织及人员等。其目标既包括网站系统的目标，也包括整个企业的目标。

⑤准备网站规划矩阵。其实质上是网站规划内容之间相互关系所组成的矩阵，这些矩阵列出后，实际上就确定了各项内容及它们实现的优先顺序。

⑥识别上面所列出的各种活动，是一次性项目性质的活动，还是一种重复性的、经常进行的活动。

⑦确定项目的优先权和估计项目的成本费用。

⑧依据优先权编制实施进度表。

⑨把网站的长期规划整理成文件，在整个网站建设过程中不断与客户、网站设计人员及涉及的各部门相关人员交换意见。

⑩写出的规划要经相关责任人批准才能生效，并宣告企业网站规划任务的完成。如果没批准，可重新规划。

企业网站的具体规划步骤如图5-3所示。

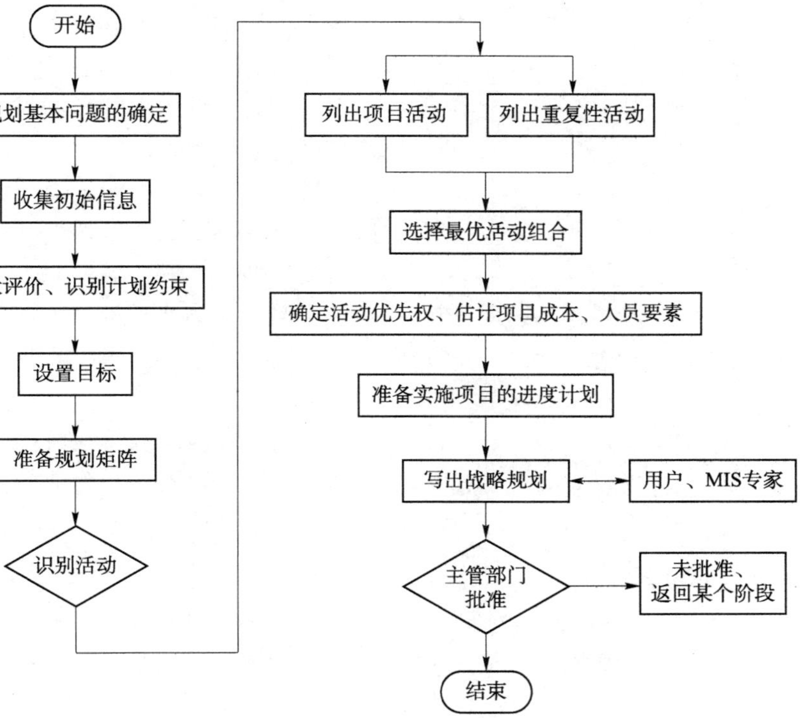

图5-3　企业网站的具体规划步骤

二、网站设计

网站设计与制作是两个不同层面的工作，设计是一个做什么的过程，而制作是如何做的问题，前者是思考的过程，后者是实现的过程。网站的成功必须要有一个优秀的设计，然后才是与之相匹配的制作。网站的设计基于网站规划的内容。它是把规划好的内容通过艺术手法表现出来，网页制作则是把网站设计的内容用技术表现出来。

网站设计的分类方法很多。从网站管理角度来分，网站设计可分为前台设计和后台设计。从网站技术角度来分，网站设计可分为静态页面设计和动态页面设计。从网站架构角度来分，网站设计可分为整体结构设计和网站界面设计。无论是哪一种分类方法，都要涉及网站目录结构设计、页面布局设计、网站色彩设计、网站形象设计等。以下就这几方面做出主要说明。

（一）网站目录结构设计

网站的目录结构设计主要是为方便网站制作、管理和维护，而进行的一种规范化设计，其实质上是网站栏目逻辑结构的实现。网站越复杂，网站栏目越多，目录结构越要规范，不然会造成网站文件管理上的混乱。

设计目录结构时，根文件夹一般存放主页等必要的文件，在根文件夹建立的子文件夹除了图片、配置等常用的外，通常把每个主栏目的名字设为主文件夹。图 5-4 展示的是一个网站目录结构示意。

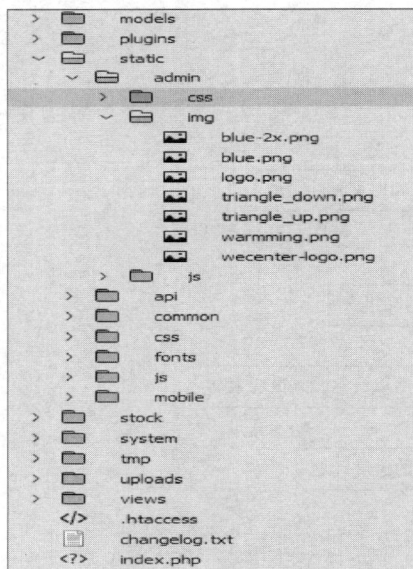

图 5-4　网站目录结构示意

（二）页面布局设计

页面布局指整个或局部的页面的版式结构。它是把页面中的表格、表单、文字、图片、动画、视频等元素有机地组合起来，以达到一定的视觉表现效果。布局的合理与否对网页的浏览影响很大，良好的布局能给浏览者以流畅的体验。

布局的样式多种多样，网站设计者通常把它们做成各类模板，以在需要时进行切换。最常见的布局是"回"型、"T"型、"厂"型等方式。这是一个典型的布局例子：网站顶部是 LOGO 和 BANNER 摆放的区域；紧接着是网站的导航，网站的各个频道、栏目都链接到导航菜单上；再向下，则是页面正文的主要区域，左边可以放一些新闻或其他链接，右边放置各种产品的展示，可以包含图片、动画等；页面底部则是版权区，包含网站的认证、备案等信息。

（三）网站色彩设计

网站色彩是给浏览者访问网站时留下的第一印象，它影响着网站的整体风格。色彩具有审美功效，会对访问者心理造成影响，色彩设计得是否合理直接影响阅读者的观赏兴趣。因此，色彩设计在网页设计中居于十分重要的地位。

颜色在网页中有三种表示方法。第一种是用英文单词表达，如 red 表示红色，blue 表示蓝色。第二种是以 rgb 十进制形式，如 rgb（66、66、66），从左到右每两位代表一种颜色，数值越大表示颜色越深浅，rgb（0、0、0）表示黑色，rgb（255、255、255）表示白色。第三种是用十六进制表示，如#ffffff，代表白色，它是把 rgb 的十进制换成了十六进制，仍然是从左到右三种颜色数值越大颜色越浅。

颜色越靠近红色，越给人以温暖的感觉，称为"暖色调"，如红、黄、橙三种颜色及其组合均是暖色调。颜色越靠近紫色，越给人以寒冷的感觉，称为"冷色调"，如青、蓝、紫三种颜色及其组合均为冷色调。每种单色也给人以不同的感觉，如红色具有热烈的意义，绿色具有健康的意义，黄色具有欢快的意义，紫色具有高贵的意义，白色具有纯洁的意义，灰色具有平庸的意义等。在进行色彩设计时，一定要注意色彩之间的搭配。

一般的做法是先选择整个网站最重要的主色调，然后围绕主色调再搭配不同的颜色。多数网站主色调采用白色，高科技公司的主色调通常采用蓝色。实践中，无论采用哪一种主色调，原则是必须和自己公司的形象相匹配。

（四）网站形象设计

所谓网站形象设计就是网站的 CI（Corporate Identity）设计，意在通过视觉来统一企业的形象。所有出色的网站都需要整体形象的包装和设计，有创意的、吸引力强的 CI 设计，对网站的宣传推广有事半功倍的效果。

CI 设计主要有以下三个方面：一是网站的 LOGO 设计。LOGO 顾名思义就是网站的标志图案，LOGO 最重要的就是用图形化的方式传递网站的定位和经营理念，同时便于人们识别，极为出色的 LOGO 设计会让人印象深刻，过目难忘。二是网站的表格风格、标准字体、图像动画设计。表格风格其实是页面布局或版块的边缘所使用的边线，标准字体指整个网站所使用的统一风格的字体，包括字体的类型、大小、样式、颜色等。图像动画的设计风格要和网站的风格一致。三是网站的 BANNER 设计。与 LOGO 类似，网站的 BANNER 也是非常重要的，对企业宣传起到非常重要的作用。

三、网站制作

网站制作是对网页设计思想的技术实现，制作网站的过程是一系列技术应用的过程。网站作为一个整体，是由网页及为用户提供的服务构成的，网页由网址来识别和存取，在浏览器中输入网址，相当于向网站服务器发送请求，经服务器响应后，把网页传输到本地计算机，再通过浏览器解释内容，最终把结果展现到页面上。

（一）Web 页面的基本元素

Web 页面即网页，我们看到的每一个 Web 页面都是由各种元素组成的，网页基本元素大致有以下几种。

①文本：网页的主要信息载体，尤其在门户、社区、新闻和文学类网站，访问者基本通过文本来交流和阅读。文本可以通过技术手段，进行各种修饰、美化，形成不同的风格。

②图片：和文本一样，也是网页最常见的元素之一。图片可以使网页更加美观、直观，方便访客浏览。网页上的图片主要有 GIF、JPG 或 PNG 等格式，每种格式的图片实现技术方法不同。

③列表：列表有无序和有序两种，可以很方便地制作调查和页面导航等。

④表格：表格主要用来罗列各种数据，早期的表格也常用来定位。

⑤超文本链接：简称超链接，它指向某一网址（URL，统一资源定位器）的文本、图

片或其他元素，点击后可以跳转到相关联的页面或本页面的其他部分。超文本链接是一种信息管理方式，它的本质含义是非线性的文档组织形式，是采用了符合人脑思维模式的联想机制对庞大的信息资源进行索引的一种非线性结构。

⑥表单：可以在网页上输入表项和选择表项的栏目。用于注册、登录、搜索、调查或留言等交互操作。表单由控件组成，常见的表单控件有文本输入框、单选按钮、复选框、文本区域框、下拉菜单、提交按钮、复位按钮、文件上传等。

⑦动画：将使用工具软件（如 GIF 编辑器、Flash CS）制作的动画嵌入网页中，可以使网页更加生动、活泼。

⑧音频、视频：用音频、视频控件可以使网页播放音乐和视频，音频的格式有 mp3、wav 等，视频的格式有 mp4、avi、dat 等。

（二）Web 架构

Web 架构指 Web 的组成，它包括 Web 服务器（Server）与 Web 浏览器（Browser）两部分，也称为 B/S 架构，如图 5 - 5 所示。

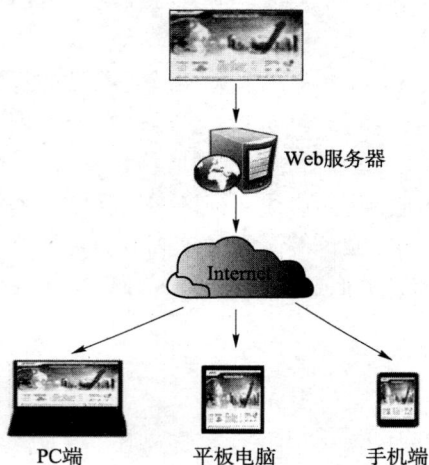

图 5 - 5　Web 架构

1. Web 服务器

Web 服务器是指安装有服务器软件的主机，用以提供 WWW 服务，客户机可以通过 Web 浏览器请求页面，服务器根据请求响应，把相应的页面传回客户端。常用的 Web 服务器软件有 Apache、IIS、TomCat、Nginx 等。

2. Web 浏览器

Web 浏览器是安装在客户端（PC 或移动设备）的软件，用于访问和显示 Web 资源。用户打开 Web 浏览器后输入正确的 URL 地址就可以访问网络上的资源，Web 资源一般会以 HTML 文件（后缀名为 . html 或 . htm 的文件）的形式发送给浏览器。浏览器可以解析和运行接收到的 HTML 文件，使其在浏览器中呈现带有文字、图像、超链接等丰富内容并且具有排版布局效果的画面，即 Web 页面。目前常用的浏览器有 Internet Explorer、Chrome、Firefox、Safari、Opera 等。常用 Web 浏览器图标样式如图 5 - 6 所示，Web 服务器与 Web 浏览器的关系如图 5 - 7 所示。

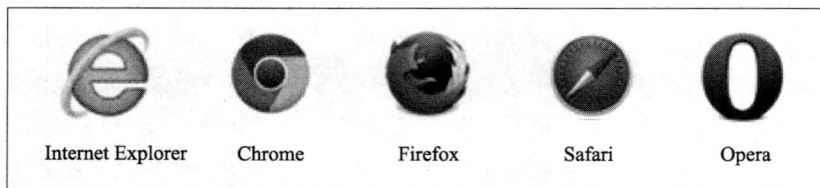

图 5 - 6　常用的 Web 浏览器图标样式

3. Web 应用

Web 应用不需要安装，其程序资源都部署在 Web 服务器中。用户通过在 Web 浏览器中输入不同的 URL 地址就可以远程访问 Web 应用。所有的 Web 应用都可以理解为存放在 Web 服务器端，并且可以在浏览器中呈现的软件。这些软件在浏览器中以 Web 页面的形式存在，包括文字、图片、音频、视频等内容，这些图形用户界面（Graphic User Interface,

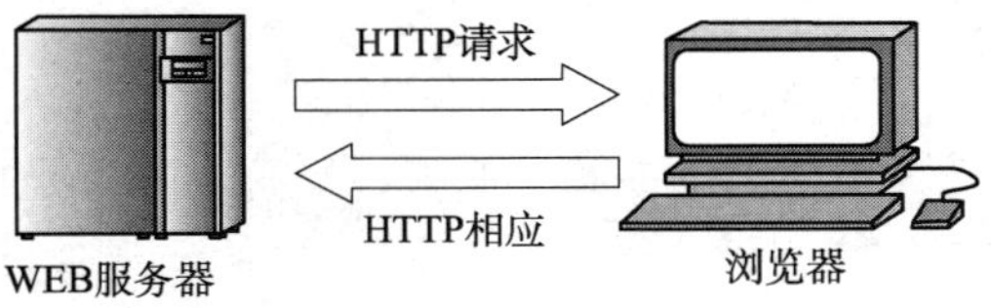

图 5-7　Web 服务器与浏览器关系

GUI）也被称为 Web 前端。Web 应用需要调整更新时，只需要更新服务器端存放的相关内容即可，客户通过浏览器可以直接访问到最新的内容，免去了客户端与服务器端同时需要更新的麻烦。

（三）网站制作技术

1. Web 前端开发技术

HTML、JavaScript 和 CSS 被称为是 Web 开发的三大核心技术。此外，还有其他的一些开发技术。

（1）HTML 技术

HTML（HyperText Markup Language，超文本标记语言）是用于架构和呈现网页的一种标记语言，也是万维网（World Wide Web）上应用最广泛的核心语言。HTML 具有易用性、通用性和平台无关性的特点，它只能提供静态的 Web 页面，使用标签的形式将网页内容划分结构层次。

以下是一段简单的 HTML5 代码：

```
<!DOCTYPE html>
<html>
  <head>
    <title>网页标题</title>
  </head>
  <body>
    主体内容
  </body>
</html>
```

（2）CSS 技术

CSS（Cascading Style Sheets，层叠样式表）用于为网页文档中的元素添加各类样式，如字体大小、背景颜色、对齐方式等，起到了美化网页文档的作用。层叠样式表的工作原理是将样式规则存放在样式表中，网页文档通过对样式表的引用可为目标区域的元素添加样式。目前所有主流浏览器均支持层叠样式表。

（3）JavaScript 技术

JavaScript 是一种轻量级的直译式脚本编写语言，基于 ECMAScript 标准（一种由 ECMA 国际组织通过 ECMA-262 标准化的脚本程序语言）。

通常在 HTML 网页中使用 JavaScript 为页面增加动态效果和功能，它具有简单性、弱类型、跨平台等特点。JavaScript 代码采用小程序段的方式实现编程。它是一种基于对象的语言，许多功能可以来自脚本环境中对象的方法与脚本的相互作用。JavaScript 的简单性主要体现在运用 JavaScript 的内置对象和函数，以及浏览器对象就可以很容易开发出功能强大的

Web 应用程序。

（4）XML 技术

XML（Extensible Markup Language）是由 W3C 发布的。XML 的优势之一是它允许各个组织、个人建立适合自己需要的标记集合，并且这些标记可以迅速地投入使用。XML 可以广泛地运用于 Web 的任何地方，可以满足网络应用的需求。它的使用效率很高，对于同一份内容只需传输一次，便可以重复使用。

所有的 XML 文档都包括三个要素：数据、结构和显示格式。采用 XML 技术的网页的最大特点是将数据与显示分离，数据存放在 XML 文档中。

2. 动态网站开发技术

常见的动态网站开发技术有 ASP、PHP 和 JSP。

（1）ASP

ASP（Active Server Page，动态服务器页面）是 Microsoft 公司推出的新一代 Web 开发工具，是 .NET 战略中的重要一员，它以全新的技术架构使编程变得更加简单，是创建动态网站和 Web 应用的最好技术之一。它是一种服务器端的脚本语言开发技术，可以嵌入到 HTML 中，支持各种流行的数据库。ASP 的运行过程包含页面请求、分析、编译、组装、页面缓冲五大环节。客户端通过浏览器请求页面时，服务器端首先由页面分析器对被请求的页面进行分析；再将通过分析的页面内容经过处理后形成一个完整页面，完整页面最后被送往输出缓存。输出缓存中的内容将作为客户端的页面请求结果被送回浏览器。当同一页面被第二次请求时，服务器端将跳过所有中间环节，直接从输出缓存中送出页面请求结果。

（2）PHP

PHP（Personal Home Page，超文本预处理器）是一种服务器端的跨平台的、开放源代码的多用途脚本语言。PHP 脚本程序中可包含文本、HTML 代码及 PHP 代码。PHP 面向对象编程，具有良好的数据库支持，它非常易学好用，而且免费开源，具有良好的可扩展性和平台无关性（跨平台）。

（3）JSP

JSP（Java Server Pages，Java 服务器页面）以 JAVA 语言作为脚本语言，它可以根据用户请求生成相应的静态页面。JSP 可以将内容的生成和显示进行分离，具备大量可重用的组件，采用标记简化页面开发，开发的网站安全性很高，可以一次编写，各处运行。

3. 使用 Adobe Dreamweaver 制作网站

Adobe Dreamweaver 是一款流行的网站制作工具，该工具由 Adobe 公司开发，它整合了网页开发与网站管理的功能，可以设计、开发并维护符合 Web 标准的网站和应用程序。使用 Adobe Dreamweaver 制作网站的步骤包括以下几个。

①创建站点。在"站点"菜单上点击新建站点，输入站点名称，设定站点的根文件夹和各种参数。站点的创建如图 5-8 所示。

②创建网站的目录结构。在网页设计阶段确定好的目录结构，可以在此分层次创建。可以一次创建好，以后再修改，也可逐步创建，直至完善。

③编写代码，完成制作网站的各个页面。编写代码界面如图 5-9 所示。

④调试运行。通过反复调试，去除代码中的 BUG 和冗余，最终编制出无错、精炼的网页代码。

⑤保存网站，制作完毕。

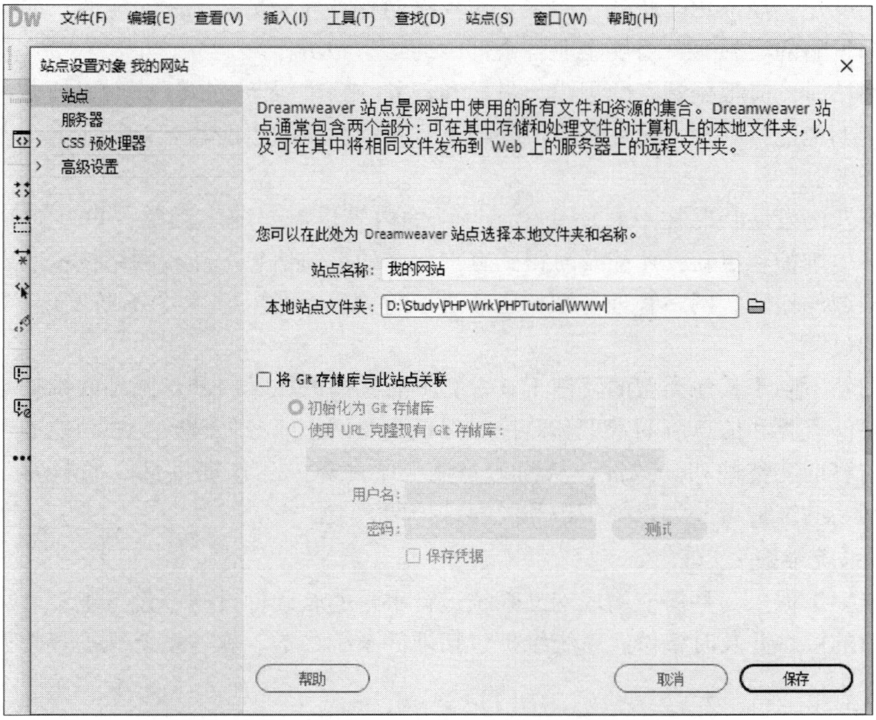

图 5-8 站点的创建

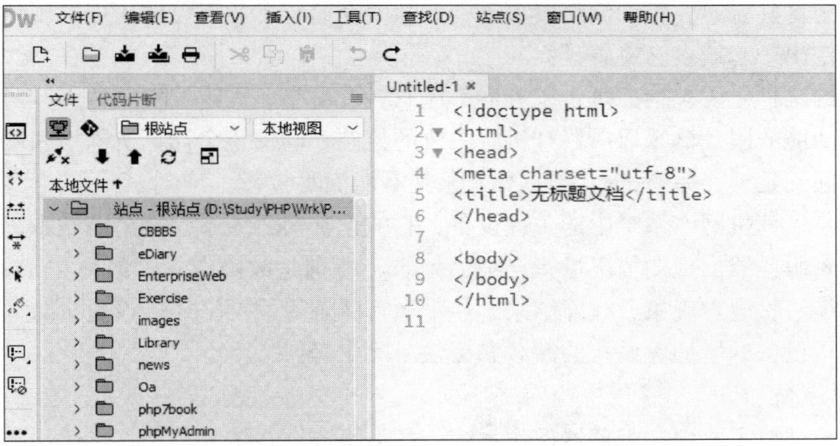

图 5-9 编写代码界面

第三节 企业网站维护与推广

一、网站维护

企业网站的维护工作非常重要，任何一项做得不好都会使网站难以发挥作用，甚至无法继续运行。因此，必须有专门的管理人员负责网站维护，并制定相关的规章制度，使网站的维护工作制度化、规范化。此外，许多工作单靠网站管理人员是无法完成的，如客户意见的反馈、营销策略的实施等，需要企业各个部门的参与和协作。

维护网站时，应根据站点的规模、目标和任务的轻重缓急，以任务列表的方式分配给专人负责，定期地进行维护。站点管理员要检查、跟踪链接的当前状态，督促工作人员及时完成指定的任务。

由于企业的发展状况在不断地变化，网站的内容也需要随之调整，只有对站点进行长期、不间断地维护和更新，才能及时得到客户相应的反馈信息。随着网络技术的发展和电子商务应用领域的拓宽，网站管理与维护也产生了许多新问题，这是个不断发现、不断改进、不断创新的过程。

企业网站不同于其他类型的营销工具，它具有更高的技术内涵。网站的维护是指对网站的各种软硬件资源和信息流的管理和监控，保证企业网上业务处理安全顺利地进行，并确保整个网站内容的完整性和一致性，从而为企业电子商务的运作提供良好的服务。一般情况下，企业网站的维护可分为系统维护和内容维护两大类。

（一）系统维护

系统维护工作主要是保证构成网站系统运行平台的软硬件设施、设备正常可靠运转，以及数据资料的可靠并及时备份。系统维护包括硬件系统维护、软件系统维护、数据库系统维护和安全维护。

1. 硬件系统维护

硬件系统维护主要包括服务器、网络连接设备、防火墙及其他硬件的维护，要保持所有硬件设备处于良好状态，维护网络设备不间断地安全运行，并对可能出现的硬件故障问题进行评估，制定出一套或多套应急预案。

服务器的维护主要包括：每台服务器都应有一个可靠、固定的安置地点。对服务器特别是提供关键功能的服务器采取严格开机、关机的控制，确保整个计算机网络和网站的正常运行。随着时间的延续，原有的计算机系统配置不能满足要求，应对其进行测试、升级等操作。服务器是计算机网络系统中的关键设备，它的正常与否关系到整个网站系统的状态。因此，应做好对服务器出现的情况进行详细的记录，特别是故障记录。故障记录要记录时间、地点、设备编号、故障现象、故障结果、连带运行状态等。网络连接设备、防火墙及其他硬件的维护包括设备的增加、设备的卸载和更换与除尘等。

2. 软件系统维护

软件系统维护主要包括服务器操作系统、各类服务器系统软件和各类应用软件的安全维护，包括操作系统的升级或者打补丁，各类服务器系统软件和 Web 应用程序的维护与升级，安全防病毒软件的维护与升级等，以确保网站的 24 小时不间断正常运行。

服务器系统软件包括 Web 服务器、FTP 服务器和电子邮件服务器等。Web 应用程序包括日常使用的 Web 通信软件、上传下载软件、交易支付软件。

3. 数据库系统维护

数据库系统维护是对数据库系统软件更新、数据库系统监控和记录等进行维护，主要包括数据库备份、数据库恢复、及时处理系统错误、周期更改数据库管理密码等。

4. 安全维护

安全维护是指针对网站安全威胁的来源所采取的相应措施，它贯穿于以上三个层次的维护之中，主要包括网站安全管理、网站密码定期更改、运行状况和数据监测、运行数据备份、防止木马病毒的攻击、防范非法篡改和检测安全漏洞等。

（二）内容维护

网站内容维护是指基本业务的维护，即面向企业商务活动的具体业务而进行的对输入和输出信息流的内容维护。网站内容维护是网站维护的核心内容，是保证电子商务网站有序和有效运作的基本手段，包括信息发布管理、客户信息管理等内容。

1. 信息发布管理

信息发布管理指增加新内容、更新或删除过时的内容。新的内容需要发布，旧的过时的内容需要更新或删除，这些都需要维护。要经常更新网站的页面，不断增加新的营销创意，不断更新网站的内容，及时发布企业最新的产品、价格和服务等信息。

网页的内容具有较强的时效性，经过一段时间后，文本、图片、视频可能将不再能准确地反映最新的情况，这时就需要对这些文本、图片、视频进行更新，以保证网站信息内容的一致性、完整性，不断提高网站的知名度。

更新图片和视频时，必须打开每个网页，将新的图片和视频插入网页内。特别要注意网页链接的更新，失效的链接将对网站的访问造成不良的影响。网站导航条与网页横幅也应该根据需要改变，使之能及时地反映、跟踪网页的内容。导航条的位置、标签、结构、外观都是在维护站点时应该关注的对象。

2. 客户信息管理

客户信息管理包括会员管理、客户分析、客户反馈信息管理等。企业开展电子商务活动时，通常采用会员制度，让客户注册成为网站会员，以保留客户的基本资料。因此，企业网站的客户信息管理就等同于对网站会员资料的管理。这项功能能够帮助企业收集目标客户的资料，为企业网站营销提供分析的资料，在以后的网络营销中，这些注册会员是相当准确的目标客户。

会员管理主要管理注册会员的有效性，对无效或非法会员进行删除，对会员注册时因某种特殊情况而出现的问题进行处理，因奖惩对会员等级进行升降等。

客户分析主要是根据企业的需要对客户的地域来源、年龄、文化层次、网络使用情况、页面访问记录、个人偏好、访问时间等进行分析。

客户反馈信息管理用于从网上获取客户反馈信息，主要包括设计比较全面的客户信息反馈表，管理员查询反馈表信息，对反馈信息进行汇总。对客户的需求信息要及时处理，收集、统计客户信息并提交给有关部门，对客户的投诉信息要及时处理，并向客户回复处理结果。

二、网站推广

企业创建网站只是企业网络营销的手段之一，企业的核心是追求利润，创建网站不是为了充门面，而是为了更长远经营的目标和效益。可以说，建立网站只是完成了企业网站功用的一半，另一半就是网站的宣传与推广工作。把网站成功推介给客户，不断扩大网站影响力，让网站为企业的经济效益服务，才是建立企业网站的主要目的。

网站推广是指在企业网站的建设和发展的全过程中，为提高网站知名度、影响力，打造网站品牌，突出网站特色，提升网站浏览量和关注度，以此来带动整个商务网站全部营销活动的开展，所进行的全部推广宣传活动和网站建设活动。

网站推广的目的是提高网站的知名度，提升网站的访问量以达到企业网络营销的目的。基于这个前提，网站经营者应该充分利用互联网的特性和本身对目标市场的准确定位，让更多的潜在客户知道网站的存在并成为回头客。

网站的宣传与推广要解决两方面的问题：一方面是如何提高网站的知名度和美誉度，不断扩大客户访问量；另一方面是通过各种合规手段使访客成为企业网站的潜在客户。这两个问题解决好了，企业网站的推广就算成功了，企业网站才有存在的价值。

网站推广包括两个层面，即技术层面和内容层面。

所谓技术层面的推广，是指利用网络技术手段进行推广，包括邮件广告、加入搜索引擎和搜索引擎排名、广告互换、交换链接、付费广告投放、手机广告等内容。

通过技术手段可以在很大程度上提升或提高网站的点击率和浏览量。网站的推广者应不遗余力地在流量大的搜索引擎、门户网站、媒体网站等上推介，结合公司的情况，把网络广告投放到流量大的地方，可能会收到意想不到的效果。

所谓内容层面的推广，是指网站应以内容为核心，内容才是网站赖以长期生存的基础，很难想象一个内容空洞的网站会有生命力。内容吸引性推广活动不仅是网站建设过程中的一个重要方面，也是网站建设的一个必经阶段。技术性推广是网站流量和点击率的一种技术支撑和客流导入支撑，内容建设则是一种根本性的吸引支撑和黏度支撑。

因此，在做好技术性推广活动的同时，必须做好内容吸引性推广活动。只有把两者结合起来，形成一个完整的、长期的推广链，网站推广活动才会取得明显的效果。

从网站推广的形式来分，网站推广又可以分为离线推广和在线推广两大部分。

（一）离线推广

在互联网时代，尽管大量信息通过互联网来传递，但是离线的信息媒介还是有其独特的功能和特有的宣传效果的，企业网站可以借助于这些离线媒介来宣传。通常意义上的离线媒介包含报纸、电视、电台、杂志等。在离线的信息媒介上刊登关于网站的广告，由于离线媒介的对象非常庞大，因此，采用传统的广告形式可以起到很好的效果。但是，由于报纸、电视、电台、杂志等传统媒体的营销广告采用的是广播方式，这些广告的受众不全是企业产品的目标客户，并且需要花费不菲的费用，这对于许多个人站点和小型商务网站来说成本比较高。

下面对常见的传统媒体的营销广告形式做简要介绍。

①报纸：作为传统媒体，报纸具有传播范围广泛、便于收藏、发行量大等特点，长期以来一直是企业广告的主要媒体。企业的网站可以直接刊登在报纸上，也可以是各种形式，如以软文的方式刊登在报纸上，用这种方式进行推广具有很强的传播性。

②电视：作为传统媒体，电视具有收视人群广泛、传播信息生动、可一次制作反复使用等特点，长期以来受到各类企业的欢迎。企业在推广网站时，可以采用电视机开机画面、插播、滚屏、品牌展播等形式推广，如苏宁易购、淘宝网、瓜子二手车网、毛豆新车网通过电

视进行宣传，取得了良好的效果。

③电台：作为最早的媒体，电台具有收听人群广泛、收听条件简单、可一次制作反复使用等特点。企业网站的推广也可以通过电台广播开展。

④杂志：作为传统媒体，杂志具有面向对象针对性强、发行范围广泛、利于保存等特点，在杂志上刊登广告，相当于企业选择了目标客户。在推广企业网站时，这种有目的性的选择十分重要。

⑤户外广告：包括灯箱广告、电梯广告、路牌广告、墙体广告、车站广告、横幅广告、巨型广告牌、大型电子屏等多种形式。由于是在户外，特别是陈列在繁华地带、高速路两侧、建筑物顶层等位置的广告特别吸引人的眼球。许多公司的网站用这种方式宣传，如美团网墙体广告、京东商城网灯箱广告、易播网的路牌广告等。

⑥直接邮寄广告：直接邮寄广告（Direct Mail advertising，DM）针对性强，可以是企业网站的概略内容，也可以是企业的商品信息。信息更新速度快，有些企业每月或每周制作一次 DM，更新产品、更新价格、更新服务，成本较低。如果将企业网站的相关内容制作成 DM，投递到准客户家中，推广效果也会比较明显。现实中，大润发、家乐福等诸多超市使用这种方式宣传，企业也可以采用这种方式。还有一种新兴的形式是在快递单上、快递包裹和快递信封上做广告，可收到一定的宣传效果。

⑦口头传播：口头传播就是口口相传的传播过程。曾有相关传媒研究机构分析，平均每个人在得到一条信息后，会将消息传播给七个听众。如果此分析成立的话，企业网站的口头宣传就有以一当十的可能。

⑧视觉识别（VI）系统推广：视觉识别系统全称为企业形象识别系统（Corporate Identity System，CIS），包括理念识别、视觉识别、行为识别和听觉识别四部分。其中 VI 是 CIS的核心，普遍意义上的企业形象识别指的就是视觉识别。视觉识别包括基本设计要素和应用设计要素两大部分。基本设计要素包括标志、标志制图法、标志的使用规范、象征图案、中文标准字（横式、竖式）、中文指定印刷体、英文标准字、英文指定印刷体、标志与标准字组合、企业标准色、企业辅助色、标志与标准色彩使用规范等。应用设计要素包括办公用品类、广告使用类、车辆使用类、服装类及其他使用延伸。

如果企业拥有良好的 VI 系统，可以借助上述形式推广企业的网站。好的标志能给人留下极为深刻的印象，让人过目不忘。在 VI 系统中可加入网站的推广信息，如企业网站的域名、网站的论坛和电子邮件等。

⑨手机推送：手机用户量非常巨大，通过向乐于接受企业推送的手机用户推广网站，也是一种常见的推广方法。推送时要注意让客户有"退订"的选择，不要让推送内容被客户当成垃圾短信处理。

（二）在线推广

在线推广就是利用互联网上的工具进行宣传推广活动，这种推广活动可以通过网络给网站带来流量、注册量等，给企业带来效益和客户，目的是扩大网站的知名度和影响力。采用网络推广是目前投资最少、见效最快、效果最好的推广形式，可以大幅度降低推广成本，极大地扩展网站的有效辐射范围。常用网站在线推广方法及相关网络推广工具和资源如表 5 - 2 所示。

表5-2 常用网站在线推广方法及相关网络推广工具和资源

推广方法	推广工具和资源
搜索引擎推广	搜索引擎和分类目录
电子邮件推广	电子邮件和邮件列表
社区论坛推广	论坛、贴吧、大型社区、股吧等
微信、微博推广	微信、微信订阅号、微信公众号、朋友圈、微博
博客、QQ空间推广	个人博客、企业博客、QQ空间
QQ群、微信群推广	QQ群、QQ群空间、微信群
交换链接推广	广告联盟、互换链接、友情链接等
其他推广	门户网站、网址收集网站、合作伙伴等

1. 搜索引擎推广

据CNNIC调查，截至2020年3月底，中国综合搜索引擎用户规模达7.50亿，使用率为80.3%。虽然主动搜索信息行为在客户通过互联网获取信息过程中的重要性有所降低，但搜索依然是互联网上获得信息的主要途径。

企业在进行网站推广时，可以利用搜索引擎。搜索引擎主要有以下几点优势。

①搜索引擎上的信息针对性很强。用搜索引擎查找资料的人都是对某一特定领域感兴趣的群体，愿意花费精力找到企业网站的人，往往很可能就是企业交易的对象。

②可以发现潜在客户。一个潜在的客户也许以前从没听说过某个企业，但是通过搜索引擎找寻服务时，就可以非常容易地找到提供服务的企业网站，进而与该公司联系。

③在搜索引擎注册具有极高的性价比。多数搜索引擎都免费接受网站注册，即使现在有些搜索引擎开始对商业网站收取费用，但相对其宣传效果来说，所花费的成本也是微不足道的。

搜索引擎有两种基本类型：一类是纯技术型的全文检索搜索引擎，另一类是分类目录型搜索引擎。对于这两种不同性质的搜索引擎，网站登录的方式也有很大差别。网络上常见的搜索引擎有百度、谷歌、搜搜等。

2. 电子邮件推广

电子邮件推广是互联网早期有效的推广方法之一。企业通过网站会员、网下活动和其他方式获取客户的电子邮件地址，向客户投送企业的宣传资料。

企业利用邮件列表可以向特定的客户群发电子邮件，加入邮件列表的客户一般对企业的产品比较感兴趣，容易成为公司的正式客户。

3. 社区论坛推广

社区论坛推广是一种是非常常见的推广方式，专业性的社区汇集了大量的意向客户，讨论的主题一般都与公司的产品有关。企业网站在进行社区论坛推广时，可以与客户在网上直接交流，倾听客户的意见并及时反馈，也可以利用论坛进行网上调查。网上此类大型社区非常多，常见的有百度贴吧、汽车之家等。

4. 微信、微博推广

通过社交媒体获取资讯的客户极多，大量网民通过微信、微博等社交媒体参与评论，在朋友圈、微信公众号发表、转发文章。企业网站可以充分利用微信、微博的流量宣传网站，在朋友圈、公众号中推广网站。

5. 博客、QQ 空间推广

博客、QQ 空间是一种基于个人知识资源的网络信息传递形式。企业可以借助某些流量比较可观的个人博客，把公司网站推介给大众。

6. QQ 群、微信群推广

企业可以创建或加入活跃度高且跟自己产品或者服务相关的群，和有意向的客户进行互动，在适当的时间推广自己的网站。

7. 交换链接推广

通过交换链接、友情链接或加入链接广告联盟来推广网站。

8. 其他推广

除了以上几种主要的推广方法外，企业还可以通过电子杂志、有奖调查、游戏植入、手机 App 等方式进行网站推广。

（三）网站推广效果的监测

企业根据自己网站的特点和实力，选择了一些网站推广的措施后，针对网站访问情况的变化，对推广效果进行监测，以考核网站的吸引力。经过多种方式的营销推广，所取得的宣传效果表现在以下几个方面。

①浏览量大幅度提升：表示认知的客户增多。

②电子邮件反馈信息量增大：表示客户开始使用邮件与企业进行沟通，准客户增多。

③电话咨询频繁：表示客户已利用传统方式了解企业。

④传真咨询：表示客户利用传统方式了解企业。

这些都是很有价值的信息，能主动来询问产品情况的人往往都是潜在的客户。至于是由哪一种营销方式推广带来的，可以在进一步接触中进行了解。企业可以在推广一段时间后，对所用营销手段进行评估，以改善或摒弃效果不好的营销方式。

（四）网站推广的后期工作

网站的宣传推广只是第一步，它给企业带来了商机，必须认真做好后续工作才能把商机变为生意，给企业带来真正的效益。企业应对推广带来的反馈信息进行足够重视，最好有专人负责，及时、快速、有效地处理反馈信息。

🔄 本章小结

企业创建网站已经成为互联网时代必不可少的工作。企业网站是企业的门户，通过站点，企业可以宣传形象，发布产品信息，实现电子交易，提供各种服务。企业网站具有商务性、服务性、安全性和综合性四大特点。企业在构建网站时，一般要从结构、内容、功能、服务这四个方面去考虑，这四个部分也是企业网站的一般要素。企业网站一般分为展示型、交易型和综合型，其中交易型网站根据交易对象的不同，又可分为 B2B、B2C、C2C、B2G、C2B 等几种类型。内容是网站的核心，是网站的灵魂，是一个网站的重中之重，是衡量一个网站优劣的主要标准。无论多么赏心悦目的网站，如果内容空洞无物，最终注定是会失败的。在建立网站之前要对网站内容进行仔细遴选，统一规划，内容的主题要突出，内容的质量要高，内容与建设成本相匹配。企业网站根据其所属类型的不同，所提供的功能也有所不同。但其主要功能有一定的共性，通常应该包含宣传与形象、产品与信息发布、网络营销、交易支付、客户关系管理、物流配送支持等功能的部分或全部。

网站规划是企业建立网站最重要的环节，也是贯穿建站始终的一个重要步骤。网站规划是指在网站建设前对市场进行分析，充分调查客户需求，确定网站的目的和功能，并根据需要对网站建设中的风格内容测试维护等做出规划。网站规划主要包括网站的宗旨和长期目标、网站的类型选择、网站的开发方案（包括主题设计、风格设计、内容设计、版面布局设计及网站策划书的撰写）等。网站规划对网站建设起到计划和指导作用，对网站的内容和维护起到定位作用。网站规划应完成的任务包括建立网站前的市场分析，建设网站的目的及功能定位，网站技术解决方案，网站内容规划，网站建设日程表和建设费用预算。网站设计的分类方法很多，无论是哪一种分类方法，都要涉及网站目录结构设计、页面布局设计、网站色彩设计、网站形象设计等。网站制作是对网页设计思想的技术实现，制作网站的过程是一系列技术应用的过程。网站制作的技术包括 Web 前端设计开发和动态网站开发技术。

企业网站的维护工作非常重要，任何一项做得不好都会使网站难以发挥作用，甚至无法继续运行。所以必须有专门的管理人员负责网站维护，并制定相关的规章制度，使网站的维护工作制度化、规范化。此外，许多工作单靠网站管理人员是无法完成的，如客户意见的反馈、营销策略的实施等，需要企业各个部门的参与和协作。网站推广是指在企业网站的建设和发展的全过程中，为提高网站知名度、影响力，打造网站品牌，突出网站特色，提升网站浏览量和关注度，以此来带动整个商务网站全部营销活动的开展而进行的全部推广宣传活动和网站建设活动。

复习题

1. 企业网站有哪些特点？
2. 企业网站分为几类？每一类的特点是什么？试举例说明。
3. 企业网站的功能有哪些？
4. 网站规划的流程是什么？请举例说明。
5. 如何进行网站的设计？
6. 网站制作的技术有哪些？各有什么特点？
7. 网站维护的意义是什么？网站维护要做哪些工作？
8. 网站推广的手段有哪些？

第六章 网络产品与服务

学习目标

1. 了解产品的定义，以及它们与客户价值的关系。
2. 了解如何将产品特性、产品品牌、售后服务及产品标签应用到在线产品上。
3. 掌握网络营销促成产品开发的几个要素。

案例导引

亚马逊的故事

根据 WPP 集团与品牌资产研究机构凯度在美国纽约发布的"2019 年 Brand Z 全球品牌价值 100 强"排名，亚马逊的品牌价值达到 3150 亿美元，连升两位，取代谷歌成为 2019 年全球最有价值的品牌。

自从 2006 年"Brand Z 全球品牌价值 100 强"榜单创始以来，以微软、苹果和谷歌为代表的科技类品牌一直占据着全球品牌价值之巅的宝座。网络零售品牌的代表亚马逊首次打破了科技品牌对这一王座长达 12 年的垄断。亚马逊的成功得益于关键的收购、卓越的客户服务和"破坏式"的商业模式。亚马逊创始人杰夫·贝佐斯曾经说过一句话："成功没有神奇妙方，关键是要抢在别人前面。"1994 年，当贝佐斯浏览到当时美国新闻"美国当前互联网用户以每年 2300% 的速度飞速发展"时，他就意识到商机来了，他要利用好这个互联网平台。贝佐斯用了大概两个月时间学习电子商务，研究网络销售的经营，计划在网络上开"万货商店"。那么应该选择什么商品做切入点呢？他研究了市场规模、市场竞争、用户熟悉度之后，最后选择了图书作为切入点，并且辞去他风光的信托公司副总裁职务，开始了他的互联网发展道路。

1995 年，电子商务网站亚马逊正式开业之时，在美国，连锁书店 Barnes&Nobles 和 Borders 是美国图书的主要销售渠道。而随着消费者开始习惯从网上买书后，实体书店的份额被不断蚕食。2007 年，亚马逊推出电子书 Kindle，该设备让读者可以在网上买电子书并进行阅读。Kindle 推出两年后，销量大涨，这帮助推升了亚马逊的股价。而连锁书店 Borders 的命运就较为悲惨，该公司于 2011 年宣布破产。而另一家连锁书店 Barnes&Noble 的销量在 2013 年开始疲软，当年收入下滑 4%。2015 年，该公司收入较 2012 年下滑超过 15%。

当亚马逊进军电器零售行业后，行业巨头 Radio Shack 和 Circuit City 也被取而代之。Radio Shack 于 2015 年 2 月申请破产。Circuit City Stores 曾经是美国第二大电器零售商，该公司于 2008 年 11 月申请破产，最终被出售给了另一家公司。百思买（Best Buy）可能是唯一一家顶住了亚马逊竞争的电器商店。百思买的股价在 2017 年 5 月创下历史新高。该公司将精力集中于在线销售，并提供了很棒的店内消费体验。亚马逊还进军了零售业，并且势不可挡。目前，实体零售店客流量正在放缓。更少的购物者意味着更疲软的销售额，这在百货公司的财报中非常明显。随着亚马逊的扩张，百货巨头已经关闭了部分商店并裁员。其中，最典型的是梅西百货（Macy's）。梅西百货是美国最大的服装零售店。2017 年，该公司宣布关闭商店并裁员，同比销售额下降 2.1%。随着 2017 年 6 月亚马逊收购全食，标志着亚马逊在线上线下整合扩张方面迈出了巨大的一步。分析师预计更多的公司将迎来同样的命运。

亚马逊致力于成为全球最"以客户为中心"的公司。目前已成为全球商品种类最多的网上零售商。亚马逊和其他卖家提供数百万种独特的全新、翻新及二手商品，类别包括图书、影视、音乐和游戏、数码下载、电子和电脑、家居和园艺用品、玩具、婴幼儿用品、杂货、服饰、鞋类、珠宝、食品、健康和美容用品、体育、户外用品、工具，以及汽车和工业产品等。同时，在各个页面中也很容易看到其他几个页面的内容和消息，它将其中不同的商品进行分类，并对不同的电子商品实行不同的营销对策和促销手段。

2018 年，亚马逊在美国市场的销售额达到了 2582.2 亿美元，占了美国所有在线零售额的 49.1%。而亚马逊的电子科技产品受到众多客户青睐，约占亚马逊总营业额的 25% 左右。其次则是服装和配饰，为亚马逊带来 398.8 亿美元的销售额。护理和化妆品总销售额也达到了 160 亿美元。2018 年 7 月，亚马逊会员日首次登陆中国。消费者情报研究公司（Consumer Intelligence Research Partners）发布的数据显示，截至 2018 年 12 月 31 日，亚马逊 Prime 会员数量已达到 1.01 亿。消费者情报研究公司指出，亚马逊 62% 的美国用户为 Prime 会员用户。相对于亚马逊非 Prime 会员美国用户每年 600 美元的支出，Prime 会员美国用户每年要在亚马逊网站平均花费 1400 美元。

第一节　网络产品价值所在

一、网络产品为企业创造价值

亚马逊选择图书作为切入点的成功证明，一种纯粹的网络新产品可以利用网络资源建立成功的品牌。国内的阿里巴巴、京东电商平台紧随亚马逊开拓网络市场，这说明尽管网络上新产品层出不穷，但创新产品还是能为自己争得一席之地的。位于北京的故宫已有600多年历史，如今它作为一处旅游胜地展示着中国明朝和清朝遗留下来的珍贵的文化遗产。但是，因为故宫新系列的化妆品在中国年轻女性中取得巨大成功，故宫正在迅速成为非常现代的、时髦的标志。2018年12月在故宫博物院推出的新款口红发售仅4天后，网上买家就将10万多只口红抢购一空，这帮助这个历史性地标转型为时髦的消费者品牌。吸引这些买家的是口红的高雅包装，其灵感来自故宫博物院展出的文物——唇膏外壳上有皇家刺绣、古董家具和仙鹤等图案。多年来，故宫通过开发和销售其原创产品而吸引了一批狂热粉丝，其产品包括从中式纸胶带到手机壳等在内的现代必需品，产品设计或品牌灵感来源于历史。在推出化妆品之前，故宫博物院曾靠为严肃的传统文化增添一丝幽默元素的产品获得过成功。例如，印有"朕亦甚想你"等字样的清朝雍正皇帝御批系列折扇获得了巨大成功。

产品就是具有各种能够满足企业和客户需求的利益的一个集合体。为了追求这些利益，企业和客户愿意用货币购买或舍弃其他利益。产品通常包含以下一些内容：有形产品、服务、理念、人才（如管理人员、运动员、影星、歌星等）和场所。所有这些都可以在网络市场上交易。

网络环境下催生的新产品（如搜索引擎、应用软件、社交网络、App 等）在传统市场上是不可能出现的，而其他一些产品（如歌曲、视频、游戏）则是将网络作为一种新的渠道，有的则是将网络当作虚拟的门店。在全新的网络环境中，根据客户的需求，同时顺应网络营销发展的趋势，开发产品的企业可以使用网络技术创造客户价值，同时也面临着种种机遇和挑战。

要想创造出新的产品，企业首先需要进行市场调研，了解客户的需求，进而制定产品战略，努力为客户提供价值从而在竞争中胜出，在本书第四章所讨论的"数据来源—数据库—战略"模型中，营销战略的第二层面战略包括营销组合（4P）和客户关系管理（CRM）。因为设计这些战略与实施战术是紧密联系在一起的，所以从第七章开始，我们将分章介绍营销组合和客户关系管理的战略和战术，如图6-1所示。将营销组合与客户关系管理结合在一起，就会产生两种结果：一种是企业与客户建立关系；另一种是企业与客户实现交易。建立这一模型是基于这样一种理念，即所有的市场中都会发生类似的情况，也就是企业希望与政府和企业客户（特别是供应链中的伙伴）达成相同的结果。本章主要描述信息技术对产品战略的影响及实施方式。

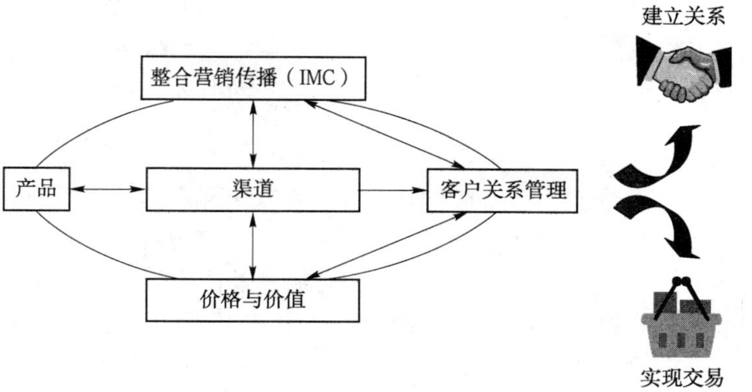

图6-1 营销组合和客户关系管理的战略和战术

二、网络客户价值创造的内涵

争夺网络客户注意力的竞争，为实现与客户的网上交易的竞争都异常激烈。为了获得成功，企业必须使用一些基本的营销战略，从而产生客户价值。客户价值等于收益减去成本。客户价值的精确含义是什么？第一，它是全方位的产品体验。它始于客户对产品的知晓，然后是客户与产品的所有接触（接触点包括客户的网上浏览网页、注册会员、收到公司的电子邮件、下载公司的 App 等），结束于客户实际使用产品，以及得到公司为客户提供的售后服务，从而完成了客户与产品接触的全过程。这一过程中甚至还包括客户在移动终端上从朋友那里获得的称赞，或在社交媒体、微信上向朋友展示得到的乐趣。第二，价值是由客户所持有的观念和态度决定的。不管企业如何看好自己的产品，产品价值还是由客户说了算。第三，价值还包括客户预期。如果使用产品后客户发现没有达到预期目标，就会感到失望和不满。第四，价值适用于所有价格水平。不管是注册会员才能浏览刊登在网络上的报刊文章，还是花上万元购买电子商务软件，都可以得到价值。

网络能够帮助企业增加收益并降低成本，但是也可能产生反作用。

第二节　产品收益

随着技术的发展，互联网上涌现出许多新的收益形式。在第三至四章，我们讨论了许多客户希望从网络等各种活动中获得收益。他们通过联系、创造、学习、娱乐、交易、奉献等各种活动获得这些收益。网络用户希望获得较好的网上浏览体验、较快的下载速度、清晰的网站结构、美观和实用的页面设计。网络用户希望能够进行安全交易、得到隐私保护、获得免费的信息和服务、有界面友好的浏览器和电子邮件等。互联网用户还希望有一个场所可以方便交流，管理自己的图片、视频等资料，还可以创造各种信息，并上传到网络上。移动用户希望得到有趣、实用的、方便生活的各种 App。根据这些要求，数以万计的产品和网站诞生了，它们达到了这些标准，满足了客户需求。伴随着互联网技术的发展，客户的需求也发生着转变，对企业来说，面临的机会也随之增多。机敏的商家已经捕捉到了其中蕴含的商机。

企业如果想充分利用这样的机遇，能够用不同的收益来满足客户的需要，就必须制定出五种产品决策，包括产品属性、品牌、服务、标签和包装。除了包装以外，其他四个方面都可以为实现网上交易而发生从实体到虚拟的转变，这里，我们将从这四个方面来讨论产品提供给客户的在线收益，以及这些收益与网络营销战略之间的关系。

一、产品属性

产品属性包括产品的总体品质及其特征。品质可以使客户知道是否物有所值。价格高一些通常意味着品质好一些，以此来满足客户的价值诉求。产品的特征包括颜色、味道、风格、型号、在线服务效率、快递服务、产品个性化服务的能力等因素。从客户的角度看，这些特征就是收益（也就是产品具有的属性能否解决客户碰到的问题或者满足客户的需求）。脸谱网就是一个很好的例子，它提供了网站列表（产品属性）来帮助网络用户快速联系到新老朋友（满足需求的利益）。腾讯公司研发的微信 App 加深了人们之间的交流，抖音 App 改变了年轻群体的生活方式。产品收益在价值诉求中是关键内容。

　　网络在许多方面增加了客户的收益，使营销活动发生了巨大的变化。最基本的变化就是从实体世界到虚拟世界的转变，这是网络的关键特征之一。正因为网络具有这样的特征，所以它为媒体、音乐、软件和其他数字产品提供了在网上展示的窗口。在网络环境下，最重要的收益是企业可以根据客户需要实现规模定制。有形的产品（如智能手机、笔记本电脑）可以以较低的价格出售，也可以以较高的价格与其他附带的软件、硬件或服务一起出售，提供附加收益。这对无形产品同样适用。企业可以通过灵活的捆绑形式为客户提供产品或服务。例如，在线市场调研公司可以以各种不同的形式提供服务；腾讯开发的王者荣耀游戏推出的"星计划"体验功能，皮肤配件可以自由搭配（如头部、身体、武器、配饰），每个部分均有若干种样式可以单独替换，搭配出自己满意的样式，让自己的皮肤变得与众不同；国内领先的在线音乐流媒体平台 QQ 音乐发布的 9.2 版本，将以往"音乐馆"中的音乐推荐功能单独升级为推荐页，包括"为你打造""最近常听""更多为你推荐"三大模块，将"定制化个人音乐推荐"做到极致，以满足不同用户的个性化需求。值得一提的是，信息产品可以重新组合并采用个性化设计，其实施过程与传统的工业品相比简单、便捷，且成本低廉。例如，改变汽车的设计可能需要花费几年时间，一种型号可能只有几种款式，但是对软件产品的改造和定制就容易得多。例如，你下载了一款 App，就会不时地得到升级服务。

　　虽说产品收益的组合在网络环境和实体环境中都可以发生，但是在网络环境中，客户可以通过敲击键盘、触摸屏幕来对产品进行个性化设计。例如，有一款鲜有耳闻的汽车，其基础售价竟然比在售的许多 SUV 都要贵出来许多，甚至连丰田陆地巡洋舰、路虎揽胜这个级别的"硬汉"都无法比肩，这就是 LOCAL MOTORS 的拉力战神（Rally Fighter）。LOCAL MOTORS 的拉力战神是 SUV 中的超级跑车。LOCAL MOTORS 公司最为称道的就是它的概念化、开放性及互联网化设计理念，他们不仅生产了世界上第一辆 3D 打印电动车，甚至还为高票房电影提供拍摄用车。他们在自己公司的网站上聚集了 5000 多位设计人才，采用共享式的设计，让客户参与自己车辆零部件的设计。可以说拉力战神就是"互联网造车"的产物，也只有这样特立独行的公司才能造出拉力战神这样的独特且个性十足的"神车"。蓝色尼罗河珠宝公司是一家在网上获得盈利的珠宝零售商，该网站的客户可以挑选不同品质的钻石（如钻石的类型、透明度、尺寸大小等），然后自己挑选与之相配的戒托。

　　客户个性化是产品定制的另一种形式。随着 IT 技术的不断发展，个性化越来越成为这个时代的主旋律。个性化需求开始于 20 世纪末，随着以网络为代表的数字技术的日新月异，互联网成为承载个性化的商务平台，互联网的发展把个性化需求与此相关的个性化产品和服务整合了起来。所以我们说，移动互联时代其实就是一个个性化的时代。进入 21 世纪，消费者的自我意识逐渐强化，个性化需求呈现出前所未有的发展态势，显示出强大的生命力，具体表现在以下三个方面：一是个性化群体增多；二是个性化消费需求旺盛；三是高新技术促进了个性化消费。客户通过网上注册和其他的技术手段，网站可以直接向客户问候，然后按照客户以前购买产品的记录为客户提供感兴趣的产品。例如，亚马逊网站的老客户会在网站上看到标注自己姓名的产品列表，上面写着："×××，您好！以下商品或许是您感兴趣的。"根据客户以前在亚马逊网站所购买的书籍或同类客户的购买记录，列表上会显示一连串的书名，这些书或许都是客户感兴趣的。亚马逊网站上还有客户的"希望清单"。这些信息会自动地传输给零售商，这又是一种新的利益。个性化的另一种形式是客户可以从脸谱网或其他的社交网站上完成亚马逊网站的注册，可以得到的利益就是便利。

二、品牌

商标是一个法律概念，在我国由《中华人民共和国商标法》对其进行保护，一经注册，权利人就享有商标专用权。而品牌是一个经济学概念，品牌包括一个产品名称（如"小米"）、一个产品标识（如"MI"形的红色标志）和其他的识别信息。如果一家企业在国家知识产权局注册登记了商标，它就变成了一个注册商标，政府将对其进行保护，避免他人模仿。依照中华人民共和国政府的规定，"一个商标可以是一个词、一个短语、一个标识或一种设计，或者是词、短语、标识及设计的组合，是用来确定和区别于其他公司的产品或服务的。"尽管企业不一定要注册商标，但是注册可以为企业带来诸多好处。例如，可以告知公众，注册过的商标是属于企业专有的，这种法定的专有权在全国范围内有效，而且具有排他权等。

需要提及的是，普通的词汇若用在网站上，就不能注册。例如，企业可以以books.com、music.com 作为域名，但是不能将 book 一词用来注册。在营销资料中，品牌并不仅仅是词语和图案。许多企业已经意识到，品牌还有如下的诸多意义。

①品牌是对客户的一种承诺。

②客户相信品牌所代表的利益。

③创新会持续地兑现品牌承诺。

④品牌会引发客户对品牌的信任。

⑤品牌承载着所有的客户体验。

⑥品牌代表着产品与客户之间的纽带。

企业的品牌承诺能够建立起客户信任，帮助客户降低因选择商品而产生的压力，这种压力的减轻在网络环境中显得格外重要，因为客户普遍担心网络安全和隐私保护，还因为企业和客户之间有一定距离。像亚马逊、苹果、华为、宜家等知名品牌能够获得客户的信任，让客户感知到利益，因而商品定价也可以高些。当然，也有一些品牌（如国内一些大卖场、连锁酒店）给人的印象就是物美价廉，对于这类品牌，客户的价值诉求也会适当降低，因为产品提供给客户的收益较少（如产品的特色少一些，或者服务的内容少一些）。

客户了解了品牌，在与品牌接触的过程中逐渐培养起对品牌的信任。有些接触是单向的，如通过网络广告、包装来了解品牌；有些则是双向的，如与企业的客户服务代表或销售代表进行交流，可以通过电话交流，也可以通过展会、网络、电子邮件或社交媒体等方式交流。

（一）品牌价值

品牌价值（Brand Equity）是一个品牌的无形资产，可以按货币单位（如美元）来计量。表 6 - 1 列出的是由全球三大品牌评估公司（Brand Z、Interbrand、Brand Finance）评出的 2019 年全球最有价值品牌前 10 强排名。可以发现第 1～4 位品牌名单比较稳定，都来自美国，而 5～10 位的品牌名单变化较大。Interbrand 品牌评估公司给出的各个品牌价值相对其他两家评估机构在数值上明显偏低，Facebook 在 Brand Z 公司的排名中名列第六，在 Brand Finance 的排名中名列第七，但是在 Interbrand 公司的排名中没有进入前十。出现排名不同是因为各家公司使用的指标有差异，有些品牌价值的评估并不十分科学，因为它还包括了对未来收益的估计。表 6 - 2 列出的是 Brand Z、Interbrand 公司评出的 2019

年中国最有价值纯网络品牌前 10 强排名，纯网络企业指企业的绝大多数业务是在网上完成的。表 6-3 列出的是由中国品牌网评出的 2019 年中国 10 大品牌排名指数。

表 6-1 2019 年全球最有价值品牌前 10 强排名　　　　　　　　单位：亿美元

Brand Z			Interbrand			Brand Finance		
品牌名称	类别	价值排序	品牌名称	类别	价值排序	品牌名称	类别	价值排序
亚马逊	零售	1（3155）	苹果	科技	1（2342）	亚马逊	零售	1（1879）
苹果	科技	2（3095）	谷歌	科技	2（1677）	苹果	科技	2（1536）
谷歌	科技	3（3090）	亚马逊	零售	3（1252）	谷歌	科技	3（1428）
微软	科技	4（2512）	微软	科技	4（1088）	微软	科技	4（1196）
VISA	支付	5（1779）	可口可乐	饮料	5（633）	三星电子	科技	5（912）
Facebook	科技	6（1589）	三星电子	科技	6（610）	AT&T	电信服务	6（870）
阿里巴巴	零售	7（1312）	丰田汽车	汽车	7（562）	Facebook	科技	7（832）
腾讯	科技	8（1308）	奔驰	汽车	8（508）	中国工商银行	金融	8（798）
麦当劳	快餐	9（1303）	麦当劳	快餐	9（453）	Verizon	电信服务	9（711）
AT&T	电信服务	10（1083）	迪士尼	媒体	10（443）	中国建设银行	金融	10（697）

表 6-2 2019 年中国最有价值纯网络品牌前 10 强排名　　　　　　　单位：亿美元

Brand Z			Interbrand		
品牌名称	类别	价值排序	品牌名称	类别	价值排序
阿里巴巴	零售	1（1312）	腾讯	科技	1（574）
腾讯	科技	2（1308）	阿里巴巴	零售	2（473）
华为	科技	3（332）	华为	科技	3（75.8）
百度	科技	4（267）	百度	科技	4（63.5）
京东	零售	5（212）	小米	科技	5（49.8）
小米	科技	6（206）	京东	零售	6（20.3）
滴滴出行	出行服务	7（200）	美团	生活服务	7（18.3）
美团	生活服务	8（199）	顺丰	物流	8（12.9）
顺丰	物流	9（137）	网易	科技	9（9.88）
饿了么	生活服务	10（73）	携程	科技	10（7.86）

表 6-3 2019 年中国 10 大品牌排名指数

品牌名称	类别	排名指数	品牌名称	类别	排名指数
腾讯	科技	1（8493）	网易	科技	6（4309）
阿里巴巴	零售	2（8032）	小米	科技	7（3186）
百度	科技	3（7491）	美团	生活服务	8（2556）
京东	零售	4（4658）	滴滴出行	出行服务	9（2491）
华为	科技	5（4622）	360 安全卫士	科技	10（1261）

2019 年 8 月，中国互联网协会、工业和信息化部网络安全产业发展中心联合发布了 2019 年中国互联网企业 100 强榜单。榜单前 10 名分别是阿里巴巴（中国）有限公司、深圳市腾讯计算机系统有限责任公司、百度公司、京东集团、浙江蚂蚁小微金融服务集团股份有限公司、网易集团、美团点评、北京字节跳动科技有限公司、360 安全科技股份有限公司、新浪公司。

Interbrand 全球首席执行官 Charles Trevail 表示，在全球金融危机爆发后的 10 年里，增长最快的品牌是那些直观地了解客户并做出勇敢的标志性举措的品牌，如亚马逊、谷歌。Brand Finance 首席执行官 David Haigh 评论说："老话讲'不要把鸡蛋都放在同一个篮子里'是有道理的。企业不能把所有的精力和资源都投注在一个领域，同时还期望得到长久的发展。那些不断开发拓展新领域的品牌，如亚马逊和微软（Microsoft），未来还将继续超越竞争对手；而像沃尔玛（Walmart）和苹果这样的适应多元化较慢的品牌，未来将错失很多提升品牌价值的关键机遇。"在 Brand Finance 最新的 2019 年世界 500 强榜单中，来自中国的品牌总价值高达 13 074 亿美元，首次突破 1 万亿美元大关。除了发展最迅猛的爱奇艺外（中国科技巨头爱奇艺抓住时机，赶上了这股数字平台浪潮，以 43 亿美元的品牌价值首次跻身世界 500 强榜单。爱奇艺高达 326% 的品牌价值增长率更是高居全球榜首，成为 2018 年全球增长最快的品牌），还有很多科技品牌脱颖而出。例如，微信以 507 亿美元的品牌价值和 126% 的增长率，从 2018 年的全球第 47 位一跃升至第 20 位，品牌实力更是从全球第 72 位升至第 4 位。这主要得益于其背后 10 亿用户的强大支撑。腾讯则以 497 亿美元位列第 21 位。中国最具价值的品牌仍属于中国工商银行（ICBC），相比于 2018 年的全球第 10 位，2019 年更是价值增长 34.9% 至 798 亿美元，升至全球第 8 位。同时中国工商银行也是全球资产规模最大的银行，一年时间海外网点数量就增长了两倍多，达到 400 余家。如表 6 - 4 所示，汇集了诸多品牌研究专家和企业的意见，列出了成为全球最有价值品牌的条件。

表 6 - 4　成为全球最有价值品牌的条件

Interbrand	Brand Z	Brand Channel
内部结构明晰	呼应价值诉求	具有一流的创意
内部重视品牌建设	顺应变化	与企业的核心价值一致
适应市场变化	顺应客户需求	品牌能够成为企业的核心
获得法律保护	有很好的声望	坚持品牌承诺
顺应客户需求	能够同时在实体世界和虚拟世界展示	商品、服务和技术一流
真诚	品牌能够带来经济收益	具有独特的品牌定位和客户体验
具有品牌差异性	品牌个性始终如一	重视企业内部的品牌创立
各客户接触点的一致性	持续地探索和创新	不断改进与创新
社交媒体上正面评价	技术领先	
得到客户理解	数字化品牌展示	

图 6 - 2 展示的是大品牌与通俗文化和消费者的碰撞，可见，我们将著名品牌融入通俗文化中，让消费者有机会与之接触。通俗文化通常指音乐、娱乐、体育等活动，它们能帮助品牌与消费者进行接触，跟上数字时代的潮流。出于这个原因，许多企业通过请名人做品牌代言人，在网络上开粉丝直播或赞助体育赛事来引起目标市场的注意。例如，iPad 找到了创

立品牌的好方法，消费者手持 iPad 可以一边坐车，一边看书，在社交网站上与人交流，或者享受各种娱乐活动。这种品牌战略迎合了年轻人的时尚需求，那就是全天候地获得娱乐或网络社交的便利。即时通信软件 WhatsApp 在全球用户中推广其跨平台应用程序，目前使用人数覆盖了全球 168 个国家近 15 亿用户，优果网在中产阶级群体中建立精品水果品牌形象，这些都是最佳切入点。

随着智能手机市场的饱和，各大生产商的竞争也越来越激烈，但新锐手机品牌 Realme 还是在这样严酷的市场环境下展现了自己的实力，不仅以"敢越级"作为品牌的口号，在技术创新方面也有着很大的野心。正是因为这些特质，让 Realme 颇受网友的关注。粉丝节上，Realme 首次公开了自己的官方中文名"真我"，这不是 Realme 官方自己取的，而是从广大粉丝取的名字

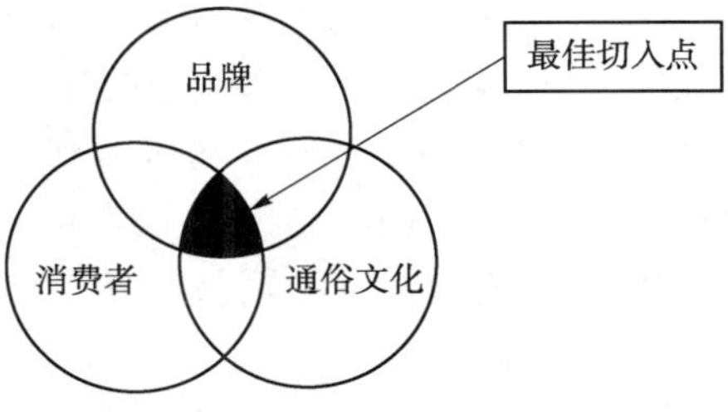

图 6-2　大品牌与通俗文化和消费者的碰撞

中精挑细选出来的，这足以证明 Realme 对粉丝的重视。最重要的是，Realme 想通过这样的方式让粉丝参与到品牌的建设当中来，进一步缩短品牌和粉丝之间的距离，让粉丝和品牌一起成长。

（二）品牌关联与社交媒体

经常有品牌主抱怨，他们的品牌没有内容可说，业务也不适合通过社交媒体传播，或者他们已经把产品和行业信息说遍了。但事实上，每个品牌都具备传递出有价值内容的潜力。那些说"社交媒体只适合某些特定品牌"的论调，其实是误解了社交媒体的真实作用。借助社交媒体实施内容营销是为了拉近品牌与消费者之间的距离，而不是打造最酷的品牌。借助富有创意、娱乐性或知识性的内容，内容营销就能加深目标受众与品牌业务之间的关联。

如果你是从事社会工作或是对网络热点敏感的人，一定知道热点大多是社会新闻事件、明星动态和大范围上映的电影。2015 年，《哆啦 A 梦：伴我同行》在国内上映，虽然迟了半年但依旧在国内刮起了一阵怀旧热。淘宝借此机会宣布了万能的哆啦 A 梦代言淘宝的消息，并通过淘宝 App 新版本上线，在移动端来了一次整合的借势营销。在最浅层次的视觉和听觉上，淘宝做了所有和甲方合作的机构都不敢做的事情——改 ICON（图案），改提示音，改首页中的所有 LOGO！从里到外的改变都在围绕同一个主题——万能的蓝胖子。

这种层面的改变也许只是一个不用加载的 H5（在线制作）而已，淘宝还将最新版本的三个重要功能用"哆啦 A 梦"主题包装，让理性的、逆荷尔蒙的新技术变成了感性的体验。

从里到外，App 给消费者带来的品牌互动远比社会化媒体中的"图文＋回复"更加立体、整合。"万能"是网民曾经对淘宝略有调侃意味的评价，如今已经成为淘宝对外树立的形象。淘宝通过包装在"蓝胖子"经典道具中的技术让消费者体验到了所售产品和服务的万能，更说明了淘宝在购买方式上的万能。

例如，IBM 利用新媒体重塑现有品牌。很多人可能不会将"蓝色巨人"（IBM 的昵称）和创意灵感相联系，但那也许是因为他们还没看过 IBM 在 Tumblr（目前全球最大的轻博客网站）上的信息流内容。名为 IBMblr 的内容频道是原创内容的汇集地，内容或戏谑或激励人心。它成功地将从量子计算机学到分形几何学（是一门以不规则几何形态为研究对象的几何学）等一切内容转化为赏心悦目的创意展现形式。在忠于品牌和信息准确性的前提下，

IBMblr 大胆地利用了 Tumblr 平台上动图和信息流的创新形式。IBMblr 不仅在视觉上很美观，也巧妙地对 IBM 的忠实用户及他们的创意点子进行了想象力的再升级。

例如，纽约的中央火车站将用户粉丝转化为内容制作者。如果你的品牌是一座拥有 100 年历史的火车站，持续生成新鲜、有创意的内容似乎就成了一件不可能完成的任务。但位于美国纽约曼哈顿市中心的中央火车站却调动起整座纽约城的摄影技能，成功地化腐朽为神奇。通过在 Instagram（照片墙）上发起 sharegct 的话题，中央火车站邀请通勤者拍摄和分享关于中央火车站的照片，被选中的作品就有机会登上中央火车站官方账号的信息流页面。粉丝拍摄的照片不断在增加（超过 8000 张），中央火车站从中挑选出优秀的作品，保证所展示的摄影照片和它们的创作者一样丰富多彩。

例如，国内门户网站网易经营得十分成功，网站能为客户提供免费邮箱、游戏、搜索引擎服务，开设了新闻、娱乐、体育等 30 多个内容频道，还能为客户自发地创办博客、论坛等互动交流空间，为虔诚的客户建立品牌社区，让他们在其中畅读、跟帖自己喜欢的品牌，这是为品牌开展营销活动的企业梦寐以求的事情。哈雷摩托车（Harley Davidson）车主，萨博汽车（Saab）车主、苹果电脑的爱好者、iPod 的拥有者、在谷歌网站上搜索信息的用户等，都为企业创立品牌出了力。亚马逊网站也从客户那里获益，许多网络用户都希望自己能成为网站的顶级书刊评论家。一个品牌是如何从不知名到被大多数人接受的呢？2002 年，美国著名营销学者邓肯提出了客户与品牌关联程度的五个层次。

①品牌倡导：主动告知其他客户品牌特色。

②品牌社区：客户会在脸谱网等网络社区上谈论品牌。

③品牌联系：客户会在购买商品的前后主动与企业联系。

④品牌认可：客户会自豪地展示自己使用的产品的品牌。

⑤品牌知晓：购买产品时，客户知道有这一品牌存在。

金字塔形的结构表明，只有少部分客户处于金字塔顶端，但他们是品牌的倡导者，会主动告知其他客户这个品牌有多么出色。

社交网站的兴起在金字塔里又增加了网友之间对品牌的评头论足。例如，兼并前的雅虎网站将自己定位为"生活引擎"。雅虎公司员工之间开展竞赛，有 800 个参赛者讲述为什么雅虎会成为自己生活的原动力，在此基础上，雅虎网站将自己的定位从"搜索引擎"转变为"生活引擎"。这是一种企业内部的营销活动，但是它有助于员工在与客户接触时始终如一地传递同样的信息。

企业在使用互联网传递信息时，应该保证在线发布的消息或者员工的电子邮件都要传递积极的品牌形象。同时，这些信息要与客户所接触的其他信息相一致。有一位作家曾经创造了一个词语，叫作"破碎测试"（Smash Wet）。他以可口可乐为例，认为即使可口可乐的玻璃瓶碎了，客户也能从任何块碎片中看出是可口可乐。企业的网站设计也应该做到这样的"破碎测试"，即使没有网站的标识，或者其他的识别符号，客户也能够从网站的细微处识别出网站的品牌。这种识别是指颜色、字体、字号、文章的语气、图像的大小和外观等，它们都应该向客户传递品牌形象。

虽然互联网能够帮助企业将客户推向品牌金字塔的顶端，但是它往往很难控制品牌形象，因为在互联网上客户获得的品牌信息，往往并非企业计划发送和能够控制的信息。例如，博客、社交网络、客户之间用于沟通的电子邮件、即时通信、客户差评商品并在网站上上传视频等。互联网上也会出现许多有关企业品牌的信息，有的好，有的不好，有的则是恶意中伤。正因如此，企业应该对品牌的网络信息实行监管，并且尽最大努力用各种工具（如互联网技术）来塑造品牌形象。例如，新媒体时代客户平常并不关注的产品，他想买的时候怎么办？最简单的办法就是通过百度、淘宝搜索，所有的信息都有了，与品牌有没有知名度没有关系！但通过网络，客户会对你的品牌有一个整体的印象，也就是说新媒体时代想传播品牌有一种很直接的方式就是把你的品牌形象一次性地完整呈现出来，让客户对你的产品及对品牌有更清晰的认识和更深刻的印象，从而真正实现超高转化。

总部设在英国伦教的跨国服务企业安永公司（Ernst & Young）在 2012 年 9 月对娱乐企业和媒体的高管进行调查，其中有 63% 的企业使用社交媒体来创立品牌。Forrester 公司也持同样的观点，他们的研究认为品牌建设和社交媒体是互补的。Forrester 公司的调查还显示，92% 的调查对象认为社交媒体从根本上改变了客户与品牌之间的关系。该公司归纳了社交媒体在品牌建设方面发挥着三个方面的作用：一是通过社交媒体在客户之间建立信任；二是提升客户与品牌的情感联系，在社交媒体上形成品牌的差异优势；三是在社交媒体上建立客户对品牌的忠诚。这项研究还显示，营销经理认为对于在 B2C 市场上创立品牌，互联网最重要，社交媒体位居第二，第三是搜索营销，最后是内容开发和电子邮件营销（但是在 B2B 市场上，第一是互联网，第二是内容，第三是电子邮件，第四是社交媒体），由此可见，互联网在品牌建设中所占的位置依然很高。

（三）网络产品的品牌决策

企业若有产品在线销售，就会面临一些品牌决策问题：新产品是沿用已有的品牌还是重新创造一个品牌，是否将自己的品牌与其他公司的品牌组成联合品牌，网站该使用什么样的域名等。

1. 在网络上使用已有的品牌

对于新产品来说，企业可以使用现有的品牌，或者创造一个新的品牌。一个已有的品牌可以用于任何新产品，若品牌具有足够的知名度和价值，这样做更有意义。例如，亚马逊将音乐 CD、视频产品、软件、电子产品等加入公司的产品组合中。对于亚马逊来说，这些产品沿用已有较高知名度的品牌，而不是使用一个新的品牌是十分有益的，国内的京东就使用了亚马逊的这种品牌策略。同样，当企业将离线产品搬到网络上销售，形成一种在线延伸时，很多产品都沿用以前的品牌（如海尔，它的网络品牌是 haier. com）。事实上，20 世纪末 21 世纪初互联网的泡沫证明，只有传统商业模式下的品牌延伸到网络市场，才能为网络市场的持续发展带来力量。

很多公司不愿意对其在线产品和离线产品使用相同的品牌，这其中有诸多原因。首先，如果这个新产品或者营销渠道具有很大风险，公司就不想将好的品牌与失败的产品联系在一起，使品牌受到损害。例如，出版界有一本杂志《体育画报》（*Sports Illustrated*），出版商在试探性地进入在线出版领域时，并不想使用原有的品牌，而是使用一种延伸品牌，将网络杂志命名为《茁壮》（*Thrive*），在杂志的网站上并不提及该网络杂志与《体育画报》的关系。后来，《茁壮》被卖给了 Oxygen 媒体公司。

有时一个强有力的、成功的网络品牌也会对离线品牌进行重新定位。大多数在线产品具有高技术、酷、年轻的形象，这样的形象会渗透到离线品牌。例如，美国的 NBC 电视网络服务的市场比微软与 NBC 合作的 MSNBC 市场更加成熟，NBC 电视网络希望从 MSNBC 的市场上获得一些年轻的观众，因此决定仍采用原有品牌，并且对离线产品形象重新定位。在这种情况下，公司必须谨慎行事，以确保在线品牌能为离线品牌带来预期的效果，并且确保延伸的产品系列不会使产品形象变得模糊。由于在线品牌和离线品牌有不同之处，公司有时候也想为一些新市场和新渠道稍微改变一下名字。例如，《连线》杂志将其网络品牌的名字改为《热线》（*Hot Wired*），目的是传达这样一种信息，即产品富含高科技，也有利于对两种产品进行不同的定位。

2. 为网络营销创造一个新的品牌

如果一家企业想要创造一个新的网络品牌，就应该起一个好名字。好名字应该对产品的特征有所暗示，应该与竞争者的产品有所区分，并且能够形成有效的法律保护。在互联网上，一个商标的名字应该短小、易记、易拼写，并且能够很好地翻译成其他国家的语言。例如，生于淘宝、长于天猫，以坚果炒货起家的"三只松鼠"，凭借可爱的包装风格和丰富的产品品类开辟了网购零食新赛道，把从嗑瓜子、吃花生到消费进口坚果的消费升级和"淘品牌"打造之机完美融合，成立第二年年销售额即突破 10 亿元人民币，创业四年纳税额即超过 1 亿元人民币，直接创造 3000 个就业岗位，如今已拥有 600 多个单品，平均每年售出坚果 1.9 亿袋，累计销售零食超过 200 亿元人民币。

当前国内一些企业为追求眼球效应而在注册名称上有很多标新立异的做法，如"神马搜索"，"神马"这个名字大家肯定不陌生，是阿里和 UC 推出的新移动搜索引擎品牌。虽然有媒体猜测名字由来是希望用户在搜索的时候"想神马用神马"，不过总觉得有一股乡村非主流的气息。

3. 联合品牌

联合品牌是指两家公司将各自的品牌合在一起，为一个产品或服务命名。这种做法在网上十分普遍，只要两家企业的目标市场相似，合作的企业就可以通过声誉和品牌识别发挥协同优势。例如，2013 年 9 月，腾讯向搜狗注资 4.48 亿美元，并将旗下的腾讯搜搜业务和其他相关资产并入搜狗，交易完成后腾讯随即获得合并后搜狗 36.5% 的股份，国内两大搜索引擎正式合并。2013 年 12 月，腾讯搜搜正式启用了搜狗搜索的结果页面。2014 年，搜搜品牌消失。目前，搜狗估值超 30 亿美元。再如 2015 年 1 月，腾讯文学与盛大文学合并，成立阅文集团，阅文集团将统一管理和运营原有子品牌，包括 QQ 阅读、起点中文网、创世中文网、云起书院、潇湘书院、红袖添香、小说阅读网、中智博文、华文天下等。上述这两个案例是联合品牌的强力整合，从属方品牌迅速消亡，将用户流量及认知汇集到主品牌上，以实现最大的整合效果。另一个例子是全球最大的互联网服务提供商 EarthLink 公司。早在 1998 年，该公司就与 Sprint 电话公司合作。用 EarthLink – Sprint 这个联合品牌作为公司的品牌。它们不仅用联合品牌向 Sprint 公司的客户提供联网服务，还用这个联合品牌去吸引美国在线客户。

4. 互联网域名

企业花费大量的时间与资金去开发有影响力的独特品牌，目的是创造品牌价值。有"互联网女皇"之称的玛丽·米克尔发布的《2019 年互联网趋势报告》显示，截至 2018 年第三季度，全球有 3.42 亿个注册域名，域名注册量同比增长 3.5%。2018 年，在所有顶级域名中，约有 43.59% 使用 .com 国际域名后缀。截至 2018 年 12 月，共有 1508 种域名后缀 TLD（顶级域一般简写成 TLD，是域名中"点"之后的部分），全球约有 19.4 亿个网站，全球网页总数超过了 70 万亿，平均到每个人身上，约有一万个页面。世界上第一个网站于 1991 年 8 月 6 日由英国物理学家 Tim Berners-Lee 建立。

当前 51.8% 的互联网流量来自机器人，而只有 48.2% 的互联网流量来自人类。谷歌是全球访问量最大的网站，其次是 Youtube 和 Facebook。中国搜索引擎百度是全球第四大访问量网站。WordPress 是全球头号 CMS（内容管理系统），有 2260 万个活跃网站是用 WordPress 程序制作的，占市场份额的 59.7%。"纽约时报""福布斯"，甚至"Facebook 博客"等大型网站也是用 WordPress 程序做的。同时，WordPress 也是被黑客入侵较多的 CMS，83% 被入侵的网站使用的是 WordPress 程序，每天有超过 90 000 个网站被黑客攻击。

截至 2018 年 12 月底，我国网站数量为 523 万个，较 2017 年底下降 1.9%。2011—2018 年中国网站数量统计如图 6-3 所示。我国".CN"下网站数量为 326 万个，较 2017 年底增长 3.4%，网页数量为 2816 亿个，较 2017 年底增长 8.1%。2011—2018 年中国网页数量统计如图 6-4 所示。

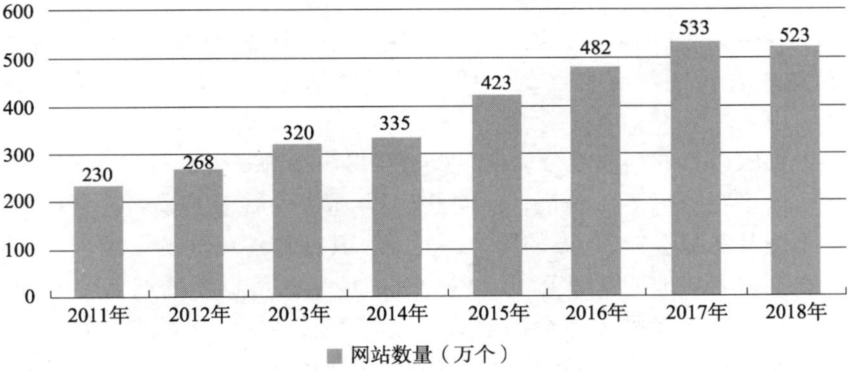

图 6-3　2011—2018 年中国网站数量统计

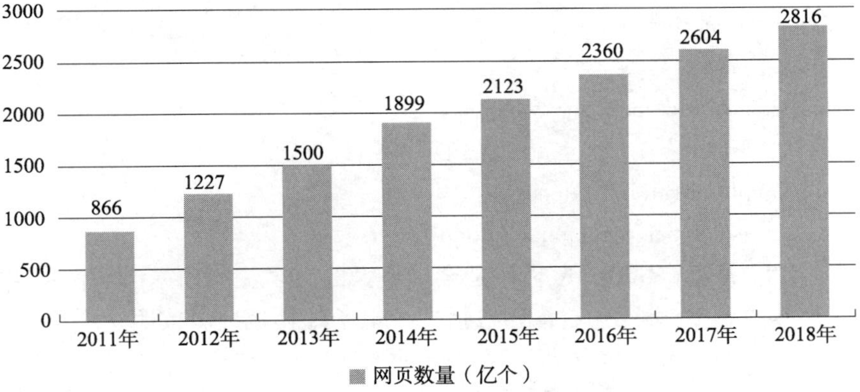

图 6-4　2011—2018 年中国网页数量统计

截至 2018 年 12 月，国内市场上监测到的移动应用程序（App）在架数量为 449 万款，我国本土第三方应用商店移动应用数量超过 268 万款，占比为 59.7%；苹果商店（中国区）移动应用数量约 181 万款，占比为 40.3%。

统一资源定位器（Uniform Resource Locator，URL）就是网站地址，有时也叫作 IP 地址

181

或域名。域名的分类方法非常巧妙，就像电话区号一样，能够帮助电脑使用者找到互联网上的其他电脑。URL 实际上只是一些号码，为了方便使用者记忆，域名服务器就将它翻译成网址。如果不是这样设计，那么你或许就要对朋友这样报出自己的域名：71.24.607.304。

"http：//"表明浏览器中的数据使用的是超文本传输协议，也就是通过超链接将文件连接在一起。有时，URL 字符串以"ftp：//"开头（FTP 为文本传输协议），这意味着支持 FTP 服务器将数据直接传送给用户［这些数据大多数都是像微软的 Word 文档这样的文件或者其他应用文档，而不是基于超文本标记语言（HTML）的文档］。www 并不是非要不可的，大多数的商业网站注册域名时把带 www 的和不带 www 的都注册了。有时，URL 是指向电子邮件的网站的，因此就用英语 mail 替代 www。

顶级域名分为三类，第一类以国家和地区划分的顶级域名，也就是说每个国家都有自己的顶级域名，如中国的".cn"、日本的".jp"等；第二类是国际顶级域名，也就是我们常见的".com"".net"".org"等；第三类是新兴的顶级域名，如".xyz"".shop"".chat"".top"等。公司购买域名时，首先要考虑注册哪一类的域名。在美国和其他一些英语国家，大部分企业都选择带.com 的域名，因为在寻找网址时一般客户都是输入公司名再加上.com 作为猜测的首选。有些国家有自己的一级域名，比如墨西哥是.mx，英国是.uk，德国是.de。

有时，一个国家以外的企业或公司也会设法获得该国的一级域名。其中有许多有趣的诀窍。例如，很多医生在摩尔多瓦登记，以便获得以.md 为后缀的域名。到目前为止，大多数的商业网站都为其品牌选择.com 的网址。然而，其他许多可能的一级域名仍可以作为选择的对象。互联网域名与地址管理公司（ICANN）是一家负责全球域名分配和注册服务的非营利机构，该机构通过专家委员会的模式来制定互联网的一级域名，如.xxx、.post 等。edu 和.com 是 1985 年定的。据最新统计，目前全球通用顶级域名主条目有以下几类。

①无赞助：.biz.com.edu.gov.info.int.mil.name.net.org.pro.xyz

②赞助：.aero.cat.coop.jobs.museum.travel.mobi.asia.tel.xxx

③基本架构：.arpa.root.tel

④审批阶段：.post

⑤申请阶段：.geo.kid.mail.sco.web

⑥删除/退休：.nato

⑦预留：.example.invalid.localhost.test

⑧伪域名：.bitnet.csnet.local.onion.uucp Others

截至 2018 年 12 月底，GoDaddy 仍然是全球最大的域名注册商，市场份额 49.98%。该公司对域名注册年收费 10 美元左右，还包括一个电子邮箱地址。按照这个价格，学生可以较少依赖非专业的网站（如新浪网站）发送电子邮件，并给招聘人员留下更加深刻的印象（如"姓名@姓.com"这样的电子邮箱地址）。

我们面临的一个问题是词典里 97% 以上的词汇都已经被注册为域名了，这样一来，企业所期望得到的域名就有可能得不到了。一个照搬词典得来的名字可能并不是理想的选择，它很难建立起竞争优势，因为在字面上它已经有一定的意思。小米公司将域名由 xiaomi.com 更改为 mi.com，外界普遍认为这是和小米的国际化战略有关，毕竟 mi.com 比之前的域名更加简洁，即便是在不同的国家和地区，也更容易让人记住，品牌辨识度比之前的 xiaomi.com

更强。百度公司域名为 baidu. com，"百度"二字来自 800 多年前南宋词人辛弃疾的一句词"众里寻他千百度，蓦然回首，那人却在，灯火阑珊处"。这句话描述了词人对理想的执着追求。"百度"这个名字起得非常好，意蕴悠长，简单好记，还隐含了"搜索"之意。2018年，国家工信部对". baidu"顶级域名进行了批复，同意百度成为". baidu"顶级域的域名注册管理机构，这意味着以后在注册域名的时候可以选择". baidu"作为后缀了。以企业名称为域名后缀的，国内企业独此一家。这对于百度而言无疑是个好消息，百度的影响力也将因此更上一个台阶，其品牌影响力将大大提升。在国际上，谷歌的名字来自数学术语 googol，意为 10 的 100 次幂，谷歌有以自己企业名称". google"为后缀的顶级域名，但到目前似乎并未对大众开放。

Ntldstats 公司公布的数据表明，目前新顶级域名的注册量已突破 1700 万，这当中有约 54% 的域名持有人为中国人。占据新顶级域名注册榜首的是谷歌大力推出的 . xyz，而 . top 和 . wang 紧随其后。投资人持有域名的统计图表上，前十位拥有顶级域名最多的持有者中，中国投资人占了 7 席；而在前百位持有者中，中国投资人的占比达到了 83%。

有些消费者不清楚通过什么样的域名来寻找公司的网站。墨西哥的酒店 Posadas 购买了 17 种关于酒店名称不同拼写的域名，目的是使顾客查找更容易。可口可乐公司注册的域名除了注册常规的域名外还包括在 cocacola 加上不同的级域名，如 . net、. info、. us、. org、. me 等。

为了吸引用户访问网站，使企业的营销沟通信息保持一致，选择恰当的域名至关重要。例如，时代华纳公司的 Pathfinder 是该公司的第一个网站，在该网站上用户可以浏览到很多声誉卓著的期刊，如《人物》《时代》《财富》《金钱》《娱乐周刊》等。Pathfinder 网站的《新媒体》杂志（New Media）的编辑丹·奥克伦特（Dan Okrent）抱怨说，该网站犯的最大的错误就是选择 Pathfinder 作为网站的域名，Pathfinder 并不能很好地利用公司杂志品牌的认知，因此，公司就丧失了对其品牌价值的利用。

三、服务

在产品的销售过程中及销售后提供的客户支持是价值诉求中十分关键的环节。客户服务代表应具有丰富的产品知识，并十分关注客户的体验。关注建立和发展客户关系的企业（如亚马逊公司的网站）会把公司最优秀的员工安排在客户服务部门。在网站创办的早期，亚马逊公司的创始人兼首席执行官杰夫·贝佐斯甚至亲自回复一些客户发来的电子邮件。有些产品需要特别的客户支持，如当一些客户想购买产品评价软件来做邮件新闻或邮件数据库设计时，技术支持就变得很重要。客服代表帮助客户解决产品安装、日常维护、产品质量和售后保修等问题，并在平日的工作中提升客户对公司产品的满意度。

CompUSA 股份有限公司是美国最大的计算机零售商，能够灵活地运用在线和离线的渠道改善产品服务。在公司的网站上，客户只要输入所在地邮政编码就能够查询到距离最近的五家实体商店中任何产品的性能和价格，也能通过搜索网站中产品的序列号来了解送修的计算机维修的状况。客户服务是产品收益中的一部分，是客户关系管理的一个重要部分。如今，客户服务已经成为比企业之间的竞争优势更为重要的因素。

例如，小米手机研发的主要产品有小米 M1、小米手机青春版、小米手机 1S、小米手机 1S 青春版、小米手机 2、小米手机 2S、小米手机 2A、红米手机 1、小米手机 3、小米 4、小米 note 等。小米手机的上门退换货服务由凡客的"如风达快递"承担，覆盖全国 20 多个城市。用户在电话联系小米客户服务热线确认手机需要返厂维修后，即可由快递上门取货。并且，小米后续将开放一些自检点帮助用户检测出现问题的手机是否需要返厂维修。

在线交流已经成为客户服务中的重要一环。只要用户处于连线状态，就能与客服代表进行实时沟通。这种沟通可以是在购物过程中，也可以是在购物完成以后。资料显示，尽管参与在线交流的客户只占网络用户的 2%，但只要是参与了在线交流，客户购买产品的可能性就是其他有意购买的人数的 7.5 倍。

四、标签

产品的标签可以用来识别产品的品牌、生产的公司、产品成分，同时为使用者提供使用说明，甚至还有一些促销信息。有形产品的标签可以带来对产品的认同感，并影响购买决策。在网络世界，标签是各种数字标识。就在线服务而言，标签上有产品使用条件、产品特征及其他的产品信息。例如，如果用户从网站上下载 App 软件，用来整理移动终端中的音乐，他首先会阅读标签了解软件的安装和使用方法。

另外，许多公司的网页上有大量的合法使用的版权信息。例如，微软公司，它在网页上说明允许其他企业复制其产品标识，不必事先征得微软公司的同意，但是在公司过去的网站上，其他企业若要使用网站的标识，或者将其印制在实体产品上，都必须事先征得公司的同意。2019 年 7 月，亚马逊发布了最严苛的产品标题政策，其中，最大的变化是把标签字数由原本的 200 个字改成 50 个，而且产品的标签与产品标题必须一致，否则会被拒收或不予配送。大多数卖家就产品标题政策变更纷纷表示不赞同，字符越来越少，标题关键词设置就越来越难了。面对这种争议，亚马逊不久又把字符限制改回了 200 个字符。

很多人认为所谓的产品标签管理就是博客标签、知识库标签或搜索引擎关键词。事实上，网络营销领域的产品标签管理是特指在网站或移动应用中收集数据的一种手段。这些标签通常会收集访客行为信息，也可用于发布产品功能，如实时聊天、广告或调查等。通过标签管理，网络营销人员或开发人员可以在他们的页面上部署一个主标签，然后通过直观的 Web 界面只需很少的时间就可完成添加、编辑或删除任何其他供应商标签的操作，相比之前的手动操作代码方式节约了大量时间。标签管理可以帮助营销人员及其所在企业有更多的数字营销解决方案。在核心层面，标签管理有助于提高营销敏捷性，降低成本并提升网站性能。在更具战略性的层面上，它有助于改善数据治理和控制，最大限度地扩大营销技术投资，简化数据集成流程，并推动所有数字接触点实现更有利可图的实时客户交互。

第三节　网络营销促进产品开发

从原子到比特，从实体环境到虚拟环境的转变，使在线商品的供给过程变得更加复杂。企业的研发部门必须综合使用数字文本、图形、音频和视频等各种手段来进行产品的开发。为了使交付产品的过程更加有效，企业还必须将前台的客户服务工作和后台的数据收集与处理程序结合起来。这些工作对传统企业提出了更高的要求，使它们的学习曲线变得十分陡峭。因此，网络经营者必须考虑新技术条件下如何进行产品开发，如何制定产品组合的营销策略。

一、客户协同设计

随着互联网在全球的广泛应用，传统意义上的空间距离丧失了其重要意义，许多以往不常见的商业合作关系及企业与消费者合作的模式层出不穷。合作双方试图形成一种协同优势，设计出能够传递价值的消费者产品。例如，戴尔电脑公司曾经将 25% 的电脑显示器订单交给一家供应商，接到订单以后，该供应商便派工程师参与戴尔公司的产品开发团队的工作，戴尔电脑公司的员工向客户进行新产品介绍时，这些工程师就站在他们的身边。

互联网技术还方便了超越国界的虚拟化合作。例如，软件开发者总是希望从客户那里获得尽可能多的信息。网站、移动设备中的应用软件等都有 Beta 测试版，这时产品还在开发阶段，客户可以试用，并将试用的体验告知开发商，由开发商进行改进。这个过程可以进行多轮，网络浏览器、客服软件等都用这样的方式进行开发。客户参与软件产品开发的过程如图 6－5 所示。

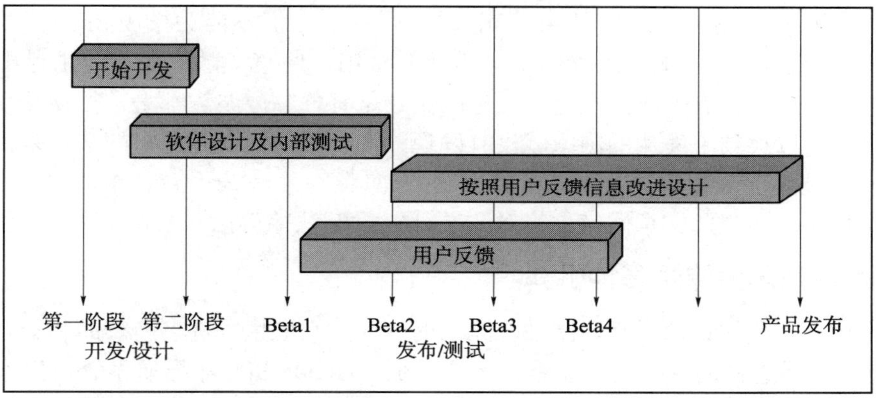

图 6－5　客户参与软件产品开发的过程

乐高玩具制作公司（LEGO）的案例也是一个有趣的例子，该公司允许客户下载公司软件来进行虚拟的玩具设计，设计完成后，客户可以将自己设计的宫殿、机器人等上传到公司网站，其他客户都能看到这些设计。乐高公司就是用这种创新的方式让客户参与，而且了解到什么样的玩具会在实体商店里畅销。

克里斯·安德森在撰写《长尾理论》时，将书的初稿挂在自己的博客上，让读者对这种新理念品头论足。正是在与读者的互动中，这本新书出炉了。微软公司在将 Windows 2000 操作系统推向市场前，曾邀请 65 万名客户对其进行测试 Beta 测试（由软件的最终用户在一个或多个场所来进行测试，开发者通常不会在场），这项研发投资为微软创造了 5 亿美元的价值。在许多情况下，客户希望参与产品的设计过程，客户希望与企业进行交流，以确保可以获得满足自身需求的产品，而不仅仅是那些"设计天才"认为可以畅销的商品。

今天，许多公司允许客户加入网站内容的制作中来，客户可以在普通网站或者社交网站上制作广告和其他的网站内容。在亚马逊公司的网站上，有客户对产品的评价，也有人撰写博客。百度鼓励学者在百度文库上传文档资料，可以获得一定积分。在另一些公司的网络社区中，也有客户参与论坛（如淘宝论坛等）。为了鼓励评论者说话有理有据，口碑网还允许所有的网络用户都来对评论者的评论打分。企业与客户的内容合作开发可以利用网络微博，写微博的人鼓励大家评头论足，以此来提高微博内容的价值。

好的企业总是非常重视客户的反馈信息，目的是改进产品。有些企业还专门辟出博客专栏，就是为了收集客户的评价。一个比较好的例子是星巴克公司开发的"我的星巴克点子"网站，以此聆听客户的想法。目前国内的电商企业都在开通自己的微信公众号，希望第一时间了解客户对企业和产品的评价。

然而，有时候反馈信息并不令人愉快。随着网络用户的增加、5G 应用推广、视频网站和社交媒体普及，网上客户忠诚度维系困难，再加上客户对企业信任度的下降，不管产品是好是差，这样的信息总是可以很快传遍千家万户。在这样的环境下，精明的企业会充分利用通过网络传递的客户信息。正是因为密切关注网络上的信息，一些公司捕捉到了在网络上广泛传播的一些谣言，这些谣言让一些公司的实体门店在很短的时间里销售量下降了不少。例如，2014 年，网上流传一篇题为《莫忽视微波炉的危害》的文章，文章称"长时间待在微波炉旁会引起心跳变慢，睡眠被扰乱，记忆力也会发生变化。此外，微波炉对食物的破坏十分可怕，煮过的或仅仅回了一次锅的、解冻过的食物，使用微波炉加热就不再有任何活性维生素了，只剩下一些热量在胃里'滥竽充数'。因此，人们不能为图方便就经常使用微波炉。"这则谣言就像瘟疫一样，几个月时间就蔓延全国，使整个微波炉行业销量出现了大滑坡。这是典型的无中生有，故意捏造。无论欧美还是日韩，微波炉都是常见物品。倘若它真有那么可怕，何以科技更发达的国家就没有发现，而要用一篇毫无逻辑的文章来揭秘？2019年，公众号"差评"发布名为《拼多多店铺沦为博彩网站洗钱平台，单店日洗钱 50 万！》的文章，次日拼多多就此文章回应称将对"差评"发起法律诉讼，索赔 1000 万元人民币。

二、互联网环境催生多种机遇

在第一章中，我们讨论了互联网独一无二的特征，它催生了许多新产品和新企业。定位服务（LBS）就是这样的一个例子。全球定位系统（GPS）和北斗导航系统可以通过智能手机及其他各种无线上网设备为用户定位，方便其找到餐馆、零售商店等设施，这对企业来说又创造了许多新的商机。当前很多网络汽车销售公司与网络贷款平台合作，衍生出更多机遇。例如，瓜子二手车直卖网和中国工商银行网络贷款咨询平台合作，联手为用户提供服务。瓜子二手车直卖网提供网络搜索，介绍优惠的抵押贷款和其他各种贷款。互联网的诞生为这些公司带来的利益是难以想象的。这些公司代表了一种新的中介类型。特别是电子商务平台模式的成熟，催生出很多新的机遇。以"智慧零售"为代表的电商正在激发人才新需求。传统零售百货、商超企业加速拥抱互联网，纷纷涉足电子商务、新零售业务，随着产业结构的调整，相应地带来就业结构、工作岗位、人才技能的改变。例如，像盒马鲜生这样的"新面孔"中，就创造了诸如"小盒"、捡货员等新型就业形式，目前，全国 100 多家盒马店提供了超过 1 万个新零售新型就业岗位。每店只设一位的"小盒"是一个营销岗位，他们是盒马业态中与客户在线上交流的一个关键角色，时而需要化身为主播，时而变成社区管理员，在线与客户保持高频互动。

互联网是一个信息均衡的平台，这就意味着激烈的竞争、产品的相互模仿及极短的产品生命周期。在线拍卖就很具有代表性。就在 eBay 开展在线拍卖业务不久之后，亚马逊和国内其他一些网站也开始模仿 eBay 经营在线拍卖业务。现在，一些城市的餐厅在食客较少的时段，甚至用在线拍卖晚餐的方式来吸引客户。一些团购网为广大的客户提供新的竞争方式，拼多多就是一个明显的例子。大多数搜索引擎有趋同的趋势，在这种环境下，网络服务只有走差异化的道路才不至于犯下实体市场的错误（如日用品、家电甚至智能手机打价格战）。

三、网络营销的新产品战略

许多新产品（如微信、抖音等）是由一些独家经营的企业推出来的，是公司在最初成功的产品基础上推出的新产品。另外一些企业（如微软、360 等）则是将互联网产品捆绑到一个已经很成功的产品组合中。产品组合战略能够帮助营销人员制定战略，将在线产品与离线产品整合在一起。

（一）产品组合的主要战略

企业应该如何将新颖的产品构思融入当前的产品组合中去呢？企业可以采用的新产品战略有六种，其中，非连续创新产品战略所具有的风险是最高的，而低价格的相同产品战略则是风险最小的。企业可以根据营销目标和其他的各种因素（如风险偏好、品牌价值、可利用的资源、竞争优势等）选择一种或几种产品战略。

①非连续创新产品：指的是开发一种以前从来没有的新产品。呼啦圈、电视机、微波炉在刚刚问世时就属于非连续创新产品。在互联网上，第一个网页制作软件、购物代理、搜索引擎等都属于这一类。例如，有一款有关身体扫描的硬件和软件产品，它是李维斯公司开发的个性化裤型服务系统，这对那些不能找到合适的衣服或者希望在衣服设计方面有更多个性化的客户来说是一个很好的主意。此外，它还有利于制造商和零售商提高客户忠诚度，降低库存成本，避免季节性折扣。再例如，3D 成像技术就是靠人两眼的视觉差产生的。人的两眼（瞳孔）之间一般会有 6.5 厘米左右的距离。要让人看到 3D 影像，就必须让左眼和右眼看到不同的影像，使两幅画面产生一定差距，也就是模拟实际人眼观看时的情况。3D 的立体感觉就是如此由来的。还有一个非连续创新产品的例子是社交网络。社交网络使网络用户拥有大量的沟通对象，既可以是为了娱乐，也可以是为了获得经济利益。2012 年，谷歌公司开发了 675 000 种安卓版应用软件，这些应用软件趣味性强，能用于娱乐和教育。

颠覆性创新是非连续性创新的一个分支，指的是对现有市场的一种颠覆性变革，有时也称作"颠覆性技术"。比较典型的例子是数字音乐下载颠覆了 CD 唱片的市场，电子出版物颠覆了纸质的报刊市场，GPS 定位设备颠覆了纸质的地图市场，脸谱网、推特网的出现彻底改变了人们的沟通模式，智能手机取代传统手机，移动支付正在不断颠覆传统的商业形态。正因如此，企业必须密切关注新技术的发展。

虽然这种战略的风险极大，但是成功的回报却很丰厚。采用非连续创新产品战略的网络经营企业必须懂得客户了解和接受新产品要有一个过程，因为这是他们从未做过的事。企业面临风险是因为客户需要从充分熟悉产品，到能够驾轻就熟，再到他们感觉物有所值以后才会转变他们的消费行为。如果目标客户是 35 岁以下的年轻人，风险就会小得多，他们对新鲜事物有一种天然的亲和力。

②新产品线：如果企业用一个现有的品牌为完全不同的新产品命名，就形成了新产品线。例如，微软公司介绍和推广 IE 浏览器时，就创造了一种新的产品线。因为网景公司已经开发出了浏览器，所以微软的浏览器并不能算是非连续创新产品。遗憾的是，网景公司的产品已经退出市场。近年来，三星、苹果、华为、小米等智能手机都不断推出新一代产品。

③产品线延伸：如果企业只是增加现有产品的花色品种，那只能算是产品线延伸。例如，《环球时报（网络版）》只不过是纸质的《环球时报》的在线延伸，是《环球时报》产品线的又一个品种。我们提到过谷歌公司、百度公司、腾讯公司有许多条产品线（搜索引擎、广告、网络应用、云服务、企业版产品等），所有这些产品都提升了品牌的知名度，也

增加了品牌价值。

④对现有产品的改进或调整：这会形成一种新产品，它也可以替代旧产品。例如，以网站为基础的电子邮件系统是对基于客户端的电子邮件系统（如 Eudora 和 Outlook）的发展，用户可以从任何联网的计算机、移动终端上收发电子邮件。

⑤重新定位的产品：这是将现有产品定位于不同的目标市场，或者提供新的用途。前文中已经提到，原先的雅虎公司一开始定位于网络搜索引擎，后来又将自己定位为门户网站（提供多种服务），国内的新浪、搜狐、网易也是如此。如今，公司将自己重新定位为生活引擎。由此看来，雅虎公司开始与行业领军者美国在线公司抗衡，当初为了避免与主要的竞争对手谷歌公司发生正面冲突，它把目标市场定位为年轻的网络用户。

⑥低价格的相同产品：这种战略用低价与现存的品牌展开竞争，赢得价格上的优势。例如，国内华为、小米、OPPO 等智能手机生产商，虽然在市场定位上有所差别，但在低端市场上都推出各自 600 元左右的品牌手机。亚马逊的定价哲学是，不论电商还是云计算，都采取低价策略的主要目的就是要让潜在竞争者认为无利可图，没有兴趣进入。从卖一本书开始，1995 年 7 月贝佐斯创立了亚马逊。20 多年后的今天，亚马逊市值已达上万亿美元，成了全球最大网络零售商和第二大互联网公司，仅次于谷歌。现在，世界顶级公司都在角逐云计算市场，正是因为贝佐斯坚持把战略建立在不变的事物上，使 AWS（Amazon Web Services）在云计算领域攻城略地，微软 Azure、谷歌 GCE、IBM Softlayer 和阿里云四家的市场份额加起来也不及一个 AWS。在中国市场，京东坚持了亚马逊的低价策略，通过提升运营效率，持续的低价手段拖垮了竞争对手。Mail Chimp 邮件服务公司与 Constant Contact 邮件服务公司展开竞争，它们推出的产品是免费电子邮件营销服务，目标市场是各类企业。Mail Chimp 的邮件服务的收费标准是 500 封电子邮件收费 10 美元，Constant Contact 邮件服务的收费标准是 500 封电子邮件收费 15 美元。互联网在发展的过程中产生过许多免费的产品，这是因为企业希望先抢占市场，赢得客户群，然后推出其他产品。

（二）投资回报

近年来，互联网企业由于获得了不少风险投资者的青睐，得到空前的发展。但是在持续"烧钱"之后，我们发现许多互联网企业始终难以走出不赚钱的困境。或许在早期的投资者眼中，亏损并不说明互联网企业没有前景，但是也要互联网企业尽快找到盈利模式和业绩增长点，尽早实现盈利，单纯大把烧投资者的钱，这样的情况很难长期持续下去。

数据显示，2018 年，滴滴亏损 109 亿元人民币、美团亏损 24 亿元人民币、爱奇艺亏损 31 亿元人民币。面对互联网企业的大面积亏损，业内专家表示，互联网时代已经不是那个免费就有用户的时代，未来更是如此。这就需要互联网企业思考社会需要什么、以什么形式提供问题，如果偏离了社会真实需求，终究摆脱不了亏损甚至破产的噩运。

因此，互联网企业在向市场推出新产品时（不管是在线的还是离线的），进行网络营销评估尤为重要。在新产品上市以前，企业通常要预测一定时期之后产品将创造的收入，从中扣除营销成本和其他各种费用，计算出新产品的投资回报率。通常品牌经理设法证明新产品将产生较高的投资回报率，或者产品将在短期内收回投资，说明对新产品的投资是值得的。收回投资是指按照预期的销售水平，在一段时间以后，企业可以收回研发费用和其他各种成本支出。用同样的方法，可以计算出项目收支平衡的日期，然后是盈利期。对企业来说，多长时间达到收支平衡是合适的呢？2019 年，国内一些企业经营者认为在互联网行业，创办一家上市公司可能只需要三年，但创办一家盈利的公司，可能需要五年甚至更长时间。一个典型的数据是，据燃财经统计，从 2018 年至今，在港股和美股上市的 48 家互联网公司，有 28 家处于亏损状态，其中有 19 家已经至少连续三年亏损。当然，各个行业的投资回报期限是不一样的。

例如，大型飞机制造公司研发一种新飞机，预期的回报期长达 20 年。而在互联网领域这种回报周期也是不同的。2000 年，阿里巴巴是中国的一家小型电子商务公司。孙正义在北京与马云交谈了 6 分钟之后，就决定向阿里巴巴投资。当时孙正义计划投资 4000 万美元，不过最终只投入了 2000 万美元，获得了阿里巴巴 34.4% 的股份。然而 14 年之后，当阿里巴巴在美国纽约证券交易所上市时，孙正义的软银所持有的股份市值达到 580 亿美元，孙正义一夜之间成为日本首富。股神巴菲特从 14 岁开始投资，到 83 岁，用了近 70 年的时间，个人财富才超过 580 亿美元，而孙正义在阿里巴巴 14 年就达到了 580 亿美元。再举一个例子，2001 年，Naspers 以 3300 万美元收购了腾讯 46.5% 的股份，此后受股权增发等因素影响，比例有所下降，但依然是腾讯的第一大股东。2004 年 6 月 16 日，腾讯正式挂牌上市，当日以 4.375 港元开盘，较发行价高出 18.24%。近几年，腾讯股价一路上行，接连创出新高。截至 2018 年 1 月 29 日，腾讯最高价 462.6 港元，与 2004 年的最低价 3.375 港元相比，14 年间股价（后复权价格）涨幅高达 700 多倍。粗略计算，Naspers 的这笔投资最高增长至约 1700 亿美元，浮盈超过 5 152 倍，远远超过了 Naspers 自身的市值。

互联网成功发展以来，为市场创造了一大批有潜力的企业，如谷歌、百度、字节跳动和拼多多等。随着社会经济的不断发展，科技水平的日益提高，对互联网行业的投资也已经过了狂热期。就现阶段的经济而言，想要对互联网行业进行投资，首先要考虑资金来源、创业方向及企业是否被需要的问题。无论如何，投资回报率和收支平衡点都是重要的网络产品绩效考核指标，是判断新产品销售的内在动力和能否获得市场成功的标准。

📀 本章小结

产品是指具有各种能够满足企业和客户需求的利益的一个集合体。为了获得这些利益，企业和客户愿意用货币购买或舍弃其他的价值。这里所说的产品可以是有形产品，也可以是服务、理念、人才和场所等无形的产品。产品为客户提供价值，由客户认可，影响着客户的预期，并且可以适用不同的价格水平，将这些集合在一起，就是产品体验。

网络企业可以通过五种产品决策产生的不同收益来满足客户的需求。其中产品属性、品牌、服务、标签都可以为实现网上交易而发生从实体到虚拟的转变。企业为在线销售制造新产品必须考虑是使用原有品牌，还是为新产品创立新品牌，是否选择联合品牌，挑选什么样的域名。客户服务是价值体系中的重要组成部分。在线标签就是数字化的产品标签，它可以发挥与离线标签相同的作用。

在为产品设计品牌时，企业应该考虑到产品所蕴含的文化、品牌名称和客户群体。企业应该设法将客户从产品的感知者发展成为产品的倡导者。在开发网络新产品时，网络经营者可以与客户合作设计产品，在网络上征求客户对产品的反馈信息，并使用互联网资源来寻找更多的机会。企业可以利用六种新产品战略（非连续创新产品、新产品线、产品线延伸、对现有产品的改进或调整、重新定位的产品及低价格的相同产品），同时，要估计新产品给企业带来的收入、消耗的成本及投资回报率，为企业的决策提供依据。

🔄 复习题

1. 在网络上使用现有的品牌，赞成的意见是什么？
2. 列出六种新产品战略，并且给出网络营销中的相应例子加以说明。
3. 为什么价值问题会贯穿产品体验的始终？
4. 选择互联网域名有哪些重要标准？
5. 网络标签的作用有哪些？
6. 网络经营者应该利用怎样的技术来帮助新产品开发？
7. 网络经营者为什么需要事先评估新产品的收入、支出、投资回报率及收支平衡？

第七章　网络营销价格

案例导引

瑞幸的定价策略

当美国的星巴克进入中国时，它承诺每 15 个小时开一家新店。现在，中国本土的竞争对手瑞幸咖啡计划每 3 小时开一家高科技新店，目标是打败这家美国巨头。这家中国的初创企业正在烧掉数百万美元，用极低的折扣吸引顾客，挑战星巴克的霸主地位。该公司瞄准的人群是喜欢咖啡外带或配送上门的上班族和学生。2018 年，瑞幸咖啡已布局门店 2073 家。2019 年 5 月，瑞幸在美国纳斯达上市。2019 年新开店 2500 家，2019 年底总门店数已超过 4500 家，门店数和杯数全面超过星巴克。

星巴克为顾客提供休闲或办公的空间，而大多数瑞幸门店更像"外卖店后厨"。这些店铺跟单间公寓差不多大，没有桌子、展示柜台甚至收银机，因为所有的付款都是在手机上完成的。瑞幸这种不加修饰的风格意味着，与其他全球品牌相比在价格上非常实惠。

在星巴克，中杯拿铁的价格为 31 元人民币，而同样的咖啡在瑞幸却只要 24 元。平时，瑞幸有各种优惠打折券在各种群分享，"双 11"还有咖啡券买一赠二（例如，用户通过瑞幸咖啡手机 App 或微信小程序均可参与，每位客户最多可购买 5 张。饮品券将预存在咖啡钱包内，购买后即可使用，有效期 3 年。券有 3 类，分别为 21 元、24 元、27 元，对应三档饮品价格，结算时可抵扣相应面额的商品费用，但不包含风味糖浆及配送费，不设找零，超额需补差价，一次可使用多张饮品券），满 35 元免外卖费的活动，让喝一杯外送的咖啡和喝一瓶便利店雀巢咖啡的成本差不多。若在平时，用折扣比较低的打折券，一杯咖啡的价格大概在 15 元到 18 元左右。至于星巴克外卖，就没有瑞幸那样打价格战的念头了，咖啡并没有因为是外卖就有打折或者满减。星巴克外卖的价格是：中杯加了覆盆子糖浆（糖浆另收 3 元）的浓郁咖啡拿铁 36 元，大杯焦糖咖啡星冰乐 35 元，外卖费 9 元。

英国欧睿国际咨询公司的数据显示，星巴克在中国 34 亿美元的咖啡市场中份额占八成。近年来，瑞幸的迅速发展主要在体现在以下几个方面：①价格：瑞幸的价格比星巴克便宜 5~10 元，这是它的最主要的优势，因为星巴克对于很多人来说还是偏贵的。②密度：瑞幸的门店分布密度比星巴克更大，这就能让很多人更加方便地喝到咖啡，也能跟其"外卖策略"相辅相成。③新零售数据：瑞幸是自建 App，而不是靠微信等其他平台，这就能让它获得更多的数据，而这部分数据，就能有效提升瑞幸各方面的效率；当然，自建 App 还能更自由地使用更多促销方式，注册企业用户之后会更加便宜。另外，通过 App 还能查询订单、管理账户和管理发票，这对企业用户来说，也算是提供了便利。④互联网属性：瑞幸是一家互联网公司，而不是传统的咖啡店。⑤新鲜：虽然新鲜程度比不上"堂食咖啡"，但相对于袋装速溶咖啡和便利店瓶装咖啡来说，它还是很新鲜的。

第一节　互联网改变了企业的定价策略

从狭义上讲，价格是人们为得到某种商品或服务支付的货币数量。从广义上讲，价格是指消费者为获得某件商品或某项服务与销售者所做的交换，这其中包括货币、时间、精力和心理成本等。在整个经济发展过程中，价格都是由买卖双方协商确定的。在一些新兴的市场经济国家，人们依然用这种模式来确定价格。固定价格策略（就是对所有的消费者规定相同的售价）是一种相对新颖的价格策略，它是伴随着 19 世纪末商品制造业和零售业的发展而兴起的。进入 21 世纪，互联网将我们带回到动态定价时代，即针对不同的消费者制定不同的商品价格。

信息技术的发展使得网络市场中商品定价更复杂，同时改变了企业的定价方式，对网络经营者来说更是如此。此外，由于消费者权利的增加，他们在一定程度上拥有了商品的定价权（如网上拍卖商品）。在互联网环境中，特别是当人们将互联网作为信息渠道时，商品定价增加了价格透明度，企业和消费者都可以通过网络了解一种商品所有生产商的售价。互联网的这种特征将有助于商品网上销售，促使网络市场成为一个更加有效的市场。

与传统营销一样，网络营销产品定价一样要由市场这只"看不见的手"来决定，价格是由市场供应方和需求方共同决定的。市场通过价格杠杆来配置市场资源。但市场经济中存在资源配置效率的问题，是它在左右着市场中生产与需求的关系。意大利著名经济学家帕累托考察了资源的最优配置和产品的最优分配问题，提出通过改变资源的配置方法来实现

"最优供需配置状态"，又称"帕累托最优状态"。

互联网应用将为企业其他职能部门业务带来一些成本费用节约。在工业经济时代，需求方特别是消费者，由于信息不对称，并受市场空间和时间的隔离，不得不处于一种被动地位，从属于供应方来进行满足需求。买方由于对价格信息所知甚少，所以在讨价还价中总是处于不利地位。互联网的出现不但使得收集信息的成本大大降低，而且还能得到很多的免费信息。网络技术发展使得市场资源配置朝着最优方向发展。在网络营销中，市场还处于发展时期，企业进入网络营销市场的主要目标是占领市场，求得生存发展机会，然后才是追求企业的利润。目前，网络营销产品的定价一般都是低价甚至是免费，以求在迅猛发展的网络虚拟市场中寻求立足机会。网络市场分为两大市场，一是消费者大众市场，另一个是工业组织市场。前者属于成长市场，企业面对这个市场时必须采用相对低价的定价策略来占领市场。对于工业组织市场，购买者一般是商业机构和组织机构，购买行为比较理智，企业在这个网络市场上的定价可以采用双赢的定价策略，即通过互联网技术来降低企业、组织之间的供应采购成本，并共同享受成本降低带来的双方价值的增值。

本章我们将从经济学的视角考察，系统地研究网络如何成为一个有效的市场。另外，我们还将讨论买方和卖方对价格的不同观点，并且解释一些传统的定价策略在互联网市场更加有效的原因。

第二节　买方和卖方的定价观点

买方和卖方由于所处的立场不同，因此对价格的认知也不同。买卖双方出于不同的目的推出各自认为合理的价格，然后，双方通过协商确定价格并达成交易，否则，交易就不会达成。

一、从买方的观点看问题

在市场经济环境下，买方对价值的界定是收益减去成本（价值＝收益－成本）。我们讨论过利益的各种形式，说明互联网给企业和个人都带来了各种利益。接下来，我们将讨论上述等式的另一个要素，那就是成本——货币、时间、精力和心理成本。

（一）实际成本

如今，网络上买方哪怕是仅仅要了解产品的货币成本，也要学习很多东西。卖方标出的价格往往并不包含一些隐性的要素（如运输费、消费税等）。卖方会把这些要素有意隐藏起来，直到网络交易的最后一个环节才显示出来。表7-1显示的是截至2019年7月31日，余秋雨的《行者无疆》（2012版）网络零售价比较。表中的价格很清楚，但是非常复杂，消费者要自己去弄懂它们，做出正确的比较。价格表中并没有包括消费税，因为各个国家的消费税税率不同，一个国家中的各个地区也不同，这又是一个复杂的因素。表中列出的最低价是淘宝网店的价格，但是没有人们对它的评价。那么，有没有必要多付几元钱，挑选人们好评比较多的网站去购买这本书呢？不同的网站，不同的地方，快递费也是有区别的。最后，为什么买同样的一本书（包括运费），最高价和最低价的价差近10元呢？

表7－1 《行者无疆》网络零售价比较 单位：元

星级/评阅人数	价格	运费	含运费价
＊＊＊＊/60	23.10	6	29.10
＊＊＊＊/550	27.99	5	32.99
无	23.10	免运费	23.10
＊＊＊＊/61570	26.70	5	31.70
＊＊＊＊/8995	23.70	6	29.70

　　除了货币成本以外，消费者还要支付时间成本、精力成本和心理成本。有时，由于网速慢、搜索信息困难及其他技术问题，消费者不得不花费更多的时间和精力，直至最后灰心失望（心理成本）。网络上的购物代理方便了消费者通过网络对比了解商品的最低售价，但是这种对比的过程增加了消费者的时间成本。例如，消费者登录京东旅行或携程旅行网搜索最低飞机票价，所花费的搜索时间与节约的费用相比微不足道。网络用户应该知道，网站上并没有包括所有航空公司的评价信息（如携程旅行网上没有浙江长龙航空公司的机票信息）。如果是搜索一本书的售价似乎就不合算了，因为这关系到多种因素，如网上搜索时间、搜索节约的费用、消费者对商品的熟悉程度及搜索经验等。互联网远没有达到尽善尽美，然而随着4G的普及5G的到来，移动技术的进步，企业会制定出更加完善的网络经营策略，其中一些费用将会随之下降。

　　尽管如此，消费者通过网络购物，还是能节约多种成本的。网络购物的优势有以下几点。

　　1. 网络的便利性

　　网络是一周7天、全天24小时处于运行状态的。消费者随时可以上网搜索、购物、娱乐或浏览网页，而且可以用各种网络设备上网。电子邮件、社交媒体、即时通信软件等使得网络用户之间无论何时何地都可以相互交流，也可以避免消费者想与企业电话联系时企业却下班了的尴尬。在网络上，沟通双方不必同时在线，购物机器人（网站上自动应答的服务程序软件）提供了同步的在线购物支持，移动10086客户服务系统就是如此。

　　2. 网络的快捷性

　　尽管消费者下载应用程序可能要花费一定的流量和时间，有时也会因下载过慢而不耐烦，但是他们可以方便地登录网站，预订自己喜欢的商品。例如，游戏下载都是在瞬间兑现服务，网上点外卖也常常可在半个小时就能够收到商品，哪怕是在国际商务旅行途中，依然可以做到。

　　3. 自助服务节约时间

　　消费者可以随时追踪运输的货物，或者在线支付账单，买卖股票，查询账户余额，还可以做许多其他的事情，并不需要等候销售代表上门。此外，网络技术便于消费者随时查询商品信息，而原本这些活动都是要花费很多时间的。

　　4. 一站式购物可以节约时间

　　企业借助互联网可以实现一站式购物，这为消费者提供了便利。美国的 Auto Mall 网络公司与许多公司合作使得消费者可以在该网站对比了解汽车售价、款式及汽车制造商的信息，还可以了解贷款、保险和服务等信息。该公司有一个由许多汽车经销商组成的巨大网络，客户可以在网上商定价格，随后网站会为客户提供一份购车证明，凭着证明上的报价，客户可以在任一家经销商那里按这个价格购车。Auto Mall 网络公司的跟踪记录显示，有50%以上的网络用户会在接受公司网站服务的 45 天内购买新车，90% 的用户在 6 个月之内购买新车，这说明客户是欢迎这样的服务模式的。这也就是近年兴起的 O2O 模式的缩影。

O2O 模式约在 2010 年兴起，这种模式本质上就是把线上的客户带到现实的商店中去参与体验消费：在线支付线下商品、服务，再到线下去享受服务。通过打折（团购，如 GroupOn）、提供信息、服务（预定，如 Opentable）等方式，把线下商店的消息推送给互联网用户，从而将他们转换为自己的线下客户。由于每笔交易都已经在网上成交，其效果也是可查的。也就是说，O2O 的场景一定是一个客户在电脑前购买或者预订了一项线下服务。这个模式中必须包含"线下商户的发现或推荐""在线支付""营销效果的监测"这三大块。

5. 网站间互相融合有利于节约时间

一些门户网站（如腾讯、百度移动服务）为客户搜索信息提供了便利，客户可以利用各种上网工具连接网络，甚至像社交图片分享网站 Pinterest 这样的网站现在也可以被看成是网络门户。一些网站允许客户建立自己的个性化网页，网页内容可以包括新闻、股票行情、天气预报和其他购物信息。例如，一名客户通过微信预订了一个极具个性的背包，后来他收到短信得知该公司倒闭了，但是没有问题，因为该网站将订单递给了与其合作的电子商务网站，并且一天内就送货上门了。

6. 自动化使消费者购物更轻松

客户一般都喜欢简单、快捷。尽管网络购物很复杂，但是技术可以帮助其解决问题。例如，网站为客户保留登录密码和购物记录，这就节省了消费者购物的时间和精力。

值得一提的是，并不是所有通过网络购物的人都是冲着省钱来的。客户会将收益和成本进行比较，而每一位客户的需求和价值观又各不相同。例如，虽然客户知道亚马逊网站的商品价格比其他网站要高，还是宁愿到亚马逊买书，因为亚马逊网站所销售的书籍就在本地书库储存，能实现隔夜送达，即使这只能节省一天时间，而且成本要高些。亚马逊的品牌是值得信赖的，客户拥有在亚马逊购物的经验，他们对亚马逊网站非常了解，因此，很快就能在该网站上找到要买的书籍。当人们考虑到网站能节省时间和精力这些优势时，就不再计较比较高的收费了。

（二）买方的控制力

控制力从卖方转向买方（包括定价权力），这对网络营销策略影响深远。在反向拍卖（学术界则称为"逆向拍卖"或"买方定价"）的价标中，由买方确定新商品的价格，然后由卖方来判断能否接受这样的价格。Priceline 网站就是一个典型的例子，消费者将需要预订的酒店星级、大致区域、日期和价格等信息提交给 Priceline 网站，不到一分钟后，Priceline网站就会返回一个页面，告知此价格是否被接受，并将产品的具体信息，包括酒店名称、地址反馈给消费者。而一旦找到卖主并成交，Priceline 在向买方收取手续费和从卖方获得佣金的同时，如果实际从供应商拿到的价格比消费者报价还低，该笔差价也一并被 Priceline 赚取。在 B2B 市场上，交易中由买方来对企业积压的存货出价，或者对一些公司的产品报价。在 B2G 市场上，政府采购人员列出商品或劳务的需求计划，然后由企业投标，最终政府采购人员与报价最低的企业达成交易。实际上，政府采购人员控制着整个交易过程。在个人网络求职过程中也存在类似的流程，当个人在求职平台提交相关求职要求时，在招聘平台上一些和个人求职意向匹配度较高的公司会主动向你抛出橄榄枝，确定面谈意向。

与实体交易相比，网络经营企业更愿意与消费者通过谈判协商商品价格，这有利于消费者在交易中掌握主动权。中国的消费者愿意与营销人员在网上交易，而不是在实体市场面对面交易，而且卖方也认识到，信息技术有利于他们更好地管理存货，自动地频繁调整商品价格。

消费者在网络上是否具有控制力取决于两个必备的因素，那就是网站上丰富的信息和充足的商品供应，结果是网络消费者变得越来越精明——当然他们不得不如此。前文提到的众多网站上《行者无疆》的图书价格信息就说明了这一点。麻省理工学院电子商务研究中心主任埃里克·布琳乔索（Erik Brynjolfsson）曾经提到，"我们正在步入一个复杂多变的经济时代，这是企业的贸易技术和消费者的消费技术（有人将这样的消费者称作'购物机器人'）之间的博弈。如果消费者缺乏经验，就会不知所措，而如果掌握得当，这些技术将引发一场革命。"

社交媒体也能够帮助消费者节约时间和金钱。消费者可以关注社交媒体上与自己相似的用户对商品或服务的评价。例如，人们可以在大众点评网上查看附近哪家餐饮口碑最好，在当当网站上查询哪本书的评价最高，而如果到实体书店去，消费者面对的是一排排的书架，摆放整齐的图书，几乎无从下手。像口碑网、知乎等社交网站都能帮助消费者了解哪些商品是质优价廉的商品，他们不必去浏览其他网站。网络上还有协同采购的社交网站，例如，在拼多多网站上，消费者选中某一款商品，随着选购同样商品人数的增加，商品的价格会逐渐走低。类似的团购网还有拉手网、赶集网、团800等。

当然，消费者在享受权利的同时也要承担一定的风险。在一场网络竞价中，有许许多多的出价者，人们常说"赢家的诅咒"，意思就是竞价胜出者以过高的价格竞拍到了商品。研究表明，B2B市场上的二手车交易，网上交易往往比实体交易的价格要高得多。在B2C市场上，研究人员在评估Egghead网站的商品售价后发现，20%的竞价胜出者以高价购买了商品。几年前有这种现象，如今依然如此。2011年，有个卖家在eBay网站上销售一款视频游戏，售价10美元，实际上他的平均售出价是15美元，再加4美元的快递费。或许消费者在网上交易过程中获得的快乐可以弥补高价带来的不快，但是可以想象，消费者并不知道他们以高价购买了商品。例如，在淘宝拍卖平台竞拍商品，如果包含运费，竞价的结果要远高于网上同类商品的价格。

二、从卖方的观点看问题

除物物交换以外，价格对卖方来说就是客户为获得商品而付给他们的货币。企业为生产产品或提供服务支付的成本就是商品的基本价格。低于这个最低价，企业就无利可图。价格是市场营销组合的一个重要因素。产品价格的高低，直接决定着企业的收益水平，也影响到产品在国际市场上的竞争力。为在激烈的竞争中处于有利地位，企业会以最低价为基础定价，成本和价格之间的差额就是利润。

企业定价时会考虑影响定价的内部和外部因素。内部因素包括通过SWOT分析得出的优势和劣势、企业总体的定价目标、营销组合策略、生产和销售成本等。外部因素包括市场结构、消费者的观点等。

（一）内部因素：定价目标

企业在考虑了利润、市场、竞争等因素之后，开始确定定价目标。最普遍的定价策略就是以利润为目标，追求利润最大化。该策略主要考虑眼前的利润最大化，而不是长远利益。一些网络市场调研公司（如 Forrester 市场调研公司和 Gartner 公司）采用的是利润导向型的定价策略，客户若想从它们的网站上下载最新的电子商务研究报告，要支付 1500～4500 美元，甚至更多。

一般对企业来说，当新产品刚投放市场时，制定出远远高于成本的价格，以尽可能在产品生命周期初期就获得最大利润，尽早收回投资，以后再根据市场情况的变化，逐步降低价格。采取这种定价策略（也称为"撇脂定价"的策略）必须具备一些条件，如产品功能独特、质量上乘等，即使价格昂贵，目标市场的客户仍有足够的需求，或者市场上没有可替代的产品。例如，苹果公司的 iPod 是自 2001 年起连续 4 年最成功的消费类数码产品，一推出就获得成功，第一款 iPod 零售价高达 399 美元，即使对于美国人来说，也是属于高价位产品，但是有很多"苹果迷"既有钱又愿意花钱，所以还是纷纷购买。当前国内的一些智能手机制造商在向市场推出新产品时，往往产品价格都很高，当销售一段时间后，市场价格也会出现很大降幅。

企业还可以选择各种以市场为目标的定价策略。客户数量的不断增加有助于降低公司成本，取得较大的长远利益。低价格有助于公司占领市场，其实就是薄利多销的定价手法。优点是新产品能迅速占领市场，并且微利阻止了竞争者进入，可增强企业的市场竞争能力。而缺点是利润微薄，同时降低了企业优质产品的形象。例如，国内团购网站拼多多刚上市一年，就创造了让我们大为赞叹的业绩。拼多多为什么会有这么便宜的商品呢？其实拼多多的经营模式很独特，除了走微信营销外，它会对产品进行权重，做一些优惠活动，这会让很多店家争着抢着参加活动，比如说，如果你的活动做得不错，它就会把你的商品晋升到首页，所以尽管之前参加九块九秒杀不挣钱，但是之后挣得并不少。虽然秒杀活动会让你赔本，但是它在给你打名气，一旦名气上来了，只要升到首页，之前的损失很快就能弥补回来，并且还能挣到很多钱，所以一般来说，秒杀活动都是要求商家赔本的，但是这只是暂时的。谈判和拍卖也是以占领市场为目标的定价策略。例如，客户可以在美国 Priceline 等网站上竞拍酒店的客房。

以竞争为目标的定价策略是指企业根据竞争对手的价格而不是以自己的生产成本和市场需求来定价的。互联网的透明度使得企业能更快地了解竞争对手的价格变化，随时做出价格调整。

（二）内部因素：营销组合策略

成功的企业都有自己的一套完整合理的营销组合策略。例如，2011 年有专家对 4000 位美国的消费者进行调查，结果发现 70% 以上的新车和二手车的购买者都会在购买前先到网络上查询信息，时间长达 18～19 个小时。在这一调查中，58% 的人回应说网络信息对自己的消费行为影响最大，近一半的人愿意听从亲朋好友的意见，而传统媒体（电视、广播、直邮广告等）的作用要小得多。不过，只有 3% 的人承认社交媒体影响自己的购物行为。有高达 42% 的受访者称通过谷歌和其他一些搜索引擎了解汽车的促销信息。企业对这样的市场调研信息很关注，它们可以据此决定该如何整合促销活动，对产品定价，以及安排实体店的销售。

互联网只是一种营销渠道，必须与其他营销手段配合使用，营销人员必须考虑将网上销售和实体销售结合起来，为商品制定合理的价格。例如，2012 年 10 月，消费者可以用智能手机订阅《纽约时报》，前 4 周订阅费用为 0.99 美元，此后是每 4 周 7.50～10 美元，也可以订阅纸质报纸，每周 7.7 美元。阿里巴巴在 2016 年提出了新零售的概念，次年京东结合京腾计划提出了无界零售的概念，两者虽然概念不同，但其实殊途同归，本质上都是以消费者为中心，打通线上线下来优化购物体验，提升效率。而"6.18"和"双 11"大促则分别是双方新零售和无界零售落地的最好时机。教育培训及其他各种商品或服务的定价也有类似的差异化。关于这一点，目前还没有成功的规则和标准可供参考，只能根据商品或行业的具体情况具体对待。

（三）内部因素：信息技术影响成本

信息技术代价昂贵，一旦应用于实践，它将大大提高成本效益，其结果是商品价格走高或者走低。

1. 互联网促使商品价格上涨

许多互联网企业购入了昂贵的客户关系管理软件或者其他的软件，但是这些企业提供的产品或服务却因为竞争激烈无法使用高价政策，结果导致公司入不敷出，最终被迫倒闭。下面是一些使企业遭受网络定价压力的因素。

①网上客户服务。过去，一些企业（如京东、亚马逊等）由于能够通过网络为客户提供服务，且有竞争优势。如今，客户都希望公司销售人员能及时回复在线咨询，增加网络"帮助"和"常见问题解答"的功能，通过网络或其他方式进行沟通，网上提供客户服务不再是一种竞争优势，而是参与竞争的必要手段，而且代价很高（比较浪费人力资源，不及时答应或应答内容不好，客户体验和反馈会很差）。

②商品递送。网上零售商递送成本巨大，每件商品必须分装送达目的地，而不是装进一只大箱子，直接送到客户手中或社区物流集散点店，它与开展邮购业务的企业商面临着同样的成本问题。零售商为了将运输费用转嫁给客户而抬高价格。例如，2018 年"双 11"临近，国内各大快递公司进入了紧张的备战期，随之而来的还有快递派送费的调整。"十一"假日期间，中通、韵达、圆通、申通表示将调整派送费，价格调整幅度约为 0.5 元/单。随着派送费上涨，快递终端价格随之上升，部分区域最低价格上调 3 元之多。最终价格会由客户买单。毫无疑问，如果客户觉得递送费用太高，就不会购买商品。昂贵的递送费已成为客户放弃购物的原因之一。

③会员活动。许多网站开展会员活动，只要会员向他人推荐网站，就可以得到佣金。这样的网站对那些主动推荐并且最终达成交易的推荐者支付 7%～15% 的佣金。这种佣金的形式与向中间商支付佣金其实是相似的，它使商品价格抬高，公司利润降低。例如，在今日推荐网上注册的用户，推荐其他人在今日推荐网上建网站的，可获得 10 元佣金。推荐新会员奖励佣金是新店吸引人气的重要策略，比起优惠，口碑品牌效应也很关键。

④网站的开发和维护。开发和维护网站所需的费用很高。Forrester 市场调研公司的研究表明，2015 年之前，在美国设计一个"保守"的网站要花费 1 万～10 万美元，而一个"大手笔"的网站花费在 100 万美元以上。这还仅仅是网站开发费用，网站维护（包括硬件、软件购置，网络月租费）的费用也不低。例如，在国内猪八戒电商平台寻求第三方建站加后期维护，对于一个小微企业来说，一年需要花费 5000～10 000 元人民币。

⑤社交媒体维护。当前社交媒体已然成为在线品牌管理的一个整合工具，企业在监测和回应各种社交媒体网站（微博、快手等）客户的帖子上要投入很多的人力和物力。企业必

须识别哪些社交媒体是开发客户的重点，到哪里去吸引客户参与企业的营销活动。同时，如何保护企业社交媒体安全也是一大挑战。2018 年，大大小小的企业都通过社交网络平台，同全球范围内 31 亿的社交媒体用户进行了交流。但是，近年来，Facebook 数据泄露丑闻彰显了保护商业社交媒体安全的重要性。

⑥开发新客户成本。许多网站支付了高额的新客户开发成本，结果被迫倒闭。对线下企业来说，维护好一个老客户跟开发一个新客户的成本之比是 2 比 1，有的行业甚至高达 7 比 1；在网络零售平台上这个比例达到了 3 比 1。老客户就是回头客，能够实现多次成交，所以，维护老客户能够有效地降低成本。为抵销这样的成本，公司还必须考虑开发新客户能够提供多少订单？商品价格要提高多少？网络客户对品牌的忠诚度远不及离线客户。

近年来，不乏被羊毛党薅死的创业公司。因羊毛党导致平台经营不善、破产的案例不在少数。所谓的羊毛党，是那些享受完优惠补贴就不再或很少再使用相应服务的客户，说白了就是占平台便宜。而这些羊毛党也会给创业者带来另外一种错觉，我的产品竟然这么受欢迎！而 O2O 平台、电商平台、社交平台、互联网金融行业等平台都是羊毛党攻击的主要目标。第三方统计显示，70% ~80% 的外卖平台发放的大额优惠券都落入了羊毛党的口袋中。网约平台给司机的补贴也"难逃厄运"，创业企业疯狂搞补贴，最终还是养肥了一群羊毛党，融资获得的钱，也源源不断地流进了羊毛党的腰包。其实羊毛党带来的伤害不仅仅限于企业，也会波及企业的真实客户，导致本应该属于真实客户的利益被掠夺一空。而羊毛党的手法也在日新月异、与时俱进，甚至还用起了人工智能，目前已经在互联网市场形成了一条灰色产业链。

2. 互联网促使商品价格下降

互联网也有利于网络经营者降低成本，从而以低价为客户提供产品，形成较高的客户价值。若降低成本，无形中就提高了价格，最终会提高企业的利润。下面是企业可以借助网络技术降低成本的几个因素。

①自助服务的订购过程。互联网环境下客户自己填订单，企业节省了订单输入和票据处理的人工费用，这些费用是相当可观的。在美国生成和处理一张电子货物清单的平均费用是 10 美元。而实体交易中要花 100 美元。在网上零售过程中，通过银行转账的平均费用是 0.15 ~0.20 美元，而实体交易中这一费用是 1.5 美元。全球最大的网络设备零售商思科系统公司的客户都在网上订购商品，日常文书工作的减少每年为公司节省了几亿美元的成本。例如，欧洲的绫致时装公司每月平均产生 100 多万的物流订单，而订单中大多数都是仓到店、店转店、店退仓的订单，属于公司内部货物流转。回单抽检的比例很低，大量的纸质回单原件被束之高阁，并无实际作用，而且纸质回单成本较高。为了有效降低成本，绫致时装公司决定通过引进 OTMS（运输系统），实施"无纸化"的电子回单，使整体物流成本得到有效控制。中国银联自 2011 年起开启了电子票据的研究和创新，通过引入先进的区块链技术，建立去中心化的电子票据系统，企业和客户通过任意节点都可以加入银联建立的区块链网络，从而有效降低金融"信用"的建立成本，解决了凭证电子化带来的信任问题，构建了国内首个基于区块链的可信电子凭证系统，打通了互联网信息新时代无纸化的"最后一公里"。

②实时库存。一些生产商运用电子数据交换系统（EDI），通过协调价值链和产品的实时递送服务（JIT）来降低库存。有些零售商甚至实现了零库存，节省了大量的融资成本。

有些生产商按照客户订单进货，甚至要求合伙人直接将产品送到客户手中。例如，"零库存"是 2009 年海尔"去制造化"战略的一个重要方面，为此，海尔进行了"即需即供"的库存改造。以空调业务为例，海尔工贸（海尔的销售分公司）的仓库已经取消，它现在的主要功能就是接单，再将所有的订单反馈到生产线上。因此，海尔每台生产线上的机器都是有订单的。

③企业管理费用。网上商店不需要租赁销售店面，也不需要雇用员工站柜台，从而节约了管理费用。与传统的大卖场相比，亚马逊公司的仓储费和人员工资要低许多，而且网络企业的仓库往往设在租金低、人员工资低、税收低、运输便利的地方（美国的北内华达地区）。在互联网时代，网络零售的费用将大大降低，因此，在互联网世界落后一步就可能落后一个时代。例如，大润发在零售行业曾经是一个号称"19 年不关一家店"的传奇商场，但 2017 年被阿里巴巴收购。大润发创始人黄明瑞离职时感慨地说："大润发没有被任何人能打败，可惜它败给了这个时代。"

④客户服务。尽管客户服务会增加企业的成本，但是若企业用自动化客服代替过去的员工客服就可以节省大量费用。购物机器人就是企业提供自动化客户服务的最新形式。企业还将常见问题解答、视频方式指导等挂在网络上，还用即时通信的方式自动回复，这些都帮助企业节省了大量的成本。例如，在实体客户服务呼叫中心为客户服务平均花费为 10～15 元，而如果顾客登录公司网站，为客户服务只需 1～2 元。

⑤印刷和邮寄。企业不必为网上寄送的商品目录支付邮递和印刷费用，只需将商品目录放置在网站上即可。若是利用电子邮件促销和社交媒体促销也是如此。本书后几章中还将提到，由于直邮广告业务急剧下降，美国邮政局已经显得入不敷出，因为客户都把直邮广告看成垃圾邮件。例如，一般大卖场印刷一本商品海报的成本大约是 0.5 元，海报投递员一天的工资是 50 至 100 元不等，邮寄一份海报需要 0.3 元，这其中还不包括海报图片采集、设计等成本。

⑥数字化商品的销售成本。网上销售数字化商品的成本非常低。例如，客户从网易云音乐，酷狗音乐等网站上下载音乐文件就是如此。相反，网上销售其他实体商品的成本要高一些，这主要是因为实体商品的客户主要是一些需求较少的个人，而不是有大批量需求的中间商。

所有这些因素都有利于商品价格的降低。互联网技术使得客户可以对比和选择理想的价格。例如，2003 年有一项研究显示，纯粹的网络零售商定价要比多渠道零售商的定价低 6.42%（除去递送成本，则低 3%）。2008 年，美国的零售商 Circuit City 提出了"一价承诺"的定价政策，即客户不管是在线还是离线购物，都是一个价。这一定价政策得到了美国数据分析企业 SPSS 公司调研结果的呼应。该公司的调查显示，47% 的客户认为，企业尽管在线、离线用的是不同的价格，但实际上商品是一样的。超过半数的消费者称如果企业在多个渠道采用统一价格，他们会给予更多的信任。这是否意味着所有网上零售商品的价格都低呢？最新的一项研究显示，45% 的零售商制定统一价格，49% 的零售商根据实际情况制定价格政策。由于经济不景气，85% 的客户愿意从价格较低的渠道购物，这是企业应当要面对的实际情况。

作为消费者，我们已经习惯了在实体店里用手机搜索不同商家的价格差异，但是近年来出现了一个新趋势，那就是同一商家的线上和线下价格差异越来越明显。比如说，沃尔玛

（Walmart）就通过提高线上商品的价格增加了实体店的客流量。麦肯锡的研究人员表示，零售商定价策略的一点小改变，常常可以使利润增加 2% ~ 5% 。但前提是，零售商需要知道顾客在什么情况下对线上线下的价差较敏感，以此来改善定价策略。

为了解顾客对价格差异的敏感度，麦肯锡研究员就三个类别的商品对美国 2400 名顾客进行了调查。它们分别是 3 美元的牙刷、30 美元的毛衣和 300 美元的平板电视。研究员告诉受访者同一商品线上线下的价差为 5% ~ 20% 。有时线上便宜，有时线下便宜。然后询问他们是否可以接受这样的价差，以及原因是什么。

研究结果显示，总的来说，当人们在实体店感受到商品的即时性、可触摸性及专享性时，他们能够接受商品以更高的价格在实体店内销售。当然，对价差的容忍度也取决于该商品本身的价格。大部分受访者能够理解，零售商因为在实体店备货需要承担更高的销售成本。

具体而言，59% 的受访者可以接受低价商品的价差。对于一支 3 美元的牙刷，超过三分之二（68% ）的人可以接受店内价格比网上高出 5% 。即使店内价格高出 20% ，51% 的人表示仍可接受。此外，对于价格较高的商品，人们更容易接受网上更便宜的价格。对于一件 30 美元的毛衣或一台 300 美元的电视，分别有 37% 和 38% 的受访者能够容忍网上便宜 20% 。在不同年龄群体中，年轻人更容易接受价格差异。31 岁以下受访者中约有 40% 的人对价格差异表示理解，而 45 岁以上接受价格差异的人只有 20% 。和其他客户相比，亚马逊 Prime 会员更容易接受线上价格偏高。研究人员分析，这些顾客一贯更看重网上购物和退货的便捷性、速度及无须舟车劳顿前往实体店等特点。

根据初步研究结果，麦肯锡研究员建议零售商使用以下三种方式进行多渠道定价。

首先，定价团队应该专注于实施差别定价策略。在评估价格弹性时，定价团队可以采用大数据分析来计算产品价格如何影响需求，其中要考虑到季节性、竞争行为等多种因素。

其次，实体店员工必须采用合适的话术来解释价格差异。多渠道定价需要采用更积极的沟通策略和更有效的店员培训方法。很多时候，当被问及为什么实体店的价格与手机 App 上的价格不一样时，店员常常不做正面回答。麦肯锡研究员建议，当顾客对商品有疑问并询问其价格时，无论是面对面交流、电话沟通还是线上聊天，一线工作人员都需要意识到价差的存在，并能够合理解释原因。

再次，零售商需要应对多渠道定价带来的运营挑战。如果真正希望以顾客为中心，零售商应该为顾客提供将网购商品退回实体店的便利。例如，欧迪办公公司允许顾客按原价退货，无论他们是通过什么渠道购买的。

（四）影响网上定价的外部因素

外部竞争、市场环境、价格需求关系（即"弹性"或"刚性"）及消费行为等，所有这些都会影响在线和离线定价策略。前面我们已经提到过消费者的观点，第五章也曾经叙述过消费者的网上行为对商品定价的影响。下面，我们将简要讨论网络环境下两个重要的市场要素，即市场结构和市场效率。

1. 市场结构

企业会根据不同的市场类型采取不同的定价策略。经济学家将市场划分为四种类型，每种市场类型都有不同的定价策略。

①完全竞争的市场。完全竞争的市场中有许多买方和卖方交易同一种商品。产品差异和

营销沟通所起的作用微乎其微，卖方不会花太多的时间去制定营销策略。许多网络产品可以看成完全竞争产品，但是由于客户服务的差异，相同的产品也会形成差异性。

②垄断竞争的市场。垄断竞争的市场中有许多买家和卖家。卖方会向买方展示自己产品的特性，会以各种价格而不是单一价格进行交易。产品存在差异定价是因为卖方可以使产品形成差异性。在线大学课程就属于可以形成差异化的产品。

③寡头垄断竞争的市场。寡头垄断竞争的市场条件下，只有少数几个卖家，它们之间的定价和营销策略相互影响较大。如果某一企业产品价格下降5%，买方就会转向购买它的商品。移动和电信等网络服务商就属于这样的寡头竞争者。

④完全垄断的市场。完全垄断的市场条件下，只有一家生产企业，通常由政府控制商品价格。如果客户生活在一个较小的城镇，那么城镇里的网络服务供应商或许就属于这种企业。

对于网络零售商而言，这种市场结构划分非常重要，因为如果价格透明度促使完全有效市场形成，营销人员将无法控制网上零售价格。有效市场意味着没有任何价格控制的情况如图7-1所示。一个近似有效市场的例子是股票市场。网上股票交易公司以垄断竞争的方式控制股票市场，因为它们是以委托价格而不是实际股票价格为竞争基础的。如果别的商品都像股票那样，互联网将对企业定价策略起重要作用。但是这是不可能的，其理由将在下一节中列出。

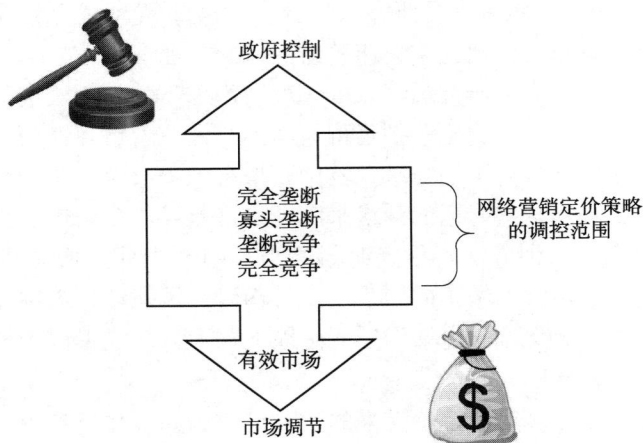

图7-1　有效市场意味着没有任何价格控制

2. 市场效率

市场效率是指一个市场实现其相应的功能（促进交易和收集发布信息）的效率。因此，市场效率取决于转移商品或者劳务的所有权的难易程度（也就是交易成本）和有关交易信息的质量。资源配置的优化会提高市场效率，而资源配置的优化在于配置方式的综合运用。资源配置的方式有两种：市场和计划。市场通过价格机制优化资源配置，提高市场效率；计划通过对市场信息的获取，制定出各种措施调节资源配置，改进市场效率。

经济学家深入研究了有效市场中的消费者行为。有效市场中的商品处于完全价格竞争之中，消费者能平等地获得商品、价格和渠道信息的市场就是有效市场。在有效市场中，消费者面临的情况是商品价格较低、价格弹性较大、价格变动频繁且变动幅度较小、价格离差

（Price Dispersion，指某一产品最高价和最低价之间的差额）较小。如前面所述，关于有效市场的一个典型例子是股票市场。在没有政府调控下，商品市场逐渐发展成为有效市场。由于互联网具备了许多有效市场的特征，因此，它完全有可能发展成为一个有效市场。有趣的是，互联网上的消费者行为与经济学家的预期并不相符。

网络市场是不是一个有效市场？许多人认为互联网是一个有效市场，因为消费者能通过公司网站、购物代理和营销渠道了解相关商品信息。例如，消费者到携程或乐途旅游等网站上去搜索飞往日本北海道的航班，结果会出现各种航班和价格信息。网上零售商品价格较低、价格弹性较大、价格变动频繁且变动幅度较小，所有这些都是有效市场的特征。这些因素真的使网络市场成为一个有效市场了吗？下面的外部市场因素使得互联网商品价格降低，从而促成了互联网市场的有效性。

①网上购物代理。网上购物代理也称"比价代理"，如洋码头、全球购等，为消费者比较商品价格，进而为消费者以最低价购买所需商品提供了方便。2018年，中国海淘用户规模超1亿人。2018年，网易考拉、天猫国际和海囤全球分别以27.1%、24%和13.2%的市场份额雄踞跨境电商市场三甲。网易考拉凭借自营自采模式，成功打造了自营正品口碑，赢得消费者信赖，积累了广大用户群体。2019年9月，阿里巴巴收购网易考拉。表7-2列出了2019年国内知名的购物代理商。

表7-2 2019年国内知名的购物代理商

购物代理网站	产品特征	用户数量
洋码头	欧美奢侈品	150万
全球购	全球正品大牌	2000万
京东海囤	母婴用品、护肤品、彩妆、钟表、首饰、数码电器等	3000万
网易考拉	母婴、美妆、服饰箱包、家居日用、营养保健、生鲜等	550万
天猫国际	全球品牌商品	600万

②限时抢购。限时抢购就是在有限的时间内网络用户可以按折扣价购买商品。例如，2012年，首个天猫光棍购物节来袭。届时13时38分，淘宝天猫狂扫100亿！2014年苏宁"818"的年中大促中，苏宁易购订单数为220万单，销售额同比增长390%。2018年天猫"双11"全球狂欢节单日成交额2135亿！相比2017年的1682亿，足足多了453亿元，增长了27%。26分02秒就破了500亿，比2017年快了14分钟。35分20秒突破517亿，超越2014年"双11"的全天记录。限时抢购消息的主要发布渠道是网络社交媒体、传统电视广告等。不过，也有人质疑限时抢购是否有可持续性，因为它违背正常的营销沟通模式。

③价格弹性大。价格弹性是指价格对消费者购买行为的影响。如果航空公司大打价格战，消费需求会急剧上升，消费者就会一窝蜂地去抢购机票。对于书籍和服装等商品，网络市场的价格弹性比实体市场的大，因此可以认为，网络用户对价格变化会更敏感。

④反向拍卖。反向拍卖是指消费者在市场中主导定价，企业被动接受价格并最终达成交易（如Priceline网站）的方式。这种定价方式使得企业之间互相竞争，通常会促使商品降价。

⑤免税区。大多数网上零售都是跨地区销售的，因此，消费者购买商品不必交纳消费税，这使得每笔交易可以为消费者省5%～8%的费用。2018年，美国最高法院以5比4

的票数裁定，互联网零售商在其没有实体店的州，可以被要求缴纳消费税。这意味着美国消费税体系正式全线覆盖电商，美国电商的税收红利期正式结束，他们将步入与实体零售商平等拼价格的时代。消费税由各州和地方政府决定，也是当地政府的重要财政收入组成部分。因此，美国 50 个州和哥伦比亚特区的消费税率各不相同，有 5 个免税州（如果排除地方消费税，只有 3 个真正免税州），其他各州中综合消费税最高的是路易斯安那州（10.02%）。例如，电子产品在硅谷地区的消费税率为 9.25%。消费者从加州购买一部索尼 A7M3 相机，实际支付额是 1998 美元加上 184.82 美元（消费税）。而如果消费者从纽约知名电子产品商家 B&H 购买，在裁定之前就可以免交 184.82 美元的消费税，因为 B&H 在加州并没有实体业务。但之后，消费者就逃不掉这笔税金了。和美国不同，中国的商品价格实际上是税后价格，包括了增值税等诸多税项，而美国的商品价格是税前价格。

⑥风险资本。许多网络公司的资金来源于风险投资者或个人小额投资者。为建立品牌、占领市场，许多投资者会从长远利益考虑，而不会计较暂时的亏损，因为定价目标并非利润最大化，所以这些公司的商品价格较低。

⑦竞争。网上竞争非常激烈，而且透明度很高。有些参与竞争的企业会制定短期回报较少甚者亏损的价格以占领市场，建立品牌优势。

⑧频繁的价格变化。网络市场比实体市场价格变化更灵活，主要有以下几个方面的原因：第一，网上零售商必须设定具有吸引力的价格来赢得竞争优势；第二，购物代理网站提供给消费者的价格信息也可能会促使参与竞争的企业调整价格，目的是使自己的排名靠前；第三，企业可以利用网站数据库随时调整商品价格；第四，在网络市场中企业可以提供多种折扣方案（如联邦快递公司按照运送量的多少为消费者提供多种折扣价的价目表，国内电商平台为消费者提供满一定额度免运费，新注册会员第一次享受大折扣优惠等政策）；第五，企业会根据需求在网站上随时调整商品价格以应对竞争。

⑨价格小幅调整。美国一项研究表明，实体市场中价格的最小变化幅度是 0.35 美元，而网络市场为 0.01 美元。实体市场中有利于价格灵活调整的某些因素在互联网上也起作用。首先，对价格敏感的消费者会对竞争对手细微的价格调整迅速做出反应；其次，购物代理网站会根据价格差异将企业划分为不同等级——只要比竞争对手低 0.01 美元就会处于更高的等级；再次，因为实体市场价格调整相对比较困难，所以零售商不会轻易调整价格。

网络市场是不是一个无效市场？尽管网络市场具备许多有效市场的特征，但它并不具备"价格离差小"（价格离差指单项价格数值与价格平均值之间的差）这一特征。实体市场中的期货与期货之间（如同样是 1 千克大豆）差别不大，因此价格基本相同。由于在互联网上能了解所有商品信息，网上价格差别也应该不大。例如，消费者可以在网上搜索到多家销售商对某本书的定价信息，企业设定的价格应该是一致的。然而，实际情况是，由于消费者认为网络零售商会因为多种因素（例如自身的品牌、定价模式、配送方式、消费者对时间的敏感程度、产品的差异化程度、转换成本、购物代理的作用等）而调整价格，因此，在网上购物的过程中，人们反而容易接受价格的差异。

影响网络零售商制定或调整价格的因素主要有以下几个方面。

①品牌。尽管网络发展迅速，品牌仍然是消费者追逐的目标之一。研究表明，知名网站的浏览量要远远大于其他的网站，消费者在使用搜索引擎等网络服务时会优先考虑它们。有时，有些品牌网站的商品价格较高，但消费者还是会选择在这些网站购物。考虑到品牌的重

要性，知名品牌网站会花大量资金吸引消费者。2011年，亚马逊公司花16亿美元开展营销活动，占年销售收入的4%。由于消费者对亚马逊品牌的忠诚，同样的商品，亚马逊可以定比其他网络零售更高的价格。例如，国内"6.18"和"双11"是电商行业上下半年的"双子星"，对于各大电商平台来说是提升平台全年业绩，吸引用户注意的关键时机，所以多数电商企业，会在这两个节日投入大量营销资源进行推广。

②产品的差异性。品牌的差异导致了产品的差异，这样的差异有的是感知差异，有的是真实有差异，企业也可以因此进行差异化定价。

③网络市场中的商品定价法。在网络发达的国家，实体市场中大多数商品价格固定，但是网络经营者要运用多种定价策略。同样的一件商品，有的网站上价格固定，有的网站上价格则自动更新，或者竞价拍卖，商品价格差距也很大，而且企业还会将商品价格与运输和专业服务捆绑在一起，这使得消费者想要比较价格也不容易。

④商品运输。对于消费者来说，同一件商品如果运输条件（时间、地点）不同，商品的外延价值也会不同。例如，在酒吧里啤酒给消费者带来的满足感比超市更大。类似地，商品送货上门比消费者到商店购买价值更大。网上零售商运用的就是这种价值模式。有人认为，外卖店送货上门的商品和消费者到餐饮店购买的商品是不相同的。正是出于这样的考虑，我们可以认为附加的收益使产品出现了差异。一般来说，消费者要花很长时间等待快递送货上门，但是这种情况正在改变，在国内一些大城市，美团已做到送餐时间要控制在半个小时之内。2016年，京东推出配送服务产品"京准达"，用户可以预约配送时段，将收货时间精准到2小时内，大大降低了消费者因快递到达时间不确定而被打乱日程规划的可能。在2017年京东推出了预约送货时间优化至1小时内，配送时间最早9点开始，最晚可至22点。统计显示，"京准达"服务推出后，明显拉动了生鲜、母婴、电脑办公等品类的销售额，用户满意度提升至99.2%，远超行业平均水平。

⑤追求效率的消费者。有些消费者对效率特别敏感，他们不想花太多的时间和精力去比较哪一个网站的价格最低。另外，一些网站设计得很复杂，使得消费者购买商品时不得不花费较多的时间。

⑥转换成本。当消费者选择不同的网上零售商时会产生转换成本，一些消费者为避免这样的成本，会选择与某零售商长期合作。例如，如果亚马逊网站的消费者到别的书籍零售商那里购买，将见不到熟悉的网页，不再享有亚马逊的特色书籍推荐，也享受不到一次点击的订购便利（这是该公司网站的专利）。B2B市场上的转换成本更高。许多企业认为，与供应商长期合作比竞标对公司更有利，这些企业愿意适当多支付一点费用而获得优质的服务。

互联网是一个有效市场吗？答案是否定的，至少目前还不是，但是互联网已经具备了有效市场的很多特征，这些特征将会影响企业的定价策略，因此，网络经营企业应密切关注互联网的这种发展趋势。

第三节 定价策略

产品定价过程充满矛盾，它既是一门科学，又像一门艺术，制定合理的价格需要充足的资料，并考虑诸多因素。如果价格太低就会减少企业的收益，价格太高又会降低销售量，这些都还只是短期的效应。从长远来看，企业以低价占领市场形成规模经济就可以降低成本，增加利润。PayPal（全球众多用户使用的国际贸易支付工具，能够轻松完成境外收付款。一个账户全球通用。成为 PayPal 商家，就能在任何地方接受更多付款方式）的定价系统反映的就是制定价格的定价策略。

另一个矛盾是，信息技术的发展使定价变得既简单又复杂。企业可以根据买方过去的购买行为在瞬间调整价格。另外，由于消费者价值观有理性和感性之分，因此消费者的反应也会不同。例如，高收入消费者习惯到保时捷 4S 店去看车，手中拿着打印好的网络信息，说明自己想要什么，价格范围是多少。另外一些消费者则喜欢与自己中意的销售人员建立友好的关系，每隔三五年就换一款新车。最后，企业在选择各种递送方式时，应考虑费用支出和消费者在线购物和离线购物的不同感知。定价是一种复杂的商业活动，它受数据资料、经验、感知等多种因素的影响。

总之，在网络环境下企业可以借鉴所有传统的定价策略。下面，我们介绍三种特别重要的定价策略：固定价、动态定价、租赁价。

一、固定价

固定价（Fixed Pricing，也叫"牌价"）是指由销售人员制定商品价格，消费者只能被动接受的一种价格策略。由于价格固定，商品售价对每位消费者而言都是相同的。国内大多数实体零售店采取这种定价模式。虽然企业会提供数量折扣，但是购买相同数量的客户价格水平是不变的。实体市场定价基本原则也同样适用于网络市场。网上使用的三种固定价格策略是价格导向定价策略、促销定价策略、免费增值定价策略。

（一）价格导向定价策略

价格导向（Price Leadership）是指企业以最低价占领市场。沃尔玛、家乐福既是实体市场的价格导向者，也是网络市场的价格导向者，它为其他的零售商设定了一个风向标。由于网络上有购物代理商，实行价格导向定价策略是很有吸引力的，但是为了采取这种策略，企业必须将生产成本降至最低。企业可以像前文中提到过的那样降低网络营销成本，但是必须有自己的竞争优势。通常规模较大的企业以其规模优势而成为市场价格导向者，但是网络经营中一些不起眼的新兴企业（如咖啡新秀瑞幸）也向大的零售商（如星巴克）挑战。在网络市场上，尽管竞争激烈，有些企业成了过眼烟云，但是价格导向策略依然是行之有效的。有时候，低价的商品也卖得很好，尤其是这些商品与价格导向者的相比具有一定的优势时更是如此。在网络市场，拼多多网站是众多网站中的价格导向者，该网站销售各种商品，其价格往往比淘宝同类商品价格要低很多，网站通过流量来弥补低价造成的损失。

（二）促销定价策略

许多网络零售商为了开发新客户、维系老客户、完成销售指标，通过现金折扣、季节折扣、交易折扣、数量折扣、推广让价、运费让价等方式开展促销定价策略。许多促销活动会规定促销限期以营造一种紧张气氛。例如，为应对与沃尔玛之间不断升级的价格战，2017 年 5 月，亚马逊将最低免运费送货标准从 35 美元下调至 25 美元。这种服务使得亚马逊获得了竞争优势，也成了网上经营的一种固定模式。然而，该公司是在对各种订购水平一点一点尝试后找到最优促销模式，最后才定位在 25 美元的。这种方式在节假日运用得比较多，商家为了提高销售额，做出一系列的促销让价，在"双 11"期间，很多商家就通过各种方式进行让利来增加销售额。不过网络零售价在价格折扣、折让及促销让价时，对价格的调整必须十分小心，否则公司利润会与计划差额太大，甚至会出现一定的亏损。

（三）免费增值定价策略

在本章的导入案例中我们介绍了瑞幸的定价模式，许多企业会开发免费版的 App 软件产品。在这一点上，腾讯公司开发的微信音视频通话做得十分成功，用户可以免费与全国各地的好友通话，但条件是要有网络流量。微信还推出了多种增值业务，如理财通、生活缴费等。免费增值定价模式与免费产品不同，后者的供应是有时间限制的。例如，用户如果开通移动互联网电视，第一年是免费的，第二年再要使用就得付费。

二、动态定价

动态定价（Dynamic Pricing）是指针对不同的消费者采取不同的价格。调查显示，个性化定价和促销是如今零售商对付网络价格透明的首要手段。其次则是对竞争对手价格的监视。旅游行业中有许多企业都运用一种管理模式，叫作收益管理（Yield Management），目的是通过价格调整来优化存货管理。航空公司很早以前就开始使用动态定价软件制定机票价，如淡季降价。如今，网络技术的发展更有利于企业的动态定价策略。旅游企业可以为汽车租赁、飞机座位和酒店床位随时变换价格。

按照动态定价策略，买方和卖方都可以定价（固定价则是由卖方定价）。动态定价有两种形式，即差异定价和谈判定价。差异定价（Segmented Pricing）是指企业不仅根据成本，还会根据消费者差异对商品或服务制定不同的价格。谈判定价（Price Negotiation）则是指公司会与消费者个体协商商品价格，从而实现差别定价。差异定价是一次定价，对不同的消费者有不同的价格，而谈判定价则会变化多次，销售人员和消费者可能要经过多次的谈判协商才能确定价格。通常谈判定价一般是由买方发起的，而差异定价则是由卖方确定的。

（一）差异定价

差异定价是指利用互联网进行规模定制，根据订单规模、交货时间、供求关系和其他因素自动定价。按照网络差异定价策略，公司根据既定的规则对一群消费者，甚至单个的消费者进行差异定价。例如，所有预订一周内要出行的机票都是全价（没有折扣）销售。在传统的营销活动中也有差异定价。例如，电影院由于下午观众较少，就降低票价。随着信息技术的发展，企业可以在线收集大量消费者行为信息，这使得企业得以根据不同的消费者行为制定不同的价格。图 7-2 就是针对不同消费者制定不同售价的例子，该图显示的是腾讯视频 VIP 会员差异定价策略。腾讯视频公司对于 VIP 客户给予一定的折扣，如果消费者是亚马逊 Prime 会员，公司也给予折扣或特权。

企业使用先进的软件和大型数据库制定相应的规则并随时调价，这使得企业可以随时实行差异定价，甚至在消费者浏览网页时就可以进行。这种功能深受网络零售商的青睐，因为它可以利用互联网进行差异定价，使营销沟通、产品实现个性化。企业利用网络跟踪器文件可以识别消费者的个体差异，并根据这些差异定价，最终达成交易。有时，个体是指某些消费者（如亚马逊网站识别消费者并提供个性化的建议）。有时，个体是指细分市场中的一部分消费者（如在某个网站登录或中途放弃购物车的消费者）。当某网络用户登录公司网站时，销售人员会确定他的类型并根据定价规则制定相应的价格。例如，网络经营者可以通过对消费者的每次登录都提供小幅降价来考察消费者的购买意向，就像航空公司的老顾客计划一样，网络企业可以记录忠诚消费者的名单，给那些经常购买公司商品的消费者提供优惠价。中国移动公司也会根据消费者的套餐标准及消费额度给予一定流量赠送。

图 7-2 腾讯视频 VIP 会员差异定价策略

只要市场是可以细分的,差异定价就会非常有效。不同的价格反映了产品价值的差异性,这种差异性反映的是消费者不同的需求层次。只要差异定价带来的收益增加大于因市场细分产生的成本,差异定价就是一种有效的策略。此外,企业必须保证差异定价策略符合法律规定和行业规则。最后,企业必须保证当消费者知道他所买的商品与别人的价格不同时,不会对该企业感到失望。高通公司因专利定价差异化遭多国调查,亚马逊公司就曾因为差异定价而引起了一场风波。出于某些原因,飞机乘客对这种现象已经习以为常,但是书刊的购买者一般不愿意接受这样的定价策略。因此,网络经营者在进行差异定价时要言之有理(如对新客户或忠诚客户给予折扣,或者对偏远的客户给予运费优惠)。

如第五章所讨论的那样,网络经营者可以运用多种策略对网络用户进行细分。区域和价值是进行网络差异定价的两个至关重要的因素。

1. 区域差异定价

区域差异定价(Geographic Segment Pricing)是指不同地方的商品售价不同。网络经营者可以参照用户注册的 IP 地址得知用户的居住地。一级域名反映用户所在的国家(如 .JP代表日本)。区域定价有助于企业更好地考虑不同国家或地区之间的差异(诸如竞争程度、当地消费水平、经济条件、法律法规和市场环境等因素)。例如,由于商品成本存在区域性差异,速卖通平台 2017 年 8 月在卖家产品端全量开放商品差异化定价功能需求,卖家只需要在商品发布端,通过调整商品价格比例,就可自主实现商品差异化报价,同时卖家可结合不同国家的运费及销售成本,差异化地设置商品价格。2017 年 iPhone X 全球售价对比显示,除了美国,中国香港和日本的售价最低,其中 iPhone8 在日本的售价最低,比在中国内地的售价足足低了 1206 元,比在中国香港的售价低 45 元。而日元与港币可能因汇率问题价格略有差异,考虑到保修政策的优势,中国香港代购无疑仍是最经济划算的方式。导致这种价格差异的主要原因是商品在另一个国家或地区销售的价格要包括运输费、关税、进口商利润及其他销售费用等。即使在同一个国家，也会因为运费的差异导致价格的差异。

2. 价值差异定价

价值差异定价（Value Segment Pricing）是指企业认为客户对公司的价值并不相同，有的高，有的不太高，有的很低。著名的帕家托法则（Paretoprinciple）认为，80%的公司业务来自20%的客户。图7-3显示的是客户价值划分星级。公司的五星级客户只占小部分，但是他们为公司创造了很高的收入和利润。这些人是最忠诚的客户，他们会向其家人和朋友宣传公司品牌，总坐头等舱的乘客、享受中国平安保险网站自助服务的大客户，这些人都是公司的忠诚客户，他们会向销售人员提供重要的信息。当四星级或五星级客户登录公司网站时，公司应该能够立刻识别，并给予特别照顾。作为公司的忠诚客户，他们对价格不太敏感，他们认为公司品牌或者其他的延伸服务能给他们带来更大利益（如免费升级或其他特殊服务）。

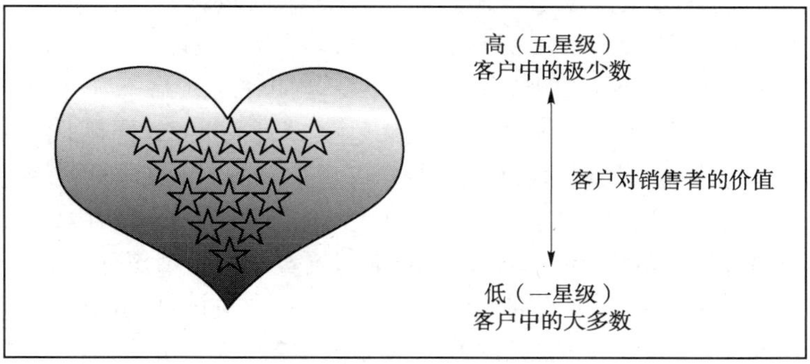

图7-3 客户价值划分星级

客户群中占相当大比例的三星级客户可能只是到商店逛逛或偶尔问问价钱，他们很少购物，对企业的销售收入贡献也不大。二星级客户很看重价格，但与一星级客户相比，他们购买商品的可能性更大一些。

各种市场要素都有可能把客户归入一星级客户中，而竞争、降价等因素则会吸引四星级和五星级客户。企业的目标是保持五星级客户对其品牌的忠诚度，并使各类型的客户向上一级靠拢，定价策略有助于实现这一目标。例如，给予五星级客户比其他客户优先竞标库存商品的权利，让高级别客户优先选购新产品或享受优惠（如亚马逊网站的免费递送），这有助于提升他们的忠诚度。相反，一星级和二星级客户更关注低价商品，折扣商品不可能提升客户的忠诚度，他们会根据商品价格的不同而转向其他的品牌。这类客户更习惯于通过社交媒体、电商平台了解商品售价，从而进一步了解公司品牌和竞争优势。这些客户不在乎网络平台促销信息铺天盖地，只要能比较各家企业的价格，了解其品牌优势即可，因此，营销人员可以利用网络技术建立数据库，提升客户价值。可以看出，企业对所有的客户都是欢迎的，但是企业营销活动的重点依然是能够给企业带来高价值的客户。

（二）谈判定价

在使用差异定价策略时，一般由卖方制定不同的价格。消费者在网上竞拍时，通常会给出自己的价格，双方经过几轮谈判后形成商品价格，这是谈判定价与其他定价策略的主要区别。在许多国家，讨价还价是很正常的事情，特别是中国的消费者乐于讨价还价，但美国消费者对此并不习惯。随着网上拍卖方式的普及，美国消费者的心态也在慢慢变化。许多消费者将网上拍卖看作一项娱乐，而另一些消费者是为了在交易中获益。

在 C2C 市场上，买卖双方的信任是个大问题，因为交易是在两个陌生人之间进行的，人们无法通过品牌来建立信任。为了减少买家的担忧，eBay 公司开发了一种评价系统，按照"好评"加一分、"中评"不加分、"差评"减一分来分别对卖家的信誉做出评价。在 eBay 网站上，卖家可以凭积分换星或钻石，提升等级。卖家的星级会显示在 eBay 的网页上。卖家用 10 万个点可以换取一颗红钻。这个评价系统运行得很好。等级高的卖家更容易做成交易，价格也可以比其他的卖家定得高一些。

例如，淘宝的交易评价计分包括"店铺评分"和"信用评价"；"信用评价"包括"信用积分"和"评论内容"；"评论内容"包括"文字评论"和"图片评论"。店铺评分由买家对卖家做出，包括对商品/服务的质量、服务态度、物流等方面的评分指标。每项店铺评分均为动态指标，就是此前连续六个月内所有评分的算术平均值。每个自然月，相同买、卖家之间交易，卖家店铺评分仅计取前 3 次。店铺评分一旦做出，无法修改。在信用评价中，评价人若给予好评，则被评价人信用积分增加 1 分；若给予差评，则信用积分减少 1 分；若给予中评或 15 天内双方均未评价，则信用积分不变。如评价人给予好评而对方未在 15 天内给其评价，则评价人信用积分增加 1 分。相同买、卖家任意 14 天内就同一商品的多笔支付宝交易，多个好评只加 1 分、多个差评只减 1 分。每个自然月，相同买、卖家之间交易，双方增加的信用积分均不得超过 6 分。自交易成功之日起 180 天（含）内，买家可在做出信用评价后追加评论。追加评论的内容不得修改，也不影响卖家的信用积分。美国学者杰弗里·利文斯通（Jeffrey Livingston）在一项研究中调查了 861 次高尔夫球杆的网上拍卖，研究期间，卖家得到的评价从 0 分提升到 25 分，成交的机会多了 3.4%，成交价格也可以提高 5%。

虽说网站上的正面评价越多，说明这个卖家的价格可以定得越高，但是实际上 eBay 也会做一些手脚让卖家出钱来购买正面的评价。美国学者詹妮弗·布朗（Jenni fer Brown）和约翰·摩根（John Morgan）的研究结果显示，eBay 网站上有个完整的市场，专门交易"好评"，根据对 5000 笔"好评"交易的统计，平均一个"好评"的交易价为 61 美分。例如，在淘宝网的交易平台上，如果两家网店有同样的商品，价格差别也不大，其中一家销量上千、好评不断，另一家的销量刚刚过百、评价寥寥，顾客会如何选择？相信大多数顾客会选择销量高、评价多的网店购买。然而在庞大销量和海量"好评"的背后，究竟含有多少水分？记者调查发现，在淘宝网及其他网络交易平台上，出现大量"刷单军团"，人数少则数千人，多的可达上万人。经过他们的"点击"，虚拟出来的高销量和"好评"出现在了一些网店的网页上。这些"刷单军团"组织严密，培训严格，经其手"刷"出的销量和"好评"以假乱真，同时以每单抽取佣金的形式敛财。他们所提供"服务"的网店，也通过这些虚假的销量和"好评"，来吸引更多的消费者。最终被蒙蔽的，只有消费者。这些"刷单军团"通过刷单向店主索要支付的佣金，商品金额在 0.1 元到 30 元范围的，佣金价格为每件 1.8 元，商品价格越高，佣金越高，商品价格在 200 元到 300 元之间时，每件需要 8 元，往后商品价格每提高 100 元，佣金价格都会上涨 2 元。

三、租赁价

开发软件的企业有时候并不销售软件，而是将软件租赁给客户。有些软件（比如微软的办公软件）是要购买的，因为一直要用，但是有时候企业只是为了做一个项目维护或缩减预算，而短时间使用软件，不需要在自己的服务器上安装这样的软件并对其进行维护，租赁就是一个理想的选择。例如，Salesforce 软件开发公司可以向客户提供一款高级的客户关系管理软件系统，客户往往不愿意将软件买回来自己安装和维护，以免发生很高的隐性成本（Salesforce 公司估计此类的隐性成本要比购置成本高出 90%）。Salesforce 公司向客户提供租赁服务，按一年的租赁期计算，单个用户每月支付 65 美元，5 家用户合租一年为 1200 美元。软件租赁其实类似于汽车租赁。与购买汽车相比，租赁减少了维护成本和其他许多意外开支。例如，对于国内一些网络科技企业来说，随着业务的不断扩大，数据都在不断增加，需要更大的带宽和容量，后期需要进行扩容和升级等操作，使用云服务器，在后期就不需要对软硬件进行相应的升级操作。在实际调查中发现，很多企业会选择租用云服务器的方式，主要是因为这样能够减少硬件维护、电力、成本等费用的支出。

本章小结

价格是为得到商品或服务而支付的货币量。从广义上讲，价格是消费者付出的价值总和（货币、时间、精力、心理成本）与其所得的商品或服务之间的交易。固定价格是指对所有买方的售价都一样，动态定价则是指针对不同的消费者制定不同的价格。网络技术的发展促进了商品的规模定制，使动态定价更加普遍，特别是针对细分市场（有时是单个的消费者）进行的谈判定价和差异定价，这为营销人员提供了更多定价策略的选择，每天，甚至是每时每刻频繁地调整价格。另外，互联网也为提高价格透明度提供了方便，买卖双方都可以在网上了解所有竞争企业的价格。

从消费者角度来说，网上购物成本可能比实体市场要高，因为有许多隐性成本，比如运费、搜索和比较价格所花费的时间和精力等，但由于互联网的方便快捷、自助服务、一站购齐、功能整合、自动化等，消费者仍然认为网上购物更合算，而且消费者能通过反向拍卖、有效的商品信息和谈判策略等更好地掌握主动权。

从企业角度来说，任何超过生产成本的价格都会带来利润。企业在定价时要考虑许多内部因素，如定价目标、营销组合、信息技术等。影响在线定价的各种因素中，除了消费者的定价观念以外，还包括市场结构和市场效率，这些都是重要的外部因素。

消费者能平等地获得产品、价格和配送信息的市场就是有效的市场。有效市场的特征包括价格较低、价格弹性较大、价格变化频繁且变化幅度较小、价格离差较小。网络体现了除价格离差较小之外的所有有效市场的特征。鉴于互联网有可能成为更有效的市场，营销人员必须将其商品与别的商品从根本上而不只是从价格上区分开来，生产能带给消费者多元化利益的个性化产品，定价时要考虑消费者的看法，只有这样才能保持对价格的控制。

复习题

1. 固定价格和动态定价的区别在哪里？
2. 价格透明度的含义是什么？它对网络营销人员的重要性体现在哪里？
3. 列出促使网络市场商品价格下降的主要因素。
4. 列出促使网络市场商品价格上升的主要因素。
5. 网络是如何影响消费者支出的？
6. 什么是有效市场？是什么因素使互联网成为一个有效市场？哪些特征表明它不是一个有效的市场？
7. 网络营销人员该如何使用区域差异、价值差异和谈判定价？

第八章　网络营销渠道

案例导引

基于产品品质＋渠道建设的一加手机

一直以来，国产手机品牌在高端产品方面都是追赶者，而追赶的对象主要就是苹果和三星。不过，随着近年来国产手机品牌的快速发展，距离追赶的对象也越来越近了，甚至在某些市场中实现了反超。

一加手机（OnePlus）是 OPPO 前副总经理刘作虎创立的深圳市万普拉斯科技有限公司旗下的智能手机品牌，坚持"不将就"的产品理念，坚持"让好产品说话"，采用线上销售模式。一加手机采用 5.5 英寸 1080P 的屏幕，主打外观设计，配备高通骁龙 801 顶级处理器。2014 年 4 月 23 日，一加手机正式发布，2014 年 5 月 28 日正式上市。

2019 年 2 月，市场调研机构 Counterpoint 发布了 2018 年印度高端智能手机市场报告，从这份报告中我们可以看到一加手机实现了对苹果和三星的反超，由追赶者变成了被追赶者。在具体数据中，一加手机是 2018 年印度高端手机市场上销量最高的品牌，同时在第四季度实现了 36% 的市场份额占比，力压苹果的 30% 和三星的 26%，这也是一加手机在印度高端市场连续三个季度获得第一。

在 Counterpoint 的市场报告中，一加手机连续三个季度成为印度手机高端市场的销量第一，并且最终成为印度高端手机市场 2018 年全年销量的冠军。一加手机能够在印度高端手机市场中获得这样的成绩，主要得益于两个方面：一是产品力强劲，受到消费者认可；二是渠道建设初见成效。

2018 年，一加手机发布了两款产品，分别是一加 6 和一加 6T。一加自成立以来便践行"只做最好的安卓旗舰"的精品化路线，每年只推出 1~2 款旗舰机型，并采用同时期行业领先的配置，专注于每一代产品的打磨。一加 6 和一加 6T 便是在这种理念下打造的两款精品旗舰产品，这也使得一加 6 和一加 6T 无论是在硬件配置、性能体验还是产品品质方面都达到了极高的水准，使得这两款手机一经上市就获得了消费者的认可；尤其是印度手机高端市场消费者的认可。

根据 Counterpoint 的报告，2018 年，在印度高端手机市场中，一加 6 和一加 6T 是市场占有率最高的两款产品，其市场占有率分别达到了 15% 和 10%，而这样的市场占有率也最终令一加手机成为 2018 年印度高端手机市场销量第一的品牌。

在渠道建设上，一加更加贴近印度消费市场的特点，采用线上线下同发展的策略广为布局。在线上，一加与当地最大的电商平台亚马逊印度独家合作（2018 年印度智能手机的线上销售额保持在 36% 的高位）；在线下，一加积极开设体验店和授权专卖店，同时还与印度家电巨头 Croma 进行合作，这就使得一加手机能够在印度全国 100 个 Croma 网点进行销售，令一加手机的销售覆盖面更大，出众的产品力再加上日趋完善的销售渠道，令一加手机在印度高端手机市场中的身份发生了转变，由过去追赶者的身份变成了被追赶者，同时也成为印度消费者在高端旗舰手机上的首选品牌。

第一节 分销渠道概述及类型

一、分销渠道概述

对企业来说，营销渠道起着物流、资金流、信息流、商流的作用。它是企业把产品向消费者转移的过程中所必经的路径，这个路径包括企业自己设立的分销机构、代理商、经销商、零售店等。对产品来说，它不对产品本身进行增值，而是通过服务来增加产品的附加价值。

企业重视分销工作，因为这关系到采购决策及客户对产品和服务的满意度。分销渠道（Distribution Channel）指一群相互独立的企业，它们共同合作将产品和信息从供应商处递送到消费者手中。分销渠道中包括如下成员：

①制造商：指产品的生产者或服务的提供者。

②中间商：指将买方和卖方撮合在一起，促成交易的企业（如批发商和零售商）。

③购买者：指产品或服务的消费者和使用者。

消费者在获取产品过程中的各种体验，决定了消费者对产品是否满意，也决定了他们对品牌的印象和对品牌的忠诚度，这也会形成网络上消费者对产品的评价和社交网站上人们对品牌的议论。

互联网为营销工作创造了许多机遇，分销渠道的结构可能促成企业去利用这样的机遇，也可能阻碍企业去利用这样的机遇。如果交易能够在网络上自动完成，消费者就能自行进行一些工作，从而减少支出。如果消费者通过网络旅游网站查找特价机票，就会明白通过网络操作比到实体的中介订购机票要节省时间。因此，企业在选择或决定分销渠道策略时，首先，需要考虑什么渠道最能接近目标市场，目标客户最愿意且经常利用的渠道是什么；其次，对目标客户来讲什么渠道成本最低，包括目标客户为购买产品，接近其渠道所花费的货币成本、精力成本、时间成本和体力成本；再次，什么渠道是目标客户最容易接近、最方便购买的渠道，包括交通便利，停车方便，购物环境好，看、选、购都很方便。对网络营销战略产生影响的企业渠道结构的四个要素包括：

①各种网络渠道中介。

②网络渠道的长度。

③渠道成员发挥的作用。

④将渠道成员联结在一起的实体架构和信息系统。它可以方便对渠道成员进行管理，加强相互之间的合作，更好地提供商品和服务。

二、分销渠道的类型

对网络中介进行分类的最好方法是根据商务模式来分类。许多电子商务的经营模式都有自己的新称谓，但是这其中究竟有多少是真正新的商务模式？经过我们仔细辨别，大多数的电子商务模式都是现有营销理念的变异，技术的发展使它们更加行之有效。对于数字产品（如软件、音乐、视频等），分销渠道的所有组成部分都可以在互联网上形成。通过网络销售软件，供应商往往是直接从网络上递送到客户的电脑上。在大多数情况下，分销渠道中只有一部分企业是完全或部分地利用网络来帮助完成配送工作的。例如，非数字产品（如鲜花、食品、服装、家电等）可以在网络上购买，但是要用其他的交通工具递送。商品递送的具体位置是可以通过互联网界面追踪的（这就是配送中的信息传递作用）。表8-1汇集了我们要讨论的各种电子商务模式。

表 8-1　电子商务模式

模式类型		典型代表
1. 内容赞助模式		
2. 信息中介模式		
3. 中间商模式	经纪人	在线交易、在线拍卖
	代理商	代表卖方的代理模式：卖方代理、制造商代理
		代表买方的代理模式：购物代理、反向拍卖、买方合作
	在线零售商（电子商务、移动商务、社交商务）	有形产品、数字产品、直接配送

（一）内容赞助模式

按照内容赞助模式，企业创建网站以吸引网络用户来浏览，借此销售广告。有些企业（如美丽网）采用的是单一细分市场营销战略，它们吸引的是女性群体；有些企业（如凤凰网）则是吸引普通受众。不少著名的网络企业都采用内容赞助这种商务模式，其中包括所有的大型门户网站，如百度、新浪、凤凰网等。许多杂志和报纸也采用这种模式。当然，网络上的许多内容也是靠广告来支撑的。潘多拉网络电台提供的是基于用户偏好的、免费的流媒体广播，听众只要输入自己喜欢的歌曲或者歌手的名字，潘多拉就会为其创建一个个性化的音乐广播电台。潘多拉网络电台将内容传递到用户的计算机、智能手机、汽车等设备上，也可以通过 WiFi 传递到电视机或收音机里。该公司利用这种电子商务模式，在用户收听音乐的网页中投放广告，从中获取收益。用户每个月可以免费在潘多拉网站上收听音乐 40 个小时，但是这期间要插播广告。40 个小时以后，网站就要收取月租费了。

相关的网站统计数据显示，2019 年美国每月有超过 7200 万人收听潘多拉网络电台，占美国数字音频听众的 35.4%，2019 年潘多拉网络电台在美国移动广告中收入高达 9 亿美元。随着亚马逊音乐（Amazon Music）和苹果音乐（Apple Music）的听众的快速增长，潘多拉网络电台也在努力留住听众。用户不愿为体验付费，但愿意使用广告支持的平台，而潘多拉网络电台的广告业务受益于音乐流听众，因此，潘多拉网络电台营销人员一直在努力通过视频流媒体服务接触广大受众，尽管人们对无广告内容的偏好占主导地位，基于订阅的音频流呈上升趋势，但大多数潘多拉网络电台用户还是选择了该平台的广告支持的免费音乐。很多网站试图销售广告空间，但是它们的网站流量不大，根本无法与门户网站和新闻网站相匹敌。

我们将内容赞助的商务模式纳入电子商务的范畴是因为内容赞助在 B2B 市场（指网络企业向其他企业销售广告空间）上能够为企业带来可观的收入。据普华永道公司的统计，2019 年中国网络广告市场规模近 500 亿美元。广告业务还为亚马逊提供了第三大收入来源，亚马逊的 2018 年财务申报文件显示，该公司"其他"类别的收入主要由广告销售构成，从 2017 年到 2018 年，收入增长了一倍多，2018 年达到 101 亿美元。市场调研公司 Statista 在 2019 年公布的数据显示，2018 年 Facebook 和谷歌控制了英国广告市场份额的 63%。Facebook 和谷歌不仅主导着全球网络广告市场，在整体的线上和线下广告市场的份额也高达 25%。2018 年谷歌广告收入高达 1000 亿美元。内容赞助的产品形式是网站上的广告空间，其价格随网站用户数量的增加而提升。这种商务模式与传统媒体上的模式相似，因为传统媒体（电视、杂志、报纸等）也将版面或时段销售给客户。

百度搜索网站也使用内容赞助的商务模式。2018 年其网络营销营收为人民币 819 亿元（约合 119.1 亿美元），比 2017 年同期增长 19%。活跃网络营销客户数量约为 85.6 万家，比 2017 年同期增长 10%。百度 2018 年来自每家网络营销客户的平均营收约为人民币 9.58 万元（约合 1.39 万美元），比 2017 年同期增长 8%。百度的信息流不是国内最早的，但却是国内最具独创性的，在变现路径上有独特的优势。例如，如果某车企新品进行信息流投放，头条的"兴趣营销"只能帮广告主找到感兴趣的用户，但"感兴趣"和"想购买"可能完全是两个不同的人群，就如同大多数人都会对超跑"感兴趣"，但真正"想购买"的可能万中无一。而百度却依靠搜索和产品阵列带来的数据优势，从而洞察用户的"意图"，找到真正"想购买"的那部分用户，这也是百度的信息流异军突起后来居上的一个重要原因。因此，一直以来在营收结构上与百度颇为类似（依赖广告）的谷歌，在 2017 年 9 月份也进军信息流市场，并将其信息流产品命名为 Google discover，取代了之前的 Google News。持有"搜索+信息流"的谷歌，与"传统信息流巨头"Facebook 的信息流模式的战争，从美国国内蔓延至国外。

内容赞助这种模式往往与其他的商务模式混合使用，企业可以从多种渠道获取收益。例如，网络零售商京东在自己的平台上销售广告，目的是增加收益渠道。收益增加了，网站上产品的价格就可以降下来。同样，大多数的网络报纸当期是免费提供的，但是用户若要查阅过期的文章，就需要支付一小笔费用。

（二）信息中介模式

信息中介（Infomediary）是一个在线机构，它将信息整合在一起，再传递出去。信息中介的一种形式是市场调研机构。通常消费者若愿意与信息中介分享信息，该中介要给予一定的回报。例如，comScore、艾瑞网媒体调研公司就要向网络专题小组的成员支付报酬。当然，也有一些信息中介悄悄地收集信息，而且不向任何人支付报酬。根据 Cliqz 和 Ghostery 对包括美国、加拿大、英国、法国、德国、奥地利和瑞士在内的 12 个国家的一项调查，77.4% 的页面浏览至少有一个追踪器。随着 cookie 等追踪程序的流行，用户在上网时会被标记，他们的一举一动会被记录下来。在最良性的情况下，这些信息仅用于统计和广告定向。研究发现，21.3% 的站点有十个或更多的追踪器。一般来说，人们没有认识到数字痕迹就像是自己的影子一样，追踪用户上网活动几乎没有透明度，有些网站运营商自己也不知道网站上保留着追踪脚本。调查发现，谷歌和 Facebook 在广泛使用追踪器方面尤其突出。根据页面加载和服务，谷歌是最广泛使用跟踪器的公司，其次是 Facebook。Google Analytics 可以在将近一半（46.4%）的加载页面中被找到，Facebook Connect 也出现在超过 1/5（21.9%）的加载页面中。有些网站要求用户先完成注册，然后才能下载所需的文件内容，网站可以将这些用户的信息提供给文件的作者等人，这也属于信息中介。

产品评价类网站（如评价网、就爱点评网）也是一种信息中介。这类网站将用户的评价汇集起来并展示在网页上，可供其他的消费者和相关的企业浏览。网站上有链接可以点击进入零售商的网站，零售商则为此支付佣金。

信息中介这种商务模式的初衷是让消费者对营销信息拥有控制权。对信息中介来说，收益是消费者提供的信息，因为这些信息使信息中介的数据库增值了。利用这种商务模式，广告商可以精确地定位广告受众，因为这些受众都是主动选择加入系统的。这种形式的许可营销使广告商在消费者浏览竞争对手的网站时能够插进去做广告，这在过去是不可思议的。

（三）中间商模式

在互联网上，有三种中间商参与的商务模式，即经纪人模式、代理商模式和在线零售商模式。

1. 经纪人模式

经纪人为买卖双方的谈判和交易提供了一个市场。在这种商务活动中，经纪人会向买卖双方中的一方或者双方收取交易费，但在交易和谈判中，他并不代表任何一方。有些经纪人还会收取上市费（Listing Fee，也称"挂牌费"）。经纪人所提供的服务是一种增值服务，因为他帮助吸引客户，促成交易的达成。在互联网环境中，不管是 B2B 市场，还是 B2C、C2C 市场，都存在经纪人模式。离线经营中，最典型的经纪人模式是证券交易经纪人公司（如上海证券交易所），它们把买卖双方撮合在一起。在线交易和在线拍卖都是在线经纪人模式最常见的例子。

这种商务模式对买方来说最大的收益是方便，订单执行和交易处理速度较快，同时，这种交易方式对买方也意味着低价。搜索速度快、省力，也容易寻找到卖方，可以降低成本。对卖方来说，它能集中有意向购买的客户，还能降低开发新客户的成本和交易成本。这种商务模式主要包括在线交易和在线拍卖。

（1）在线交易

在互联网上，有许多经纪人公司（如汽车之家、搜房网、网贷之家等），客户可以通过这些网络经纪人在网络平台上开展交易，而不必打电话或者登门寻找经纪人。由于交易费用降低了，所以买方能降低成本。同时，客户依靠网络经纪人可以加快交易进程，获取相关的信息，还可以开展程序交易。有些网络经纪人公司专门为炒股票的人提供服务，它们干脆绕开网络，让股民直接与市场联系。

汽车销售的网络经纪人（如太平洋汽车网）方便客户去搜索本地汽车交易商的报价，省去了打电话和实地走访的麻烦。这些网络经纪人提供的是整个行业中的一口价，因此，客户没有必要与经纪人为了讨价还价争得面红耳赤。

阿里巴巴网站是全球买家和卖家的交易平台，而全球速卖通本来是阿里巴巴为中小企业全力打造的一个融合订单、支付、物流于一体的外贸在线交易平台，拥有比淘宝、天猫更大的舞台，是阿里巴巴国际化的主力军，速卖通平台的商品目前已覆盖全球逾 220 个国家和地区，每日平均有超过 2000 万访客从速卖通选购商品，用户规模在 2018 年 9 月就突破了 1.5 亿。一个国家的客户在网络上向外国的供货商购物，货款先托管在阿里巴巴网站，待到买方确认货物寄达并且完好无损，再由网站放款。

B2B 市场上衍生出了各种各样的经纪人商务模式，都运行得很成功。Converge 公司是全球电子产品市场上一家知名的匿名交易经纪人公司，该公司在网站上将几千家制造商、批发商和零售商撮合在一起，对电子设备和零配件互通有无，它所使用的模式与股票交易相似。客户在交易所与 Converge 公司的经纪人接触，提出自己的需求（如订购 10 万个晶体管），经纪人设法寻找到供应商，而他所得到的利润是买卖双方的差价，另外，Converge 公司还要收取一些固定的费用。交易是匿名的，供应商将商品运送到 Converge 公司的质量控制中心，由公司派人对商品质量进行检测，然后将商品递送到买方手中。Converge 公司对商品的质量提供担保，并承诺无条件退货。Converge 公司的网站所提供的服务是多种多样的，如每位客户的买卖记录、与经纪人的即时信息沟通方式、多种求购方式（上传购物清单，对所需商品进行逐项搜索等）。

招聘公司可以通过前程无忧这一大型的全国市场网站查找 200 多个专业领域的人才，包括网站设计、程序设计、美术设计、商业咨询和行政管理等。在收费标准上，前程无忧会根据区域不同，收取不同的服务价格，如企业是在本地招聘还是全国性招聘等。此外，前程无忧还会按服务分类来收费，如企业下载简历需要收费，招聘也需要收费。开通单地区单年度的招聘信息，如果按最普通的服务算，一般每年 3000 元左右（以深圳为例），最便宜的价格是一个月 300 元，包含城市页面一周的最新职位发布。

（2）在线拍卖

拍卖完全不同于固定价格的商务模式。拍卖活动的盛行已经有 100 多年的历史。在互联网环境中，不仅在 B2B 市场上存在拍卖这种商务模式（如快鲜链），而且在 B2C 市场（如京东拍卖、瓜子二手车等）、C2C 市场（如 eBay.com、聚拍网）上也有拍卖活动。尽管有一些企业自主开展拍卖活动，但是大多数的企业还是委托拍卖经纪人（如京东拍卖平台）来销售自己多余的商品。如果企业在自己的网站上进行拍卖活动，就是直接销售，只不过使用的是动态定价模式；如果请第三方开展拍卖活动，使用的就是经纪人中介这种商务模式。

对卖方来说，利用拍卖这种商务模式的好处是可以按照市场价格销售商品，而且可以处理库存；买方对拍卖感兴趣，是因为他们可以用较低的价格获得商品，还可以从中得到乐趣。当然也有不利的方面，那就是购买者在竞拍的过程中要消耗许多时间，有时竞拍的价格可能会更高（即前文中提到过的"赢家的诅咒"）。有的购买者也使用自动竞拍的软件参加竞拍，但是有调查显示，这些竞拍者还是会不断地浏览网站观看竞拍的进程和结果。

一些拍卖网站所拍卖的商品或者服务多种多样。例如，京东拍卖公司的平台上既可以对电脑进行竞拍，又可以对艺术品进行竞拍，也有一些拍卖网站是专注某一个细分市场的。拍卖行业巨头 eBay 是专门进行 C2C 市场的拍卖活动的，网站上参拍的商品多达几千种。eBay 网站的服务有许多创新之处（如由第三方担保，通过 PayPal 进行电子支付、交易评价等），不仅加速了拍卖的流程，也方便了网站用户。

2. 代理商模式

与经纪人模式不同，代理商是代表买方或者卖方参与商务活动的，就看由谁来向其支付报酬。在有些国家，法律规定代理商只能代表其受雇的那一方的利益。在实体经济中，房地产代理商受托对房产或者地产进行挂牌销售，它们只能代表卖方的利益。代理商模式主要包括代表卖方利益和代表买方利益的代理商模式两种。

（1）代表卖方利益的代理商模式

代表卖方利益的代理商有多种形式，如卖方代理、制造商代理等。

①卖方代理（Selling Agents）：只代表一家企业，帮助该企业销售产品，它们的报酬形式一般就是佣金。例如，参与协同合作项目的企业向网站的拥有者支付佣金，因为网站向它们推荐了客户。一般情况下，这种推荐一定要最终导致交易的实现，否则佣金就无从谈起。例如，欧洲的一家大型控股公司 KarstadtQuelle AG 旗下有多家百货商店，该公司与 4000 多家协同项目的卖方代理合作，这些代理每向 KarstadtQuelle AG 公司推荐一位新客户，公司就向其支付 2 欧元佣金。有些参与协同合作项目的代理商提出要在客户的终身价值中分享一份收益，而不是一次性收取佣金。亚马逊公司的网站是协同合作项目的首创者之一。该公司于1996 年推出了"亚马逊联盟"计划，合作销售代理的网站上都会展示可链接到亚马逊网站的图片。该联盟已拥有几十万个成员，它们都是亚马逊产品的销售点。只要协同网站将客户推荐给亚马逊网站，就能得到交易金额 10% 的佣金。

②制造商代理（Manufacturer's Agents）：代表的是多个卖方。在传统营销活动中，制造商代理一般只代表销售产成品的企业，目的是避免企业之间发生利益冲突。但是在虚拟市场中，制造商代理会建立网站帮助整个行业来销售产品。从网络营销的角度来看，制造商代理往往被称作"卖方集成"，因为它们在同一个网站上代表多个卖方。

旅行网站一般都属于制造商代理，因为它们得到的佣金是航空公司或者宾馆、酒店支付的。一些旅行代理网站（如携程、途牛、同程等）提供在线预订服务。有时，通过网站预订可以便宜一些，但是对旅行者来说最主要的利益是便利。

在 B2B 市场上，人们一般把制造商代理称作"商品目录聚集商"，它们所代表的卖方一般都拥有多种产品。以往采购经理常常是窝在一间小小的屋子里，周围是满满当当的商品目录，"商品目录聚集商"这个称谓就是这样来的。对这些代理来说，最重要的工作就是将所有这些产品目录信息存储到数据库中，然后在网站上展示出米，通常网络制造商代理会向企业提供软件，使得网站与制造商的内部数据库系统连接在一起。只要制造商使用了行业中的标准软件（如 Concur），管理商品目录的工作就会变得十分容易。值得一提的是，产品数量的增减、价格的变动，都应该实时地在商品目录上反映出来。

一些比较先进的制造商代理能够保证产品目录的定制化，而且能够和买方的企业资源计划（ERP）系统整合在一起。定制化的产品目录是指展示过去成交的产品和产品价格。有些软件还有一些特殊的功能，比如对某些员工的采购量进行限制。如果订单大了，软件会自动传送给上级主管报批。有些软件还能推荐替代产品，告诉买家生产的进程，帮助处理订单和跟踪订单等。

用这种商务模式进行交易能给买方带来许多利益，如缩短订购周期、减少库存、加强控制等。由于交易中减少了纸质的单据，询购和询价的过程都是自动完成的，再加上交易与ERP 系统整合在一起，生产厂商的成本可以降低不少。例如，虎易公司是国内一家厨卫行业分类目录电商平台，主要为企业提供产品推广渠道和商机信息，还为网购消费者提供有价值的导购信息。

另外还有两种中间商的模式，它们的运作与代理商模式十分相似，但是又有区别。其中一种中间商代表一群与日常活动或大型设备采购相关的制造商、在线零售商和内容提供商，它们为消费者解决了四大难题：第一是减少了搜索商品的时间；第二是提供了制造商的质量担保；第三是方便了许多相关的采购活动；第四是提供了与采购活动相关的客观公正的信息。这些网站靠向企业推荐客户收取佣金。有些情况下，佣金是与完成的交易挂钩的。汽车之家是网络汽车交易市场中的典型，该公司专门提供新车或二手车的信息，并为价格谈判提供咨询，还为有意购车的客户提供其他的各种服务，如融资信息、零配件采购信息、车辆保险咨询等。婚礼纪公司是婚庆市场的典型代表，它所提供的服务包括婚礼策划，婚俗介绍，美容，男、女傧相，婚介等，它还为准备嫁娶的新人准备各种婚庆用品，如婚纱、签到簿、礼金登记簿、来宾名册等。

另一种中间商模式与实体的大卖场相似，网站上聚集了众多的网络销售商，加入网站的企业可以通过虚拟卖场与网站的浏览者进行接触，卖场则通过多种渠道收取费用，如挂牌费、交易费、店铺开张费等。实体的大卖场有许多优势，如可以把各类商店聚集在一个场所，从高速公路出口可以方便地进入卖场，有很大的停车场供客户免费泊车等，但是这些优势在网络卖场上无法显现。尽管如此，网络卖场也有客户重视的六大优势：第一是品牌，客户更愿意从网络的"沃尔玛1号店大卖场""大润发优鲜大卖场"等虚拟店铺里购物，因为那样比较放心；第二是网络支付，使用数字钱包的便利之处是客户只需要输入一次自己的开票信息，再到虚拟卖场的任何一家店铺购物时就不需要重复输入，这就简化了订购的程序；第三是卖场实行的常客计划，这能够鼓励客户经常光顾卖场；第四是虚拟卖场提供的跨店铺礼品登记功能；第五是卖场中跨店铺的商品搜索功能；第六是虚拟卖场中的推荐功能，如在母亲节来临之际向客户推荐合适的礼品等。

（2）代表买方利益的代理商模式

代表买方利益的代理商模式，购物代理是代表买方利益的。在传统营销中，买方代理一般会与一家或几家企业结成长期的代理关系，但是在互联网上，它们可以为任意多家的买方客户进行代理，一般是匿名的。购物代理及反向拍卖的模式方便了买家按照自己的意愿出价。多个买家可以结成联盟，增加了采购量，降低了采购价格。

本书在第六章中曾经提及，购物代理这种商务模式刚刚出现时，许多人担心它们可能将价格压得非常低，使生产企业几乎无利可图，但是事实上这种情形并没有出现，因为客户在购物时，价格并不是他们考虑的唯一因素。新型的第二代购物代理所考虑的除价格以外，还有其他的各种价值。PriceScan 公司和 CNET 购物网站都提供此类服务。

一位客户如果希望能够对企业进行定量的价值分析，他可以利用口碑网进行具体操作，该网站是根据售后客户满意度对企业进行考核与评级的。该公司对在线经营的企业评级的基础是客户的反馈。口碑网站将客户在某一企业那里的购物体验张贴在网站上，同时张贴厂商的经营政策。除此之外，还向购物者提供商品打折优惠。

该代理商模式主要包括以下两种。

①反向拍卖：提供反向拍卖的网站也是一种购物代理，它们为个别的购物者提供服务。反向拍卖这种商务模式由购物者出价，销售者参与竞拍，买方表示在某一价位上愿意买入商品或服务，而卖方则设法去满足买方的出价条件，或者至少应该接近这一价格。Priceline 公司是第一家主要按照这种商务模式开展经营活动的公司。

有些卖家提供的商品是不可储存的（如航班的座位、酒店的客房等），因此销售方会设法减少多余的库存，但是又不影响正常的销售渠道经营，这对卖方是有利的。反向拍卖带给买方的利益是低价，还有自主定价带来的愉悦，但是对买方也有不利的一面，那就是对品牌、供应商及产品特性的选择面缩小了。正是因为选择面小了，所以与渠道伙伴之间的冲突并不是很激烈。

②买方合作（也称作"买方团购"）：这也是一种商务模式。买方聚集在一起，就某一种产品进行谈判，最终把价格谈下来。由于采购量大，每一位买家都能从低价中受益。一般来说，参与买方合作的人越多，价格就越低，它们之间呈现一种负相关的关系。例如，如果有 1～5 位买家，每位支付的价格是 100 元人民币；如果有 6～10 位买家，每位支付的价格是 88 元人民币，以此类推。正是因为价格呈阶梯式下降的趋势，所以购买者会劝说自己的亲朋好友一起来参与购买，买方可以将价格一直杀到预先设定的价位。

有些专门从事买方合作的企业未能从这种商务模式中获益，最终只能终止经营。有些在线买方合作企业采用类似于传统的实体企业买方合作的方式经营，得以生存下来。尽管如此，我们依然认为互联网对买方合作这种商务模式是有利的，新的买方合作企业又开始不断地涌现出来。

聚划算、拼多多网站是当前国内两家知名的买方合作的团购网站，其他国家也有类似的网站。网站向客户提供限时折扣商品，客户可以报名参加某项团购，一旦人数达到了预定的数字，每一位买家都能享受预定的折扣。对卖家来说，他们获得了许多新的客户，客户所在的地域也各不相同。

3. 在线零售商模式

（1）电子商务

在线零售商模式是最普通的电子商务模式。企业建立自己的网络店铺，然后将商品或者服务销售给企业或个体消费者。网络上销售得最好的是哪些商品和服务？根据 2016—2017 年中国网购渗透率数据分析，各品类的线上销售渗透率已经出现了显著的分化：3C、服饰、个人护理是网购渗透率领跑的三大品类。而包装食品、生鲜食品等品类的线上渗透率则依然在低位，图 8-1 所示为 2016—2017 年中国电商分品类渗透率。图 8-2 所示为 2017 年 B2C

线上销售渗透率。

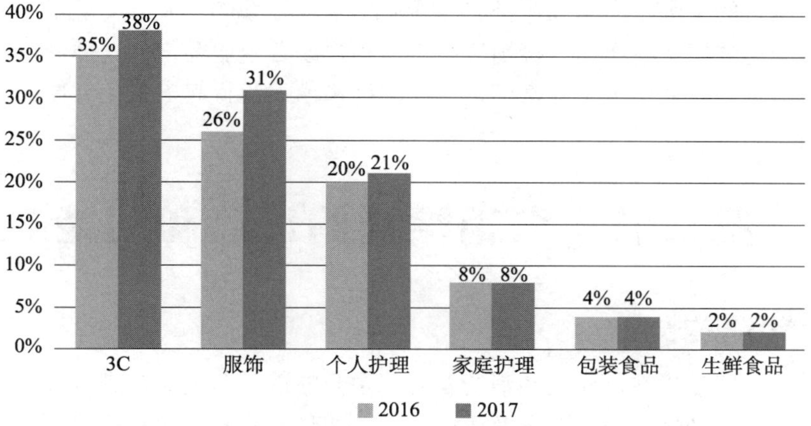

图 8－1　2016—2017 年中国电商分品类渗透率

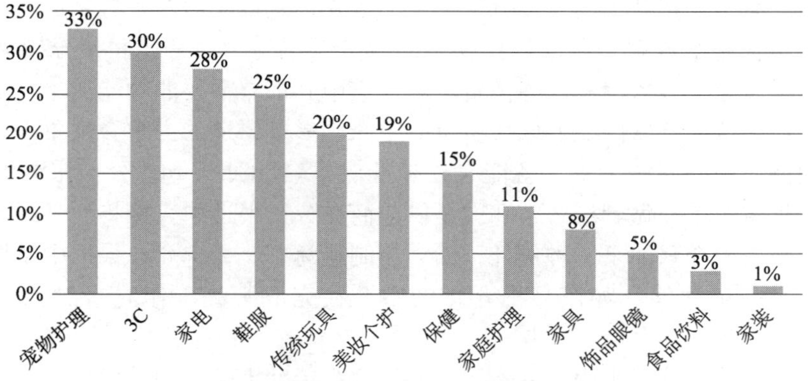

图 8－2　2017 年 B2C 线上销售渗透率

（2）移动商务

在近十年里，科技飞速发展，互联网和智能技术逐渐渗透到了我们生活中的每个角落。互联网的上半场属于 PC 时代，而下半场则是移动互联网的天下。那就自然离不开一样东西的发展，那就是智能手机。智能手机加速推动了智能科技从高端科技向生活元素的转变。

（3）社交商务

社交商务是电子商务的一个分支，也称社交电商，指利用社交媒体和消费者之间的互动来促进在线销售。由于社交商务的出现，市场的控制力从企业转向了消费者。与此同时，用户在社交媒体上的沟通使得企业有机会增加收入，降低成本，还能提升客户满意度。

（4）有形产品

网上销售的有形产品（如书籍、家具、服装、食品、家电等）都是通过传统的配送渠道递送的，这样的配送渠道效率较低。在传统销售模式中，100 本书籍可以递送到一个门店销售，可是在网上销售，100 本书就有可能递送到 100 个客户手中。客户要为此支付额外的费用，有时这样的费用超过了在线购物节省的钱，特别是在节日期间，一件快递商品有可能需要一周的时间才能送到，如果配送中心离客户很远，运输的时间会更长。

（5）数字产品和内容销售

如果网上销售的是数字商品和服务（如新闻、音乐、软件、电影、直接配送）。制造商可以通过直接配送的模式将产品直接销售给普通客户或者企业客户，这种销售模式在传统的离线经营中很多见。自从出现了互联网，这样的销售模式运行起来就更方便了，制造商可以绕开中间渠道。

第二节　分销渠道的长度和功能

一、分销渠道的长度

分销渠道的长度是指在供应商和消费者之间中介的数量。企业在进行渠道设计时，选择的渠道长度应具有合理性。随着竞争及商业形态的变化，有些企业需要缩短渠道长度，而有些企业则可能需要增加渠道长度。最短的分销渠道中不含中介，而是由制造商直接与最终消费者进行交易。海尔公司就采用直接分销渠道的形式，直接与消费者打交道。可是，大多数的分销渠道中包含一个或多个中介，这就是间接分销渠道。通常，间接分销渠道包括供应商、制造商、批发商、零售商和最终消费者。渠道中介都有重要的功能。

最初，人们都认为互联网能够取代所有的中介，形成渠道的去中介现象。去中介就是去除传统的中间商。中间商减少了，就能大幅降低成本。Fresh Direct 公司采取的就是这种去中介模式。如果将去中介做到极致，那就是供应商在分销渠道中直接将商品或服务递送给消费者，但完全地去中介只能是一种例外，因为与制造商相比，中介在渠道中发挥的作用要有效得多，擅长某一项功能（如产品推介）的中介在完成某一工作时一般比非专业人士效率高。

许多人都在宣传互联网去中介的作用，并称网络帮助去除了中介以后，企业的成本下降了，产品价格能大幅下降，但是这样说实际上忽视了一些非常重要的因素：第一，物流系统运作效率越来越高；第二，利用中介帮助开展配送工作，企业可以专注于发挥自己的优势；第三，许多传统的中介实际上是被网络中介取代了。大多数情况下，网络中介的效率高于实体的中介机构。例如，互联网上有许多在线门店，网络零售商不像实体的零售商那样需要花许多钱在闹市区租赁门店，雇用店员。企业可以到租金比较低廉的地方去租用仓库，满足网络销售商品的需要。当然，要开发并维护电子商务网站，也会发生成本，尽管这样的支出有时也非常大，但是与维持一家实体门店的花费相比，还是要小得多。

二、分销渠道的功能

分销渠道的主要功能是将产品从制造商那里传递到客户手中，至于由哪些人员来完成这些功能并不重要。例如，网络零售商一般是建立一个仓库储存商品，然后根据客户的订单进行拣选、包装、递送。当然，网络零售商也可以将这些工作外包，由其他的物流企业（如顺丰）来实施拣选、包装、递送等工作。若是这样的流程，零售商将订单传递到顺丰公司的仓库，后者再进行拣选、包装和递送，或者是物流公司与电商平台共同打造分销渠道，负责递送的企业开展的工作也是增值服务。例如，2013 年，阿里巴巴、顺丰、"三通一达"（申通、圆通、中通、韵达）等共同组建"菜鸟网络科技有限公司"，进一步优化分销渠道。分销渠道的功能可以大致地分为交易功能、物流功能和促进功能。

（一）交易功能

交易功能指的是与购物者接触，利用各种营销沟通的手段让购买者了解产品。交易功能还包括使产品满足客户的需求、价格协商、完成交易环节的各项工作。

1. **与购买者接触**

互联网为企业提供了一个新的与购买者接触的渠道。互联网是第四个沟通渠道（传统的三个沟通渠道是人员推销、邮购目录销售和电话销售）。一般的零售商则把互联网看成是实体商店销售和目录销售之外的第三条销售渠道。我们认为，互联网对于与购物者接触和交易流程带来的增值主要表现在如下几个方面：第一，利用网络进行接触可以更多地满足购买者的个性化需求，如本田汽车公司网站，客户可以很方便地寻找就近的汽车经销商，上门购买本田汽车；第二，消费者可以在网络上找到许多相关的参考信息，如搜索引擎、购物代理、新闻组、聊天室、电子邮件、网页、协同合作项目等；第三，互联网提供了一个全年无休式的经营场所。

2. **营销沟通**

营销沟通活动包括广告和其他多种产品促销活动。营销沟通的工作一般是由渠道成员共同完成的，如制造商启动一个产品广告的活动，由零售商来提供折扣券。还有一种形式是合作广告，那就是由制造商和零售商共同承担广告费用，因为这是由渠道成员共同开展营销沟通工作的，所以这样的方式最有效。

互联网为营销沟通工作带来的增值主要表现在如下几个方面。第一，过去要由人员来完成的一些工作如今可以由计算机自动完成。腾讯公司通过微信向 10 亿注册会员传递促销信息，但是并不需要折叠信纸、装信封、贴邮票及盖邮戳，只要点击"发送"，就完成了一切。还有一个典型的例子是在搜索引擎上为网站做广告，企业只要利用百度、搜狗等网站提供的服务就能自动完成。这些企业专门研究搜索引擎的排名技巧，然后设法让自己的客户在搜索引擎排名中尽量靠前。第二，企业可以时刻关注营销沟通的效果，并对其进行调整。例如，谷歌公司开发的 AdWords 软件允许自己的客户对旗帜广告的点击率进行实时监控，一旦发现运行效果不佳的广告就及时更换。第三，有些企业利用软件来跟踪客户的网络行为，这样就能有针对性地开展营销沟通活动。第四，互联网有助于渠道中介相互之间的协调，更好地开展促销活动。企业可以通过社交平台传递广告和其他营销资料，还可以实时浏览其他企业在网站上的促销信息。在实体商店里，往往会发生这样的情况，总部发起了一项促销活动，一些零售商却蒙在鼓里，直到客户到门店来要求享受优惠，他们才恍然大悟，通过互联网进行沟通，就可以避免发生这样的尴尬。

3. **使产品满足客户的需求**

网络的优势之一是使产品与客户的需求相匹配。一般情况下，客户只要提出自己的要求，网络购物代理就能够罗列出一张相关产品的清单。网络零售商还能帮助客户获得与其需求相吻合的产品。例如，服饰搭配网站 Polyvore 公司、Pinterest 公司（全球最大的图片社交分享网站）、Gap（盖璞）服装公司会帮助客户进行服装选配。大部分汽车公司的网站上，客户可以自己对汽车进行配置。网络上还有一个有趣的现象，那就是协同过滤

223

购物代理，企业可以利用这样的软件根据客户以往的购物行为来预测他们的偏好。亚马逊网站就是利用这样的代理软件来向客户推荐图书和音乐制品的。这样的系统一旦建立，企业就能够同时面对几百万个用户，而边际成本几乎可以忽略不计。数据库中的客户信息越多，协同过滤购物代理系统的效率就越高。值得一提的是，这一类的服务可以迅速扩张，因为所有的操作都是自动的。与此形成对照的是，在实体商店使产品与客户的需求相一致是一项费时费力的工作，随着客户和产品的增多，这项工作会变得越来越困难。因为在实体店铺，这项繁重的工作是由售货员来承担的；而在互联网上，随时都可以回应客户的需求，而且零售商之间可以互通有无来解决匹配问题。当然，由于网络有这样的优势，在线零售商面临一个新的压力，那就是价格的透明竞争，零售商必须使自己的产品具有独特性，才能在竞争中胜出。

4. 价格协商

价格协商是指买方和卖方讨价还价的一种双向沟通，这在人员销售、电话销售和电子邮件销售中都是存在的。购物代理在价格协商中是代表客户利益的，它将企业出价按照从低到高进行排列。另一种动态定价或灵活定价的形式是竞价，是由买方提出价格，然后由供应商在公平的条件下竞争。许多企业现在都开展网络采购竞价。在客户市场中，有阿里巴巴公司和亚马逊公司在开展竞价销售。在企业市场中，格力电器也在让供应商开展网络竞价。网络采购竞价增加了供应商的数量，这样竞争激烈了，价格就降了下来。有些网络拍卖公司允许购买者利用购物代理来参与竞价，以便更好地与其他的购买者或购物代理进行竞争。

5. 完成交易环节的各项工作

研究显示，网络渠道大幅降低了交易处理的成本。例如，互联网金融最显著的特点就是最大限度地降低了交易成本。多年来，我国传统金融机构拓展服务的瓶颈就是交易成本太高。一般情况下交易成本包括时间成本、人员开支成本、网点建设成本、日常运营成本、维护成本、风险管理成本等。最明显的一个例子就是，2019 年上半年，国内六大银行员工人数合计缩减近 3.5 万人，已超 2018 年全年人员缩减之和。银行员工减少的最大原因在于科技的发展，一方面部分业务可以通过自助渠道办理；另一方面，部分岗位可以直接由 AI 替代。例如，2019 年 4 月初，中国建设银行推出的全国首家"无人银行"正式亮相上海九江路，在这家无人银行 90% 以上的现金及非现金业务都能办理。在互联网金融模式下，资金供求双方可以通过网络平台自行完成信息甄别、匹配、定价和交易，无传统中介，无交易成本，无垄断利润。

（二）物流功能

物流功能指的是产品的运输、储存和收集等工作。物流工作一般外包给第三方物流企业。无线射频识别（RFID）标签是在配送过程中对产品进行跟踪的重要新型设备。人们可以利用 RFID 将信号传递给扫描仪，扫描仪就能识别到产品、信用卡甚至植入人体或动物皮肤中的标签上的信号。

1. 产品递送

大多数通过网络销售的产品依然是通过传统的实体渠道递送的，当然，也有一些数字化的产品（如文件、图片、音乐、视频等）可以以较低的成本通过互联网传递到消费者的手中。Trisenx 公司已经可以通过互联网传递数字化的气味和味道。伯明翰大学的鲍勃·斯通（Bob Stone）教授在视频游戏中加入了气味的元素（如凝固汽油弹的气味、未经处理的污水的气味及一些芳香的气味），这些都是依靠计算机外围设备来实现的。

2. 产品的整合

一般来说，供应商如果生产的产品品种不多，产量却很大，那么生产效率会高一些，但是从消费者的角度看，他们一般愿意多购买一些品种，每种数量少一些，于是就出现了渠道中介，它们的主要工作是从多个供应商那里进货，方便消费者在一地购得多种产品。将这种传统的整合运作方式搬到网络上，就出现了网络"品类杀手"，如亚马逊公司、苏宁易购、天猫集团，这些公司在网络上销售各种产品。还有一种形式是虚拟的产品整合，就是把多家制造商的产品整合在一起，然后展示在用户的计算机桌面上（如 Pinterest 网站利用社交网站整合产品）。网络销售代理将各种产品归拢在一起，以在线店铺的形式在计算机上展示产品网页。如果用户在网络上搜索一种产品，网页上就显示出一张列表，上面有产品信息的比较，还有企业的链接。

3. 第三方物流外包

在 B2B 市场上，人们遇到了一个难题，那就是既要降低库存量，又要做到及时向客户送货，这两者往往是冲突的。许多企业是这样解决问题的：它们把存货委托给第三方物流企业（如顺丰公司、圆通快递公司等）保管。如果把这项工作做得再好一些，那就是由第三方来管理供应链，提供增值服务，如产品的加工和整合。物流企业还可以帮助处理订单、补充库存、编制订单跟踪号码，这样就方便了客户跟踪订单。例如，法国著名的电信设备制造商阿尔卡特公司就是利用 UPS 公司来进行订单管理的，以便在整个欧洲地区向客户递送手机。

在 B2C 市场上，人们遇到的问题是退货处理（这是逆向的物流）问题，有的企业产品退货成本高达 15%。客户往往抱怨退货不方便，代价太大。有些网站承担退货的费用，即使如此，客户依然不满意，因为他们需要称量邮寄的包裹、垫付邮寄费用、安排取货时间，或者自行将包裹送到投递集散中心去。

eBay 在简化退货流程方面有过人之处。自 2018 年 7 月起，eBay 为买家和卖家自动执行退货流程中的两个步骤。这些变更为卖家和买家节省多达一个星期的处理时间。当卖家收到退货请求时，eBay 通过向买家提供退货运单，立即接受买家的退货请求；卖家则有两个工作日的时间来查看退回的物品并提供退款。在追踪号码显示确认送达状态后的两个工作日过后，如果卖家不采取行动，eBay 则代表卖家自动向买家提供退款。在这种情况下，eBay 将为卖家结束退货流程，这将不会对卖家的表现产生影响。卖家还可以通过在退货偏好设置中创建规则，在不要求买家将物品退回的情况下自动同意退货或立即提供退款，继续控制退货流程的效率。

4. 最后一公里问题

对网络零售商和物流公司来说，还有一个大问题就是如何将小件商品挨家挨户地递送到普通客户或企业客户手中，这是一项花费不菲的工作。制造商若将大件商品递送到批发商或者零售商的手中，再由它们零散卖给客户，这样的成本并不高。但企业还面临两个问题：第一，许多商品要送多次递送才能递送到客户手中（占 25%），这样就会增加成本，如菜鸟驿站的成立，虽然让商品递送环节减少，但房租和驿站工作人员工资的成本却上升了；第二，若客户家中没有人，货物送到要放置在大门边（占30%），这就给小偷提供了可乘之机。中国每年递送的包裹数量是300亿件，网络经营者都在设法降低递送成本，解决最后一公里问题。

一些有创意的企业提供了三种解决方案。第一种解决方案是"智能投递箱"技术。快递公司在社区配置智能投递箱，上面有与互联网联网的数码键盘，还有一个双向调制解调器。包裹递送人员的每一笔业务都能得到一个密码，用这个密码开锁，把货物放置在智能投递箱内完成投递。这一动作通过移动终端传递并存储在数据库中。客户通过手机收到的包裹投递信息和密码开启智能投递箱取件。如果客户由于延迟取件，快递公司会向其收取一定数额的智能投递箱的使用费。例如，在免费保管时间方面，各家快递柜企业有不同的标准，但大致都是24小时，至于超时收费标准，则为超过24小时收取1元。至于丰巢投递箱，虽然仍采取免费模式，但取件时会出现"赞赏"页面，如果出现"赞赏支付"或其他页面，可扫码支付或直接跳过取件。至于超过24小时的快递，丰巢会让客户关注丰巢智能柜微信公众号，在个人中心完成绑定后才能扫码取件。第二种解决方案是与零售商合作。客户可以要求将递送的包裹放在就近的参与合作的零售商处（如一些便利店或者社区服务站），然后自行取件。与前一种方法相比，它也有一些不方便之处。第三种解决方案则是适用于多渠道经营零售商的。客户在线订购商品，然后由离线的零售商负责递送，而对于外卖行业则是随点随送，没有这些顾虑。

（三）促进功能

渠道成员发挥的促进功能包括市场调研和支付保障。

1. 市场调研

市场调研是分销渠道发挥的主要功能之一。市场调研就是要确切地了解目标受众的规模和特征。渠道中介收集到的信息有助于制造商规划产品开发和营销沟通活动，本书第三章详细介绍了市场调研，第四章则叙述了网络用户的行为，这里则重点关注网络市场调研的成本收益问题。

互联网对市场调研的价值会产生影响，主要表现在五个方面：第一，网络上的许多信息（尤其是政府机构的各种报告）都是免费的；第二，企业的管理人员和普通的员工可以在自己的办公室里开展市场调研，而不需要花费不菲的交通费到图书馆或者其他的渠道去获取信息；第三，互联网上的信息往往更加及时，如广告客户可以实时地了解客户与旗帜广告的互动情况；第四，网络上的信息都是数字化的，网络经营者可以方便地将信息复制到表格中，或复制到相应的软件中；第五，网络经营者可以通过网络了解到客户的行为数据，所获得的信息更加细致。例如，comScore公司可以向客户提供一份网站互动报告，其中详细地显示一家网站如何与另一家网站共享广告受众，这样，客户就可以了解到哪些受众是重复的，哪些又是两个网站都未能覆盖到的。

2. 支付保障

为一笔交易进行支付保障是网络中介的一项非常重要的促进功能，不管对消费者市场还是企业市场都是如此。中介总是希望消费者能方便地支付，以完成一笔交易。国内大多数网络消费者的交易活动都是通过支付宝转账、微信二维码、蚂蚁花呗和信用卡，或者其他的支付保障系统来完成的，这与实体店铺的交易相似，但是消费者会担心自己的信用卡信息在网络上被泄露，因此，安全问题成为人们最关注的问题，它成为网上安心购物的一个障碍。

网络经营者也有担心的问题，如与之交易的那个消费者可靠吗？他所使用的信用卡是有效的吗？针对这些问题，国际上几家大型信用卡公司联合起来签订了《安全电子交易协议》（Secure Electronic Transaction，SET），将其作为证明企业和消费者身份的一种工具，同时保障消费者信用卡信息的安全。按照 SET 协议，消费者的信用卡信息并不是传输到企业那里，而是传输到第三方，企业和消费者都通过这个第三方来验明对方的身份，同时为交易提供保障。这种沟通都是自动进行的，对消费者来说并不存在技术障碍。当然，SET 协议这种技术非常复杂，很少有消费者真正懂得它的运作原理，同时，企业一般都不愿意为系统的升级支付大笔的款项。

在美国，SET 协议运行得还算顺利，这是因为美国对该领域有特殊的法律保障体系。消费者的信用卡如果被盗用，持卡人最多承担 50 美元的偿债责任。为了维系客户，信用卡发卡机构往往将这 50 美元的债务揽到自己的身上，有些发卡机构甚至声称网络交易的消费者不用承担偿债责任。在有些国家并没有这项法律，持卡人挂失以前在卡上发生的所有交易，本人都要承担责任。

三、配送系统

分销渠道实际上是一个系统，它伴随着产品、信息、资金的流动。只要产品向消费者流动的速度快了，价值就增加了。促进产品增值要靠参与其中又相互依存的多个组织的协同努力。从这个角度看，只要渠道中的成员能够团结一致，胜过其他的渠道系统，那么该渠道系统就是优秀的。

分销渠道本身是一个系统，分销渠道在不同层面具有不同内涵，有三个方面特征。

①只关注渠道的配送功能，即产品从制造商向消费者的顺向流动，这是分销渠道的传统功能。

②只关注供应链中的逆向流动，即从制造商反向流动到原材料，这就是传统的供应链的定义。

③既关注供应链，又关注制造商、分销渠道，将这三者看成一个整体，即价值链（Value Chain，也称"整合物流"）。许多人把供应链称作价值链，如果这样的话，供应链就应该包括上游和下游的各个流程，还应该包括企业内部的各个工作环节。现代意义上的供应链如图 8-3 所示，它由供应链和分销渠道组成，其中的一个个圈代表各类企业，即渠道网络中的供应商、制造商和中间商。

当前的主流观点认为，供应链应该涵盖整个价值链。许多业内人士在谈论供应链管理时，他们实际上指的是一种新的供应链。正因如此，不管是说价值链，还是说整合物流，或者供应链，其实是同一个概念。

这一供应链的概念明确了供应链管理（Supply Chain Management，SCM）的研究领域。供应链管理指的是对三种流的管理，即物流（如实体产品）、信息流（如需求的预测）和资金流（如信用条件）。说到"流"，人们会想到产品、信息、资金在渠道成员中源源不断地流动，就像血液在人的肌体里流动一样。在三种流中，信息流是最主要的，因为物流和资金流的产生都要依赖信息流。

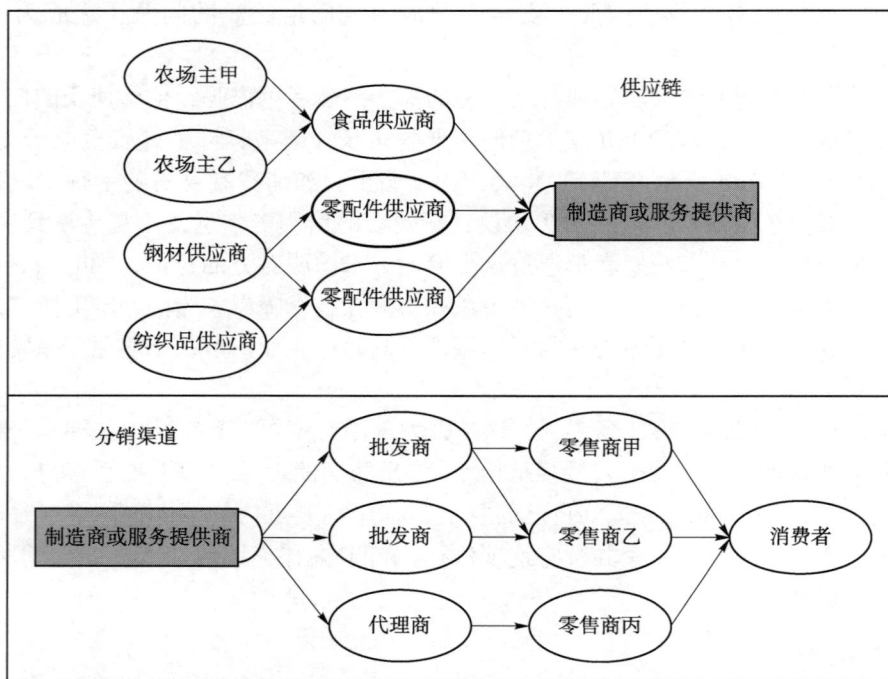

图8-3 现代意义上的供应链

供应链管理中的信条就是"找到一个，完成一个，尽快完成递送"。这一流程被称作连续库存补充法（Continuous Replenishment，也叫"连续补货法"）。有些产品比较复杂（如计算机），供应链的目标就是按订单制作，及时递送。不管是连续库存补充法还是按订单制作，其目的都是减少库存。对企业来说，这样做还可以降低成本，因为库存是占用资金的。企业的利润也可以因此得到提高，因为库存积压意味着商品陈旧，而陈旧商品的销售是要打折的。再进一步，成本降低了，商品的价格就可以降下来，客户也可以从中受益，客户价值就提高了。然而，问题总有它的反面。按订单制作一般就意味着延迟交货，要提高客户价值，就要设法将这种延迟的时间控制在可以接受的范围之内。如今客户的要求是全方位的，低价、及时递送，再加上"自定义配置"。要做到这些，企业就得将上游的供应商、企业中的各个职能部门及下游的分销渠道都协调起来。在信息时代这些问题都将迎刃而解。

在供应链管理中人们遇到的一个难题是，由多家企业组成的偌大一个渠道究竟应该由哪一个参与者来管理？例如，在苹果公司最新的供应商名录上，可以看到156家公司的名单，其中包括三星、东芝和富士康。富士康以作为iPhone手机的主要组装公司而著称。然而，这些供应商的背后还有代表苹果公司向这些供应商供货的数百家二级和三级供应商。苹果公司几乎控制了这一复杂网络的各个部分，利用其规模和影响以最好的价格获得最佳产品并及时向客户供货。此外，苹果还通过观察供应商制造难以生产的样品来考验每一家工厂——此阶段的技术投资由供应商负责。苹果公司还有其他要求用以增强其对投入、收益和成本的控制。苹果公司要求供应商从其推荐的公司那里购买材料。随着时间的推移，苹果公司已经同这些供应商建立了强大的合作关系，同时，还投资于特殊技术并派驻600名自己的工程师帮助供应商解决生产问题，提高工厂的效率。与此同时，苹果公司一直寻找其他方法以丰富供应商队伍并提高议价能力。比如，富士康就有一个名为和硕联合科技股份有限公司（和硕联合科技）的竞争对手。和硕联合科技是一家小型公司，同苹果公司签署了生产低成本iPhone7C 的协议。由于实施了这样的供应链管理，参与其中的成员能够协调一致，而支撑这种协调一致的基础就是互联网技术。

在供应链管理中，这种协调一致十分重要，因为供应链中的许多企业都有自己的企业资源计划（Enterprise Resource Planning，ERP）系统，它们依靠这一系统来管理企业内部的库存和工作流程。如果每一个企业的 ERP 都能够与供应链管理系统共享信息，那么就能实现实时的综合协调。供应链管理系统与 ERP 系统的整合如图 8 - 4 所示。

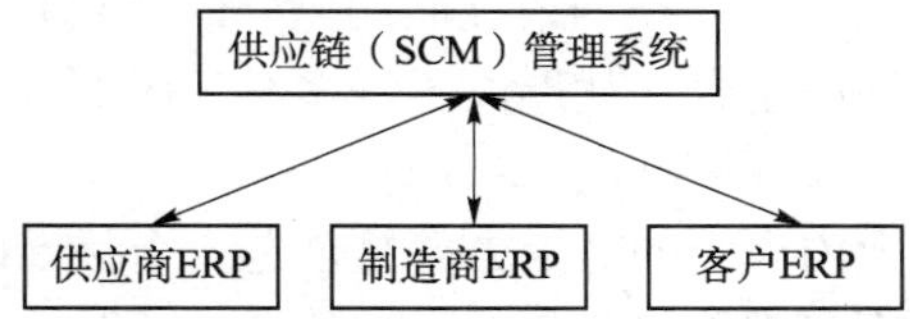

图 8 - 4　供应链管理系统与 ERP 系统的整合

第三节　分销渠道的管理与考核指标

一、分销渠道的权力管理

传统分销渠道系统由各自独立的生产者、批发商和零售商组成。每个成员都作为一个独立的企业实体追求自己利润的最大化，即使以损害系统整体利益为代价也在所不惜。因此，分销渠道一旦建立起来，企业就要采取适当的措施对渠道成员进行协调、沟通和管理，目的是减少成员之间的冲突。在整个渠道中，应该有一个处于相对优势的企业来充当领头羊的角色，协调沟通和管理工作，就像苹果公司在供应链中所发挥的作用那样。供应链之间的市场竞争日趋激烈，因此，网络经营者需要了解渠道成员之间的权力关系。

不管在何时将信息技术引入分销渠道，它都会影响渠道成员之间的权力关系，这种影响在互联网环境中尤为明显。在大多数情况下，是购买方的权力增大了，供应商的权力也相应地减小了。当然也有一些例外，供应商权力反而增大了。沃尔玛公司通过计算机系统和网络系统告知供应商、客户对产品的需求，它实际上是扩大了自己对整个分销渠道的权力。曾经渠道中都是大的制造商（如宝洁公司）拥有掌控权，这种权力的转移会引起分销渠道的激烈动荡。传统上，零售商在分销渠道中获得支配权靠的是地理优势，因为零售商在当地占有一席之地，容不得制造商插足。互联网的出现，使得地理位置的概念模糊了，客户可以在网络上得到新的供货渠道。在网络上，客户有机会得到更多的供应商和供货信息，权力随之增大了。与此同时，供应商的权力也随之增大了。首先，那些在网络上获得先占优势的供应商有机会与愿意在网络上从事商务活动的客户和企业进行交易。虽然互联网上的供应商并不少，但是供应商可以设法与客户建立结构关系，以此来获得权力。例如，亚马逊公司利用一次点击订购技术和协同过滤技术与客户建立结构关系。如果亚马逊的客户想改换门庭，就得重新输入各种订单信息，还有可能失去亚马逊网站提供的推荐服务。

有一种企业与企业之间的商务活动被称作电子数据交换（Electronic Data Interchange，EDD）。这种商务活动特别有利于建立企业之间的结构关系。电子数据交换是指企业之间的电算化数据交换，其目的是减少纸质单证的处理。买方登录到供应商的计算机系统，输入订购信息，订单用电子化的形式传输到供应商的电脑上，买方同时可以得到一份电子化的票据。互联网的出现使得电子数据交换有了一个新的发展，网络电子数据交换拥有一套新的标准和一个互动的系统，具体体现在：第一，互联网取代代价很高的专线网，使企业大大降低了成本；第二，企业可以用同一台计算机与多家供应商进行沟通；第三，整条供应链中的供应商和客户可以利用联网的计算机进行便捷的数据交换。

因此，我们可以认为电子数据交换是由三个要素构成的：一个开放的系统，一种数据传递的方式（互联网或互联网以外的方式），以及用以实施的各种技术。如果对这三个要素进行不同的组合，就形成了许多种 EDI 的应用方式，如 API 应用程序接口、可扩展标记语言（Extensible Markup Language，XML）等。

业内人士的努力方向是创造一个标准的、依托互联网的开放系统，目的是使所有的供应商和客户都能将各自的系统整合在一起。

二、分销渠道效率的考核指标

企业的在线商务活动是否有效？要回答这一问题，企业就必须考虑网络经营能否有效地接触到目标细分市场，能否吸引消费者参与在线购买。下面从 B2C 市场和 B2B 市场两个角度进行分析。

（一）B2C 市场

电子商务交易模式自问世以来，得到了飞速的发展。我们可以通过近几年全球电子商务数据来看看电子商务的成就：2018 年全球网络零售额达到 2.84 万亿美元，2019 年全球网络零售额近 3.5 万亿美元，2019 年中国网络零售额全球占比近 50%。互联网的应用促进了离线销售（如在实体市场里利用移动设备搜索信息）。全球线下店铺有 56% 的营业额会间接或直接受到互联网的影响，只有 22% 的企业对电子商务的转化率感到满意，经常计算和分析"投资回报率"的企业更有可能采用有效的互联网营销策略，这样的企业高达 72%。55% 的电子商务销售发生在品牌商店，而只有 45% 的销售发生在普通市场。2018 年全球男性在线消费比女性多 28%，人们平均每周花 5 小时在线购物，95% 的美国人至少每年在网上购物一次。2019 年，美国的移动电子商务收入达到 6900 亿美元。2019 年，谷歌成为全球排名第一的网站，关键词 PC 的点击率为 34.36%，移动设备的点击率为 31.35%；中国近 75% 的电子商务销售是通过移动设备完成的。到 2020 年，全球移动电子商务占所有电子商务活动的 45%，而 2016 年仅为 20.6%。2018 年全球 82% 的人使用智能手机研究他们即将在商店购买的商品。由于运费，全球有 66% 的购物者决定不购买他们考虑购买的商品，72% 的女性和 59% 的男性放弃了购买。78% 的购物者希望电子商务网站在其产品页面上包含更多图片。

不过，这些统计数据只是总体的消费水平，个体的零售商究竟经营得如何，还要看其在线经营战略是否有效。企业每天都要核算各种渠道（在线销售、实体门店销售、邮购）的销售情况，看是否实现了销售目标，还要对网站内容、跨渠道促销活动、在线或离线的营销沟通进行调整，以达到更理想的销售业绩。

麦肯锡公司曾经对在线零售商开展过一项全球调研，结果显示，有两种在线经营战略格外有效：一种是大量接触客户的战略。客户转换率比较高（浏览网站后愿意购买），购买的频率比较高，每次购买（如服装、图书）给公司带来的利润并不是很可观，但是公司对其投入的成本也比较小，亚马逊公司网站实施的就是这种经营战略。至于其他的零售商，则是将在线零售看成离线零售渠道的一种补充。本书认为，企业要把客户放在第一位，企业要关注营销活动的各种细节，以识别哪些营销战略能取得成功。

一般来说，通过分销渠道效率的绩效考核指标研究，主要是帮助网络经营者评价在线零售商业绩和供应链管理效率，其中比较重要的是收益、投资回报率、客户满意度、客户获得成本、客户转化率、订单平均金额等。客户转换率是指客户在浏览网站的进程中进行了实际购买的比率。销售额及客户转换率是衡量从事电子商务的企业一个重要的指标。

市场细分战略是指将市场划分为多个子市场。在这里市场既可以按空间细分，也可以按顾客或经营客体进行细分。采用这一战略的企业需要成立多个部门，每个部门的经营客体、集散、广义价格和信息交流等策略都尽可能按照各自所服务的子市场特点来制定。

协同合作网站的考核指标还包括它们向合作伙伴推荐了多少客户，介绍过来的客户中有多少人实施了购买活动，客户在登录自己的网站以前浏览的是哪一个网站等。这些考核指标帮助网络企业评价协同项目的效率。

2012 年，通信管理咨询企业 Pulse Point 集团开展过一项调研，列出了协同项目的其他一些考核指标，例如，渠道的优化程度、跨渠道经营的效果、客户能否得到一致的体验、各种渠道得到的品牌感知是否一致等。这些指标都说明了只有开展多渠道营销才能更好地吸引全渠道体验的客户。

移动商务的评价指标与传统电子商务并不相同，如点击呼叫率、跟进动作（指客户浏览了移动网站或促销信息后的动作）、点击率、搜索门店信息次数、短信回复率、应用软件使用时间、点击社交网站次数等。社交商务网站也都有自己的评价指标，网络企业最关心的指标是点击率、客户的评价热情、订单平均金额、营销成本等。

（二）B2B 市场

B2B 市场是一个很大的市场。人们很难对供应链中的交易总额给出一个确切的数字，因为许多是企业内部的交易。许多 B2B 交易依然是通过社交媒体、移动网络及人员销售的形式完成的。在提升交易水平和交易效率、订单的及时处理、电子采购及流程优化等方面，互联网的作用不可小觑。企业可以通过网络去搜索供应商，但是更多的时候它们还是利用网络与现有的合作伙伴完成在线订购、订单跟踪等工作。

与 B2C 市场一样，B2B 市场上的网络经营者也需要选择绩效考核指标，用以判断网络营销目标是否实现。企业应该研究电子商务是否符合企业总体的营销战略，通过网络希望实现怎样的目标，以及电子商务模式是否有效等。对 B2B 市场来说，绩效考核指标包括从订购到递送的时间、订单履行的水平，以及渠道成员的各种活动是否有效等方面。

🔄 本章小结

互联网有助于提高买方和卖方的权力，它还改变了电子数据交换的形式，加强了供应商和买家之间的关系。网络中介的商务模式主要有内容赞助、信息中介和中间商三种模式。在线零售也是一种非常重要的商务模式，它涉及数字产品或有形产品的在线销售，通过直接渠道、间接渠道或多渠道营销策略得以实现。

分销渠道由多个相互关联的企业组成，这些企业通过合作将产品或者信息从供应商处递送到消费者手中。这种递送工作有的是直接的，有的则是通过一个或多个中介来完成的。中介在分销渠道中发挥着各种各样的作用。由于中介公司擅长某一项功能，因此它们在完成某一工作时的效率要高于供应商。

供应商与消费者之间的中介数量决定了分销渠道的长度。最短的分销渠道没有中介，制造商直接与消费者打交道。间接渠道则包括一个或多个中介。去中介指的是去除传统的中介。去中介从理论上说可以降低成本，但是中介的工作却需要其他的成员去完成。尽管人们认为互联网能够帮助完成去中介，降低商品的售价，但是网络上也形成了新的中介。

渠道成员发挥的增值功能主要有三种，即交易功能、物流功能和促进功能。交易功能指的是与购物者接触，利用各种营销沟通的手段让购买者了解产品。交易功能还包括使产品满足客户的需求、价格协商、完成交易环节的各项工作。物流功能指的是产品的运输、储存和收集等工作。网络经营企业的物流工作一般外包给第三方物流企业。促进功能包括市场调研和支付保障。最后一公里问题是如何将商品挨家挨户地递送到普通客户或者企业客户手中，这是一项花费不菲的工作。

分销渠道是一个整合的系统。在这个系统中，相互依存的企业协调一致，共同将产品从制造商手中传递到客户手中，以这种方式实现产品增值。正因如此，一个渠道如果能够联合行动，就能够在与其他渠道的竞争中胜出。供应链管理就是对物流、信息流和资金流进行整合。对于渠道战略，企业要用各种绩效考核指标来评价其绩效。

复习题

1. 什么是分销渠道？分销渠道中有哪些类型的中间商？
2. 分销渠道的三个主要功能是什么？
3. 什么是供应链管理？它的重要性是什么？
4. 网络企业为什么关心最后一公里问题？
5. 什么是信息中介？请举例说明。
6. 什么是多渠道营销策略？请举例说明。
7. 在 B2C 市场上，有哪些分销渠道效率考核指标？

第九章　网络营销沟通

学习目标

1. 掌握整合营销沟通(IMC)的定义，以及企业如何使用效果层次模型进行营销沟通决策。
2. 熟悉传统营销沟通的五种方法，以及传统媒体与社交媒体的差异。
3. 掌握了解用户参与的五种水平，以及它们对口碑媒体的意义。
4. 了解口碑媒体上信任的重要性，以及信任对消费行为的影响。
5. 了解企业鼓励用户参与的各种方法，以及这些方法的意义。
6. 掌握企业吸引、鼓励消费者参与营销活动的七个阶梯。
7. 了解企业如何在网络环境下建立、维护、监测、修复自己的品牌声誉。
8. 了解企业监测、评价、调整口碑媒体的各种指标。

案例导引

看瑞幸咖啡的营销沟通策略

这是一个励志的故事。从前有一个热血的年轻品牌，它叫瑞幸。因不满"星老爹"在中国市场独自搞垄断发大财，又眼馋中国市场这一块肥肉，于是扬言要跟"星老爹"打一架。在 Round One 第一财年后，瑞幸以亏损七个亿收尾……

但是！尼采说过，存在即合理。瑞幸咖啡能够在短时间引起轩然大波也一定有几把刷子，下面我们就来分析一下这几把刷子独特的营销沟通策略。营销沟通战略是最低层次即营销沟通层次的战略，其目标是通过寻求消费者在认知、情感和行为三方面的反应，最终促使消费者采取购买行动。

瑞幸咖啡通过采取首单领优惠券免费喝的方式强烈吸引顾客（相当于邀请免费品尝试用），在成功吸引到第一批客户后，又推出邀请好友一起畅饮的方式来扩大知名度。这种"简单粗暴"的烧钱营销方式让顾客来不及思考品牌之外的细节，直接被吸引并行动——

迈出购买瑞幸咖啡的第一步。在反复经历瑞幸咖啡优惠券的"洗礼"后，顾客终于知道了瑞幸咖啡这个商品，心中给瑞幸咖啡留下一块空间，瑞幸咖啡也达到了自己的初步目的。瑞幸咖啡的目标客户是企业用户。瑞幸咖啡知道自己年轻，没什么品牌故事，要想在企业用户中站住脚，就得让自己的客户对自己产生好感。所以瑞幸咖啡重金聘请高质量明星来为自己代言，这些明星不是流量明星，但十分符合职场咖啡的形象。《道德经》里提到过"道生一，一生二，二生三，三生万物。"只要收割了第一批客户，这些客户就能利用自己和其他同事的关系，帮助瑞幸进行口碑营销，通过关系网辐射发散获得更多客户，成本低、效率高。

瑞幸在广告投放模式上，线下以分众广告为主，线上以微信 LBS（基于位置服务）精准定向为主。在线下做广告，这是做品牌效率最高的传统媒体形式，强迫性好，可反复观看。投放上选择主要城区写字楼和社区，不考虑配送区域，原因有两方面。一是开店速度很快，可以提前预热；二是消费者的消费半径多样，品牌投放以覆盖人群广泛为优先考虑。在国内使用 LBS 大量做营销的企业，瑞幸咖啡算是开了先河，其基本上开店即投，反复进行门店周边吸量。这种投放是品效合一，但主要考虑的是成交成本。在一个城市开店量基本覆盖主城区，使用微信朋友圈的品牌合约广告，进行一次形象提升，并且基本偏向品牌展示，主要考虑曝光量和互动效果（用户点赞、评论、领券）。

第一节 网络营销沟通概述

一、网络营销沟通的概念

网络营销沟通是建立和加强与客户关系的一种有效方式。网络经营者必须不断地动脑筋，设计和传递可以俘获和保持受众注意力的品牌信息，因为在互联网上，网络用户拥有控制权。网络用户能够删除不想收到的电子邮件，退出没有价值的公众号，甚至是卸载 App，当网站不能快速传递他们想要的信息时，他们会不耐烦地选择离开，而且，互联网使客户能够通过电子邮件和社交平台广泛地传播他们对产品的态度和品牌经历，这样，对品牌形象的控制权就从企业手中转移到了客户手中。在这种情况下，企业必须做好两点：第一，在目标客户需要的时间和地点提供相关的、有趣的信息；第二，通过吸引网络用户上传内容、进行评论，甚至只是通过玩游戏等有趣的方式来赢得客户。

运用技术来提供便利的营销沟通工具，可以改善客户的产品体验，使产品增值，这些都有助于吸引客户的注意力，有助于建立长期的客户关系。尽管在线广告、网站、搜索引擎、电子邮件等沟通方式可以帮助企业创立品牌，但这些内容在其他章节中都已详细描述，因此，本章不再分析，本章重点对口碑媒体沟通方式进行分析。此外，此技术还能帮助降低成本。例如，根据 Forrester 市场调研公司的调查，公司通过电话为一个客户服务要花费 33 美元，通过电子邮件服务要花费 9.99 美元，而使用基于网络的自动化辅助服务，只需花费 1.17 美元。

二、整合营销沟通

整合营销沟通（Integrated Marketing Communication，IMC）是指企业为品牌沟通规划、

实施和监督所进行的跨部门合作，目的是吸引客户，维系客户，扩大客户规模，最终为企业创造收益。整合营销沟通是跨部门的，因为客户与公司各部门或代理商的任何接触都有助于形成品牌形象。例如，美国零售商家得宝公司（Home Depot）的客户也许通过网站购买并使用了产品，然后通过电子邮件或拨打免费电话来投诉某个问题，或者在产品投诉网站或脸谱网上描述自己对产品的不满，最终将产品退回到实体零售店。不管是直接与员工打交道，接触商店里的实体设施，还是与网站打交道，或者浏览博客中的产品评论、YouTube 网站视频、杂志广告、移动 App、商品目录等，都能帮助客户形成对公司的印象。此外，客户的产品体验、定价水平和分销渠道也有助于改善公司在网络或离线媒体上的品牌形象。如果这些在线或离线的接触经历不能以一以贯之的方式与客户进行沟通，创建和维持正面的品牌关系，那么再好的广告模式也无济于事。

当今的网络时代，获得客户所需成本与日俱增，"跑马圈地"的繁荣景象一去不返，所有人都不得不冷静下来，仔细思考如何照顾好自己现有的客户，让有限的土壤生长出更多的利润。越来越多的人认识到"客户份额"的重要性，因此造就了近几年 CRM 的快速发展，尤其在电商领域，会员计划与生命周期管理被纳入电商运营的基本手段，使 CRM 在实践层面迅速建立起了基本的框架。因此，良好的客户关系是企业生存的关键。成功的企业都明白，客户的价值各不相同。例如，航空公司的常客就比其他客户更重要。公司可以运用技术来一个个地审核客户带来的利润，在分析的基础上，公司可以更多地关注高端客户。

开展整合营销沟通战略首先要对目标市场、品牌、竞争状况及各种内部和外部因素进行全面了解。美国互动广告局认为，营销沟通要做好以下四项工作。

①制定明确的、可量化的目标和战略。

②了解广告受众的动机和行为，特别是社交媒体用户的动机和行为。

③制定在多个平台上（自有媒体、付费媒体和口碑媒体）创立品牌的营销沟通方式。

④制定有效的评价指标。

许多整合营销沟通专家认为开展整合营销沟通首先要对各种利益相关者、品牌、竞争状况和内外因素进行全面的了解。然后，营销人员选择专门的整合营销沟通工具来实现企业的沟通目标。在正式实施战略以后，他们要对战略的实际效益进行测试以做出必要的调整，最后再评估结果。

三、整合营销沟通的目标和战略

企业要根据整体的营销目标和既定目标市场的理想效果来制定营销沟通的目标。例如，三菱汽车公司想要销售更多的汽车，因此它确定的营销沟通的目标包括：第一，为网站带来潜在客户；第二，增加网站的注册量；第三，增加客户试驾的预约。增加销售量是公司的主要目标，上述三个沟通目标可以帮助三菱公司实现这个主要目标。

传统的 AIDA 模型［知晓（Awareness）、兴趣（Interest）、愿望（Desire）、行动（Action）］或"思考（Think）、感受（Feel）、行动（Do）"的效果层次模型（Hierarchy of Effects），都是指导营销人员如何为实现目标而选择在线和离线营销沟通工具的。AIDA 和效果层次模型都认为，客户首先是知晓、了解新产品（思考），然后对其形成积极或消极的态度（感受），最终决定购买（行动）。思考或认知的步骤是知晓和了解，感受或态度就是喜好和偏爱。

以下是各个层次上（从知晓到行动）可以利用社交媒体开展的工作。

（一）产品知晓

2011 年，一款名叫江小白的青春小酒进入市场，打出"以青春文艺的名义制造流行"的全新营销思路。江小白主打"青春"牌，把极具活力的青年一代设定为主要消费群体。在营销渠道上，江小白并未效仿同行业其他商家的传统营销方式，而是把微博作为主要营销平台，将微博平台的受众与产品主打的"青春品牌"巧妙结合。例如，江小白曾主推的活动"遇见江小白"，任何人只要在现实生活中遇见和江小白相关的事物，比如广告牌或实体的江小白酒，只要拍照发话题微博并且@我是江小白，即可参与活动，有机会中奖。简单便捷却极具传播力的参与方式，为江小白大大提高了宣传力度，俘获了一大批目标客户。

（二）兴趣和愿望

唐恩都乐甜甜圈（Dunkin' Donuts）在脸谱网上开展众包形式的营销活动，公司邀请网络粉丝设计新的甜甜圈。对于在竞赛中胜出的产品设计，公司承诺会放在门店里销售，并给予价值 1200 美元的甜甜圈商品券。2010 年，关注这场竞赛的用户达到 9 万人，是公司在脸谱网上原有粉丝的 3 倍，在推特网上也获得 53 000 名粉丝。社交媒体调查机构 WaveMetrix 对网络上的沟通情感进行了测试，结果发现，绝大多数的网络沟通是积极的，其中 44% 的网络沟通是有关促销活动的，38% 在讨论自己的美食体验，20% 谈论对品牌的偏好。负面的评价主要是购物难或门店位置不方便。

（三）行动和购买

2011 年，一家英国的马自达汽车销售公司在脸谱网上开展了一项"网上登录"的促销活动，给予一定数量的客户购买马自达 Mx－5s 款汽车 20% 的折扣。活动开展期间，销售量提高了 34%。两周内，该款汽车的 100 辆库存全部售罄。促销活动共吸引了 742 位客户造访销售门店，因为在那里客户可以用手机登录公司网站，竞争那 100 个折扣名额。

网络营销人员必须选择合适的整合营销沟通工具，即根据预期的结果在不同的阶段运用各种不同的工具。例如，网络经营者会选择使用传统的整合营销沟通工具（促销活动，如发放免费的产品）来吸引客户的注意，或者宣传博客内容吸引客户浏览博客网站，使用电视广告来引起客户的兴趣和购物愿望，使用电话直销来得到预期的结果（消费者购买）。网络经营者也可以结合使用网络促销（在酷狗上免费收听音乐）、在搜索引擎上做关键词广告，或者在网络店铺开展直销等。

如果一家企业想要建立自己的品牌并让客户知晓，就会在效果层次模型中的思考和感受阶段运作，可以利用博客、微博、网络广告、电子邮件、社交平台的粉丝页面等促销技术。Ourbeginnings 公司花费 400 多万美元在美国超级碗第 34 期比赛中做电视广告，目的是提高网站的知名度。由于公司急于求成，它在这次广告活动上花去的经费是年收入的 4 倍，这次营销活动最终被证实收效甚微，如今只有一些实力非常雄厚的企业才会在超级碗的赛事上做广告。浙江卫视直播的《中国好声音》平台上，广告主大都通过 App 等高科技软件开展广告活动，已经完全不同于传统的广告主了。其广告费大概在 50～75 万元人民币一套，而一套就是指 15 秒。凉茶代表加多宝花了 2.5 亿在《中国好声音 3》上打广告，而其广告的宣传也存在不少争议。2014 年，广州市中级人民法院就"10 罐 7 罐"系列广告纠纷案做出判决，要求加多宝在广东省停止发布并销毁相关广告，赔偿王老吉大健康公司和广药集团 500 万元人民币。这是加多宝第五次在与王老吉的广告语诉讼纠纷中败诉，累计判赔王老吉

1660 余万元人民币。

如果一家企业想要鼓励客户进行网上交易（行为），那么它需要更有说服力的沟通信息，如通过电话等途径指导客户如何来完成网上交易。在效果层次模型中并没有涉及购后行为，然而许多营销沟通战略都寻求在购物后建立客户满意度，电子邮件尤其适合实现这个目标。

效果层次模型非常重要，它可以帮助营销人员判断客户处于购买周期中的哪一个环节，以便选择合适的沟通目标和战略，促使客户购买并保持对品牌的忠诚度。需要指出的是，有些营销沟通工具（如广告、公共关系）比较适合提高产品的知名度和提升客户对品牌的态度，另一些工具（如直复营销、促销活动、人员推销等）则更适合促成交易行为。不过，对于每个阶段，所有工具都是可以使用的。

企业的经营者都希望能够找到合适的社交媒体工具以实现在全新领域里的经营目标和投资回报目标。要做到这一点，首先要明确企业的经营目标。社会媒体战略和战术活动，图 9 - 1 显示的是社交媒体营销从易到难的一系列目标，从具体的品牌战略到全面的经营战略。社交媒体有助于提升品牌知名度，引发网络用户对品牌的议论，它们还有助于在线或离线销售的实现。企业可以使用多种整合营销沟通工具，随着时间的推移，这种营销模式将越来越显现出它的作用。

效果层次模型位置	社交媒体战略
知晓	提升品牌知名度
态度	提升对品牌、产品、服务的正面感知
行动	开发新客户
行动	维系客户忠诚度
态度	引起用户宣传产品和品牌
	形成随意的信息搜索
	形成目标市场新的热情
知晓	达到口碑相传及病毒营销的效果
知晓	形成对品牌体验的热议
知晓	增加与客户的接触
行动	提高营销活动的投资回报率
知晓	促进客户对品牌的讨论
行动	增加有效注册人数（索要新闻通讯、参加竞赛活动）
知晓	支持新产品上市
行动	增加网站浏览量
行动	增加销售额

（左侧标注：战略活动 ↑↓ 战术活动）

图 9 - 1 社交媒体战略和战术活动

四、传统营销沟通工具

消费者一般认为，不管是什么信息（社交上的竞赛活动、公司网站、抖音上的视频资料、华为手机的应用软件等），只要有公司的名字在上面就是广告，但企业对广告是有具体界定的，它们使用四种主要的营销沟通工具，专家将其称为促销组合。企业在面对目标市场选择营销工具时，要考虑这些因素。以下是对各种营销工具的解释，并提供一些社交媒体的实际案例。

（一）广告

广告指的是由确定的个人或组织为宣传一种思想、商品或服务，并为之付费的一种特定呈现形式。

社交媒体应用举例：抖音、快手中付费的广告信息，电商平台上的网站广告，百度关键词广告，微信上的促销信息，虚拟世界或网络游戏中的产品放置，手机上的赞助内容等。

（二）公共关系

公共关系指的是企业或组织得到正面的公共宣传，建立良好的形象，清除各种负面信息和事件的影响的一种行为，目的是与各方建立良好的关系。

社交媒体应用举例：企业制作的多媒体内容（如网络视频、博客、威客、图片、书或产品评价、播客、电子商务平台等网站上的问答等），社交媒体新闻，用于病毒营销的视频和其他内容，社交媒体会展，虚拟世界活动参与，社交书签，有关品牌的议论和评价，移动设备的社交应用软件等。

（三）营业推广

营业推广指的是为促进产品、服务的买卖而开展的短期促销活动。

社交媒体应用举例：团购网站用户共享折扣，数字产品（如音乐、软件、调研报告、新闻稿等）的免费试用，竞赛及抽奖，游戏（植入产品的广告游戏，是广告与营业推广的结合）等。

（四）人员销售

人员销售指的是企业通过与客户直接沟通销售产品或服务的过程，目的是实现销售，并建立客户关系。值得一提的是，一对一互动不仅可以以面对面的形式实现，也可以在网络上实现。

社交媒体应用举例：网站上的聊天机器人（也称为虚拟代理），销售线索搜索工具等。

一般来说，企业对广告的控制力很弱，因为广告信息是放置在他人的媒体平台上的，而且媒体还要受到技术、法律、内容形式、广告尺寸的种种限制。企业不仅要制作广告内容，还要为广告位支付费用，而对于其他的营销工具，只需员工花费时间并为技术支付费用就可以了。值得一提的是，企业往往是将多种营销工具结合使用，目的是提升网络营销的效率。例如，广告中附赠营业推广的折扣券，可以链接公共关系内容（如一段视频）。有时候，一则广告的主要作用是增加消费者对某一款新产品的知名度，同时提供产品网页的链接或二维码，吸引消费者购买，并且在网页上提供限时打折的机会。

这些营销工具在传统媒体（如电视、广播、报纸、杂志、户外广告等）上已经使用多年，社交媒体为企业提供了一个更加广阔的空间。传统的方法依然有效，但是由于数字媒体越来越多地出现，新的技术手段层出不穷，传统媒体的营销手段效率就大不如前了。面对新的技术和新的媒体，企业应思考全新的整合营销沟通模式，具体包括以下几种。

①一对一营销指一个营销人员面对一个受众的营销活动，如人员销售、数据库营销、直复营销等。

②一对多营销指一位营销人员面对众多受众开展的营销活动，如传统的电视广告、营业推广中折扣券发放及公共关系活动等。

③多对多营销指消费者在社交媒体上的纷纷议论。

五、自有媒体、付费媒体及口碑媒体

对媒体进行这样的区分主要考虑谁是沟通的主体，谁是媒体的主人。谷歌公司的一项调查显示，许多企业都在按照这种分类重新思考如何理解、如何选择和组织营销沟通的目标和手段。我们也按照这种分类方式对营销沟通进行探讨。

如今，随着社交媒体的出现，消费者在网络上掌握了主动权，他们更加相信网络上具有共同爱好的消费群体的建议，而不是企业。面对这样的形势，企业该如何来把控自己的品牌形象，这是一个需要认真对待的问题。企业很难控制自己的品牌形象，它们可以做的是利用品牌网站、博客、微博、微信公众号（这些是自有媒体），在其他网站上做广告（这是付费媒体），利用社交媒体去宣传企业的经营故事，并时刻监视网络上对自己品牌的议论（这是口碑媒体），适时地做出回应。各种整合营销沟通模式中企业的控制力及影响力如图9-2所示，其显示的是企业对品牌形象的控制及与受众接触的程度，图中也展示了我们已经探讨过的各种营销沟通模式。

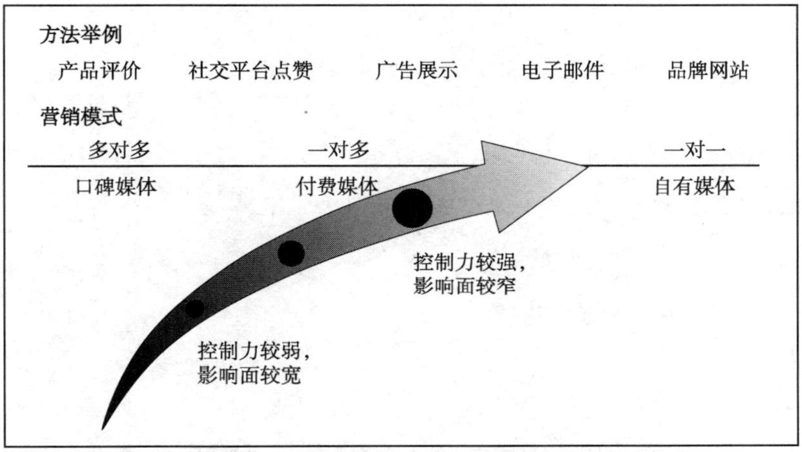

图9-2 各种整合营销沟通模式中企业的控制力及影响力

媒体原来只是指传统媒体，但是现在对媒体的界定要宽泛一些了。沟通媒体指的是传播新闻、一般信息、娱乐信息和促销信息的沟通渠道。数字媒体有各种不同的形式，如文本、图片、音频、视频等。网络短视频、产品评价网站、网络报纸、智能手机 App、电子邮件等，甚至网络口碑相传也可以看作一种媒体，如你在键盘上的手指动作，或者你通过网络、智能手机发出去的声音、表情包。社交媒体是有着特殊性能的一种媒体，它把技术与社交互动结合在一起，使社交网络里的用户共同创造内容和价值。人们利用社交媒体进行互动。这里的人们指的是组织、员工、现有客户和潜在客户及所有互联网用户的集合体。

在传播内容时，有的媒体是免费的，有的则是收费的。不过所谓的免费指的是企业不需要为传递信息的空间付费，但是硬件、软件等技术费用，还有人员工资、创作沟通信息的成本还是会发生的。Forrester 市场调研公司的行业分析师肖恩·考克兰（Sean Corcoran）绘制了一幅注释图，用来对三种媒体（传统媒体、网络媒体、社交媒体）的作用、定义、利益和不足进行解释。后来，其他的专家对该图进行修正，将数字媒体分成三大类，包括自有媒体、付费媒体及口碑媒体，如图9-3所示。

（一）自有媒体

自有媒体指的是由企业向网络用户传递沟通信息的渠道。沟通渠道是企业自有的，因此，企业至少可以部分控制沟通渠道。离线的自有媒体包括企业的产品手册、宣传册、企业标识、促销用品（如带有企业标识的手提袋、会员卡）等。

（二）付费媒体

付费媒体指的是企业付费使用其他的媒体传递沟通信息（如产品广告）的渠道。企业可以对内容加以控制，但是企业要遵守媒体有关内容和技术的具体要求，因此企业对内容的控制力要弱于自有媒体。离线的传统付费媒体包括报纸、杂志、广播、电视、户外、电影院和实体门店等。

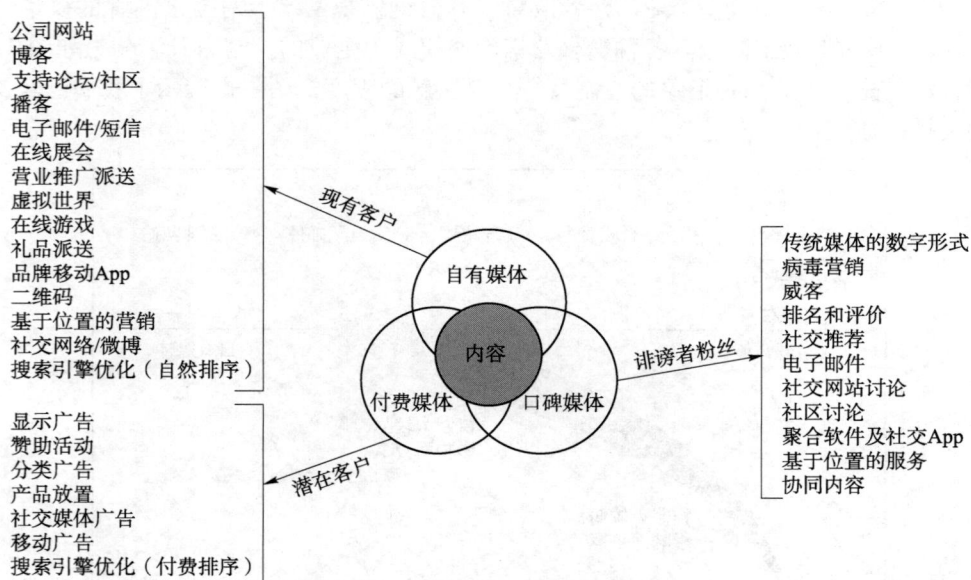

公司网站
博客
支持论坛/社区
播客
电子邮件/短信
在线展会
营业推广派送
虚拟世界
在线游戏
礼品派送
品牌移动App
二维码
基于位置的营销
社交网络/微博
搜索引擎优化（自然排序）

现有客户

自有媒体

内容

付费媒体　口碑媒体

诽谤者粉丝

传统媒体的数字形式
病毒营销
威客
排名和评价
社交推荐
电子邮件
社交网站讨论
社区讨论
聚合软件及社交App
基于位置的服务
协同内容

显示广告
赞助活动
分类广告
产品放置
社交媒体广告
移动广告
搜索引擎优化（付费排序）

潜在客户

图 9-3　自有媒体、付费媒体及口碑媒体

（三）口碑媒体

口碑媒体指的是将消费者的议论作为沟通的渠道。这样的沟通信息包括社交媒体作者（如博客版主，微信公众号）对企业的议论，传统的媒体记者在网络上发表的议论，网络用户在网站上或智能手机 App 上发表的观点、体验、意见、感知等信息。这样的沟通信息有时也被称作用户制作媒体或用户制作内容。离线的口碑媒体包括传统媒体上对企业或品牌的口碑相传。对于这样的沟通渠道，企业的控制力最小，但是企业依然试图对消费者的议论做出回应，希望将口碑转到树立品牌的正面形象上去。

从整合营销沟通的角度去思考，企业会利用自有媒体和付费媒体塑造口碑媒体。例如，用企业制作的抖音网络视频（自有媒体）和微信上的广告（付费媒体）去引发口碑媒体，如消费者对视频进行评价，并且将微信圈里的视频链接发送给亲朋好友（口碑媒体）。如果媒体上的视频呼声比较高，社交平台就会对这样的视频评头论足，引发讨论（口碑媒体）。

对于自有媒体，企业可以全部地或者部分地进行控制。大部分的多媒体内容是由企业制作的。例如，企业的网站、电子邮件等内容完全是由企业控制的，但是社交网上的内容以及其他的一些媒体渠道并不是企业自己说了算的，也就是说，有些企业拥有的媒体属于其他企业或组织的网站，它们有专门的规定和要求。尽管如此，自有媒体依然有如下一些目标：一是用正面的品牌内容影响客户；二是设法使客户将这些内容传递给亲朋好友（形成口碑媒体）；三是提升客户关系管理水平。所有的这些目标都是为了促进企业的商务活动，开发新客户，维系老客户。企业可以通过这些渠道让客户了解产品信息和促销信息（如打折销售信息、竞赛和抽奖信息、免费试用信息等）。企业可以在自有媒体上使用各种整合营销沟通工具，只有广告是个例外，因为广告属于付费媒体，广告媒体将在第十一章进行详细介绍。

自有媒体首要的是为企业制作并传递各种网络内容。而内容营销指的是在普通网站和社交网站上制作并上传内容的一种营销方法。这是一种有趣的趋势，因为企业都把自己打造成了网络媒体的发布者。其实，在传统的离线环境里企业制作内容由来已久。例如，发放纸质传单、新闻稿、商品目录、公司宣传册、专题广告片、宣传片等，这些都是主动出击式的营销手段。不同的是，企业如今使用的是数字内容，它们用这种集客营销（集客营销是一种主动营销策略，它透过各种不同的渠道，做到分众且精准的网络营销）的方式吸引现有客户和潜在客户。企业通过这些内容对那些搜索企业信息的客户进行告知、娱乐和参与的工作。不管是 B2B 市场还是 B2C 市场，客户都会开展搜索活动。例如，传统的旗帜广告点击率只有 0.5%，但是企业用"吸睛"视频资料能娱乐客户，吸引他们访问企业的网站，了解更多的信息。

自有媒体属于内容营销。不过，如今许多企业都把自己看作网络出版商，会在组织中安排内容管理者和具有媒体经验的员工。这一点十分重要，这也成了企业的重要支出，因为许多企业的网站、社交网页以及博客或微信上的帖子都十分陈旧，所以网络上的内容需要不断地维护和更新。

有些企业的网络内容比较简单，比如简短的视频、简单的新闻发布及短小的帖子等。有些企业的网络内容篇幅则很长如经营白皮书、市场调研图表、电子书等。我们可以点击链接，下载这些二手数据，成为现在的书稿的参考资料。在 B2B 市场上，企业就是用这样的方法获得销售线索，扩大潜在的客户群的。

在开展整合营销活动时，企业需要了解自己的营销目标是什么，目标市场在哪里，自己制作的内容应该是娱乐性的，教育性的，还是应用性的（如利率或运价的计算方式）。例如，美国的 Camp Finder（营地搜寻者）网站提供的移动 App，可以告知用户全美 15 000 多个停车场和露营地的信息。用户可以利用智能手机寻找最近的露营地，还可以浏览网友的评价。要把所有的相关信息收集起来并上传到数据库，耗费的人力和物力可想而知。

企业当然也可以通过自有媒体上的内容来赚钱。首先，它们可以出售自有媒体上的各种数字内容，如白皮书、音乐、软件、在线研讨会等。其次，它们可以与谷歌等网站的广告平台链接，客户点击这些链接，就可以得到合作的佣金。这些广告可以出现在企业的网站或博客上，也可以出现在它们上传的多媒体内容里（如出现在抖音、火山小视频中，若是这样，企业就要与这些视频网站一起分享收益）。再次，与其他的网站（如亚马逊）开展协同项目，只要客户在博客或其他的社交媒体上点击一本书或其他的产品，并且最后在亚马逊网站上下单购买，他们就能分享收益。

第二节　口碑媒体营销策略

一、口碑媒体的概述

作为互联网原住民，90 后和 00 后生长在一个物质爆发的时代，优越的成长环境导致其消费观念超前，热爱新鲜事物，走在消费的前端。消费偏好个性化，最明显的一点就是

"爱听故事"。为了满足年轻消费群体对产品或品牌背后故事的期待，如今的营销方式从电视广告狂轰滥炸的传统模式中逐渐脱离出来，通过移动社交平台将带有不同标签的产品故事在短时间内铺陈传播，打造产品影响力，借此打动消费者，培养消费群体。90后和00后对产品信息的获取、购物方式的选择、售后服务的需求更现代化，与70后和80后相比，在互联网和多元文化环境下长大的他们早已不是铁板一块，对于品牌商而言，他们又是未来决定其品牌命运的关键一代。由于从小生长在市场经济环境下，深受消费主义思潮影响，标榜"活在当下"的90后和00后一代业已爆发出的消费能力和蕴藏的消费潜力，引起了越来越多商家的重视。

如今消费群体的角色已经有所改变，其不再是简单的信息接收者，更是信息的二次传播者。受惠于互联网的发展，传统的营销边界被打破，外延得以扩展，产品对消费者的影响几乎无孔不入。反之，消费者对产品的影响也越来越深，借助网络的力量流传开来的产品评价，形成信息的二次传播，影响同一消费群体对产品的选择，口碑营销在移动互联网时代发挥着越来越重要的作用。

自有媒体和付费媒体只要经营得好，就可以推动潜在客户和实际客户，让他们从品牌知晓到产品购买一步步地向前走，最终成为长期的忠诚客户。口碑媒体的作用远不止这些，它可以使得网络上的沟通信息传递得更快、更远。过去，营销沟通注重的是印象（如广告），而如今则强调的是推荐（如在社交媒体上发帖）。营销人员告诉人们，分享在线内容（如在微信公众号平台点赞、写评论，在快手App上录制短视频，在社交网上跟帖等）十分重要，因为这可以提升营销投入的效益。

口碑媒体类似于实体环境中的口口相传。如果有人在天涯社区上发个帖子，称赞一种产品，那么他的朋友就会受到影响。口碑媒体的发起人可以是企业自身，它们对外传播品牌的信息（如抖音视频网站上有关产品的娱乐视频），在新闻媒体上做宣传（形成一种公共关系活动），或者引导用户参与各种活动（如有关企业品牌的微型网站内容，新浪微博上的注册登录，发帖点赞等）。企业还可以向潜在客户或实际客户发送电子邮件，引导他们登录这些社交网站。有的口碑媒体直接产生费用，如企业自主创造内容，或赞助一项网络竞赛，但若是用户之间的沟通与交流，就没有直接的费用。按照口碑媒体的定义，它是由第三方创造的，企业对这样的客户创造内容几乎没有任何的控制力。这些沟通的内容传播得非常快，俗话说"坏事传千里"，事实往往也确实如此。有些专业人士或网民利用计算机或移动设备在社交媒体上与他人分享自己的产品体验，外面已经传得沸沸扬扬，而企业的营销人员却还蒙在鼓里。社交媒体的发展日新月异，企业的营销人员总也跟不上。

本节我们将先介绍网络用户参与的水平，再来讨论有哪些口碑媒体。

二、社交平台用户参与的水平分析

如果企业员工或互联网用户对某一品牌感兴趣，积极地参与对品牌的讨论，这就是用户参与。这与传统媒体有很大的区别，在传统媒体中，消费者只是被动地接触品牌，比如看电视广告。不过，传统媒体中偶尔也有消费者参与的情况，如消费者给期刊编辑写电子邮件，或给亲友发送短信谈论电视里的节目。消费者为了品牌产品的事情给企业发电子邮件，如对企业的论坛网页进行评价，或者为《星光大道》评选发送短信，这也算是消费者参与。然而，从传统媒体获得信息，再转移到计算机或智能手机上进行回应很不方便。企业当然可以在自有媒体上提供下载和上传的功能，让消费者参与评论，对网页进行个性化设置，或一对一地进行沟通。

用户在线参与的形式多种多样，水平各不相同。企业必须审视自己的营销目标，了解有多少客户和潜在客户在哪一个水平上参与（从知晓到行动的各个阶段）。在这个基础上，企业利用社交媒体让消费者对品牌进行正面的评价，与消费者进行协同和合作。2011年，埃文斯和尤基提出了消费者参与活动协作的四个阶梯（传统的 AIDA 模型），他们认为自有媒体和付费媒体可以激励消费者消费，而口碑媒体可以方便消费者创造评论，从最低层次的参与到最高层次的参与，依次是消费、聚集、收集、创造、协作。

（一）消费

参与水平最低的互联网用户只是消费在线的内容。他们阅读博客、公众号文章，观看视频或照片，收听播客平台上的广播，阅读其他处于更高参与层次消费者上传的评论文章或观点。

（二）聚集

用户与他人在社交网络上的聚集需要用户在网络上注册自己的身份信息，阅读社交网络上的内容。这样的消费者并不在网络上上传什么内容。聚集这种参与方式对网络用户来说风险很小。聚集有时候还表现为在线或离线的聚会，但是要由网站出面来召集和协调。例如，美国的圣苏瑞酒庄在社交网站上为一款葡萄酒组织了一次全球规模的聚会，并且为其申请了 Cabernet Day 标签。这次聚会持续了 24 小时，网络上聚集了 1000 多名消费者，现场有 75 人，他们为葡萄酒庆祝，而且品尝、购买该款新的葡萄酒。很多用户在社交网站上发帖，在 YouTube 网站上上传视频，还在 Foursquare 虚拟世界里登记入住。

（三）收集

收集是指消费者在社交网站上筛选内容，贴上标签，其表现形式可以是书签的分享（如在微信圈里发帖子），或对其他网络用户发帖点赞。这一水平上的消费者还可以到博客网的 RSS（聚合内容）上注册，选择自己感兴趣的内容阅读，甚至参加在线投票，表达自己的观点。例如，西尔斯公司网站上的用户可以将自己喜欢的服装分享到脸谱网朋友圈，西尔斯公司也会在脸谱网上开展相应的促销活动。

（四）创造

创造是指用户书写或上传自己原创的多媒体内容，如视频（抖音、快手）、歌曲或乐曲（酷狗、QQ 音乐网站）。这一层次的特征是创作内容，而不仅仅是投票或分享内容。此类消费者写文章评价产品、撰写博客、制作网页、对他人的博客进行评论、在威客网站上（如猪八戒网站或维基百科网）发文，他们对社交媒体网站做出了很大的贡献。

（五）协作

消费者在社交网站上参与最深的是协作，他们参与讨论，寻找产品改进的方法，以此来与企业合作。例如，今日头条开设了一个网络用户共享平台，用户可以上传突发事件的视频资料，把新鲜事告诉大家，在此基础上，今日头条还可以发布各种跟进报道。还有一个例子是今日头条旗下的悟空问答社区，用户把自己遇到的困难和问题发到网站，其他的用户可以对这些问题做出自己的回应，今日头条的营销人员也会做出回应。截至 2019 年 7 月，已有 6000 万用户先后入驻悟空问答社区，在社区分享他们所拥有的信息、经验、知识和观念。360 和百度也有类似的问答社区。

三、鼓励用户创造口碑媒体

企业如果希望一个品牌得到消费者的关爱，希望消费者喜爱自己的产品，寻求的也是信任和关心。参与就是互联网用户对企业、品牌及其产品的消费、关注和协作。

消费者参与带来的是口碑相传，这其中最重要的是信任。2012 年，尼尔森公司做过一次调研，结果显示，消费者对其他网络用户意见的信任度达到 70%，对亲友给出的产品评价信任度达到 92%，与此形成对照的是，他们对品牌网站的信任度只有 58%，对广告（不管是在线的还是离线的）的信任度更低。Edelman 公司是美国一家知名的公共关系公司，它曾做过的一项调查显示，在 23 个国家的 5000 多位受访者中，对于有关企业的各种信息，65% 的人相信"与自己相似的人"，对于公司的 CEO，给予信任的受访者只有 38%。这里所谓的"与自己相似的人"是指与自己有着相似兴趣爱好的人，既可以是实体环境中的人，也可以是社交网络中的人。例如，如果要规划一次旅行，国内消费者会浏览携程、同程等旅游网站，那上面有对国内上千家酒店的评论和意见，这些评论和意见都是其他的旅游者写的。因此，只要有人就产品发表意见，有超过一半的人会相信这样的意见，他们的购买决策也会受到影响。在电商平台上购物，消费者也会首先查看网友对该产品的有关评论。

四、企业应该鼓励怎样的用户参与口碑媒体

希望所有的网络用户都对一家企业、一件产品评头论足，既不可能，也无实际意义。企业在制定整合营销沟通战略之前，应该先明确目标市场和企业的经营目标。除了面对客户和潜在客户，许多企业还格外关注有影响力的博客主、网红等人物。

企业识别社交媒体影响人物的方法一般有两种。第一，企业可以观察并加入有关行业的社交媒体谈话和交流。用这样的方法，企业可以了解哪些人在社交媒体上（如新浪微博、微信公众号、抖音视频网站等）最活跃、朋友圈最大、得到评价最多。2012 年，网络营销协会在 LinkedIn 社交网站上的会员有 478 000 人，企业的营销人员只要点击"会员"一栏，就能看到有关"本周最有影响力的会员"的信息，这些影响人物与网络营销协会社交群的创办者罗伯特·弗莱明（Robert Fleming）也成为社交群中大家关注的对象，对社交群的贡献也最大。如果是一家 B2B 的企业，专门销售产品给网络企业，可以依靠社交网络上的参与者与影响人物形成社交圈。

寻找影响人物的第二种方法是利用社交服务平台。例如，网络流行度评比公司 Klout 提出 35 种测量指标，对 80 多万社交网络成员进行测量，其中最主要测量的是：联系的社交网络人员的人数、参与者受到多少影响人物的影响（如点赞、推文转发等）、网络成员有多大的影响力。测量的结果用 Klout 分值来表示，从 1 至 100 分不等，分值越高，说明社交媒体的影响力越大。Klout 公司还对影响人物谈论的话题及他们的社交风格（是"广播型人物"还是"专业型人物"）进行评价，Klout 公司还有一项激励机制，将 Klout 得分高的社交媒体用户集中在一起，再按照他们关注的品牌（如星巴克、奥迪、维珍航空、德芙等）分门别类，由企业向他们免费提供产品或服务。Klout 因其社交影响评分系统"Klout score"而被人们熟知，相对地，批评的声音也此起彼伏。有人认为，该系统扭曲了人们对于自己网络形象的正确认识，有点为了获得高分而忘乎所以。另外，还有人称，该平台评判一个人线上影响力的分数根本不标准。在 2015 年，其被社交服务公司 Lithium Technologies 以 2 亿美元的价格收购。之后，Lithium 推出了一个以 Klout 技术为支持的产品，称为 Reach，致使 Klout 与

Lithium 公司的长期发展战略无法兼容，2018 年 5 月，Klout 的网站端及评分系统被关闭。国内的大众点评网，口碑网也有类似的功能。

五、鼓励用户参与社交媒体的方法

绝大多数的社交媒体，包括一些网站和移动应用软件，都为口碑媒体内容留出了空间。本书中已经有过多处介绍，例如，有些网站方便多媒体上传评论（微信、微博、百度贴吧等）、书签（红袖书签）、内容标签（天涯社区、创头条等）、产品评价、推荐等，我们将重点介绍几种新的、重要的鼓励用户参与的方法。

（一）病毒营销

病毒营销是一种非常有效的营销方法，只是名字并不好听。如果网络用户向亲朋好友发送电子邮件，或者与他们分享社交网上的帖子、抖音网站上的视频资料，他们所使用的方法就被称为口碑相传。病毒营销（Viral Marketing）就是网络上的口碑相传，用户通过电子邮件或社交媒体分享的方式将网络上的内容分享给他人。

病毒营销的形式与实体环境的病毒传播或计算机病毒的传播是一样的。病毒营销是一种常见的网络营销方法，常用于进行网站推广、品牌推广等。在离线环境下用户对品牌的口碑相传，或者在网络环境下用户用电子邮件或其他媒体形式传播内容，都是病毒营销的形式。用户只要在网络上将视频资料传播给其他人，这种视频资料就是病毒视频，与内容是什么没有关系。传播的形式可以是与人分享抖音网站上的视频资料，也可以是将一段视频链接贴在电子邮件中。例如，"旅行青蛙"于 2017 年 11 月 24 日在安卓上架，在 2018 年 1 月 18 日、19 日出现了第一个大爆发，并被一个拥有 500 万粉丝的微博红 V 评论并转发，接着在微信朋友圈、微博、小红书、知乎等一切你能想到的社交平台呈病毒式蔓延。产品背后的佛理哲学支撑，产品设计上的随缘玩法，是"旅行青蛙"病毒营销的关键。

对于企业而言，对产品设计影响最大的，一个营销之外的因素——社会趋势。"互联网＋"时代的产品设计，最大的原则是"能拿住消费者"，产品设计必须要抓住行业本质，要审视自己的核心竞争力是否满足行业本质的需求。互联网时代，以网络为介质对整个社会进行了全维度重构，以社交网络为基础的新媒体传播成为时代的潮流。

为什么有些东西能病毒化？这个问题困扰了营销者、广告人和社会化专家多年。一些内容是风行天下，而另一些则默默死去，是什么原因导致一些内容成功而另一些死去？当然是内容质量问题和内容创作能力！策略决定成败，创意加速进程。内容是击穿受众最柔弱部分的才华，是唤起受众立即行动的最天然的理由。广告文案的病毒化，核心不是说什么，而是怎么说。美国专家希斯兄弟给出了如何提升创意"黏性"的成型的方法：简单、奇特、具体、可信、故事、情感，他认为这六点足以化腐朽为神奇。而从阶层、学习和情感三大核心心理学需求出发的病毒营销的六大支柱，则更为深入地揭示了内容病毒化的驱动因素：炫耀、强调、猎奇、学习、宣泄、探索。例如，一个盲人在乞讨，牌子上写着"I'm blind, please help me"，但是很少有人给他钱，这个时候一个女士过来，将牌子上的话修改为，"It's a beautiful day，but I can't see it"，这时候给他钱的行人络绎不绝。这个案例是情感中的探索，本质上是一种移情和共情的力量。让我变成你，让你感受我，不同于情感需求中的"宣泄"的因素，更是人与人之间关系的试探和探索。这就是内容本身的病毒化。

娱乐型视频资料（如抖音、快手视频网站上的资料）用病毒营销的方式可以传播得非常快，因为只要通过社交网络或微博的渠道就能传播出去。成功的病毒营销的例子很多。例如，为了向人们展示第二代酷睿处理器的强大功能，英特尔推出了炫视界的营销计划。该产品能够帮助人们将生活的点滴制成一部纪录片，为了向人们展示该产品可以帮助将一个人的生活"形象化"，英特尔公司与来自日本的 Projector 公司共同合作，用 5 个月的时间建立了社交网络视觉网站。只要登录网站，将它与你的 Facebook 账户授权连接，在几秒钟的时间内，就可以将你账户内的照片和内容创建成一部短片，展示用户生活的点滴。这个创新在短时间内犹如病毒一般迅速扩散，在没有进行任何付费媒体宣传的情况下，仅仅在 5 天时间内，用户量就超过了 100 万。英特尔全球整合营销经理 Pam Didner 表示："我们利用这项服务直接触动了人们的情感和他们关心的事情，并且让人们能够以一种个性化的方式讲述关于自己的故事。"

每一家企业都希望能创造出有病毒营销效果的内容，但是真正成功的并不多。能够起到病毒营销作用的内容必须符合几个条件：娱乐性、神秘性、有吸引力、符合大众口味。网络上的内容铺天盖地，整个社会信息过载，有时一流的内容也无法做到如病毒一样传播。

当然，病毒营销也有负面的影响，许多垃圾邮件也是像这样传播的。有些消费者对病毒营销颇有微词，因为未经授权的邮件被认为是对隐私权的侵犯。

（二）病毒博客

病毒博客是指博客主开展病毒营销。有的病毒博客的效率非常惊人，如在推特网上的病毒博客营销。许多零售商通过博客版主来形成口碑相传的营销效果。下面介绍几种成功的病毒博客营销的案例。

美国的派拉蒙影业公司邀请杰弗瑞·亚伯拉罕（J. Abrams）导演拍摄了一部名为《超级8》的科普电影，这部电影投资不多，他们用试映的方式来提高电影的知名度，并以此提高票房收入。电影于 2011 年 6 月 10 日首映，公司在推特网上发了一篇不长的推文，还在"促销热榜"上购买了两个广告位。一个广告在首映式开始前好多天就已经放置，另一个广告是在首映式当日展示。试映期间的票房收入是 100 万美元，而首映式后的一周内票房收入超过了公司预期的 52%。

Stormhoek 酿酒公司也在社交网络上成功地开展了病毒营销活动。公司最初免费为博客版主赠送一瓶葡萄酒。在 6 个月当中，有近 100 位博客版主主动地在自己的博客中对公司的葡萄酒进行评价。这些评价大多是正面的，他们的粉丝阅读了这些博客，其他的网络用户也受到影响。Stormhoek 的做法引发了人们的思考：能否花钱请博客版主写文章？有些人认为，博客版主不会在博客中披露他们是收取了现金或礼品的。也有人认为，企业可以直接向帮助产品推销的博客版主付费，或者通过中介机构支付费用。

2019 年 9 月，新加坡旅游局在中国推出"不不不不期而遇"品牌主题，并携手中国网红博主制作微综艺，特别针对中国 90 后的消费者（当前中国 90 后一代的生活态度、旅行习惯是"不按部就班"，他们更倾向于选择"非计划性"的出游方式，对旅途中发生的偶然事件接受度也更高），推广非传统的狮城新玩法。同时发布与中国知名短视频制作机构 papitube 共同打造的互动式微综艺视频。此次新加坡旅游局希望借助"不不不不期而遇"品牌主题，开拓中国年轻市场，吸引更广泛的中坚消费力量。

（三）多媒体分享

多媒体分享是指互联网用户在网络上上传各种媒体形式的资料供他人阅读、评价，他们也为其他用户的资料充当传递渠道。网络上有许多网站在这其中发挥着作用。多媒体分享的内容包括以下几种。

①照片及各种艺术作品。如美国 Flickr 图片网站（上面有 40 亿张图片）、Photobucket 图片网、deviantArt 艺术创作社交网站等。

②视频。如抖音、快手短视频平台（截至 2019 年 3 月底，平台数据显示抖音日活跃用户已经超过 2.5 亿，快手日活跃用户超过 1.6 亿）、优酷视频网站，各种传统的新闻网站等。

③实时传播。这种媒体传播模式可以通过手机、平板电脑、PC 等实时传播音频或视频资料，供他人收听或收看，如凤凰网、爱奇艺、西瓜影音等网站。

④音乐。我们这里提及的音乐是指那些允许网络用户分享并且评价的音乐网站，那里有歌曲、乐曲的列表，也有原创音乐，而不是指受到版权保护的音乐文档。国内比较典型的这类网站有酷狗、网易云音乐等。

⑤展示文档。这是指由用户上传 PPT 文档、Word 文档、PDF 文档，其他的用户可以对它们进行分享和评价。国内比较典型的此类平台有阿里云、腾讯云、微课网等。

许多社交媒体网站也允许用户上传数字媒体内容。美国有线新闻网（CNN）的 iReport 网站允许普通消费者以公民记者的身份将在突发事件现场采集的音频或视频资料上传到网站。只要材料合适，网站就会展示出来，并且支付一定的报酬。亚马逊网站和 iTunes 音乐网站让音乐家们上传自己的作品在网站上销售，但是音乐制作者不能自行上传，要通过渠道商的操作（如 CD Baby 公司，这是最大的网络音乐商店），由中间商标上条码，并保证不会侵犯他人的知识产权。有些多媒体网站（如火山小视频网站、图片网站等）仅展示用户自行创作的作品，它们的商务模式是吸引用户上传作品，吸引众多的眼球，然后销售广告空间。

（四）威客

威客是方便用户上传、编辑、组织多媒体内容的网站，它与众包及用户创作内容相似。比较典型的例子是维基百科网站（Wikipedia）、技术指导网站（猪八戒网）、教育教学网站（慕课网）等。随着电子商务模式的不断创新，威客的模式也在不断演化。例如，艾瑞最新发布的《中国威客行业白皮书》的调查显示，国内最具代表性的威客网站有三种类型，以全额悬赏任务为主的第一代；以抽佣 20% 为主要获利模式的第二代；基础服务不收费，以拓展增值业务为收益模式的第三代。一品威客网打破了地域、时间、工作方式的限制，通过互联网把世界各地的威客放在同一平台中，给劳动者提供公平竞争的互联网环境，带来更多的自由工作时间、创意和想法。利用威客平台跨越时间和空间的限制的特性，一品威客网聚集了千万威客的知识、智慧、技能、经验为企业提供低成本、高质量的服务，这个过程通过悬赏和招标等形式实现。一品威客网提供的产品及服务交易形式有悬赏任务（全额悬赏、定金悬赏、零首付悬赏）、招标任务、计件任务、发帖任务（计件发帖、发帖比赛）等。

威客网站的意义在于参与编辑的网络用户可以对个词的定义进行编辑，再添加自己的内容（如维基百科），做得多了，这样的编辑就会被公认为业内专家。如果这样的专家再对产品、书本进行评论，或者回答他们所熟悉的领域里的问题，其知名度就会逐渐提升，确立其所在领域的专家地位。有些企业、品牌或某一领域里的人物由于知名度高了，维基百科网站上就会单独出现介绍他们的词条，这对企业来说是非常好的机遇，需要及时去捕捉。

（五）评级和评价

消费者在实施购买活动前会先到网络上收集信息，判断购买哪个品牌，到哪家商店购买，价格水平如何等。网络消费者往往借助于购物代理（如淘宝代购），浏览产品评价网站（如评价网），有时还到企业的自主网站上求助于其他的各种信息渠道。社交网络上的评级与评价对商务活动（不管是网络商务活动还是实体商务活动）十分有利。根据艾瑞市场调研机构的调查，国内绝大多数的网络消费者在进行购买决策时，都十分依赖社交网络的指引，购物者会求助于亲朋好友，或网络上的各种粉丝群。社交网络上网友间的互动十分频繁，消费者对亲朋好友的信任度要高于对企业的信任度，零售商已经意识到消费者的声音是一种强有力的营销工具，应该借助这样的工具去促进销售、改进产品。因此，零售商很想知道客户究竟在说什么。能够鼓励消费者在网络上发声的方法有很多，下面介绍几种常见的方法。

1. 客户评级和评价

这里的客户是指真实的客户，不是潜在客户。这些评级或评价会出现在电子商务销售产品页上，社交网络的网页上，客户评价网站上，客户提供的信息反馈中等（如国内电商平台的商品展示尾部），大众点评网、口碑网也是重要的评价网站。客户对产品或品牌的评级可以用投票或民意调查的方式来进行操作。

2. 专家评级和评价

这是指独立的名人发出的声音，这些名人有的本身就是专家，有的是消费型专家，他们的评级或评价会出现在电子商务销售产品页上，社交网络的网页上，产品评价网站上，网络杂志上等（如国内财经资讯及全球金融市场行情类网站——和讯网）。

3. 商业评价

这些评价的范围很广。例如，本地的餐厅、本地的零售商、全国的品牌、专业服务机构等（如大众点评网、口碑网、拉手网等都有本地点评页面）。

4. 社区成员相互问答

这样的网站对一些行业专家格外有意义。因为他们可以通过这样的网站建立自己的影响人群，在回答问题的同时建立起自己的威望（如百度贴吧、知乎、微信公众号等）。

5. 客户交流

客户之间有各种沟通和交流的方法。例如，通过电子邮件、博客、实时聊天、讨论组、推文等。其中有的是原创的帖子，有的则是跟帖。企业密切关注这些交流信息，有助于收集市场调研的数据，有助于产品开发（这类似于协同开发），也有助于客户服务。

6. 客户验证性评论

社交媒体上常常有客户使用产品的故事或案例分析，这些都会引起其他网友的评论和讨论（如新浪微博上的评论）。

评级和评价是电子商务 1995 年出现的一块奠基石，它们有助于增加网站上的客户流量，有助于浏览者向实际购买者的转换，也有助于提升每份订单的订购量。社交网站上的评价多了，口口相传这种营销模式就形成了。由于客户对这些信息寄予更多的信任，也有助于他们做出购买决策。美国用户点评及社交商务平台 Bazaarvoice 网站对评级、评价对客户转换率的影响做过测量，结果显示，评级、评价可使网站的客户转换率提升 25%。引人深思的是，网站上的负面评价并不特别影响销售，因为我们所在的社会并不是完美无缺的，客户在网络上看到正面评价和负面评价后，往往更愿意相信正面评价。

（六）社交网站介绍和推荐

评级、评价一般是在公共平台上展示的，而社交网站上的介绍和推荐则是针对具体的客户或一些品牌的。在实体店里也有介绍和推荐，那就是购物者请同伴或同是购物者的同道推荐商品。社交网站推荐的形式与传统的客户推荐形式相似（如拼多多就是利用用户获得低价的心理，要求只有推荐更多身边朋友帮助砍价才能获得低价），但是网络上的推荐，特别是社交网站上的介绍和推荐有滚雪球式的效应。例如，脸谱网、推特网上的用户都可以将推荐或介绍的信息分享给自己的朋友圈。推荐、介绍与评级、评价也有密切关系，有时候会融为一体。

有些传统的网络企业（如亚马逊公司等）向用户提供了许多推荐信息。阿里巴巴就是一个将社交与购物互相融合的成功实例。淘宝初期只是一个简单的线上商城，如今，阿里巴巴通过开设特别兴趣讨论组，将社交娱乐注入到了线上零售体验中。用户可在讨论组中分享产品信息，推荐商品，并直播产品测试和使用方法。有行业报告指出，在诸如此类创新的带动下，用户使用淘宝的频率平均每天高达七次。Facebook 作为电子商务平台的先驱，在整合广告、零售和社交方面一直引领趋势。以 Facebook 应用程序中的商店功能为例，商家无须退出程序，只需在其中设置好能够将用户导向产品的链接，用户即可进行购物。

事实上，社交购物的兴起与移动设备的快速增长息息相关。现今的消费者，特别是年轻一代，日渐喜欢通过移动应用程序，而非传统网络浏览器，来获得信息、阅读新闻、和朋友沟通，以及购物。根据 Worldpay 的数据，全球 71% 的消费者使用移动应用程序购物，只为获得简单快捷的使用体验。随着消费者日渐通过移动电话和社交应用程序与线上世界互动，现今的零售商必须善用社交平台，并配合有效的策略来鼓励消费者购物，否则他们只会被其他对手超越。

这些推荐信息来自消费者熟悉的人，因此其可信度要高一些。社交网站的产品推荐迟早会取代传统的网络产品促销模式，而且消费者使用的商品、服务及对价格的敏感度也会有很大的变化。

社交购物网站一般是把评级、评价与商品推荐结合在一起。比较典型的例子是微信，零售商可以制作购物广告推送给微信用户，而微信用户也已习惯于在微信群分享购物链接和二维码。当然，微信的社交购物之所以能够蓬勃发展，关键在于程序本身具备支付功能。微信支付可为消费者提供无缝、安全的一键式支付体验。单次消费之后，微信上的商家可向消费者发送特定的折扣优惠，以及根据消费者的购物习惯推送相关的社交游戏引导链接，借此不断刺激消费。亚马逊红人计划主要以桌面端为主，申请人需要提供自己的 Facebook、Instagram、YouTube 和 Twitter 账户用以评估相关红人的社交影响力。一旦审核通过，亚马逊将为红人提供自己的 shop 页面（类似于 Facebook Page），红人的所有粉丝可以直接在他的页面上看到红人推荐的商品，而一旦成交，亚马逊会向红人支付成交佣金。

（七）社交网站讨论

社交媒体上有许多来自网络用户的评论，这些评论有许多涉及产品、企业及品牌。网络用户会在社交媒体上分享图片或视频。例如，他们在 Pinterest 网站上贴图片，或从数码相机里把照片上传到微信圈里。口碑媒体的另一种形式是用户将一段链接粘贴到网络新闻报道中，而这样的链接就会出现在掘客网上。在掘客网上，网络用户可以"挖掘"新闻故事，同一条新闻"挖掘"的人越多，它在新闻排序中位置就越靠前，这一点与脸谱网上用户点赞的作用是一样的。国内的多新奇网页也有类似的服务。

博客的评论文章很多，尤其在电子商务市场上更是如此。通过互联网，通过博客，有关某种商品或者某家公司的评价能以比传统社会更快的速度传播。例如，2006 年 9 月 12 日，一个美国网民在自行车爱好者 BBS 上发帖，讲述了其发现的一件怪事，BIC（1945 年，法国人马塞尔·比希开发了第一款廉价圆珠笔，1949 年成功生产，取名为 BIC）圆珠笔能够轻而易举地撬开到处都在使用的 Kryptonite 牌 U 型锁。两天后，很多博客，包括电子消费品博客"Engadget"，都登出了演示这一过程的视频短片，之后，不断有新的博客主开始讨论这一问题和他们的经历，对 Kryptonite 牌锁不信任的情绪很快蔓延开来。七天后，关注 Kryptonite 的人达到史无前例的 180 万，并引起了传统媒体的注意，《纽约时报》和美联社予以报道。迫于压力，Kryptonite 公司免费发送了 10 万多把新锁，以更换出现问题的锁。Kryptonite 公司为此遭受了 1000 万美元的损失。

2003 年，索尼（中国）推出新款索尼 Cyber－shot DSC－F828 数码相机，打算卖给高端玩家。但这些行家多年来一直运用传统的光学相机进行摄影，他们是一群执着的专业人士，拥有足够的知识、权威和自信。一句话，他们对摄影有着自己的意见领袖，很难用其他方式影响。摆在索尼媒介方案提供者面前的问题是如何找到并影响这群人，而最传统的推广方式是到摄影杂志上去刊登广告，因为那里聚集的作者和读者是真正的行家或发烧友。但如何影响这群人，从而促使其改变多年的专业摄影习惯呢？索尼通过寻求这群人中喜欢尝试新鲜事物的意见领袖（由技术痴迷者、发烧友及部分先觉大众）组成了博客的主体和浏览者，基于博客进行说服，把使用索尼这款相机的感受快速地传达出去，最后达到了很好的宣传效果。

可惜的是，2018 年 8 月 21 日，网易博客宣布将关闭服务。看起来波澜不惊，但从中国互联网发展的历史来看，博客的影响还是非常巨大的。博客这个中文命名诞生于 2002 年 8 月，从 2005 年开始进入繁荣期，之后随着微博、微信等社交媒体的崛起而趋于平静。毫无疑问，传统的个人博客服务的确进入了生命周期的后期。但是，博客对于互联网发展、内容生产模式和媒体生态变革的影响是深远的，其价值不可低估。作为用户创造深度内容的第一个重要应用，博客的功能和价值已在很大程度上融入微信公众号、抖音等新一代社交媒体之中。博客的消解和平静，在互联网继续高歌猛进的大众化浪潮中，是很正常的。

虽然博客产品逐渐离开舞台中央是必然的趋势，但是在今天互联网的繁华和喧嚣之下，深度内容的生产依然是一个巨大的问题。社交媒体进入一个全民生活化、商业化和娱乐化的今天，真正严肃和深度的内容生产进一步受到挤压。深度内容虽不是大众化需求，但始终是人类社会发展的关键力量。网易博客的关闭，也将使这个需求矛盾日益突出。

传统博客的边缘化，与新一代社交媒体平台的崛起是同步的。尤其是微信、微博、短视频等以数以亿计用户为基础的超级平台的崛起，基本垄断了主流的网络传播力。独立博客产品形态面临传播力的局限，逐渐失去了基本的商业竞争力。即便网易这样的门户，也无力回天。博客让每一个人拥有了个人媒体，但是微博和公众号让个人媒体具备了大众传播的能力。

博客繁荣的 2005 年，中国网民刚刚跨越一个亿，基本以社会精英为主，博客的出现恰逢其时。而今，则是一个有 8 亿网民的新格局。由于用户群体发生了巨大的变化，符合普通大众的社交媒体形态在快速演进，这是互联网发展的客观规律。可以想象，随着中国下一个6亿网民的不断深入，社交媒体还将继续发生变革。由于思想性和知识性的内容也面临严重边缘化，在人工智能、大数据等全新技术浪潮下，将有可能出现新的互联网严肃内容生产产品。

最后，中国互联网上的博客产品虽在不断减少，但全球博客依然生命力顽强。今天，很多富有情怀和注重内容与知识创造的精英们，依然在坚持。尽管商业化的喧嚣已经永远离去，但是博客的理想和价值依然在互联网中发扬光大。

六、企业如何引导用户参与

19世纪的英国著名作家奥斯卡·王尔德（Oscar Wilde）曾经说过："比被人议论更加糟糕的事情是没有人议论。"企业应该如何引导用户参与？如何赢得用户的信任？如何将用户从相信对企业的负面议论变为愿意参与企业的品牌建设，参与病毒营销？这就需要企业创造能够吸引用户的内容和促销活动，使他们愿意与品牌互动，并且通过在社交媒体上点赞、评论、推荐等方式与亲朋好友分享。用这样的方法可以影响成千上万的人，它与传统的口碑相传营销模式是相似的。

为了使促销活动更加有效，必须要符合一个基本的要求，那就是在合适的媒体上通过合适的渠道传递合适的信息。要做到这一点，需要确切地了解受众的需求、行为和有效的激励措施，还需要对口碑媒体进行不间断的检测和控制。社交媒体的用户并不希望互动品牌信息的狂轰滥炸，相反，他们希望得到有吸引力的信息，得到娱乐，得到赞赏。企业引导用户参与的方法有以下几个。

（一）提供及时、独特、相关、优质的信息

有些市场调研机构（如eMarkete、尼尔森、comScore、Forrester、艾瑞等）会定期发布根据一手数据调查得出的统计信息，此时，博客主、微博主、网红往往会做出自己对相关数据的解读，供粉丝点评或与人分享。例如，安迪·比尔从2005年起就撰写名为"营销朝圣者"（Marketing Pilgrim）的博客，每天凌晨他就起床，从长期跟踪的100多家网站上浏览新闻频道的帖子，然后综合自己看到的信息写出博文，提出专家意见。比尔已经在粉丝圈里小有名气，提供专业咨询，他在博客网站上提供广告空间，参与多家媒体的访谈节目，组织其他专家撰写评论文章。在《广告时代》杂志评选年度十佳媒体和营销博客活动中，他总是名列前茅。

（二）创造娱乐性的内容

企业制作的一些视频广告或其他的宣传内容只要娱乐性强、有趣、不落俗套，就会受到消费者的追捧和分享。例如，如果你想展示产品解决方案效果如何，那么没有比使用视频更好的方法了。为了让视频更有效，视频必须更有吸引力、教育性和娱乐性。研究表明，包含视频的登录页面，转化率可提高80%；喜欢看产品视频的消费者数量，比那些喜欢看文字描述的高4倍。在Animoto的一项调查中，有超过75%使用推广视频的中小企业所有人或营销人员证实，视频直接影响了他们业务的增长。企业只要在电子邮件主题中加入"video（视频）"一词，打开率就会提高19%，而点击率则会提高至65%。HubSpot在2016年的调查中发现，超过40%的消费者希望能观看更多视频，Facebook上有视频的帖子一般互动率会增长8%左右。一些最有影响力的营销视频类型主要是消费者产品测试、产品演示及使用指导视频，甚至还有动画解说视频。例如，企业可以通过提出常见问题作为视频的开端，然

后以产品提供的解决方案来完成视频。

Louisville Slugger 体育用品公司 2019 年利用红雀队成为世界职业棒球大赛冠军这一社会热点，在圣易路斯地区开展了一个为期一天的寻宝活动，它通过在其官方社交媒体渠道上发布寻宝提示，让用户参与寻找其在该地区藏匿的 45 个棒球棍，以达到增加其社交媒体粉丝数量及提升活跃度的目的。该活动确实取得了不错的效果，粉丝数量增加 1 倍，点赞量提升了 143%。粉丝在参加活动中，不仅讨论了红雀队，也讨论了 Louisville Slugger 这个品牌。另外，在粉丝寻物的过程中，让粉丝自己去发现存在于附近的 Louisville Slugger 的体育用品门店，使活动切实地达到了线上与线下联合推广的目的，真的是一个一举多得的好方法。从对中国地区多达近 2000 家的企业客户调研中发现，企业的市场营销人员总是在不停地寻找各种途径，以将适当的热门主题运用到自己的营销策略中。

（三）提供竞争的机会

人们一般都喜欢与人争高低，喜欢得到奖励。研究也发现，大比重的球迷在观看比赛或参加游戏时会使用平板电脑或智能手机访问体育内容。亚马逊从 2014 年开始在社交媒体上，尤其是微信渠道上不断发力，开辟了包裹跟踪服务，并开始尝试新游戏等一系列的活动。在巴西世界杯期间，亚马逊的世界杯主题微信活动，除购世界杯商品赢取大奖等常规活动之外，主打戏集中在"寻找章鱼保罗，竞猜世界杯"的微信竞猜游戏上，这个竞猜游戏活动集结了幸运转盘赢取积分、积分获得参与竞猜资格、分享竞猜赢取更多积分、积分参与抽奖、幸运转盘获得独享电子优惠折扣券等环环相扣的丰富的活动内容，基本涵盖了获取新粉丝，激活用户互动性、竞猜娱乐性，优惠券刺激销售等多重营销目的。

麦当劳也利用"挑战"心理，通过三口吃完一个汉堡来打折的营销来吸引消费者。2018 年，马来西亚麦当劳店推出了一款新麦香鸡汉堡，这款汉堡比一般的汉堡大。但是如何才能让消费者更直观地感受到这个变化，并且购买呢？麦当劳营销策划人员不是通过比较商品大小来宣传，而是借助社交媒体宣传激发消费者去挑战，让他们自己去感受。这个挑战就是只要三口能吃完一个汉堡，就能免费再领一份。很快，这个活动就在年轻人中流行起来。大家热衷于这种挑战，纷纷在 Facebook 上直播，甚至拉着朋友一起比赛。于是三周内，店铺的销售额翻了一番。这次推广活动，不仅推广了新品，还让新品成为畅销品。

（四）宣传利他主义

故事、视频等各种内容只要与社交活动有关，人们都愿意与他人分享。例如，2011 年美国的东海岸遭遇暴风雨的袭击，美国红十字会号召民众为当地居民献血救助。活动的组织者没有像传统的做法那样，在献血者的胸口处贴上一张纸，上面显示"我献血了"，而是在网络上发放一枚虚拟的荣誉徽章，献血者可以将其在社交网站上分享给朋友圈，鼓励亲朋好友也来参加无偿献血。如果献血者在 Foursquare 社交网站上登录，他就可以以帖子的方式在网站上留言，大声宣告自己参与了献血活动，与此同时，标记献血的徽章会在社交网站的个人主页上展示出来，并且自动地发送到推特网的个人主页上。

（五）提供独特的产品或服务

社会心理学中有一条理论，那就是"稀缺"能够激励人们快速地采取行动。促销折扣或免费试用形式的促销活动只要设定一个截止期，人们就会纷纷出手。例如，2014 年巴西世界杯期间，Baylor Athletics 开展了一项奖励计划，通过鼓励球迷，给予用户奖励以刺激其分享与其相关的内容。任何参与发布帖子、图片，分享视频，跟帖，转发或使用规定的特定标签的用户都可以依据发布的内容赚取积分。然后用户可以根据积分，兑换如球赛门票、装备等有形奖品。而积分累计最多的前 3 名用户还可兑换更多非常棒的奖品，奖品包括季票、与 Baylor 教练共进午餐、做足球队出场领队等特殊奖励。这项活动后来获得了巨大成功。其带给我们的经验在于，通过提供给客户和粉丝用户相应奖励，不但促进了用户与品牌的持续互动，还获得了用户原创内容。另外，对于来自用户生成的丰富的内容素材，还能在品牌的其他各类媒体渠道（如博客、网站媒体、平面媒体、论坛等）得到更好地利用。

（六）奖励有影响的人士和粉丝

帕累托法则中提出的二八定律（即 20% 的客户实现了 80% 的交易量）用在社交网络环境中也是适用的，也就是网络上对品牌的议论大多数是由一小部分品牌粉丝提供的。2011年 4 月，休闲食品生产商菲多利公司将吉尼斯世界纪录奖状授予脸谱网上点赞最多的网页（1 571 161 次），并以优惠券的形式向抢先注册的粉丝送出 24 000 包薯片。英特尔公司在官网上展示各种图片，开辟出一个"英特尔黑带软件开发人员计划"专区，承诺认可并奖励英特尔开发人员专区社区成员的贡献、技术专长和领导能力。加入社区的所有成员如果获得"黑带"的带位，可以得到一台笔记本电脑的奖励。当然，对那些有一技之长的人来说，这也是他们在网络上提高自己知名度的好方法。除了利用人们的好奇心进行驱动外，还可以通过奖品促销的形式，利用利益驱动粉丝的参与热情。凡客被认为是微博营销的优秀实践者与先行者，它很善于利用奖品促销的形式调动起微博粉丝的参与热情，其抢楼送周年庆 T 恤，1 元秒杀原价 888 元服装等活动在微博一度引发粉丝的参与热潮。

（七）将奖励机制前置

社交心理学中有条原则为互惠原则，如果客户在社交媒体上时就给予其一定的报偿（而不是事后的"谢谢支持"），他们对参与社交媒体活动的积极性会更高。例如，美国卡夫食品公司旗下的一家以销售热狗、培根和腊肠闻名的快餐企业 OscarMayer 公司，会主动向消费者提供实体店的折扣券，邀请消费者品尝新推出的热狗品种。公司做得更加出色的一点是，消费者只要在网络上将自己"吃了一个大热狗"的信息分享给亲友，就能再拿到一份折扣券。公司的营销策略是以每 5000 名消费者为一个群体，只要他们都将品尝热狗的信息分享给亲友，这个群体的折扣券价值就增加 50 美分，直到所有的人都能拿到一张完全免费的热狗品尝券。不过，公司也懂得稀缺性原则，因此整个促销活动是有时间限制的。

企业运用社交媒体，可以与消费者进行实时沟通。例如，人数超过百万的国内某家食品行业的粉丝团在社交平台上发布了一个视频，集结了过去经典的广告词，一发布便引发转发及热议，勾起了很多 70 后和 80 后的回忆。不仅如此，该企业还根据一名铁杆粉丝在微博发布的公司公仔 P 图到服饰的概念，正式发表了该品牌服饰，并在网络上火爆开售，销售速度是秒杀节奏。

微博时代是粉丝的时代，微博营销的本质是与粉丝产生良性互动的行为，但与粉丝的互动却并不那么容易。美国网络专家 Jakob Nielsen 曾经提出一条网络社区"90 - 9 - 1 法则"，即 90% 的用户仅仅访问网站但从不贡献内容，9% 的人偶尔会参与，只有 1% 的人才贡献绝大部分内容。尽管微博这个新媒体鼓励参与，然而企业微博的营销行为要激发粉丝的参与却不是一件容易的事。粉丝参与度决定了微博粉丝对品牌的体验程度，同时，它还对品牌活动的效果产生直接的影响。粉丝的参与度表现在粉丝对品牌活动的积极性上，同时也包括品牌活动对粉丝的吸引力。此外还应该看到的是，粉丝参与度的高低，与活动的激励政策是否有吸引力、粉丝参与激励是否充足及活动设计的合理性如何有着很大关系。

例如，2019 年奇瑞汽车联动全国举办了首届艾瑞泽春季运动会，让十万多名粉丝享受春天的美好时光，参与到充满欢乐的春季运动会中。说是运动会，但不像学校中的春运会那样正正经经地开展田径项目，而是以多种趣味活动让奇瑞的用户粉丝们呼吸新鲜空气，舒展筋骨，并体验到艾瑞泽系列产品的魅力。例如，在趣味投篮环节，粉丝会坐在行进中的艾瑞泽 GX 内，想方设法将迷你篮球投入车外的篮筐；在空间大作战活动中，粉丝们需要比拼手速和脑力，争分夺秒将行李物品尽可能多地装进车辆后备厢；还有跳绳、接力赛、拔河等多种运动项目。玩累了的朋友还可以坐进全新艾瑞泽 5 的车厢内，用各种方言和车机系统"小艾"聊天互动。除让人释放储存了一个冬天的激情的趣味运动项目之外，奇瑞还准备了温馨的车主庆生、抖音达人献唱表演、粉丝上台互动等多个环节，这无疑使得奇瑞与用户粉丝们的关系更加亲密了。艾瑞泽能够吸引众多粉丝的关注前来参加春季运动会，和艾瑞泽系列产品拥有出色的产品力和用户口碑不无关系。2016 年上市的艾瑞泽 5，由"小猎豹"郑恺代言，一时间风光无两，收获了众多消费者的青睐，凭借精准的市场定位，仅用 253 天就达成"10 万 +"的销量成就，创造了中国品牌轿车上市销量的增速奇迹。

激励客户参与的一个重要原则是便利性。例如，许多社交媒体网站和普通商务网站都设置"一键点击"功能，用户可以点赞、贴标签（如一键点击标注"美味"），点击屏幕上"简易信息聚合"（RSS）标志表示订阅，这样就能迅速地传播内容，或者分享社交媒体上的内容。许多网站还在社交媒体网站上用一键点击来帮助用户注册。波士顿的创新网站 BostInnovation 提供波士顿地区的各种重要信息。Gigya 公司是美国网络界第二大插件公司，BostInnovation 创新网站利用 Gigya 公司提供的插件方便用户注册、登录、分享、评价。据 BostInnovation 公司的一位创建者凯文·麦卡锡（Kevin McCarthy）称，自从使用了 Gigya 公司提供的插件，网站的评价内容增加了 58%。

第三节　网络声誉管理与口碑媒体绩效考核

一、声誉的概述

一个良好的声誉是公司建立消费者忠诚度的保障，而消费者忠诚度正是企业参与竞争的基础。在行业竞争加剧的现实下，只有建立稳固的消费者群体，才可以保持长期的超额利润，抵御同类竞争。可以说，声誉是公司最有价值的也是破坏后最难以重建的无形资产。

在市场经济条件下，品牌的重要性已经深入人心，而企业声誉与品牌价值的建立密不可分。声誉是指人们心目中对某事物的信任度。借用雀巢公司全球联系资深经理布拉贝克的一句话："消费者早已不再是傻瓜，他们比以前更加看重品牌，更加注重以怀疑的态度看待一切表面宣传，而选择将自己的忠诚度毫无保留地贡献给那些在积极关怀顾客的品牌。"

在当前互联网时代，声誉的重要性更是与日俱增。消费者在没有体验过某品牌的产品与服务时，会基于市场上的信息进行消费行为决策，住酒店同样如此。互联网时代让信息的获得变得更为便捷与高效，也让负面信息能够迅速传播到每一个消费者的耳朵里。试想，当消费者站在高楼林立的各家酒店面前，打开手机搜索各个酒店质量的时候，登上卫生黑名单的酒店如何能吸引消费者下榻呢？

我们可以这样认为，企业的声誉不是企业自己怎么说，而是其他人怎么看。在口碑媒体中，人们可以用各种各样的方式来塑造一家企业的声誉，和它的品牌、它的员工。在口碑媒体中，企业、品牌都不能像过去那样控制自己的形象和声誉，因此，企业需要投入时间和精力去监视、管理并参与社交媒体上的口碑，否则就会为此付出代价。2011 年，全球最著名的公共关系公司 Edelman 公司对 28 家上市公司的董事会开展调查，结果发现，声誉风险是企业所面临的一个最大挑战。

企业的管理者应该意识到，尽管社交媒体上的营销视频或其他各种促销内容都会对企业有利，但是在不断传播的过程中，它们也会走样。例如，企业将视频上传到抖音上，结果有可能混进各种负面的信息。打开抖音不难发现，一些标题夺人眼球却言之无物的视频被大量推送，有的甚至是以恶搞、猎奇和低俗的方式予以呈现。而因为含有低俗暴力、垃圾广告、炫富等内容，快手、抖音、火山小视频等短视频 App 都曾被相关部门约谈，责令整改。

随着元搜索的兴起和预订旅行的数字化，评论网站、评分等级和社交媒体平台的影响力越来越大，酒店的客人们会把自己的体验经历、抱怨或赞扬全都展现在网上。我们现在生活在一个数字口碑盛行的世界里，人们相信他人的评论，而酒店的这些评论可以决定旅行者是否会选择入住。简而言之，酒店的声誉现在已经建立起来，但有可能会在网上被摧毁。更重要的是，它对酒店成功地推动在线预订的能力产生了重大影响。随着在线酒店预订数量的增长，没有一家酒店能够承受线上声誉受损的风险。不幸的是，许多酒店现在正面临着这样的风险。更糟的是，他们可能甚至还没有意识到这个问题的严重性。

负面的网络声誉是需要尽快识别、处理和纠正的。如果不这样，就会破坏酒店的预定、收入和顾客忠诚度，酒店经营者也会受到警告。每家酒店都有网络声誉，我们已经到了一个即使没有网络的存在（如没有评分、评论或在线内容）也会产生负面的网络声誉的阶段。最近一项 Phocuswright 研究表明，超过一半的在线评论网站的用户，如果没有看到任何评论就不会预订。在预订酒店之前，83% 的用户会阅读评论，96% 的用户认为阅读评论是预订酒店的重要组成部分。

2012 年，公共关系咨询机构 Edelman 公司对网络用户对公司的信任度开展调查，发现质量、透明度及信任度是对公司声誉和品牌声誉影响最大的三个因素。企业如果想要赢得全社会的信任，除了产品或服务的高质量以外，还必须在多个方面下功夫，如可靠、真诚、信息透明、信守承诺等。企业常常对自己的品牌做出种种承诺，如果它们不能信守承诺，它们就会在社交媒体上被人吐槽。例如，汽车生产企业往往在广告中对百公里油耗进行宣传，但是如果实际上达不到宣传的指标，用户就会对企业和品牌失去信心，在如今的社交媒体时代，用户可能在社交网络、博客平台上对比加以抨击。透明指的是企业在声誉危机发生之前或发生以后能够真诚、迅速地说明真相。如果它们隐瞒真相，一旦真相被披露出来，社交媒体上的负面信息就会铺天盖地。透明的要求是在社交媒体上与用户真诚沟通。

2019 年，苹果公司再一次被《财富》杂志评为"全球最受尊敬的公司"，连续 12 年荣登榜首。排名第二至第七位的分别是亚马逊、伯克希尔·哈撒韦公司、沃尔特·迪斯尼公司、星巴克公司。评选的过程是由行业高管们对候选公司进行评级，最后，由约 3750 名高管、分析师、董事和专家投票选出他们最欣赏的 10 家公司。在专家评级中，共有 7 项指标被列入考核范围，那就是创新、管理质量、社会责任、企业资产使用、财务稳健性、产品和服务质量，以及全球竞争力。据了解，苹果在评级的每个类别中都名列榜首。另一个则是相反例子，数据研究公司 Toluna 进行了一项民意调查，旨在分析科技行业最不受信任的公司。该调查于 2018 年 12 月 9 日至 15 日期间进行，共有 1000 名在线用户参与了调查，Toluna 询问他们认为在个人信息方面最不受信任的公司是哪家。调查结果显示，Facebook 高居榜首，高达 40% 的受访者对这家社交媒体巨头保护信息安全的能力表示怀疑。

二、重要的声誉管理

首先，良好的声誉有助于降低企业的生产和机会成本。其次，也有助于企业吸引人才和培养员工的忠诚感，从而有利于企业在竞争中获胜。再者，有利于企业保持长期的超额利润，企业利润会随着声誉的改善而增加。建立良好的企业声誉能够抵御进入者，巩固企业的竞争地位。企业声誉是一种稀有、有价值、可持续和难以模仿的无形资产，是实现战略性竞争优势的有用工具。品牌声誉与企业声誉都是格外重要的声誉。美国知名的公共关系管理机构 Weber Shandwick 公司曾经做过一项调查，结果显示企业的市场价值中有 63% 属于品牌声誉和企业声誉。调查中，该公司还指出，66% 的企业高管认为，从挫折中恢复品牌声誉比起创立品牌、维护品牌要艰难得多；一家企业的品牌声誉若是受到挫折，想要再恢复到原来的水平需要 3.2 年的时间。

从早年的三菱事件到丰田"霸道"的广告风波，从雅阁的"婚礼门"到锐志的"漏油门"。层出不穷的汽车产品安全事件和众多消费者积怨已久的"仇日"情绪交织在一起，令日系品牌汽车在国内正经受着前所未有的信任危机。"漏油门"事件虽然不算致命的质量事件，但却是考验丰田在华合资公司诚信与责任的试金石。比起以往汽车产品质量纠纷，一汽丰田对待消费者的态度明显少了几分强硬和对抗，最终与将其告上法庭的用户和解并向消费者致歉。但我们同样看到，处理这样一件逐步升级的产品危机事件，一汽丰田竟用了近半年时间，其效率之低下，与其作为世界品牌汽车公司的形象相去甚远。在事件的发展中，一汽丰田的行动始终慢半拍，几乎看不到厂家有什么积极主动的应对措施，反应异常缓慢，处理程序拖沓，最终造成了一汽丰田骑虎难下的被动局面。高度发达的互联网和信息技术、各论坛车主俱乐部规模和影响力的日益扩大、消费者维权和法律意识的增强及汽车产品相关法规的出台，都向汽车厂商们表明，一切危机事件的应对，都应该回归到最基本的尊重公众、保护消费者利益的层面。

另外一个例子是，在谷歌中搜索凡客诚品，排在第三位的搜索结果为"在凡客诚品第一次购物体验非常不愉快"。点击查看后发现共有 111 个评论，负面率高达 92%。其中约 17 位用户直接在评论中表示看了该文章后取消了在凡客诚品网站的订单。订单事小，我们相信参与评论的仅仅是造成负面影响的众多用户群体中的一小部分。可见，该负面信息对品牌声誉造成的影响是无法挽回的。

企业高管的声誉与公司声誉密切相关。博雅公关公司（Burson – Marsteller）曾经对公司高管做过一项调查，结果显示，一家企业的高管如果有了良好的声誉，90% 的调查受访者表示自己将会购买该企业的股票，即使听到企业的负面消息，依然会相信公司，会认为该企业是一个值得信赖的合作伙伴。当然，不仅是企业高管，其他各个层面的管理人员如果有良好的声誉，也会对企业产生正面的效应。如果公司负责招聘的人事经理有良好的个人声誉，他就能为公司招来优秀的员工。成功的人力资源部经理会努力在社交媒体上树立自己良好的形象，这样他们在应聘者群体中就会获得好印象。例如，百度近年来的人才培养和引进的速度远不及高管流失速度，百度想要追赶上与阿里、腾讯等的巨头争霸赛，首先应解决用人的问题，否则将在持续的内耗中越陷越深。据不完全统计，从 2016 年 5 月至 2019 年年底的三年多时间内，已有接近 20 位从总经理到副总裁、高级副总裁乃至"二把手"等不同级别的百度高管离职。对企业来说，保留住创造 80% 价值的核心员工就等于保存了企业的竞争力。因此需要每位管理者在结合实际的情况下，了解核心高管的需求，才能为企业创造更多的收益和到达更高的高度。

如今，社交媒体上有关个人形象树立的话题很多，咨询人员、销售人员、各种专业人士都需要注意这点，甚至高校的学生也要树立自己的个人形象，这对求职很有帮助。

三、建立、维护、关注、修复声誉

对企业声誉的研究、管理、维护已经成为许多优秀企业家的工作重点之一。如果说全球化碾平了资本、技术与人才等资源在全球范围内的流动障碍，那么透明化则提升了外部团体对企业的多重监管力量。在一个新市场背景下，企业声誉不再是看不见、摸不着、可有可无的"软"元素，而是正在逐步演化成对企业市场表现、消费信任、竞争优势、员工凝聚性、危机处理能力等都能产生多重影响力的"硬"力量。当然，想要避免声誉危机，最核心的还是企业诚信、守法经营，给消费者提供高质量的产品和服务。

声誉管理包括四个部分：建立、维护、关注、修复。这些内容已经贯穿在本书的各个章节中。我们在这里只是对它们做一个简单的梳理。树立企业的良好声誉可以利用各种手段，但归根结底是企业自己的行动。社交媒体上经常会出现一些企业遭遇声誉危机的消息，这主要源于企业做了什么，或没有做什么。说到企业积极的行动，它们可以利用自有媒体或口碑媒体与消费者或各种利益相关者进行沟通，告知企业能够为大家带来的利益。本书中对此有过许多深入的探讨，如鼓励社交媒体用户参与企业的品牌塑造，建立良好的客户关系等。

维护企业的声誉要借助于在线、离线媒体的实时监测。一旦声誉受到伤害，企业要及时考虑是否干预。企业是否要出面干预，应该考虑三个因素：一是网络上的帖子对企业有多大影响；二是网络上的评论可能给企业带来哪些潜在的威胁；三是社交网络上引发的议论会波及多大的范围。例如，一位高端客户或有较大影响力的记者写了一篇评论文章，企业就应该及时做出回应，甚至直接用电子邮件去联系作者；相反，如果发表帖子的人影响力并不大，企业又没有太多的时间，就可以不予理会。美国的一项调研结果显示，有 29% 的管理人员对推特上的负面评价不予理会，而在脸谱网上，这一数据是 17%。人们可能会辩解说这些评论的写作者影响面并不大，但同样是在这一调查中发现，22% 的企业根本就不知道在社交媒体上有关于自己产品的负面评价。可以这样认为，许多企业是在不经意间遭遇了品牌声誉的逐步走低。

在信息透明化的互联网背景和蜘蛛网一样的社交媒体环境下，任何的负面信息都有可能引发消费者对企业和品牌的信任危机。"千里之堤毁于蚁穴"，当企业在客户群中建立良好形象和口碑，并引导客户进行正面评价时，负面评价很可能会使客户直接否决掉原来的正面评价。而这种怀疑和不信任一旦形成就很难逆转，所以企业在进行口碑营销时，一定要注意及时监控负面信息，并使用强有力的措施解决，以求把损失降低到最小。

Klout 是一家衡量用户在 Twitter、Facebook、Google +（Google + 是一个 SNS 社交网站，你可以通过你的谷歌账户登录，在这个社交网站上你可以和不同兴趣的好友分享好玩的东西）、LinkedIn、Foursquare 等社交网络上影响力指数的创业公司，它主要是通过排名算法和语意分析对用户在社交网络上的活动进行分析，从而得出一个可以具体量化用户影响力的分数。影响用户分数高低的因素包括许多方面，包括活跃粉丝数量、所发消息的转发率、原创率和与粉丝的互动等。Social Mention 是一个免费工具，可以通过扫描网络上几乎所有的媒体形式，包括博客、书签、社交网站、新闻、视频等，来评估个人或品牌被用户评价或提及的情况。Social Mention 通过四个维度对提及内容进行打分，即强烈度、支持程度、热情、覆盖度。Xbox 公司是微软旗下一家游戏机制造公司，该公司在推特网上对用户的回应是最快的，平均的回应时间是 2 分 42 秒。与此形成鲜明对照的是，美国国内零售企业中，对消费者的需求回应时间平均为 4 小时。值得一提的是，企业应该及时安排人员去解决帖子中提到的问题，甚至解决问题的措施要放在回应帖子中前面的部分。没有具体的措施跟上去，社交媒体的用户会认为企业是在说空话。

企业一旦在社交网上创建了自己的网页，那就是默认社交网上用户（有的是心怀不满的客户，有的是用心不良的竞争对手）可以在公司网页上发帖评论。如果企业将用户评论的功能关闭，那么人们就会怀疑企业有什么不可告人的问题。此外，把用户评论的功能关闭，也阻碍了品牌粉丝对公司产品和品牌的正面评价，而这种积极作用是公司自身的力量难以达到的。企业当然可以把帖子删除，但是一旦删除帖子，发帖的人会发出更大的声响。社交媒体营销专家都认为，企业只是有必要去删除最富有攻击性的帖子或最庸俗的帖子，其他的帖子一般都应该保留。实际上，社交媒体上的帖子对企业改进产品、更新工作流程等都是有利的。

要修复企业或品牌的声誉，平均需要 3.2 年的时间。修复包含许多工作，解决引发危机的根本问题，就是要向重要的利益相关者告知解决的方案，邀请社交媒体用户传递重要信息等。

大多数经营有方的企业都会从社交媒体的批评中吸取教训。口碑媒体上的负面评价有助于增加真实感，因为它显示出企业的声誉不仅仅是依靠自有媒体和付费媒体上的内容在支撑。只要处理得当，这些负面信息反而会提升企业的声誉，帮助增加销售量。社交网络用户的产品评价、投诉及积极的建议，都有助于企业改进产品和工作流程，提高网络内容的质量。鼓励用户张贴此类信息的最有效途径是在企业自有的公司网站和社交媒体上组织用户进行沟通和交流，使企业很容易识别这样的信息，一旦企业采取了应对措施，也能够及时告知网络用户。这样做的目的也是防止负面信息广泛扩散，变得不可收拾。例如，在星巴克咖啡的社交网络平台上，每天有几十万个网络用户参与其中，他们提交的内容有的是关于产品的，有的是关于亲身体验的，也有的是关于自己参与公司活动的。用户可以通过社交网络等平台张贴自己的意见，公司则在社交网络平台上罗列各种意见的清单，并就采取的措施写出"正在采取的行动"报告。用户们可以点击这些意见列表，看其处理的状态，还可以追加评论。星巴克不需要花费很多的成本去开展类似的市场调研，通过这一途径就能了解到客户的许多信息。

企业可以在自有社交媒体上开发一个声誉管理系统，这样就可以避免各种声誉危机的发生。

四、建立声誉管理系统

声誉管理系统（Reputation Management Systems）是指通过各种标准和技术对企业的声誉进行监测和保护。例如，大多数社交媒体平台都显示用户身份特征，这样就方便其他的网络用户了解是谁在张贴评论文章，还可以了解各种统计数据。有些社交网络会自动发送电子邮件给注册用户并且要求用户回复，这样网站就能判断用户是否真是这一电子邮件的拥有者。eBay 等社交商务网站开发了一种反馈系统，方便买家对卖家进行评价，其他的买家就能根据评价做出自己的判断。Sprout Social 可以让用户使用同一个界面管理多个社交媒体账户，同时用户还可以管理、监控和追踪他们在 Twitter、Facebook 和 LinkedIn 等社交网站上的活动，Sprout Social 的报告提供消息分析，能够深入分析用户活动和人口统计信息。

随着公共关系领域的广泛发展，与互联网和社交媒体的发展同步，以及声誉管理公司的逐步出现，搜索结果的整体外观已成为定义"声誉"的组成部分，并且在所有这些发展之后，声誉管理现在存在于两个领域——在线声誉管理和离线声誉管理。

（一）在线声誉管理（简称 ORM）

在线声誉管理侧重于在数字领域内，对产品和服务搜索结果的管理。诸如电子海湾、亚马逊和亚拉巴马州等各种电子市场和在线社区都内置了 ORM 系统，并且使用有效的控制节点，可以最大限度地减少威胁，并保护系统免受分布式覆盖网络中恶意节点的滥用。ORM 包括传统的公共关系声誉战略，但也着重于建立一个在所有基于网络的渠道和平台上保持一致的长期声誉战略。ORM 包含搜索引擎声誉管理，旨在应对负面搜索结果并提升正面内容。

（二）离线声誉管理

离线声誉管理指的是通过选择明确定义的控制和措施，实现理想的代表利益相关者对该实体的思考和感受的理想结果，从而在数字领域外管理公众对所述实体的认知过程。其中，离线声誉管理最流行的控制措施包括社会责任、媒体可见度、平面媒体新闻稿和相关公益赞助。

提到声誉管理，相信很多人会容易想到"危机"一词。约翰·肯尼迪 1959 年发表了一篇重要的讲话，他在其中提到的"Crisis"一词在中文中是"危机"两字，"危"指"危险"，"机"指"机遇"。虽然有专家认为，从语言学角度这样分析并不完全正确，不过危机中暗含机遇的想法倒是正确的。

在如今信息媒体飞速发展的时代下，几乎每个企业都会收到负面的在线评论，严格来讲，这并不一定是坏事，企业能从中获得某种反馈，以便企业改进产品和服务。此外，那些糟糕的评论在某种程度上也增加了积极评价的可信度。但是，错误地处理负面评价，就会对公司的声誉造成长期损害。要知道社交媒体上的不良评论，总是带来产生"滚雪球效应"的可能性，这也是为什么如今企业都越来越重视声誉管理。

Rosetta Stone 公司是一家专门开发语言翻译软件的企业，它属于一家 B2B 经营模式的公司。为了更好地利用社交媒体网站，该公司开发了专用的网站来管理脸谱网上的客户互动信息。它不仅安排员工对社交网络内容进行监测，还利用软件辅助这项工作，具体来说，就是利用软件对公司网页上的帖子进行监测，并适当地做出回应。它通过软件将帖子的内容存储到数据库，对需要公司做出回应的帖子自动贴上醒目的标签。这种解决方案十分便利，公司的工作人员只要在脸谱网上点击某一处标签，就能将有关对客户服务的议论从一般的议论中区分出来。

五、网络口碑媒体绩效考核指标

对于营销沟通的绩效，企业有专门的考核指标，利用这些指标，企业可以判断营销活动的目标是否已经实现，并且不断地调整营销战略。企业还可以用来它考核口碑媒体上的品牌知名度、品牌健康度、客户参与度、客户的创新能力等。更具体一些，这些指标还可以细化为点赞及分享的次数、提交的建议数、评论转发的次数、情绪指数等。如果是在企业的自有媒体上，只要是公司自主开发或维护的网站或网页，这些口碑媒体的指标也能发挥作用，如在公司博客上用户发表的评论数，或者公司网站上用户的情绪指数等。口碑媒体上可以使用的绩效考核指标包括以下几种。

①一般考核指标。与广告或各种应用软件互动的人数，用户观看视频节目、玩网络游戏或听在线音乐的时间，社交媒体粉丝或网络社区扩大的规模等。

②用户采取的行动。用户下载帖子、音乐、铃声或其他各种内容的数量，在社交书签网站上对某一网站贴书签的数量，在某一网站上用户创造的各种内容（视频、照片等多媒体材料）上传的数量，对书籍或网络零售商评价的数量，网络游戏玩家的数量，折扣券下载的数量，民意调查投票的数量，网络展会邀请被接受的数量等。

③在博客、微博等社交平台上的人气和情绪等。内容发布的数量，稿件的点击量、转载量、影响力，社交用户情绪的表现，社交沟通被关注的数量，对用户沟通评价的数量，等等。

美国互动广告局曾经制定过七条口碑媒体的评价指标。

①个体参与度，由用户与品牌互动的次数来判断。这种互动有的是创造性的，如视频浏览的数量、书签标记的数量、图片上传的数量或针对公司品牌制作的内容。

②社交参与度，包括评论、评价、讨论、专栏等内容的分享度、状态的更新度等。

③粉丝、朋友圈扩大的速度。

④聚合内容的订阅人数。

⑤媒体的关注度，社交用户的关注度。

⑥来自各种新闻的链接数量，品牌网页状态的更新频率。

⑦社交网站上由用户发送的品牌网站链接数，包括品牌网站上的状态更新、博客帖子、评论等。

社交媒体出现以后，企业的日子似乎不大好过了。以往消费者如果想投诉，他们只能选择打客服电话，或者来到门店前面抗议。而这种解决问题的途径，相对来说较为私密，企业完全可以将精力放在处理消费者的疑问上面，除非投诉引起了媒体的注意。

但是，社交媒体的出现，在投诉成本和传播速度，以及引起大众及媒体注意力方面，消费者都有了更强有力的武器。现在的消费者，或许只需要拍几张企业或品牌问题产品的照片，放到微博或微信圈上，再@一大群媒体和朋友账号，企业和品牌就会面临巨大的曝光风险。而值得一提的是，消费者的投诉一旦引起社交媒体上的媒体大号的关注，伴随而来的很有可能是该媒体线上线下的同时报道。而一旦其他媒体也跟进报道的话，那可想而知该企业和品牌会面临多大的公关危机了。

因此，越来越多的企业和品牌都选择参与到社交媒体运用中，除了看重社交媒体平台巨大的营销价值，另外很重要的一点，就是希望在消费者的负面舆论传播开来前，能及时聆听并马上处理。因为太多的案例说明，及时的处理和表态，往往是处理社交媒体上负面舆论并让企业和平台扭转舆论导向，保护企业和品牌形象的最关键因素。需要企业去监测的社交媒体和其他口碑媒体数量很多，那么企业该如何去对这些媒体进行监测呢？

（一）及时的监测和聆听是处理社交媒体负面舆论的前提

企业一旦开始参与到社交媒体平台上来，在开始处理负面舆论前，要做的事情就是聆听消费者在社交媒体平台上具体聊到了自己的品牌和产品的哪些问题，其中消极的评论又聊到了哪些问题。监测和聆听的任务可以外包给一些专业的社交媒体监测和分析服务提供商（如 Sprout Socia）来完成。企业和品牌也可以在公司内部设立专门的团队去跟踪监测社交媒体上消费者的声音，如宝洁公司就在内部设立了一支专门的社交媒体运营团队（Community Managers）去进行社交媒体上的聆听和消费者投诉的跟踪处理。

而在进行监测和聆听时，常用的方法是，按照企业和品牌自身的需求制订监测关键词列表，通过社交媒体的搜索功能进行定时的搜索。而该关键词列表可以包括企业及品牌名称、产品名称、产品常出现的问题、热点话题（如日本地震和核辐射可能对日本进口化妆品造成影响，可加入"日本地震""核辐射"等关键词）等。企业可根据自身需要进行关键词的排列组合。而在时间方面，如果是大型企业和品牌，一天 2~3 次的监测和聆听的频率较为合适。因为按照社交媒体如微博的传播特点，一般负面事件传播和覆盖人群的最大值会出现在原负面微博发送后的 1~2 个小时内。中小企业可按照自己的实际情况，结合关键词搜索到的量进行时间上面的分配。

（二）对消费者的讨论进行分类和记录

一般来说，社交媒体上消费者对某个产品的舆论会分为积极/赞扬、中立/咨询/疑问、消极/投诉三类。

企业在开始进行社交媒体聆听的同时，可以同时进行的一项工作是，将你所监测到并分类好的消费者讨论记录在册，并设定相应的回应话术，形成一个将来可用的社交媒体舆论问答库（类似呼叫中心的问答库）。这样，将来在社交媒体上监测和回应消费者的时候，就可以通过对问答库的检索，找到以前类似的消费者讨论和当时的回应，节省企业的回应成本和时间。而在另一方面，社交媒体上消费者讨论的记录，在形成一定量的数据库之后，就可对其加以进一步分析利用，如分析不同季节或月份消费者对产品的讨论是否有不同，对产品诉求的趋势是什么，消费者对某个产品的投诉集中在哪几个方面，时间上的趋势等。这对企业和品牌改进自己的产品，甚至针对不同时间点设定不同的产品营销方案等方面都大有裨益。

（三）如何回应消费者评论的建议

在进行好监测和消费者评论的分类之后，企业就要想该如何应对这些消费者的评论特别是负面评论了。这里有几点建议。

1. 以解决消费者问题为核心而非以解决负面舆论为核心

在回应消极评论时，企业和品牌要永远本着为消费者解决问题的态度。真诚、透明永远是最能赢得消费者的心的举措。反之，企业和品牌绝对要避免的做法包括删帖和对消费者恶言相向。一旦出现这样的回应，企业和品牌就一定会处于劣势。因为消费者已经因为对产品的不良体验而产生消极的情绪，进行投诉其实是在给企业和品牌一次机会去扭转消费者对产品的印象，维护企业和品牌形象。而删帖和恶言相向，甚至比不回应消费者更糟糕。

2. 建立快速反应机制，及时进行回复和跟进处理

一般来说，负面评论传播的最大值出现在原帖出现后的 1~2 个小时内。因此，企业在监测到消费者评论后，应把握好这个时间点，及时进行回应。而遇到无法及时解决的消费者疑问和投诉（如对消费者的具体情况还不了解），或者需要内部沟通协调再解决的情况该怎

么办呢？是否暂时不进行回应？针对这个问题，企业至少应立即向消费者表明在跟进事情的态度，并询问消费者具体的情况或对消费者进行安抚，同时承诺会及时跟进处理消费者的问题并定时向消费者更新最新的处理情况。

3. 回应话术不妨人性化一些

在拟定话术回复消费者的评论特别是负面评论时，使用的话术不妨更人性化一些，更轻松一些，将企业和品牌的官方微博变作一个人的形象去与消费者沟通。国内外社交媒体运营经历证明，消费者会更喜欢企业和品牌用一种私人化甚至像朋友一样的语气和态度来与其进行沟通，而不是用一种官方的腔调。在这种朋友似的沟通中，很多持有负面情绪的消费者的态度一般都会很快缓和，并将注意力集中在如何让企业帮助解决他本身的问题上。

4. 提供别的解决问题的渠道

因为很多社交媒体（如微博）是完全开放式的平台，企业和品牌所发送的信息能被全部人看到。因此，在应对社交媒体上的负面评论及与消费者进行沟通时，一直在社交媒体上与消费者进行细节的沟通其实并不合适，也不便于企业帮助消费者解决他的问题。因此，在回应消费者的负面评论时，建议企业和品牌提供另外一些更直接的渠道，如呼叫中心热线号码等，让消费者有更直接的方式与企业进行沟通。如若消费者遇到的问题较复杂或消费者的态度较消极，让消费者提供联系方式，由企业专人去沟通也不失为一个展示服务态度和及时跟进的好方法。但在收集消费者个人信息时，一定要注意消费者个人信息的保密。

总的来说，宏大而长期的战略根植于监控所获得的数据。企业可以利用社交媒体来监控和预测新兴趋势，以帮助品牌调整整体战略。有效的监控并不仅仅局限于收集数据，依靠社交媒体监控工具完成所有工作的企业，必须认识到团队的重要性，以及与数字完美共存的原因。这些目标或许需要大量的工作，但可靠的团队可以从监控中为企业提供宝贵的解决方案。

本章小结

整合营销沟通是企业为品牌沟通规划、实施和监督所进行的跨部门工作，目的是获得、维系和增加能为企业创造盈利的顾客。营销人员根据 AIDA 模型和效果层次模型来进行营销沟通工具的选择，目的是一步步将消费者引向营销沟通目标。企业制定社交媒体战略，并制定具体措施来提升消费者的知名度，影响他们的消费态度和消费行为。

传统的营销工具是广告、公共关系、营业推广和人员销售。在制定整合营销沟通计划时，企业可以使用传统的营销工具和一对一、一对多营销，进而使用多对多的营销战略，即众多的消费者在社交媒体上相互沟通。

自有媒体是指企业在自主开发的平台上传递营销沟通信息的渠道，因此，企业至少可以部分地控制这些信息。付费媒体是在他人拥有的平台上付费传递企业的促销信息的渠道。在口碑媒体上，企业信息接触面最广，但企业对其控制力是最低的。

口碑媒体是自有媒体、付费媒体之后的第三大内容管理要素。对营销受众来说，传统媒体对他们产生的是一种被动的影响，但是口碑媒体却是受众主动参与的。用户的参与可以分为五个等级：①互联网用户消费在线的内容，这是最低一级的参与；②网络用户在社交网络上注册，与其他用户在网络上聚集；③网络用户收集网络信息，如在社交网络上筛选内容，给网络内容贴上标签；④网络用户原创社交媒体内容，如在视频网站上发布视频信息；⑤网络用户与企业协同合作，这是最高等级的参与，如对产品的改进提出建议等。消费者对公司制作的各种促销内容往往持怀疑态度，他们更愿意相信熟人的推荐，相信用户撰写的评论。正因如此，口碑媒体对购买决策的影响是很大的。

鼓励用户参与，形成理想的口碑媒体的方法有多种。例如，病毒营销（指消费者之间相互传递内容），病毒博客（指博客主参与病毒营销活动），多媒体分享（指网络用户上传照片、视频、音乐链接、音频及视频直播、PPT 资料等，分享给他人），威客（指用户上传、编辑、组织多媒体内容），评级和评价（这会影响在线、离线的购买行为），社交网站介绍和推荐，社交网站讨论等。

企业可以采用多种方法吸引客户，使他们更加深入地参与到内容创造中去。这些方法包括：①提供及时、独特、相关、优质的信息；②创造娱乐性的内容；③提供竞争机会；④宣传利他主义；⑤提供独特的产品或服务；⑥奖励有影响的人士和粉丝；⑦将激励机制前置。

企业、品牌及企业的管理者要想建立良好的声誉，关键在于怎么做，而不是怎么说。要维护良好的声誉，企业需要对各种在线、离线的媒体进行实时的监测，并判断是否要做出必要的回应。修复企业的声誉往往需要几年的时间，即便如此，依然值得去做。因为企业可以从客户的批评中汲取经验教训。口碑媒体的绩效考核指标有许多种，包括：①一般考核指标，如与企业创建的内容进行互动的网络用户人数，网络社区扩大的规模，社区粉丝的人数等；②用户采取的行动，如下载或上传内容的数量；③在博客、微博等社交平台上的人气和情绪等。一些企业已经使用社交媒体监控软件及时地监测和聆听负面舆论，并将消费者的讨论进行分类和记录，及时地采取不同的方法回应消费者评论，取得了很好的效果。

复习题

1. 什么是整合营销沟通？它的重要性在哪里？
2. 在规划社交媒体战略时，营销人员为什么要关注 AIDA 模型和效果层次模型？
3. 传统营销沟通工具有哪四种？每一种工具在社交媒体平台上有哪些具体应用？
4. 自有媒体、付费媒体和口碑媒体在营销沟通的接触面及控制方面有什么差异？
5. 用户参与程度分哪五个等级？请对每一个等级的参与举例说明。
6. 如何利用病毒营销和病毒博客来激发口碑相传的品牌营销效果？
7. 企业要对怎样的声誉进行监测和管理？
8. 企业该如何对社交媒体进行监测呢？

第十章　网络广告

案例导引

永远相信美好的事情即将发生——小米网络广告

小米公司正式成立于 2010 年 4 月，是一家以手机、智能硬件和 IoT 平台为核心的互联网公司。创业仅 7 年时间，小米的年收入就突破了千亿元人民币。截至 2019 年 8 月，小米的业务遍及全球 80 多个国家和地区。小米是全球第四大智能手机制造商，在 30 余个国家和地区的手机市场进入了前五名，特别是在印度，连续 5 个季度保持手机出货量第一。通过独特的"生态链模式"，小米投资、带动了更多志同道合的创业者，同时建成了连接超过 1.3 亿台智能设备的 IoT 平台。

小米有巨大的营销生态链和产品生态链，包括手机、电视、手环等，用户购买了其中一个，就想购买配套的产品，这增加了用户黏性，达到不用宣传就可以销售出去的作用。小米手机的定位非常精准——"为发烧而生"，其手机定位于性能好、配置高、价格低的特点。小米将手机的定价到成本价，不依托于贩卖硬件盈利，而转向软件生态系统等增值服务获利。2019 年 8 月，小米推出了几款广告和视频，集中宣传小米公司和新一代小米手机。宣传广告通过图片、视频相结合，给消费者带来极大视觉和听觉冲击的视听体验，体现了小米广告一向的独特创意性。这几款广告符合小米一向的广告宣传理念，不使用电视广告、路牌广告等"烧钱"的方式推行，而是通过小米手机平台、米柚 App、米聊论坛、微博、微信等互动方式推广。

宣传 MIUI 的一款广告以大幅面整屏推介的方式，突出一个主题"10"，用强烈的色彩对比，给广告受众留下极为深刻的印象。广告以醒目的方式指出了 MIUI 最大的功能特点，即 AI 加持的全面屏系统，这就是这款手机的卖点。浏览者点击下面的"理念视频"，则播放该广告的视频，视频的主要功能是介绍 MIUI 10 的功能。点击后先是一种快节奏的音乐，体现出小米手机"唯快不破"的设计理念。之后我们看到一条金鱼游过，代表了小米公司的活力和对生态环境的支持。之后分别介绍了 MIUI 10 手机是以"全面屏"为核心的全新设计，全新的全面屏手势，属于全面屏时代的指尖操作。全新的系统 UI，以全面化视觉，与"全面屏"内外呼应。各种眼花缭乱的功能介绍时，突然出现了强大好用的语音 AI："仅此而已吗?"以此说明"小爱同学"和 MIUI 深度整合，一句话搞定手机复杂操作。宣传小米公司的一款广告，主要介绍了以小米手机为主的小米产品的功能强大、质量上乘、性价比高、服务优质等，通过一系列画面反复渲染小米的企业文化，全方位介绍了小米公司的成功之道。

小米公司的产品除了令人称道的质量、低价口碑外，极大地依赖了这些创意广告的成功。①采用多维度的广告方式。广告将文字、图片、声音、视频有机地结合起来，传递给人们的信息量非常大，视野的展示非常广泛，信息传达的效果非常突出。再加上精准的元素搭配，使得广告记忆度非常高，可以说是视觉效果和创意形式的完美结合，大力推进了小米手机的网络营销。②采用故事性影片方式。这种宣传方式主题鲜明，情节有趣，让人观看之后忍不住有想一试的冲动，极好地达到了广告推出的目标。③创意效果感人。广告不仅是卖产品，从中也能看出企业的使命感，小米广告处处体现出小米的使命是，始终坚持做"感动人心、价格厚道"的好产品，让全球每个人都能享受科技带来的美好生活。

正如小米公司所说："优秀的公司赚的是利润，卓越的公司赢的是人心。"网络广告，特别是优秀的网络广告推广应该是把广告渗透到人的心灵深处，让人们与之产生理念上的共鸣，从而达到令人震撼的网络营销效果。

第一节　网络广告概况

一、网络广告的含义

在人类社会的发展中，信息的传播方式是不断进化的。远古时期人们传递的方式可能是肢体动作、眼神和声音。随着语言的诞生，口头表达成为最重要的方式。到了原始社会，产生了一个重要的媒介——文字。随着生产力的不断进步，产生了印刷术，人们可以靠印刷品来获取信息。作为现代社会的重大发现，电波、影像的传播成为一种重要方式。而互联网的出现，又一次彻底改变了人们的生活。互联网的传播涵盖了现有所有的媒体传播方式，作为互联网上的重要宣传手段，网络广告（Web Advertising）也应运而生。

网络广告是指在互联网的站点上发布的以数字代码为载体的各种经营性广告，其英文表达为 Online advertising、Internet advertising 或 Web advertising。1994 年 10 月 14 日，美国著名杂志 Wired 在其网络版 hotwired 的主页上推出包括 AT&T、P&G 和 IBM 公司在内的 14 则广告主的图像和信息，是世界上第一个网幅广告，如图 10-1 所示。据统计，在其后的四个月里，有 40% 以上浏览该网页的网民点击了它，而传统广告才有 4%~5% 的观看量，因此，网络广告引起了企业们的关注。

图 10-1　世界上第一个网幅广告

随着互联网的发展，网络广告的需求也以非常快的速度增长，已经成为当今最为热门的广告宣传形式之一。1997 年，中国的第一个商业性网络广告在 Chinabyte 上推出。2019 年我国互联网广告总收入约 4367 亿元人民币，相较 2018 年增长 18.22%，增幅较 2018 年略有放缓，但仍保持增长的态势。作为互联网产业的核心商业模式之一，网络广告在很大程度上挤占了传统广告的份额，并还在不断地扩展边界和形式，营销服务链条不断延伸，信息流广告迅速发展，成为推动网络广告市场发展的主要力量。

网络广告是一种新兴的广告形式，它随互联网发展而产生。它建立在计算机、通信等多种网络技术和多媒体技术之上，其具体操作方式很多，如企业域名注册，创建企业网站，创建企业的标志（LOGO），刊登文字、旗帜（BANNER）、视频等形式的广告，注册各大搜索引擎，在论坛、贴吧、微信、微博发布，通过电子邮件或邮件列表给目标客户发送信息等等，其目的都在于影响人们对广告的商品或服务的态度，诱发其购买动机进而使广告主得到利益。

广告这一商业行为，其本质目的是什么呢？在不同的时代，广告主与媒体对这一问题存在着不同的认知。在传统媒体时代，供给方与需求方在市场地位上有相当的距离，不论运营的是电视台、机场或杂志，都与大多数广告主需要的转化行为之间有相当大的差距。因此，这一阶段广告的目的是希望借助媒体的力量来快速接触大量客户，以达到宣传品牌形象、提升中长期购买率与利润空间的目的。这种目的的广告被称为品牌广告（Brand Awareness）。当然，也有许多广告商希望能利用广告手段马上带来大量的购买或其他转化行为，这种目的的广告被称为直接效果广告（Direct Response）或效果广告。在传统广告产品中，大量投送和优化效果广告的能力显然是缺乏的。这是因为，对短期效果的追求要求广告能精准地送达目标人群，如散发传单，而数字媒体的出现使效果广告蓬勃地发展起来。这主要有两方面的原因：一是数字媒体的特点可以让我们低成本地投送个性化广告；二是一些在线服务，如搜索、电子商务等，能够更清楚地了解用户的意图，使得广告效果的优化更加容易。

互联网广告兼有品牌和效果两方面的功能。不过要说明的是，到目前为止，互联网广告行业的高速发展主要是由于效果广告市场带来的巨大红利。网络广告的市场规模发展迅猛，与此同时，传统广告渠道则增长乏力或快速下降。

因此，本书可以将网络广告定义为"利用网站上的广告横幅、文本链接、多媒体的方法，在互联网刊登或发布广告，通过网络传递到互联网用户的一种高科技广告运作方式。"

二、网络广告的五大要素

网络广告的五大要素包括以下几个。

①网络广告主体。网络广告主体是指发布网络广告的企业、单位或者个人。任何人都可

以自行上网或通过他人在网上发布各类广告，可以是免费的或者有偿的。广告主体主要有三种：广告主、广告经营者和广告发布者。就市场功能而言，广告主是广告需要的产生者，而广告经营者和发布者是满足这种需要的服务提供者，因此，在许多地方，又往往把广告经营者和发布者统称为广告商。探讨广告活动的主体，主要目的在于了解广告行为中各个元素的功能、角色，以及对于传递广告信息的影响。一条广告信息在传达给消费者之前，会经过广告主、广告、广告媒体这三个元素之间的互动运作。

②网络广告受众。凡是具备上网条件的网站访问者，都是网络广告受众。网络广告受众实际上就是网络浏览者。不同的网民价值观念不同，生活方式不同，对网络广告的接受程度也不同。

③网络广告信息。网络广告信息是指网络广告所包含、传达的各种多媒体信息。网络广告的信息以图、文、声、像的多媒体传播形式，传送给网络广告受众多种感官的信息，它们大大增强了网络广告的宣传效果。和其他网络信息一样，网络广告受众可以随时随地浏览网上的广告信息，网络广告的信息可根据需要增加、更新、长期保存或丢弃。

④网络广告费用。网络广告的发布要投入一定的资金，产生一定的费用。网络广告计价模式一般有三类：一是按展示计费的方法，按展示的次数收取费用，也是最常用的计费方式；二是按行动计费的方法，按用户点击、注册或用户做出某种行动（如调查问卷）来收取费用；三是按销售计费的方法，按销售额或交易次数来收取费用。

⑤网络广告媒体。相比传统的四大媒体电视、广播、报纸、杂志，借助互联网传播的网络广告被认为是第五大媒体，它具有和传统媒体一样的效果，甚至比传统媒体更有快速、更有效，覆盖面积更广，还具有互动性强、针对性强、费用更低、方式灵活、统计方便等传统媒体无法比拟的优势。因而，众多互联网广告公司都成立了专门的"网络媒体分部"，以开拓网络广告的巨大市场。

三、网络广告的传播方式

网络广告借助互联网传播，因此与传统广告传播路径大不相同。上文谈到，网络广告的五大要素中有三个主体：网络广告主体、网络广告受众和网络广告媒体。网络广告主体要做的是在网上发布提供产品和服务的广告，网络广告受众要做的是在网上寻找产品和服务的信息，网络广告媒体要做的是寻找要发布网络广告的广告主。互联网把这三个主体连接起来，相互传递它们相互需要的三种信息流。网络广告主和受众都具有主动性和沟通意愿，可以通过网络很方便地沟通互动。网络广告的传播方式如图 10－2 所示。

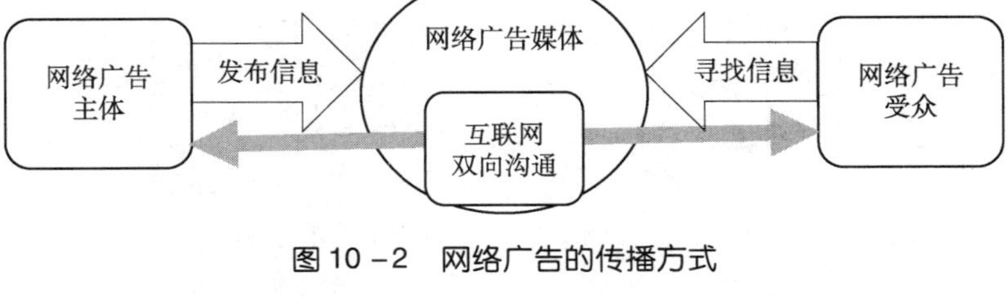

图 10－2　网络广告的传播方式

关于这一传播过程，可以通过一个实例来详细说明。一位消费者近期打算购买一台洗衣机，于是他在网络搜索引擎搜索这种产品的品牌。在搜索结果中他发现了广告主海尔集团的广告。图 10－3 所示为海尔牌洗衣机的品牌广告。他对这则广告非常感兴趣，于是点击了这则品牌广告，来到了海尔的官网。他发现，这个网站上有一个洗衣机专区，上面有种类繁多的洗衣机。他通过对各种洗衣机比较、筛选，最终选择了自己心仪的洗衣机。消费者通过与客服进行在线交流，得到关于送货的物流信息和售后服务的相关信息。这样，二者通过网络广告进行了沟通，建立了联系。从消费者购买洗衣机的过程可以看出网络广告的传播方式：广告主通过媒体发布信息，受众通过媒体寻找信息。

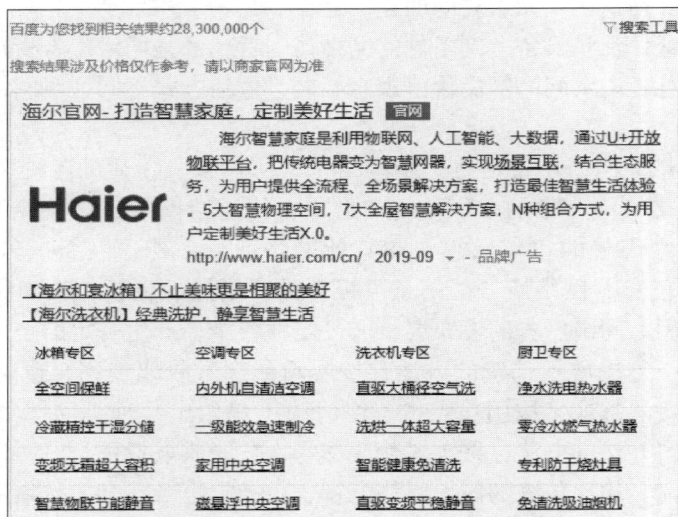

图 10 – 3　海尔洗衣机的品牌广告

四、网络广告的功能

网络广告的功能有以下几种。

（一）品牌推广

优秀的网络广告能显著地提升企业的品牌价值，通过有力地宣传吸引网络广告受众，使他们从广告中获取此企业的产品、服务、企业形象及企业文化，对企业品牌的认知度会加深甚至大幅提高。网络广告灵活多变且先进新潮的宣传手法，对受众听觉和视觉的不断冲击，可以对企业品牌的推广起到极大促进作用。

（二）网站推广

网站是一种信息载体，通过网站发布信息是网络营销的主要方法，也是网络营销的基本职能之一。企业网站的流量是决定网站价值的关键因素，如何获取更多的有效访问量也是网络营销取得成效的基础。而网络广告是推广网站最有效的利器，人们在访问门户网站、搜索引擎、博客社区、微博微信时，通常会点击有兴趣的网络广告，从而达到推广的目的。网页上的文字、横幅、影音等各种形式的网络广告以极具吸引力的手法表现出来，用户尝试点击后，马上就会跳转到相关的产品或服务页面，从而增加了网站的访问量，即使没有成为最终有效的购买用户，但网站已经得到了宣传。企业推广网站时，根据需要，可采用免费或付费两种方式进行推广，当一种形式效果不明显时，可以切换到另一种形式。

（三）促进销售

网络广告促进销售的作用非常明显，体现在用户不断地受到各种形式的网络广告吸引，从而点击它以获取产品信息，最终可能产生订购行为。把网络广告与企业网站、网上商店等网络营销手段相结合时，企业产品的促销活动的效果会更加显著。网络广告对于销售的促进作用不仅表现在直接的在线销售，也表现在通过互联网获取产品信息后对线下销售的促进作用。

（四）在线调研

通过网络广告可以很方便地开展多种形式的在线调研，如对消费者行为的研究、对于在线调查问卷的推广、对于各种网络广告形式和广告效果的测试、用户对于新产品的看法等。通过专业服务商的邮件列表开展在线调查，可以迅速获得特定用户群体的反馈信息，大大提高了市场调查的效率。

（五）客户关系

通过对点击网络广告的用户进行跟踪分析调查，了解此类用户的各种特征信息。当用户成为客户后，可以进一步分析客户的购买特点和需求信息，为建立和改善客户关系提供必要条件。网络广告对客户关系的改善也促进了品牌忠诚度的提高。

（六）信息发布

网络广告是向用户传递信息的一种手段，可以理解为信息发布的一种方式。通过网络广告的投放，不仅可以将信息发布在自己的网站上，也可以发布在一些流量高、用户群体庞大的网站上，或者直接通过微信、电子邮件、QQ等工具发送给目标用户，从而获得更多用户的注意，大大增强了网络营销的信息发布功能。

第二节　网络广告的形式与特点

早期的网络广告受限于互联网络环境和软硬件的技术能力限制，只有极为有限的几种形式，而且内容也很单一，网络广告主要的形式有文本链接广告、横幅广告、静态图片广告等，而且专业的网络广告公司非常少，推广手段有限。伴随着互联网和计算机软硬件技术的快速发展，网络广告也取得了长足发展，多种形式的广告陆续出现，内容和创意也精彩纷呈。随着移动互联时代的到来，以手机、平板电脑等为载体的新媒介，已成为网络广告中的新宠，移动网络互动广告也越来越重要。未来，随着人工智能的发展，网络广告又将会是另一番景象。

一、网络广告的主要形式

网络广告的主要形式有以下几种。

（一）文本链接广告（Textlink Ads）

文本链接广告采用对浏览者干扰最小的文字标识方式。它是最简单的网络广告，所占空间也非常小，在网页上摆放的位置也非常自由。这种广告一般以超链接的形式放置在大型门户、流量高的热门网站上，搜索引擎搜索结果的关键词广告也通常采用这种形式，点击文本链接后就跳转到指定的广告主网页。文本链接广告方式具有价格低、点击率高的优点，在互联网络上极为常见。

（二）横幅广告（Banner Ads）

横幅广告指网络上以图片形式发布的平面广告，它是最常见的一种网络广告，世界上最早的网络广告就是这种形式。图片的大小幅度由广告商和广告主商议决定，图片放置在广告商的页面上。最醒目的横幅广告是出现在网站主页的顶部或上部的"旗帜广告"，一般每个网站主页上只有一个"旗帜广告",因为其注目性强、广告效果佳,所以收费最贵。它是网络广告中最重要、最有效的广告形式之一。横幅广告的图片内容一般以精练的语言、提示性图片、动画等方式介绍企业产品或企业形象,浏览者则可通过点击进入广告主的网站。横幅广告因其较强的吸引力,具有很强的广告优势,非常受广告主欢迎。

横幅广告的分辨率没有明确的规定,在其发展过程中常采用几种常见的分辨率,如 468 像素 ×60 像素、88 像素 ×31 像素、120 像素 ×60 像素、120 像素 ×120 像素等。随着计算机技术和手机技术的应用,横幅广告的尺寸越来越自由,一般由广告主和广告商协商确定。

网站的标志(LOGO)广告是一种特殊的横幅广告,也称图标广告或按钮广告。一般尺寸为 120 像素 ×90 像素、120 像素 ×60 像素、88 像素 ×31 像素。早期的标志广告由企业标志或产品商标造型构成,部分 LOGO 通过闪现动态效果(如滚动、旋转、翻动、闪烁、光影变化等)形成视觉刺激,在传播企业形象、树立品牌效应的同时提供链接服务。这种做成图标形式,用文字提醒点击后可以访问广告主网站的广告,有的上面会标明点击字样,因其价格低、点击率尚可,在互联网上也较为常见,缺点是被动性较大,点击后才能了解详细信息。值得一提的是,现在的 LOGO 设计方法极其丰富,表现形式多种多样,不再局限于早期的模式,创意好的 LOGO 对宣传效果能起到极大的促进作用。

(三)关键词广告(Key Words Ads)

关键词广告依托于搜索引擎,由广告主买下搜索引擎中关于自己产品的关键词,凡是输入这个关键词,在搜索结果中会出现广告主的广告信息,有可能是横幅广告、文字链接、视频影像或其他形式。当用户在输入某个关键词查找类目的时候,在分类表的上方会出现与该类目相关的企业信息及产品广告。例如,在搜索引擎中输入"手机",会出现一系列与手机有关的广告主,通常是按付费多少来决定排名的高低。图 10 - 4 是一则关键词广告,可以看出 OPPO 的官方网站排名高于天猫手机馆。

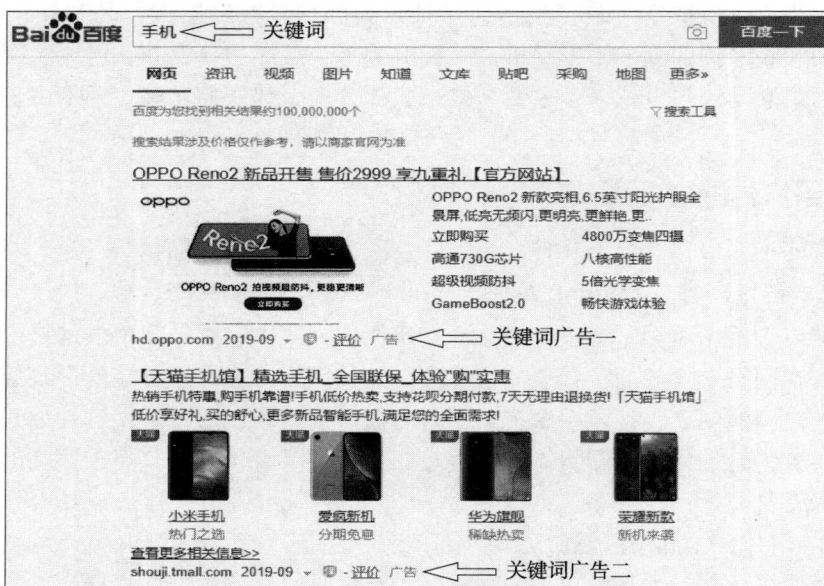

图 10 - 4　关键词广告

关键词广告出现的诱因是免费登录搜索引擎的推广手段已远远无法满足大量企业的需求，特别是急需推广自己的产品和服务的商家，需要一种更有效、更醒目、更有力的方法来大力推广产品。关键词广告正好满足了这种需求，它可以为企业的销售提供切实地帮助，带来实实在在的流量和实际购买。

（四）电子邮件广告（E－mail Ads）

电子邮件广告是广告主通过电子邮件将网络广告发送给受众，通常采用邮件列表技术和邮件群发技术。电子邮件广告目前仍是一种在大量使用的广告形式，用户可以通过各种渠道订购自己需要的邮件广告，以及时获取相应的产品信息。这种广告针对性强，传播面广，信息量大，其形式类似于传统的直邮广告。电子邮件广告可以直接发送，也可以通过搭载发送的形式，如通过用户订阅的电子刊物、新闻邮件、免费软件及软件升级等其他资料一起附带发送。有的网站使用注册会员制，收集忠实顾客群，将广告连同网站提供的每日更新的信息一起捆绑，准确送到会员的电子邮箱中。这种形式的邮件广告因为用户注册时已经默许，所以更容易被接受，具有直接的宣传效应。

电子邮件广告的广告主一定要在真正了解用户需求的基础上适时适量地发送邮件广告，否则可能会引起用户反感，被用户拒收或列为垃圾邮件。

（五）网上分类广告（Classifieds & Listing Ads）

网上分类广告是一种提供信息服务的站点，类似于现实中的黄页、杂志，利用网页技术，把广告信息分类、分层，构建庞大的数据库，提供非常详尽的广告信息，可以利用强大的数据库检索功能让用户方便地获得自己需要的广告信息。一些大型门户网站和综合性商业网站都提供分类广告服务，如阿里巴巴、慧聪网。专业的分类网站如 Craigslist 中国。

（六）插播式网上广告（Interstitials Ads）

插播式网上广告是在两个网页出现的空间中插入的网页广告，就像电视节目中出现在两集影片中间的广告一样。这种广告产生的原因是链接广告和横幅广告的效果不理想，点击率差，致使广告主减少了广告投放后，广告商研发的一种新式广告形式。插播式广告一般是打开页面后，强制传递给访问者的。常见的插播式广告有弹出式广告、过渡式广告、智能插播式广告三种。

①弹出式广告。浏览者访问含有广告的网页时，会弹出一个小的窗口，窗口的内容即为网络广告。弹出式广告由文字、图片、影音等组成，实际就是一个新的网页窗口。这种弹出窗口无疑干扰了浏览者对网页的阅读，所以浏览器上有专门的插件来过滤它，但因为它占页面的尺寸毕竟较小，弹出又是一闪而过，大部分可以随时关闭，所以只要不频繁弹出，弹出窗口不要太大，弹出时间不是特别长，多数浏览者是可以接受的。

②过渡式广告。过渡式广告是在两个页面出现间隙植入在浏览器主窗口的一种插播式广告。一般是当用户第一次点击网页的链接时，出现的页面并非目标网页，而是一个很快消失的广告页面，之后才是要访问的网页。这种过渡式广告可以引导有意向的用户点击，从而达到广告的预期目的。目前，各大网站的视频一般也采用一种和传统过渡式广告类似的网页插播广告。视频广告分为传统视频广告和移动视频广告两类。传统视频广告是在视频内进行广告的设置和投放，而移动视频广告是指在移动设备（如手机、平板电脑等）内进行的插播视频的模式。视频广告可以在视频的片头、片中、片尾植入一次或多次，大多数视频网站均在广告播放时，会提示用户升级成收费用户就可以关闭此类广告。太多的插播广告容易引起

用户的反感。

③智能插播式广告。许多公司针对过渡式广告做出改进，使之尽可能地减少对目标用户的干扰和不便，而采用了一种"智能下载"技术，只有在用户带宽许可的情况下，才将广告置入浏览器的缓存中，当用户对一个新页面发出请求时，从缓存中调出该广告页面，因此可以节约用户的下载时间。

（七）赞助式广告（Sponsorship Ads）

这类广告一般以链接或横幅形式出现在页面的某一部位，形式上可能是通栏广告、弹出广告。赞助式广告一般有三种形式：内容赞助式、节目赞助式和节日赞助式。广告主可根据自己所感兴趣的专栏内容或节目专题进行赞助，往往能对宣传产品和服务起到不错的效果。赞助式广告在网上很常见，图 10 – 5 是 2019 年北京世界园艺博览会的赞助式广告。

图 10 – 5　2019 年北京世界园艺博览会的赞助式广告

（八）飘浮式广告（Floating Ads）

飘浮式广告指在网页中浮动的小型图片广告。这种广告可能会随鼠标或光标移动，随网页的拉上拉下而移动，吸引浏览者的注意。要注意的是，浮动广告有时会遮住部分网页内容，甚至可能使浏览者无法看到所需内容，给用户带来不好的体验。

（九）互动游戏式广告（Interactive Games Ads）

互动游戏式广告被预先设计在手机互动游戏或电脑网页互动游戏之中。在游戏开始、中间、结束的时候，广告都可能随时出现，并且可以根据广告主的产品要求定做一个属于自己产品的互动游戏广告。

现在网上游戏和手机游戏用户非常多，综合性的游戏网站聚集了成千上万的游戏玩家，大多数是青少年网民，这些人会在游戏加载启动、游戏页面加载和游戏结束时的间隙看到广告，该广告不影响游戏的流畅运行，不会引起玩家的反感。更有一些游戏厂商把广告以软文的形式嵌入游戏之内，甚至把广告做成游戏，收到了非常理想的效果。因此，互动游戏式广告的市场前景也非常广阔。一个典型的例子是腾讯公司的微信营销小游戏广告，这种小游戏可以是一些小故事、趣味性的问题、关卡类游戏等。商家即广告主，可以自己制作营销游戏，也可以委托专业公司制作。这种广告有微信抽奖类、节日促销类、砍价助力类、投票问答类等形式，每一类都可以满足各行各业的产品和服务要求。

（十）信息流广告（News Feed Ads）

信息流广告是位于社交媒体用户的好友动态、资讯媒体和视听媒体内容流中的广告。社交媒体是互联网上使用最频繁的应用，比如微信、QQ、网吧、贴吧和微博等，借助这些媒体，信息流广告以图文、视频等形式传播开来。其特点是可以通过标签进行定向投放，根据自己的需求选择推曝光、落地页或者应用下载等，最后的效果取决于创意、定向与竞价三个关键因素。

作为一种新兴的广告方式，信息流广告有着非常巨大的优势，它的流量庞大，算法领先，形式极为丰富，而且定向精准，用户体验非常好。结合大数据技术和 AI 进行精准投放，无论是品牌曝光还是获取效果都可满足需求。例如，百度信息流广告是在手机 App、百度贴吧、手机浏览器、百度首页等平台的资讯流中穿插展现的原生广告，广告即是内容。

（十一）其他网络广告形式

随着网络技术的发展，网络上不断涌现出各种形式的网络广告。例如，纯语音广告、平台直播广告、聚屏广告和开屏广告等。以百度开屏广告为例，百度开屏整合百度优质品牌广告流量，主要以 App 开屏广告的样式进行强势品牌曝光，宣传非常高效。

二、网络广告的特点

（一）各类广告比较的研究

现代营销集大成者，被誉为"现代营销学之父"的菲利普·科特勒将互联网广告媒体与传统广告媒体进行了比较，如表 10 - 1 所示。

表 10 - 1　互联网广告媒体与传统广告媒体的比较

媒体形式	优点	缺点
报纸	灵活及时，市场覆盖面大，可信性强	保存性差，复制质量低，传阅者少
电视	综合视觉、听觉和动作，富有感染力，能引起高度注意，触及面广	成本高，干扰多，瞬间即逝，观众选择性少
邮寄广告	观众有选择，灵活，在同一媒体内没有广告竞争，人情味较重	相对来说，成本较高，可能造成滥寄的印象
广播	大众化宣传，地理和人口方面的选择性较强，成本低	只有声音，不如电视那样引人注目，非规范化收费结构，展露瞬息即逝
杂志	地理、人口可选择性强；可信并有一定的权威性，复制率高，保存期长，传阅者多	有些发行数量是无用的，版面无保证
户外广告	灵活，广告展露时间长，成本低，竞争少	观众没有选择，缺乏创新
黄页	市场覆盖面大，可信性强，接触率高，成本低	高竞争，较长的购买导入时间
新闻信件	具有可控性，交互机会多，相对成本低	成本不易控制
广告册	灵活性强，全彩色，展示戏剧性信息	过量制作成本不易控制
电话	使用人多，有接触每个人的机会	除非数量限制，否则成本不易控制
互联网	非常高的选择性，交互机会多，相对成本低	广告对象范围不广，公信力弱

（二）网络广告的优势与问题

美国人乔治·贝尔奇博士从互联网作为企业营销沟通媒介角度更为详细地分析了网络广告的优势和劣势。乔治·贝尔奇认为网络广告的优势在于以下几个方面。

①目标营销。互联网最主要的优势是可以以很小的覆盖面达到最大化的目标。对商业市场的营销商来说，互联网更像一个贸易展销会，因为只有对它们的产品和服务感兴趣的商业客户才会访问它们的网站（其他人没有理由这样做）。在个人消费品市场通过个性化服务和其他技术，网站越来越能满足不同客户的不同需求。

②信息的量身订制。由于拥有精确的目标到达优势，信息可以针对不同目标受众的不同需求进行量身订制。无论是在个人消费品市场还是商业市场，网络的这种交互能力都能使一对一营销不断取得成功。

③交互能力。因为互联网是交互式的，所以它拥有增加消费者深入度和满意度及立即产生购买反馈的强大潜力。一项调查显示，47%的网络用户习惯进行多任务操作，随着这种趋势的加强，互联网的交互能力将使其成为更有吸引力的媒体。

④信息渠道。互联网最大的优势就是它是一个庞大的信息来源，只要通过搜索引擎搜索，互联网用户就可以找到关于任何话题的大量信息。通过访问网站，用户可以得到大量的产品特征、价格及交易情况等方面的信息，同时，通过链接还可以得到更多想要的信息。

⑤销售潜力。互联网直接营销的电子交易的营业额足以向我们证明网络用于销售的潜力，而且这种趋势将来还会延续。

⑥创造性。有创意的网络广告可以提高一个公司的形象，推动重复访问并在消费者心中留下积极的印象。

⑦曝光度高。对很多只有很少预算的小公司来说，互联网的高曝光度可以使它们接触到潜在客户，可能这种情况在以前无法实现，现在公司可以通过这种更加及时的方式获得以前只有通过传统媒体才能获得的国内甚至国际影响力。

⑧速度快。对那些对某个公司产品或者服务感兴趣的人们来说，互联网无疑是他们获得这方面的印象和形象的最快捷渠道。

⑨整合营销传播的关键支持。互联网是整合营销传播过程中至关重要的一个支持要素。

与此同时，乔治·贝尔奇认为网络广告最主要的问题有以下几个方面

①效果测度问题。互联网最大的劣势之一是数据研究可靠性的欠缺。关于同一个网站的受众描述，不同的信息提供者会产生很大的分歧，这样就导致了对网络效果测度有效性和可靠性的质疑。现在很多客户认为大部分的网站效果数据都是未经审计的，他们认为受到了欺骗。

②网络阻塞。有时从网站上下载信息需要花费很长的时间，当有许多用户同时在线时，时间会变得更长甚至一些网页将无法显示。

③网络混乱。由于网络广告的扩散增生，一些广告很有可能因此不被消费者注意，结果一方面一些广告将得不到注意，另一方面也使一些消费者感到厌烦。

④欺骗陷阱。针对目前一些广告主试图通过向儿童发布带有欺骗性广告信息的情况，媒体教育中心将互联网称为"欺骗陷阱"，已经要求政府规范互联网的运营。此外，在消费者并不知情和未允许的情况下的数据收集、网络黑客的攻击及信用卡盗窃也将是互联网面临的

重大问题。

⑤侵犯隐私。与直接营销一样，互联网营销商必须小心不要侵犯用户的隐私。

⑥有限的产品质量方面的信息。尽管这种情况正在改观，网络广告仍然不能在产品立场上提供多于竞争媒体的信息。

⑦低到达率。尽管互联网用户呈爆炸性的趋势增长，但它的到达范围仍然远远低于电视媒体。

⑧厌烦。大量的调查显示，用户对一些网站的某些做法感到非常厌烦。

综合以上二者的论述，可以看出，网络广告与传统广告相比，网络广告具备两个最重要的特征：一是网络广告借助互联网络可以实现低门槛的投放选择与目标到达；第二个是企业与用户之间的互动性非常高而且非常便利。当传统广告的大量用户纷纷接入互联网时，网络广告应运而生是自然而然的，而它之所以能够得到空前发展，正是因为互联网技术的高速发展，使得人们接触到它的机会越来越高，成本却降得越来越低。根据目前互联网的发展态势可以预见，网络广告的发展空间还很大。

（三）网络广告的特点

网络广告是随着互联网产生而产生的新兴营销手段，具备传统广告无法比拟的优势，其特点主要体现在以下几个方面。

1. 传播的广泛性和开放性

网络广告的信息借助于互联网或移动网络传播，因此可以不受限制地全天候 24 小时传播到全球的联网地区。在传播过程中，网络广告并非像传统广告那样具有强迫性，而是由用户主动选择或搜索观看的，不容易引起用户反感。

2. 制作的实时性和可控性

利用计算机技术制作网络广告的迅捷和方便是传统媒体无法比拟的，制作后可随时根据网络广告主的要求进行修改变动，甚至可以控制设定随着时间的变化而自动变化。例如，广告词"今天是某年某月某日，欢迎来某某公司"中的年月日可以每天自动变化，而传统广告根本无法实现此类操作。

3. 选择的直接性和定向性

互联网用户可以直接选择网络广告，网络广告的投放也可以有针对性地投放给某些特定网民。只要对看到的网络广告感兴趣，网民就可以选择点击它，进一步了解它，从而做出决定，放弃或购买它。网络广告可以投放给某些特定的目标人群，甚至可以做到一对一的定向投放。根据不同来访者的特点，网络广告可以灵活地实现时间定向、地域定向、频道定向，从而实现对用户的清晰归类，在一定程度上保证了广告的到达率。网络广告可以很容易地根据受众用户确定广告目标市场，例如，生产剃须刀的广告主，其广告应定位于男士，因此可将企业的网络广告投放到男士聚集度高的相关网站上。另外，通过电子商务推荐系统，还可以把用户感兴趣的，相关度较高的产品一起推荐给目标受众，以增加企业网站或广告的黏性（浏览者停留的时间越长，网站的黏性越大），这样通过互联网，就可以把适当的信息在适当的时间发送给适当的人，实现广告的定向。从营销的角度来看，这是一种一对一的理想营销方式，它使可能成为买主的用户与有价值的信息之间实现了匹配。

4. 信息的双向性和交互性

网络用户可以通过网络广告了解企业的文化、产品、服务和其他政策，同样地，网络广告主也可以通过技术手段分析网络用户的来源、偏好和购买意愿。此外，双方也可以通过各种方式来进行交流。例如，通过在线咨询、调查问卷、反馈表单、论坛留言、电子邮件、即时通信软件等进行沟通互动。

尤其是当富媒体广告技术出现以后，采用先进的视频流或音频流技术并结合 flash、Java 等程序，将广告作为服务，加强了受众与广告主之间的互动，是优秀的广告策略和高效的网络技术的完美结合。富媒体广告完全可以实现与用户实时双向交流，具有非常强大的互动能力，让受众与广告主之间可以清楚地表达双方的诉求。

5. 效果的易统计性和可评估性

访问者访问网络广告时，一些信息会被记录、储存在客户的 cookie（小型文本文件）中，网络广告可以详细地统计一个网站各网页被浏览的总次数、每个广告被点击的次数，甚至还可以详细、具体地统计出每个访问者的访问时间和 IP 地址，从而有助于广告主正确评估广告效果，审定广告投放策略，这种易统计性对广告主极具吸引力。

对于通过网络广告注册的用户，注册数据都被保存在企业数据库中，这些数据包括用户的姓名、年龄、性别、地址、联系方式、收入、职业、婚姻状况、爱好等。这些统计资料可帮助广告主统计与分析市场和受众，根据广告目标受众的特点，有针对性地投放广告，并根据用户特点做定点投放和跟踪分析，对广告效果做出客观准确的评估。

6. 形式的多样性和感官性

目前，网络编程技术和多媒体技术让网络广告的形式越来越丰富，以超文本格式文件或多媒体文件为载体，网络广告集成了文本、图片、动画、影音等各种表现形式，可以传送多种感官信息，给用户以视觉、听觉甚至触觉方面的全面冲击，使用户全方位体验产品、服务与品牌，还可以在网上进行预定、交易和结算。网络广告表现和创意的局限性对广告策划者是一个持久战，创意好的网络广告能极大地提升吸引力和说服力。

7. 成本的低廉性和有效性

网络广告发布成本比其他传统媒体低很多，网络广告的 CPM（千人次成本）一般是报纸的1/5，是电视的1/8，并且网络广告按效果付费的方式也使得网络广告的投放更有针对性，广告费用投入的有效性更高。CPM 可以保证客户的付费和浏览人数直接挂钩，从而保证了广告主投入成本的有效性。例如，广告主的广告某天被十万人访问，广告主就要付出这十万人的访问费用，另一天只有三万人访问，则只要付出三万人的访问费用，而不是一刀切地每天必须付费多少，杜绝了即使没人访问也要付费这种不合理的现象。这种按 CPM 收费的方式，可以鼓励网站尽可能地提高自己网站流量，还可以避免客户只愿在主页做广告的弊病，因为按照 CPM 的计价方式，在主页做广告和在其他页面做广告的收益和付出比是一样的，有多少人访问就相应地收多少费用。此外，还有其他更有效的费用收取方式，比如 CPC、CPA、CPS，可以保证广告主在成本一定时，有效性却大大增加。

虽然如此，对于一些流量大的网站，仍有很多广告主想在其网站主页做广告，但主页位置相当有限，这时只能是多家公司竞争取得这些醒目位置，这也提高了网络广告的成本。

第三节 网络广告定价模式

网络广告的广告主除了关心广告的效果外，还必须关心广告的价格。这就要对网络广告进行评价，影响网络广告定价的因素各种各样，就像传统传媒的报纸要计算"版位""发行量"，电视要计算"时段""收视率"一样，广告网站的流量大小、广告放置位置、广告点击次数、广告的到达情况等特有因素也影响着广告的定价，而每一种定价模式，都有不同的计费方法。

一、影响网络广告定价的因素

技术的进步使网络广告的运行方式不断变化，因此，影响网络广告定价的因素也在变化。而常见的因素有如下十五种。

①访问：也称浏览，即浏览者浏览某一网页页面的行为，该浏览者被称为访问者。

②重复访问者：在一定时间内不止一次访问网页的用户，如用户连续刷新页面，就是重复访问者。

③重复访问数量：用户在一定时期回到网站重复访问的平均次数。

④印象：也称广告的浏览次数，实际上是含有广告的网页被访问的次数。一个访问者浏览一次页面就产生一个印象。

⑤点击：鼠标点击或手动触摸广告以访问网络广告的行为。网页上的每一个按钮、超链接都可以产生点击。

⑥印象率：访问者点击广告的次数与广告印象数的比率。

⑦点击率：与印象率相同，访问者点击网络广告的次数与浏览网页的次数之比。

⑧独立用户：指在规定的单位时间内访问某一网站的用户，若用户在这一时间内多次访问，仍为一个独立用户。识别是否为独立用户的技术手段一般以 IP 是否变动为标准，同一 IP 视为一个独立用户，不同的 IP 视为不同的用户。

⑨流量：一个网站的所有访问数量或访问者数量。

⑩广告显示：网络广告在用户的屏幕上完全显示出来称为一次广告显示。

⑪广告下载：也称广告浏览，指广告由服务器端发送到用户浏览器，用户浏览器完成广告的完整下载的过程。如果用户没有下载一个广告或不完全下载，都不能称之为广告下载。

⑫广告传送：当用户在浏览器中点击某广告或输入该广告的 URL 请求广告主的页面内容时，浏览器会向服务器发出请求，服务器收到请求后会响应请求，把广告主网页传到客户端浏览器，浏览器接收到广告主网页并完整地显示出来，就形成广告传递。如果访客点击后没有完全显示广告主的网页内容，则不能形成一次广告传送，只能说完成了一次点击。

⑬送达：一定时间内访问网站的总独立用户数，以访问网站的某一类用户占全部用户的百分比表示。

⑭成本：付出的费用，如点击成本，就是点击一次广告需要付出的费用。

⑮行动：用户的操作，包括点击、注册、交易等。

二、网络广告的定价模式

（一）每千人成本（Cost Per Mille，CPM）

CPM 是一种展示付费广告，只要展示了广告主广告内容，广告主就要为此付费。例如，一个广告横幅的单价是 1 元/CPM，意味着每一千人次看到这个广告横幅就收 1 元，如此类推，10 000 人次访问主页就要收取 10 元。CPM 要求，发生"目击"行为（或称"展露""印象"）就要付费，一些品牌企业广告主会选择此种计费方式。

CPM 的计算公式为：

$$CPM = （总成本/广告曝光次数）\times 1000$$

CPM 的单价可用流量的大小来划分等级，一般采取固定费率。国际惯例是每 CPM 收费从 5 美元至 200 美元不等。

此外，还有两类和 CPM 模式相类似，分别是：①ECPM（Effective CPM），指有效的每千人成本费用。②CPTM（Cost Per Targeted Thousand Impressions），不是所有用户都计数有效，而是特定用户的千人成本（如只计算某一特定的地域统计信息定位）。

（二）每次点击成本（Cost Per Click，CPC）

CPC 即以广告链接被点击并链接到相关网站或详细内容页面 1000 次为基准的网络广告收费模式。这是宣传网站站点的最好方法，但网络广告商显示广告时若没发生用户点击，则不收取任何费用，这造成了广告商虽然宣传了此广告或公司的产品，却徒劳无功，因而会觉得浪费流量，从而承接意愿不如 CPM。中小企业广告主一般会选择此种方式，广告商媒体一般为百度、搜狗等搜索引擎和一些网链联盟等。

CPC 的计算公式为：

$$CPC = 总成本/广告点选次数$$

此外，还有各种 CPC 的延伸收费模式，OCPC（Optimization CPC）为目标转化的 CPC，本质上还是 CPC，OCPC 就是搜索广告以 CPA 为目标的新模式，CPA = CPC（平均点击成本）/CVR（转化率）= 消耗/订单，它是为了提高转化行为而推出的新的智能推广方式，也就是智能化的 CPC 推广方式。

（三）每次注册成本（Cost Per Lead，CPL）

CPL 即用户点击广告后被引导到相关网站或详细内容页面每一次注册而负担的成本。这种广告方式就是我们通常所说的引导注册，被一些游戏或者 App 应用推广大量采用。

（四）每次行动成本（Cost Per Action，CPA）

CPA 以浏览者的每一个回应和行动计费，回应和行动包括订购、交易等。这样计费充分体现了网络广告"及时反应、直接互动、准确记录"的特点，但这只能作为促进销售的辅助模式。许多品牌只要能出现在消费者面前，目的就已经达到了。大多数网站会拒绝此类品牌的广告——得到它们的广告费，机会比 CPC 还要渺茫。

每次行动成本是广告主为每个行动付出的成本。

CPA 计算公式为：

$$CPA = 总成本/转化次数$$

举例：广告主投入 10 000 元，网络广告的曝光次数为 1 000 000，点选次数为 100 000，转化数为 1000。广告的千人印象成本为：CPM =（10 000/1 000 000）×1000 = 10 元

每点击成本为：CPC = 100 000 ÷ 1 000 000 = 0.1 元

每次行动成本为：CPA = 10 000 ÷ 1000 = 10 元

图 10 - 6 所示为某广告商收费价目表。

落地页广告						
广告位置	信息流	小图	组图	大图	视频	
	详情页					
	内涵段子					
计费方式	普通竞价	0.2元/点击CPC				
		4元/千次展示CPM				
	目标转化成本竞价	1元/提交订单OCPC				
	仅限信息流	1元/拨打电话OCPC				

APP直接下载广告						
广告位置	信息流	小图	组图	大图	视频	
	详情页					
	内涵段子					
计费方式	普通竞价	0.2元/点击CPC				
		4元/千次展示CPM				
	目标下载成本竞价	1.5元/APP下载OCPC				
	仅限信息流					

文章广告					
广告位置	信息流	小图	组图	大图	视频
计费方式	普通竞价	0.2元/点击CPC			
		4元/千次展示CPM			

图 10 - 6　某广告商收费价目表

（五）包月方式（Per Month）

国内很多网站按"一个月多少钱"的固定模式来收费，这对客户和网站都省去了很多相关统计工作，但这种广告的效果值得商榷。国际上通用的网络广告收费模式是 CPM 和 CPC，国内的网络广告收费模式始终含糊不清，网络广告商们各自为政，有的使用 CPM 和 CPC 计费，有的包月计费，不管效果好坏，不管访问量有多少，一律统一价格。很多大的站点已经用 CPM 和 CPC 计费，但很多中小站点依然使用包月方式。

第四节　网络广告策划

策划是指企业为了达到一定目的而进行的筹划或谋划。策划层面的设计是实现企业战略

而采用的手段和方法的规划，而企业战略是指企业长远全局性的规划。

网络广告的策划是广告策划的一种，与传统广告的策划在广告战略构思上基本相同。所谓广告战略就是从整个企业的营销计划出发，以战略眼光为企业长远利益考虑，结合企业发展情况进一步开发市场，推广新产品，在宏观上对广告决策的把握。网络广告策划因其互联网环境与传统广告有所不同，战略构思也更加具有复杂性和挑战性。

一、网络广告策划概述

（一）网络广告策划的概念

广告策划，是根据广告主的营销计划和广告目标，在市场调查的基础上，制定出一个与市场情况、产品状态、消费群体相适应的经济有效的广告计划方案，并加以评估、实施和检验，从而为广告主的整体经营提供良好服务的活动。广告策划可分为两种：一种是单独性的，即为一个或几个单一性的广告活动进行策划，也称单项广告活动策划。另一种是系统性的，即为企业在某一时期的总体广告活动策划，也称总体广告策划。

网络广告的策划是根据互联网市场的特征，对网络广告的构思、设计、制作、市场、媒介和实施而采取的一系列手段和方法的规划，是对网络广告活动进行全面筹划和部署，以达到网络广告最佳宣传效果的过程。

网络广告策划就其性质来说，属于广告策划中的单项策划，它是网络广告经营的第一步，在整个网络广告活动中处于指导地位，贯穿于广告活动的各个阶段及各个方面，因此，策划得是否合理，关系到整个网络广告活动的成败。

（二）网络广告策划的原则

网络广告策划是网络广告活动的首要环节，对整个活动意义重大，必须遵循一定的原则。网络广告策划的原则包括以下几点。

1. 真实性原则

整个互联网络上的信息浩如烟海，虚假信息多不胜数，使得人们对于各种网络信息的真实性都持怀疑态度。如果一个企业的广告不能从真实性出发，发布虚假广告，欺骗消费者，那么这个企业的生命注定难以长久，广告主在道德上也会被人们所谴责。真实性，这是网络广告策划中最基本的要求，也是企业生存的根本。

2. 创新性原则

网络广告的策划应该摆脱固有的思维局限性，尽可能地探索和发现新的创意和策略。创新是企业发展的灵魂。策划的方案不应墨守成规，应风格独特，体现企业的自我，凸显企业的战略定位。策划应充分利用各种网络新技术，发挥高度的想象力，能充分表达网络广告策划的先进性，同时又切实可行。

3. 整体性原则

企业的网络广告活动应当遵循系统论的基本思想，把整个活动看成一个整体，策划工作就是对整体目标进行综合分析、预测、评估、优化，并把广告活动中复杂的层次组合成一个科学有序的整体。在网络广告策划这个复杂系统中，既有大系统又有子系统，他们之间是既相互作用又相互联系的。从系统化角度考虑，广告策划者应站在企业全局的立场上，要从全局和长远着眼，让局部为全局服务，让眼前利益为长远利益服务。一个完整的广告策划是多个环节相互作用的结果，策划时不仅应从个体出发照顾每个细节，还要注意这种个体的目标与营销目标、广告目标与企业目标是否吻合，每个环节的活动与企业其他活动是否同步与协调，把个体计划放到总体计划当中去权衡比较，掌握平衡，并注意协调系统内外多方面的关系，争取形成有效组合，尽量减少内外摩擦，从而获得最佳的广告效果。

4. 定向性原则

网络广告的目标并不为每一个人服务，而是定向到特定的目标用户，这对于网络广告非常重要。通过定向到某种目标人群，不断地和他们进行信息沟通，让他们产生对企业品牌的认知，引起其情感、态度和行为上的变化，推动销售，这才是网络广告的目标。网络广告优势之一就是交互性广告，为定向目标人群创造了极大的方便。企业可以通过交互不断调整网络广告的内容，使其针对性越来越强。

5. 可行性原则

对于企业来说，任何经营活动都是以营利为目的的，因此必须要考虑网络广告的成本。广告宣传对于企业而言，肯定是一笔不小的投入，所以在广告策划过程中，要注意策划目标及整个方案的现实性和可能性。网络广告的活动可能要一定的费用，企业要从自身实力出发，量力而行。不能一味考虑广告效果而不计成本。在广告策划过程中，要适时进行可行性论证，不是一般的评估，而是进行定量和定性分析，分析内容一般包括广告目标的可行性研究，实现目标所需的内外部条件，实施过程中可能出现的支出，对各局部实施方案的搭配的可行性研究，对广告效果进行分析研究。总之，在广告策划过程中，坚持可行性研究，是整个广告活动得以顺利实施的前提保证。

（三）网络广告策划的意义

策划在整个广告活动中处于核心地位，尤其是"互联网＋"时代，在企业的营销战略中具备多重意义。

1. 网络广告策划的行业意义

现代广告要求广告公司在充分了解企业的营销计划和整体商业活动，在广告信息探寻、广告整体策划、广告制作发行，广告效绩考查的基础上，全面代理企业的广告业务。这要求广告公司突破小规模技术服务的狭小范围，进行整体广告策划，整体广告策划是广告业成熟的标志。网络广告的核心环节是网络广告策划，网络广告在信息探寻，网络广告制作、发布、预算、反馈等环节的本质上与传统广告并无二致，网络广告策划更多地体现了网络广告的本质，网络广告策划是网络广告的突破口。

2. 网络广告策划的现实意义

网络广告策划中需要回答对网络广告的目标定位的问题，即目标人群、目标时间和区域、采用的网络广告形式、怎样才更高效等具体问题。传统媒体是二维的，而网络广告则是多维的，是最具整合优势的广告类型。现代企业营销活动要拥有立体的多维广告形式，传统媒体与网络媒体的整合能使广告活动更加多样、更加有效。借助网络广告所具备的可测量性和智能化，网络广告策划可以使各个环节达到最优化配置，使广告活动发挥最大功能，减少不必要的损耗，从而大大降低广告的成本。

3. 网络广告策划的战略意义

广告活动包含广告目标、广告对象、广告时间、广告区域、广告战略、广告战术、广告主题、广告媒体、广告预算、广告效果测评等多个要素，广告策划应将其当成一个整体。把广告策划放到营销战略全局来看，网络广告策划关乎企业网络营销及整个营销战略，从此立场出发，才能真正认识网络广告策划在企业营销战略中的战略地位。

二、网络广告策划的内容与建议

（一）网络广告策划的内容

网络广告策划的内容是广告策划要做的工作，在此基础上编制成网络广告策划书。网络广告策划工作一般要完成以下内容。

1. 目标策划

网络广告的目标即广告要达到的效果。广告目标策划包括第一目标策划和第二目标策划。第一目标是指广告对顾客的吸引，它包括顾客认可率、信任度、偏好度等。第二目标又叫根本目标，是广告最终促成的购买行为，它与公司的营销计划和经济利润目标是处于同一层次的，用来刻画根本目标的指数，常包括销售量和市场占有率等。广告的第一目标与第二目标是相互联系的，只有在成功地达到第一目标后，才有可能达到第二目标，而第二目标的达到又可能是多种因素的结果，不一定与第一目标有直接的相关性，但在第一目标与第二目标之间寻找一个均衡点却是重要的，这也是网络广告策划的目标因素的具体要求。网络广告的目标策划就是指根据企业对营销计划的安排，结合市场商业环境的现实，对广告第一目标的谋略、安排和策划。在具体的目标策划中，要考虑到时间、地域、对象、效果等方面的因素。

2. 对象策划

网络广告的对象即网络广告的受众，包括网民及网民波及的人群。网民作为广告对象，是在市场营销中确立的目标市场，也是产品的潜在购买者，要充分分析这些人的特性，才能做好网络营销工作。界定广告对象的指标有多种，如性别、年龄、文化程度、收入、兴趣等，充分分析这些指标，准确把握这些指标中的各种现象，才能确定准确的广告对象，制定出切实可行的广告方案。网络用户一般具有较高的教育水平，这一特征有助于企业开发有影响力和购买力的潜在用户。企业可以建立广告对象的行为、心理分析模型，寻找广告的消费焦点，避免在一些看似重要、实则无关痛痒的问题上浪费时间。

3. 区域策划

广告区域是指广告要覆盖的区域。广告区域与网络营销密切相关，两者之间最好能对应起来，有时候还要考虑更复杂的情况，如民族特点、宗教文化等，以方便开展后期的产品与服务工作。如果产品面向全国销售，生产能力、销售渠道部署及促销能力均可覆盖全国的话，其广告媒体的选择就必须适应全国这一销售范围。如果销售区域只是某一省域，则其广告地域的范围布局就应以该省为主。如果销售市场尚无力或无意扩展到新地域，那广告也就没有必要覆盖该地域，否则后续的工作会很难开展。一般来说，广告活动的地理范围要与营销活动的区域相匹配，广告才能取得较好的效果。

网络广告的区域策划与传统媒体有很大的区别，因为网络广告的优势是开放性，没有地域限制。广告策划的区域太过于宽泛，就缺乏目标针对性。所以在对网络广告区域问题的考虑上，可以从语种、网络分布、经济状况等几方面进行。例如，如果只面向德国人销售产品，就应该主要选择德文网站。如果某产品比较昂贵，覆盖的区域只需选择高收入的地域。如果某产品大多数在寒冷地区使用，则可以考虑选择寒冷地域的网络。在进行广告区域策划时，必须对该区域的各项情况加以研究分析，具体包括以下几点。

①产品需求的旺盛程度。

②同类产品的知名度和市场占有率。

③顾客的情况及顾客对产品的关心程度和购买动机。

④本企业产品的市场占有率。

⑤对本企业产品的认可率，对竞争对手产品的认可率。

⑥潜在的竞争对手有哪些？

⑦扩大销售有什么阻碍？

⑧把重点放在什么地区，其比重如何分布？

⑨哪些地区占有率较低？为什么？如何解决？

4. 时间策划

网络广告要付出一定的费用或占据一定的资源，因此不可能无限期地播放下去，因此要对网络广告发布的时间进行策划，主要包括四个方面的内容。

①网络广告时限：网络广告从什么时间开始发布，到什么时间结束运行；是集中大量时间迅速造势，还是持之以恒天天加深印象；是抓住销售旺季促销，还是利用节假日造势。策划网络广告时间是为了抓住有利的时机，发起网络广告攻势。

②网络广告时序：有提前策略、即时策略和置后策略三种，即广告安排在商品进入市场之前，尽量保持进退同步，还是进入市场之后；是先安排提示性的简单的网络广告，还是安排详细情况的网络广告。

③网络广告时点：广告播放的效率，选择全天候播放还是在某些时间段播放。

④网络广告频率：为了让更多用户点击，在一定时限内要刊播多少次网络广告。

5. 战术策划

战术策划即网络广告的战术选择策划，包括创意与互动方案、媒介方案。形式上的创意有动画、视频、图片等；内容上的创意有互动游戏、抽奖、有奖问答等。选择的战术应该有利于解决下列问题：如何与定位的消费群体展开互动；选择哪些站点投放，这些站点适合本项目的独到之处是什么；如何组合这些站点，分配最佳的广告预算，以取得最好的推广效果。

（二）网络广告策划的建议

在进行网络广告策划前，一定要对广告受众进行充分了解，如受众的爱好、兴趣、活跃的网络等情况；策划时要分析广告策略与广告战略匹配程度，根据广告策略选择相应的广告表现方式；策划实施时必须着重把握策划方向，争取最大限度地实现企业广告活动的目标。网络广告策划的建议有以下几条。

1. 要了解目标用户的上网需求

互联网上，内容为王，"内容是互联网上的货币"，人们上网主要是被网站上的内容所吸引，这些内容可能是文字、图片、视频、动画，所要表达的意图可能是新闻、促销、综艺、影视、体育、游戏等。人们需要这些内容，接触它们时，可能还不准备购买任何商品，但当他们看到这些媒体内容上的网络广告时，如果网络广告刚好触动或满足了其需求，这些人就可能会进一步了解情况，对企业和企业产品就会有更深刻的印象。了解目标用户的网络行为习惯非常重要，在这方面，互联网技术独特的互动特点是报纸、杂志等传统媒体无法比拟的。

2. 根据广告投放的目的确认广告目标用户

如果进行品牌推广，就需要积极主动的活动推广和广告宣传，以形成社会关注焦点和舆论传播，这种活动一定要确定合适的主题，也就是广告活动的卖点，给目标用户最恰当的理由来点选广告，从而形成购买行为。

3. 选择合适的广告形式

通过对各种广告方式的详细分析，掌握其优点、缺点，然后根据广告预算，做出性价比合适的选择。每种媒体都包含多种广告形式，不同的网络广告形式、不同的投放位置，广告效果也随之不同。为达到最好的广告效果，还必须针对特定的广告形式和投放位置设计专门的广告形式。飘浮广告、大面积旗帜广告、影音视像、插播广告、热词搜索、图片动画、广告邮件、弹出窗口、信息流、游戏 App 片头等，都是经实践证明有效的广告形式，具体应用可视企业要求和网站而定。

4. 选择合适的媒体投放广告

在目标用户访问的媒体中，有些媒体指标非常出色，但未必是最合适的投放媒体。当然，如果合适的媒体流量大，且访问者覆盖企业目标市场的网站最好。流量越大受众越多，企业广告受到的关注自然会多。吸引的访问者应覆盖企业的目标市场，媒体平台与广告受众的契合度是企业首要考虑的问题。投放的媒体通常包括垂直类网站、综合性门户网站、搜索引擎、视频网站、移动 App、分类信息网站等。广告主媒体选择参考如表 10-2 所示。

表 10-2　广告主媒体选择参考

形式	品牌推广	产品推广	促销打折	活动信息
网站类型	综合性门户网站 垂直类网站 视频网站	搜索引擎 综合性门户网站 垂直类网站 视频网站 网络应用软件	垂直类网站 搜索引擎 分类信息网站	垂直类网站 分类信息网站

5. 设计并制作好广告图案

广告呈现出的界面形象对吸引用户关注非常重要，友好的设计很容易被用户接受，促使用户产生进一步了解的兴趣，反之则容易失去用户。标题广告是最重要的组成部分，如果标题不能吸引用户，广告其他部分的作用也将大大削弱。

6. 收集受众的联系信息，与受众保持紧密联系

合法合规地搜集访问者的信息，建立企业数据库以积累雄厚的客户资源，通过此数据库中的信息及时发布新产品和促销活动，和受众建立和保持良好关系，可以保证企业在后续广告活动中及时了解受众的心态和兴趣爱好，有针对性地调整销售策略。

7. 做好保护用户隐私的工作

发布明确的隐私政策，让用户了解他们的隐私一定会得到严格的保护和保密，尤其是联系方式和一些特殊信息，如果外泄，除了会造成客户流失外，还会造成不可预知的麻烦，严重的可演变为违规、违法行为。

三、网络广告策划的流程

网络媒体的特点决定了网络广告策划的特定要求。网络广告的互动性和时效性，要求对广告效果的评估与广告策略的调整必须及时。网络广告策划是一种科学的营销组合活动，它应该在严密的计划和目标明确的情况下展开。虽然每一项广告计划的具体工作细节不同，但广告策划的产生过程是按照一定的程序，有计划、有步骤地进行的。网络广告策划的基本流程如图 10-7 所示。

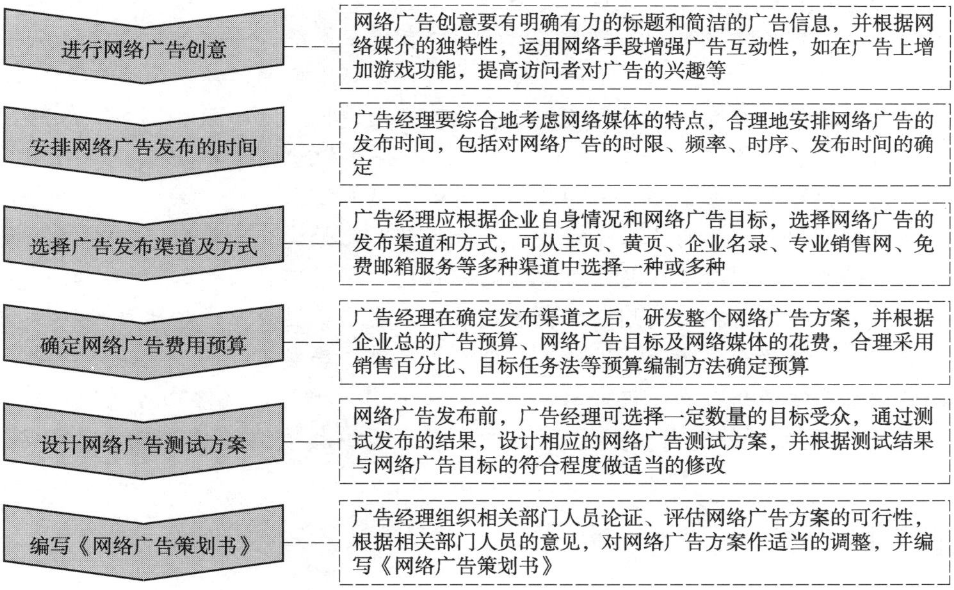

进行网络广告创意	网络广告创意要有明确有力的标题和简洁的广告信息，并根据网络媒介的独特性，运用网络手段增强广告互动性，如在广告上增加游戏功能，提高访问者对广告的兴趣等
安排网络广告发布的时间	广告经理要综合地考虑网络媒体的特点，合理地安排网络广告的发布时间，包括对网络广告的时限、频率、时序、发布时间的确定
选择广告发布渠道及方式	广告经理应根据企业自身情况和网络广告目标，选择网络广告的发布渠道和方式，可从主页、黄页、企业名录、专业销售网、免费邮箱服务等多种渠道中选择一种或多种
确定网络广告费用预算	广告经理在确定发布渠道之后，研整个网络广告方案，并根据企业总的广告预算、网络广告目标及网络媒体的花费，合理采用销售百分比、目标任务法等预算编制方法确定预算
设计网络广告测试方案	网络广告发布前，广告经理可选择一定数量的目标受众，通过测试发布的结果，设计相应的网络广告测试方案，并根据测试结果与网络广告目标的符合程度做适当的修改
编写《网络广告策划书》	广告经理组织相关部门人员论证、评估网络广告方案的可行性，根据相关部门人员的意见，对网络广告方案作适当的调整，并编写《网络广告策划书》

图 10-7 网络广告策划的基本流程

广告的不可抵挡的魅力在于扩大销售或建立品牌资产。这一点，传统媒体广告和网络广告都是如此。经验证明，广告无论是为了直接进行卖点诉求，还是为了树立品牌形象，其意义最终都在于获得广告信息传播后所引起的效果，具体地说，这一效果是指它的传播对销售状况的提升，以及市场占有率的提高所起的作用。一句话来说，就是要实现网络广告在网络上的"淘金"。让网络广告更为有效的是，或者说广告主和代理商共同关心的问题是：网络广告必须高效率、高效益，若此，则又必须依赖于策略性的事先策划，唯有如此，才能将其展现在合适的受众面前，吸引他们来点击、浏览，并引起互动。

🔄 本章小结

网络广告是以数字代码为载体，采用先进的电子多媒体技术设计制作，通过互联网广泛传播，具有良好交互功能的广告形式。网络广告主体、网络广告受众、网络广告信息、网络广告费用和网络广告媒体是网络广告的五大要素。网络广告主体要做的是在网上发布提供产品和服务的广告，网络广告受众要做的是在网上寻找产品和服务的信息，网络广告媒体要做的是寻找要发布网络广告的广告主。网络广告有六大功能，这些功能让网络广告更具有生命力。

网络广告主要的形式有文本链接广告、横幅广告、关键词广告、电子邮件广告、网上分类广告、插播式网上广告、赞助式广告、飘浮式广告、互动游戏式广告、信息流广告等多种形式。网络广告与传统广告相对比，网络广告具备两个最重要的特征：一是网络广告借助互联网络可以实现低门槛的投放选择与目标到达；二是企业与用户之间的互动性非常高而且非常便利。网络广告具备很多特点，主要表现在：传播的广泛性和开放性，制作的实时性和可控性，选择的直接性和定向性，信息的双向性和交互性，效果的易统计性和可评估性，形式的多样性和感官性，成本的低廉性和有效性。

影响网络广告定价的因素有很多，如印象、点击率、流量等。网络广告的定价模式有CPM、CPC、CPA等。广告策划是根据广告主的营销计划和广告目标，在市场调查的基础上，制定出一个与市场情况、产品状态、消费群体相适应的经济有效的广告计划方案，并加以评估、实施和检验，从而为广告主的整体经营提供良好服务的活动。网络广告策划是网络广告活动的首要环节，对整个活动意义影响重大，必须遵循一定的原则。策划在整个广告活动中处于核心地位，尤其是"互联网＋"时代，在企业的营销战略中至少具备多重意义。网络广告策划的内容是广告策划要做的工作，并在此基础上编写《网络广告策划书》。在进行网络广告策划前，一定要对广告受众进行充分了解，比如受众的爱好、兴趣、活跃的网络等情况；策划时要分析广告策略与广告战略匹配程度，根据广告策略选择相应的广告表现方式；策划实施时必须着重把握策划方向，争取最大限度地实现企业广告活动的目标。网络广告策划的流程一般分为六个步骤：进行广告创意，安排广告发布时间，选择广告发布渠道与方式，确定网络广告费用预算，设计网络广告测试方案，编写《网络广告策划书》。总的来说，一个成功的网络广告策划，最主要的是让客户能够接受它，并能进一步吸引他们去点击。

🔄 复习题

1. 网络广告有哪五大要素？各有什么特点？
2. 网络广告的功能有哪些？请举例说明。
3. 举例说明插播式网上广告，写出其运作流程。
4. 网络广告有哪些特点？
5. 影响网络广告定价的因素有哪些？
6. 什么是CPM、CPC、CPA？请举例说明。
7. 网络广告的传播过程是什么？请举例说明。
8. 网络广告策划的内容是什么？

第十一章　客户关系管理

学习目标

1. 掌握客户价值与客户关系管理的关系，客户生命周期与客户关系管理的联系。
2. 了解基于客户价值的客户管理的作用。
3. 掌握客户时代驱动力的构成要素。
4. 掌握网络营销中快速有效的客户关系管理所需的九个方面。
5. 熟悉网络经营者如何利用企业端和客户端的技术改善客户关系管理的工作流程。
6. 了解客户关系管理指标与客户生命周期的关系。

案例导引

58 同城新车业务聚焦全场景精准营销

2019 年 1 月 9 日，由 58 同城主办的 2018 中国汽车风行汇（以下简称"中车汇"）年度盛典在上海举办，58 同城副总裁丛林以"智见全场景·共筑真口碑"为主题，阐述 58 同城在新车业务上的全新定位。他表示，面对中国车市存量竞争时代的来临，58 同城将在 2019 年着力发展新车业务，为汽车品牌积聚营销能量，助力品牌逆势突围。"我们推出了新车业务的全新定位：全场景、真口碑。作为 58 同城新车业务的入口，58 车将从汽车垂直媒体向用户需求媒体转换，并依托 58 同城的巨大流量和多元场景优势，发挥 58 车的全新内容价值。"

一、打通多元场景，精准营销逆势突围

当前，中国汽车市场已经进入了"存量竞争"时代，中国汽车工业协会预测，中国汽车市场未来几年将结束"高歌猛进"式的增长，面对汽车行业在互联网快速发展时期遭遇的新环境下的新挑战，58 同城新车业务基于快速获客、降低成本、精准引流的营销为着力点，实现为厂商带来真正的获客价值。

一方面，58同城将发挥二手车业务领先的量级优势，聚焦置换市场精准营销，通过二手车带动新车业务增长。第三方平台公平价大数据中心统计数据显示，2018年全网36家主流电商平台去重后车源总数2362万辆，58同城以58.76%的车源百分比独居第一宝座，赶集网车源占比25.76%，排名第二。作为领先的二手车生活服务平台，58同城二手车业务覆盖全国400多个城市，拥有超过2000人的服务团队，服务着全国80%的二手车经销商客户。作为新车交易的重要入口之一，基于二手车业务的巨大流量，58同城实现二手车和新车业务之间的渠道共享，使二手车业务带动新车业务发展。另一方面，58同城将打通平台上的多元场景，通过招聘、房产、汽车、本地生活服务等生活服务领域全面布局，实现多元场景与新车的协同发展。"58车具有独一无二的平台优势。在58同城App上大概有300多个频道，每一个频道都能够触达特定的人群。针对这些场景对应生产相应的内容，精准推送不同的需求，能够更精准地聚焦人群，从而实现更深入的品牌互动。"丛林指出，58车未来将打通多元场景，创新跨界营销，实现全场景特定人群的内容覆盖。

二、构建口碑矩阵，依托场景满足用户需求

当前中国汽车增量市场红利日趋饱和，存量市场拐点已现。在这一背景下，新车市场整个内容产出已趋向用户倾斜，而不再向行业倾斜，真正想做好内容的媒体必须站在用户角度。58车从汽车垂直媒体向用户需求媒体转换，旨在进一步发挥用户需求的价值。

未来58车将会更专注真实的口碑、真实的线索，充分利用58同城场景优势生产用户真正需要的内容。"58同城作为双边信息平台，连接着用户和商户两端，通过针对特定人群生产相应的内容，通过收集他们的口碑，充分把场景的优势发挥出来。"

未来58车将从三个方面打造口碑矩阵，通过真口碑强化用户品牌认可度。首先，OGC（互联网术语，指职业生产内容）口碑内容，以专业硬核打造品牌权威口碑。由专业编辑、汽评人打造，注重硬核数据与客观对比，满足用户数据、参数等理性需求。其次，PGC（互联网术语，指专业生产内容）口碑内容，以关注引爆社群口碑，由车圈大V、资深车友产出品牌原创内容，融入强烈个人风格，迎合年轻人群个性，注重趣味与传播。最后，UGC（互联网术语，指用户生产内容）口碑内容，由真实车主、售后人员产出原创品牌内容，通过真实口碑反馈、强大可信度保证，降低用户对营销的抗拒度，强化口碑内容自传播属性。

58车的"全场景、真口碑"的全新定位，在打通多元场景的同时，将充分发挥出58同城的商业价值，并为主机厂商和消费者建立有效的连接机制和沟通桥梁，实现提升用户体验的同时达到精准营销。58同城新车业务这一转变将有效赋能合作伙伴，为用户带来真实的线索价值，构建起汽车行业新的营销生态。

第一节　基于客户关系的价值经营

对企业而言，客户是直接为企业创造经济效益的人群。企业必须积极争取新客户，维系老客户。在通常情形下，开拓一个新客户的成本是维系一个老客户的3~5倍。客户可以说

就是企业的命脉，可是，对于企业而言，要是一味采用没有底线的手段（客户说降价就降价）来取悦客户，获得客户的光顾，不但会使企业流失部分利润，而且获得的客户的忠诚度也并不高。怎样才能让企业既可以从客户那儿获得非常大的利润，又能和客户维系长期的良好关系，进而使企业经济效益增值，是每个企业都必须直面的问题。

以客户为中心的经营模式的出现带来了市场营销模式由传统的 4P（Product、Price、Place、Promotion）到 4C（Customer、Cost、Convenience、Communication）的转变，这种营销模式的转变包含了两层含义：一是企业关注的重点从内部业务转向了客户；二是企业关注客户是基于客户价值的。同时，互联网引发的信息化时代打破了原有的市场制约均衡，原有的竞争优势将不复存在，需要建立一种新的优势，这种优势将迫使企业实施基于价值的客户关系管理。

一、客户价值与客户满意

（一）客户价值

客户价值是客户让渡价值（Customer Delivered Value，从客户出发的价值）和客户关系价值（Customer Relationship Value，从企业出发的价值）的综合体。

客户让渡价值是指客户购买产品或服务所实现的总价值与客户购买该项产品或服务付出的总成本之间的差额，是指客户在购买和消费过程中所得到的全部利益。在一定程度上，客户忠诚度和客户满意度是可感知效果和期望值之间的函数，客户让渡价值在某种意义上等价于可感知效果。客户在购买产品或服务时，总希望把货币、时间、精力和体力等有关成本降到最低限度，而同时又希望从中获得更多的实际利益，以使自己的需要得到最大限度的满足。因此，客户在选购商品或服务时，往往从价值与成本两个方面进行考虑，从中选出价值最高、成本最低，即客户让渡价值最大的产品或服务。影响客户让渡价值的因素包括价值因素和成本因素。价值因素包括产品价值、服务价值、人员价值和形象价值等。成本因素包括货币成本、时间成本、精力成本及感观负担等。

客户关系价值是指客户为企业所带来的总价值，在完善的会计体系的支持下是可以计量的。客户关系价值强调的不是客户单次交易给企业带来的收入，而是强调通过维持与客户的长期关系来获得最大的客户生命周期价值。所以，在一个完善的客户关系管理（Customer Relationship Management，CRM）解决方案中，应该增加客户价值和客户成本的数据录入接口。这样可以清楚地计量客户每一笔交易、每一次活动（或事件）带来的价值，作为客户决策的重要依据。

企业营销可以理解为发展、维系并培养具获利性顾客的科学与艺术，客户获得成本与客户终身受益符合"20/80/30"定律，即最能让公司获利的 20% 的客户，贡献了公司总利润的 80%，而最差的 30% 的客户会使公司的潜在利润减半。如何区分客户的价值，就成为企业必须解决的问题。更重要的是，客户价值是变化的、动态的。尤其是在生命周期的不同阶段，价值差异会很明显。企业如果忽视这一点，就可能会误判。一旦其服务质量提高或降低一定限度，客户的赞誉或抱怨将呈指数倍增加。CRM 不断地对所有客户资料进行分析，可以有效地掌握口碑曲线的走向，为企业改进或加强客户服务提供数据资料。

（二）客户满意

满意是感知与期望之间的差距。从社会发展过程中的满足趋势来看，客户满意可分为以下三个逐次递进的层次。

①物质满意层次，即客户在对企业提供的产品核心层的消费过程中产生的满意，如产品的功能、质量、设计和包装等，它是最基础的满意层次。

②精神满意层次，即客户在对企业提供的产品形式层和外延层的消费过程中产生的满意。

③社会满意层次，即客户在对企业提供的产品的消费过程中所体验到的社会利益维护程度，主要指客户整体的社会满意程度，如产品的道德价值、政治价值和生态价值。

从满意的对象来看，客户满意可分为以下几个层次。

①市场营销系统满意，即客户对市场营销系统与运行状况和从中获得的所有利益所做的主观评价，如流通渠道是否通畅、高效，广告是否真实和清晰，包装与标签是否符合要求与规定等。

②企业满意，即客户对企业交往所获得的各种利益的主观评价。

③产品/服务满意，即客户对某一具体产品/服务及其利益的主观评价。通过对客户满意度的内涵的充分理解，企业应对不同满意层次需求的客户，制定细分的产品策略，进而提升客户满意度与忠诚度。

二、客户生命周期与客户关系管理

一个客户从目标客户演进到潜在客户，再发展到有现实购买要求且具备购买能力，直至下单成为企业客户，客户与企业的关系有了质的变化，同时这也意味着新关系的开始。企业在与客户达成交易之后，更要对客户按期交货，提供周到的安装调试、实施培训和售后服务，以期不仅收到分期应收款，更期望从客户后续的重复购买、升级和交叉购买中更多获利。部分行业如办公用品业，设备平价即可出售，利润主要来自后续的耗材与技术服务。而由于各种原因，客户在一次交易后可能暂时休眠，如果你疏于打理，客户可能离你而去，选择竞争对手的产品。其实，一次不买并不等于永远不买，暂时休眠也完全可以"唤醒"后重新续约。因此判断、把握客户处在哪一个生命周期状态对企业来说是很重要的。

客户关系管理，不仅局限于售后管理，还与售前、售中阶段的管理紧密联系在一起，从售前认识潜在客户开始，到售中的业务跟踪、赢得客户、签订合同，直至售后的客户服务和支持服务等，这是一个完整的客户管理周期。在这样一个完整的客户管理周期里，企业要保持对客户信息连贯不断的追踪，能跟踪到客户全部信息，无论客户是跟销售代表、技术支持联系、还是与产品经理联系，所有信息都会收集并保存到一个中心系统，以便企业为客户提供更好的服务，并能预见客户需求而迅速做出反应。另外，客户关系管理还帮助企业更容易发现新的业务增长点，利用工作流自定义、合同模板、资源管理等手段，加强规范管理，发挥团队合作威力，提升企业竞争力。在客户管理周期中，企业必须要根据掌握的客户信息，分析出每一位客户对企业的贡献度和价值，也就是客户在生命周期中的定位属于哪一层次。

管理大师彼得·德鲁克有三个最著名的问题：你的业务是什么？谁是你的客户？客户认知的价值是什么？其中两个问题与客户有关。而国内众多企业的实际情形是，客户这个企业赖以生存与发展的根本，在日常管理中却经常被忽略，部分企业甚至连最基本的客户台账都没有。企业有多少客户，分布在哪些行业和区域，他们都什么时候买了什么产品，有多少应收账款等，管理这些基本的客户档案信息，是早期 CRM 应用的主要内容，但仅有这些基本信息是不能满足企业的客户管理需要的。许多企业在销售管理中，虽然掌握了大量的客户信息，但是对客户的理解却仍然停留在纸面之上，使"死"的信息"活"起来，使客户的形象从简单、平面转为具体、立体，企业还有许多工作要做。

三、基于客户价值的客户关系管理的意义

（一）升华客户关系

基于客户价值的客户关系管理需要以"升华客户关系"为核心主线；以客户理论为理论指导；以客户发展战略带动企业战略为战略指导；以客户管理、销售、服务、营销、市场之间的协同工作为基础目标；以客户保留为应用重点；以客户知识为驱动客户决策的信息载体。根据马斯洛的需求层次理论，客户的需求在购买动机的直接引导下才可能变成事实上的购买行为。而心理学的解释是，每一项理性的行为背后都有一定的目的和动机。在影响消费行为的诸多心理因素中，需求和动机占有特殊地位，与消费行为紧密联系。需求经一定的激励因素作用产生购买动机，动机在一定驱动因素作用下产生消费行为。所以，客户对企业有好的感受便可能有相应的购买行为，此时如果加以强化和促进，便极有可能产生良好的客户关系。反之，一个有过交易行为的客户如果在与企业交互过程中具有了很坏的感受，那么就有可能停止未来的购买行为，导致关系"破裂"或"消失"。

（二）巩固客户的忠诚度

客户满意度不等于客户的忠诚度，客户满意度是一种心理的满足，是客户在消费后所表露出的态度；客户的忠诚表现为一种重复购买的趋向，和持续交易的行为。衡量客户忠诚度的主要指标有以下几个：客户保持度，即描述企业和客户关系维系时间长度的量；客户占有率，指在一定时期内，固定客户购买产品的百分率。有资料表明，仅仅有客户的满意还不够，当出现更好的产品供应商时，客户可能会更换供应商。如在一项消费品满意度的调查中，有44%比较满意的客户仍然会经常变换品牌。在营销实践中，有价值的客户对附加价值的需求远远多于对价格优势的需求。例如，他们欣赏特别的保证条款、电子数据交换、优先发运、预先的信息沟通、顾客定制化的产品，以及有效的保养、维修和升级服务等。

（三）情感维系

企业与有价值的客户之间应建立一种牢固的联系，这种联系除了来自业务方面，还有情感的因素，使客户和企业密切相关，包括了解客户详细资料，建立客户资料库（如客户的品性、购物习惯、个性爱好、作风、重要日期记录等），以及对客户进行关系维持的具体措施，如定期与客户交流，建立便利的购买渠道及付款方式，利用客户档案投其所好等。情感维系的方法可以通过客户组织化和定制化营销来维护。

1. 客户组织化

成立客户俱乐部并为成为会员的客户提供各种特制服务，如新产品推广、优先销售和优惠价格等。通过客户俱乐部的系列活动，加强客户和企业的联系，培养客户对企业的忠诚度；通过客户的情报反馈系统，了解客户的需求；通过会员宣传企业的产品和服务。

2. 定制化营销

定制化营销是指根据客户不同的情况，和每个客户一起设计营销方案，按他们的特殊要求提供相应的产品。定制化营销有利于建立企业和客户间的长期关系，因为产品或服务的提供是一对一的。每个客户都有不同的情况，如区域的不同、经营策略的差别、销售条件的差别等，根据他们具体情况设计的产品和服务不仅更具针对性，还可以使客户感受到他是被高

度重视的，他是企业营销渠道的重要因素。

（四）提高客户的转移成本

在与企业的交往中，一些有价值的客户通常会发现，如果自己想要更换品牌或供应商，会受到转移成本和只能从现在的供方获得延迟利益的限制。这种现象在软件工业中更为明显，各公司竞相向客户免费提供网络软件，引导其使用他们所提供的软件，之所以这样做，是因为在这其中，客户学习所花的时间将作为一种转移成本。当别的选择不能体现显著的优越性时，客户便自愿重复使用。一般来讲，企业构建转移壁垒，使客户在更换品牌和供应商时感到转移成本太高，原来所获得的利益会因为转换品牌或供应商而流失，这样可以加强大客户的忠诚度。提高大客户的转移成本可以通过建立企业与客户之间的结构性纽带和建立企业和客户之间的学习关系来完成。通过企业与客户的互动，增进彼此间的了解和联系。双方在接触中互相了解、互相沟通、互相学习、互相适应。在学习关系的漫长形成过程中，双方都花费了较高的时间成本和精力成本。一旦这种关系形成后，客户就会发现，他们从供应商或公司获得了更大的价值，维持原有的业务关系比和其他的供应商开始新的业务更容易，成本更低，从而增强了客户对该供应商的依赖。

第二节　客户关系管理的构成

开展客户关系管理（CRM）既有利于有效地开发、维系和发展客户，也有利于客户之间的口口相传。最早提出 CRM 概念的是 Gartner Group Inc 公司，其提出的 CRM 模型包括九个元素，即 CRM 理念、CRM 战略、客户体验管理、客户协同管理、组织协调、CRM 流程、CRM 信息、CRM 技术和 CRM 考核指标。Gartner Group Inc 认为：CRM 就是为企业提供全方位的管理视角；赋予企业更完善的客户交流能力，最大化客户的收益率，CRM 的焦点是自动化并改善与销售、市场营销、客户服务和支持等领域的客户关系有关的商业流程。从管理科学的角度来考察，客户关系管理源于市场营销理论；从解决方案的角度考察，客户关系管理是将市场营销的科学管理理念通过信息技术的手段集成在软件上面，得以在全球大规模地普及和应用。

作为解决方案的客户关系管理，它集合了当今最新的信息技术，它们包括互联网和电子商务、多媒体技术、数据仓库和数据挖掘、专家系统和人工智能、呼叫中心等。作为一个应用软件的客户关系管理，凝聚了市场营销的管理理念。市场营销、销售管理、客户关怀、服务和支持构成了 CRM 软件的基石。无论 CRM 怎么定义，有一点是大家公认的：它是指以客户为核心，企业和客户之间在品牌推广、销售产品或提供服务等场景下所产生的各种关系的处理过程，其最终目标就是吸引新客户关注并转化为企业付费客户，提高老客户留存率并帮助转介绍新客户，以此来增加企业的市场份额及利润，增强企业竞争力。

简单来说，客户关系管理是一个不断加强与客户交流，不断了解客户需求，并不断对产品及服务进行改进和提高，以满足客户的需求的连续的过程。其内涵是企业利用信息技术（IT）和互联网技术实现对客户的整合营销，是以客户为核心的企业营销的技术实现和管理实现。客户关系管理注重的是与客户的交流，企业的经营是以客户为中心，而不是传统的以产品或以市场为中心的。

虽然企业懂得客户关系管理带来的优势，并为购买 CRM 软件投入了大量的资金。但是在这项投资上，全球近70%的公司遭受了损失，因此，企业都希望了解什么可行，什么不可行。明白了正确实施 CRM 的企业会在竞争中胜出，因为社交媒体的出现已经使它们失去了对营销活动的主动权。

本节主要介绍成功开展客户关系管理的九个要素，这些要素是以美国高德纳集团公司的 CRM 模型为基础的，如表 11－1 所示。按照高德纳集团的观点，开展客户关系管理需要从战略层面来思考，需要考虑平衡和整合，这样做能够保证企业和客户利益最大化。

表 11－1　成功开展客户关系管理的九个要素

要素名称	相关指标体系
CRM 理念	领导能力、价值诉求
CRM 战略	目标、目标市场
客户体验管理（CEM）	理解需求、了解预期、保持满意、反馈、客户互动
客户协同管理（CCM）	创造并监测内容、倾听、考核网络内容、与 CRM 技术整合
组织协调	培训和组织、人员、技术和能力、激励和补助、员工沟通，合作者等
CRM 流程	客户生命周期、知识管理
CRM 信息	数据、分析、信息一致
CRM 技术	应用、架构、基础设施
CRM 考核指标	价值、老客户维系、满意度、忠诚度、服务成本

一、CRM 理念

许多公司购买了昂贵的 CRM 软件，认为它是保证在竞争中胜出的一个必不可少的因素，这就难怪有许多企业对 CRM 软件的应用并不成功。调查显示，成功利用 CRM 战略的企业是失败者的两倍多，而这些企业在实施 CRM 系统前和实施中都花费了很多时间与员工合作。可见，保证 CRM 工作成功，关键在员工，而不是软件。

管理的起始点是观念的转变，这种理念必须与公司文化相一致，使公司的品牌和价值诉求有实际意义，其中包括技术，也包括员工与客户的合作。有些人认为，CRM 项目失败的主要原因是公司没有意识到客户关系管理无所不在，并低估开展 CRM 的成本。例如，一家公司安装了 CRM 软件，用以整合来自网络、社交媒体和实体店铺经营的数据时，客户服务代表需要接受培训，适应这种新型的管理模式。一些客户服务代表回避 CRM 软件，因为用老方法做起来更容易。要想成功，CRM 的理念必须从公司的高层管理者开始，渗透到整个公司，使公司完全以客户为中心。

另一个应在整个公司里澄清的观念是隐私权保护政策。营销人员可以接触客户的大量信息，这些信息被存储在数据库中用于营销沟通。营销人员能够获得这些信息，问题是如何保护客户的隐私。

能够利用客户信息对营销人员是一个很大的诱惑，问题是必须在信息利用和满足客户需求、保护客户隐私之间达到一种平衡。营销人员应该负责任地使用客户信息，这既有利于企业的形象，也有利于营销人员的职业形象。

二、CRM 战略

网络经营者必须在购买 CRM 技术或者注册社交媒体账户之前决定其目标和战略。这些目标将涉及各种利益相关者（员工、企业客户、合作者或消费者），并有助于客户关系的确立、维持和加强。B2B 市场不同于 B2C 市场，因为它的 CRM 战略首先是帮助销售人员发现销售线索，然后对客户进行跟踪调查。

在这些 CRM 目标中，有许多涉及客户忠诚度。企业都愿意看到自己的客户自豪地穿上印有企业品牌的衣服，并试图说服其他人购买该品牌的产品。第六章讨论了关联程度的五个层次（即品牌知晓、品牌认可、品牌联系、品牌社区、品牌倡导）。一个重要的 CRM 战略是努力地将客户往金字塔顶端推。

另一个 CRM 战略包括与客户建立超过产品体验本身的联系。一些专家认为，关系营销应在三个层次上实施，如表 11-2 所示。如果三个层次都达到了，而且产品本身确实令客户满意，就能形成最强大的关系。

表 11-2　关系营销的三个层次

层次	主要联系	维持竞争优势的潜力	营销组合的主要因素	网站举例
一	财务联系	低	价格	飞牛网
二	社交联系（建立一对一关系，建立社区）	中	人际沟通	微信公众号
三	结构联系	高	提供服务	苏宁易购

在第一层次中，营销人员通过使用定价策略与客户建立财务关系。在这个最低的关系层次中，价格促销手段很容易被他人模仿。许多网络企业在促销期间就会定期将打折信息通过微信公众号等方式发送给个人用户，这些折扣可按照时间或者价格来制定，对提高客户占有率很有利。

在第二层次中，营销人员注重与客户的社交互动。这种互动既包含公司与客户的沟通，也包含客户之间的沟通。根据 eMarketer 公司的统计，与客户互动的 10 个沟通中有 9 个是与交易无关的沟通，这些都属于第二层次的战略。社交媒体参与是构建第二层次关系和培养客户忠诚度的重要手段，在这一层次上，社交 CRM 能够发挥的作用最明显。

在第三层次中，关系营销依赖于创造客户问题的结构解决方法。当公司通过结构调整来增加价值时，结构联系就形成了。例如，谷歌的搜索框的右侧有一个工具栏，网络用户只要安装了这个工具栏，就能更方便地进行搜索。所有大型的门户网站和社交网站都致力于创造与用户产生结构联系。例如，今日头条是一款基于数据挖掘的推荐引擎产品，它为用户推荐有价值的、个性化的信息，提供连接人与信息的新型服务平台。百度网站允许用户切换所在地天气、换肤及设置界面整体布局。一旦用户投入了时间和精力来定制这个界面，就不愿意转向另外的门户网站。

社交网络将第二层次和第三层次结合在一起，那就是社交联系加上结构关系。网络用户一旦在社交网站建立了个人主页，说明他们已经花费时间去学习如何使用这些网站，上传了自己的内容。用户一般都会专注于少数几个社交网站，甚至旅游网站——携程网也有这样的结构联系，因为用户要注册后才能够登录，登录后才能为宾馆、酒店打分。

三、客户体验管理

客户体验管理（Customer Experience Management，CEM），是指企业综合利用各种原理、方法、工作流程去管理客户在多种渠道中与品牌、产品或服务的交易、互动和所受到的各种影响。客户关系管理与客户体验管理的差异并不明显，因为两者的根本目的都是培养客户忠诚度。前者更多地关注企业内部流程，以实现企业长期的客户价值最大化。后者则关注客户的预期，设法在与客户的各种接触中提高客户的满意度。客户体验管理可以是一次交易中的体验，也可以是所有交易中积累的综合体验。

亚马逊公司一直十分重视客户体验。公司对外公布的经营目标中，非常强调客户服务，而对销售量、销售利润等内容则刻意淡化。实际上，强调客户至上的理念是事半功倍的。

大多数客户都希望形成一种品牌忠诚，这一点与他们惠顾的公司是一致的。当一个消费者并不容易，因为他会不断受到营销沟通信息的骚扰，还要进行烦人的产品选择。1995 年，美国学者杰格迪什·谢斯（Jagdish Sheth）撰文称："从一个消费者的视角看，CRM 的基本原则是减少选择。"这个想法揭示了这样的一种现象，那就是消费者希望光顾相同的交易网站或社交网站，因为这样做效率高，也就是说，消费者不想花太多的时间去思考购买哪种牌子的服装或如何寻找一个好的搜索引擎。许多消费者有"忠诚倾向"，他们搜寻合适的产品或服务，然后坚持使用，前提是企业或多或少地履行了承诺。例如，许多客户从亚马逊网站上买东西，对价格考虑较少，这是因为先前有愉快的经历，容易满足个人的购物偏好，订购方便，以及熟悉网站上的界面。

客户一般喜欢惠顾体验好的商店和网站，在那里，他们作为有重要需求的人受到接待，并且知道哪些需求会得到满足。有时，用户会收到一封关于和自己从业相关的招聘信息的电子邮件，信的抬头是用户的名字，并准确地指出现在有相应的职位匹配他，他就会相信公司是关心他的。如果收到的只是普通的促销资料，他就不会把它放在心里。当亚马逊发送一封电子邮件，宣传一本该客户喜欢的作家的新书时，该客户的品牌忠诚度会更高。当然，公司也必须学会如何回答来自客户的电子邮件。企业要逐个地倾听成百上千位客户的意见是非常不容易的，成本也很高，但这会令客户满意。

客户与企业沟通的偏好因形势、产品类型及个人情况而变化。客户可能想要打电话与一个在线代表商量账户问题，登录网站研究产品信息，使用电子邮件来投诉服务问题，在某商品网页上发表评论，等等。表 11 – 3 显示了通过各种沟通渠道建立关系的操作，营销人员可以使用自动化和人工介入来进行同步或非同步的沟通。这张表显示了互联网的重要性，这种重要性体现在创造有价值的客户体验上，还体现在一种理念上，那就是公司必须精通许多不同的技术与流程，做到客户至上，而不是将着眼点放在公司的能力上。

表 11 – 3 通过各种沟通渠道建立关系

	自动操作	人工操作
同步	网络一对一自助服务，网上交易，虚拟购物助理	电话，网上聊天，协作工具，实时沟通
非同步	自动操作、自动发送电子邮件，短信服务，利用网页沟通	电子邮件回应，普通邮件，博客回帖，社交媒体评论

在开发新客户、维系老客户、开发市场等各个环节上都需要开展客户服务，但大多数的客户服务发生在购物完成以后，因为那时候客户会提出问题，或者对产品或服务进行投诉。为了改善客户体验，企业应该十分重视客户服务工作。Forrester 市场调研机构的调研显示，91% 的企业都把客户服务作为自己的重要战略，但是一半以上的调研对象（57%）认为自己的客户服务工作不尽如人意，只有 4% 的企业对客户服务工作进行严密的监控，这就难怪

社交媒体上客户对企业的评价总是不高。

改善客户体验的重要工具包括电子邮件、在线实时沟通（有的是与客服代表沟通，有的是与虚拟的购物助理沟通）、社交媒体评论、网络自助服务等。梅赛德斯—奔驰汽车公司使用的就是远程网络沟通技术。客户在网站提供的问题表上输入问题，奔驰公司的客服代表马上就会将电话打过来。接着，客户与客服代表就能同时看着相同的网页对问题进行探讨，中国移动公司在客服方面也是如此。现在，企业的客服代表已经可以一面在电话中与客户沟通，一面远程遥控指点客户浏览公司的网页。电子邮件、个性化的登录网页、网上实时沟通、利用智能手机进行邮件跟踪等，这些都是新型的客户服务技术。不管是利用在线还是离线的技术，客户服务始终是在建立长期的客户关系方面至关重要的工作。

四、客户协同管理

客户协同管理（Customer Collaboration Management，CCM）也可以称为社交CRM或者客户协同营销。社交媒体的发展使得客户协同管理变得十分重要，客户协同管理将原来重视在线交易转变为重视在线互动。客户关系管理专家保罗·格林伯格（Paul Greenberg）曾经说过："尽管我们仍旧与客户开展交易，也没有忽视客户交易的各种数据，但是实际上我们已经把工作重心从交易转向了与客户的互动。社交CRM的目的是鼓励客户参与协同交流，在相互信任和透明的商务环境里为企业和客户提供利益和价值。"

企业通过与客户的互动收集必要的数据，促进客户协同管理，持续地、有效地评价公司的经营战略，也有专家将这样的关系称为学习型关系。

在这样的企业中，客户学习型关系会随着每一次互动逐渐深化，使得企业对客户的需求和偏好了解得更加深入。

从每一次客户体验和与客户的互动中，企业都能学习到经营管理的新经验，同样，客户也有很多的收获。建立了这样的完美关系以后，企业能够收获来自客户的信任、忠诚，市场份额也能不断地增加。对客户而言，则少了一份忧虑。在这样的关系形成过程中，互联网发挥了无与伦比的作用。企业如果接受了这样的经营理念，它也就成了一个学习型组织。

客户协同管理的基础是内容、人员和互动，传统的客户关系管理的基础则是数据。客户创造并上传与品牌相关的内容，而企业则鼓励网络用户对品牌内容进行互动。本书在一些章节中提到的抖音视频网站上有许多与品牌相关的视频，这些视频有的是客户制作的，有的是企业制作的，不管是哪一类视频，其根本目的是使企业与客户协同合作。即使有些内容似乎破坏了企业的声誉（如有关拼多多的评论帖子），但归根结底还是为了帮助企业改善经营。

可以认为，客户协同管理是对客户关系和客户体验的管理，其途径是创建并监测在线内容企业。企业可以通过各种协同技术（如今日头条、社交媒体监测板等）倾听网络用户的声音，把本来十分困难的工作变得不太困难，只要是合法的帖子，企业都要做出及时的回应，目的是提升客户的体验。企业张贴的网络帖子要对普通客户或者企业客户有价值，要使他们有兴趣阅读。一些成功的企业博客就是这样的。有一句民谚中说："每一个人都有两只耳朵，但是只有一张嘴。"开展销售活动的企业应该多听客户的声音，把"说话"或促销放在第二位。美国的咨询公司奥特米特集团（Altimeter Group）将客户协同管理归纳为五个M。

①监测（Monitoring）：通过倾听将社交媒体中的杂音过滤掉，用各项测量指标归纳出有益的意见和建议，使得企业的绩效考核更加有效。

②绘制关系图（Mapping）：识别社交媒体关系，将社交沟通状况与其他各种客户数据

联系在一起，形成一种整体的观念。

③管理（Management）：各种管理制度将客户关系管理变成一个系统。如果企业没有明确的目标，社交数据也不能发挥作用。因此，企业要制定必要的规则和流程，依此将相关的信息适时地传送到各种团队去加以利用。

④中间设备（Middleware）：有些技术能够将社交网络与企业联系在一起。社交客户管理就是这样一种技术，它将企业与社交平台上的每一个人都联系在一起。

⑤测量（Measurement）：企业如果对数据无法进行测量，就无法改进工作，因此企业必须为所做的各项工作设定测量的标杆。

五、组织协调

在公司内部，为了创造 CRM 文化，要开展跨部门的团队合作（如百思买公司众多的蓝衫员工和技术团队在社交网络上发帖），共同提高客户满意度。在公司外，如果两个或多个公司开展合作，所能达到的效果往往会好于单个公司。不管是在分销渠道中，还是在非交易类型的协作中，都会产生这种协同优势。许多营销人员都相信，如今的市场是供应链竞争，而不是单个企业之间的竞争。例如，亚马逊公司和玩具反斗城公司（Toys "R" Us）携起手来建立婴儿用品零售网站就是一个很好的例子。亚马逊的网上零售专业技术与玩具反斗城的销售经验结合在一起，既有利于网站的客户，也有利于合作者。

下面我们将讨论两种利用互联网环境的协作技术，即 CRM – SCM 整合技术和外联网技术。

（一）CRM – SCM 整合技术

CRM 通常指前台运营，这意味着公司努力在所有客户接触点（如电话接入客户服务代表、网上购物、电子邮件联系、社交网络沟通等）上创造令人满意的经历。这项挑战是实质性的，因为不同的员工和计算机系统收集了各种信息，这些信息都必须被整合进客户记录中。在一项由 Jupiter 营销沟通公司开展的研究中，调研人员给《福布斯》杂志打了三次客服电话，询问为什么杂志的两种优惠价不相同，结果得到了三个不同的解释。如今，许多企业都用软件来处理类似的问题。例如，中国移动公司通过整合所有的客户联系方式（电话、电子邮件和网络）来辅助 CRM 员工的工作，形成前台和后台的联动。

然而，在客户控制的网络环境中，即使是一致的客户服务有时也依然有不足之处。有了技术优势和协同工作的能力，网络零售商可以无痕链接"后台"（如存货和支付）与"前台"的 CRM 系统及整个供应链管理系统（SCM，Supply Chain Management）。整个供应链可以共同合作来满足客户的需求，并通过流程优化获得更多的利益。当然，这些都是以信息为中心的，CRM – SCM 整合如图 11 – 1 所示。

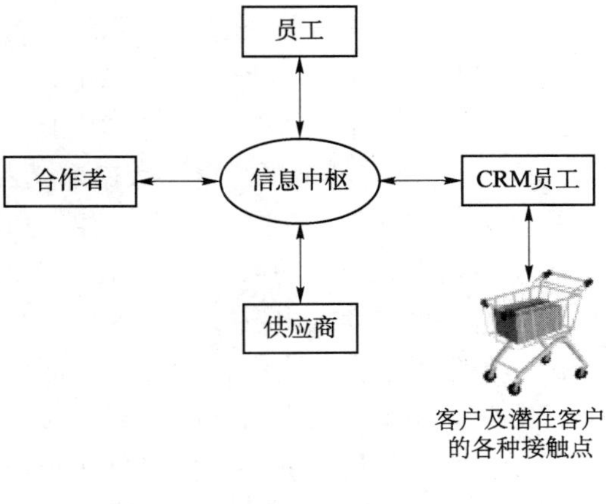

假设一个客户在服装零售商的网站上订购了一件衬衫，如果衬衫缺货，客户可能会

客户及潜在客户
的各种接触点

图 11 – 1　CRM – SCM 整合

在移动端收到通知信息。但更可能的是，一段时间过后客户会收到一封电子邮件告知缺货。不过，有了整合的 CRM – SCM 系统，系统可立即检查零售商的库存水平，告知客户衬衫缺货，缺货的信息是即时显示在产品页面上的。第二代 CRM – SCM 系统可以完成对批发商和制造商的库存检查，明确是否可以接受订购。在客户订购的过程中，系统会通知客户并提供选择，如等两个星期得到制造商的送货，或考虑当前有货的一件类似的衬衫。这个选择信息可以在一个弹出窗口内显示，由一个在线的客户服务代表帮助客户。许多网站（如美国的 Lands' End 服装公司、日本的丰田汽车公司和 Intuit 软件开发公司）都在使用 LivePerson 软件，利用这种软件，网站可以与在线的客户服务代表进行实时整合。

将客户与供应链企业整合在一起可以形成几个优势。首先，所有公司将分享交易数据，这样存货可保持在最低水平。如果生产商和批发商不断地收到关于客户订货的数据，它们就能及时地生产商品。其次，上游公司可使用数据来设计产品，更好地满足客户需求。最后，如果客户服务代表有最新的关于产品库存的信息，他们就能更好地即时帮助客户。邮购公司对这项任务已经相当熟悉，但是当供应商比零售商在上游高出几个层次时，就需要重新整合流程。

随着越来越多的公司将 CRM 和 SCM 这两个系统进行整合，它们对客户需求反应会越来越快。例如，李维斯公司实施了一个名为"个性化裁剪"的方案，客户可以使用扫描仪将精确的测量数据直接发送给工厂，定做个性化的牛仔裤；戴尔电脑公司和蓝尼罗河珠宝公司也能在几天内生产并递送个性化产品；国内海尔、格力等家电企业也采用类似的定制软件来满足客户个性化需求。然而，当一个公司的品牌有许多不同的渠道，或者每一个公司使用不同的软件和硬件来管理其内部系统时，这种整合就相当困难。尽管如此，当前整合系统依然是可行的，它可以帮助企业成为市场的赢家。

（二）外联网技术

外联网是两个或多个为了分享信息而结合在一起的内联网络。如果两家企业连接它们的内联网就形成了一个外联网。由此可见，外联网只归相关的组织所有。参与外联网的公司已形成了一个结构联系，这就是关系营销的最高层次。正是外联网的使用使 CRM – SCM 整合成为可能。

电子数据系统公司（Electronic Data Systems，EDS）的总部设在达拉斯，该公司拥有一个企业范围内的计算机服务系统，系统功能包括采购、为大客户进行网络管理等，一应俱全。之所以称系统为"企业范围"内的，是因为该公司关注整个公司内所有的计算机，把它们放在一个网络中。1998 年，计算机服务系统管理着公司内部和外部超过 736 000 台计算机，地跨 19 个国家和地区。电子数据系统公司创造了一个史无前例的外联网，人们将其称为"文艺复兴渠道"，它把供应商、客户和员工的计算机都连接到一个电子化的虚拟市场中。电子数据系统公司的 40 家供应商（它们销售 2000 多种软件产品）出资开发了这个专属的网络，这些供应商的出资额少则 2.5 万美元，多则 10 万美元。作为回报，它们能将自己的产品和服务展示在网络中，这类似于商品目录。供应商受益于它们能够利用信息与众多的潜在客户建立关系。买方信赖供应商，因为 EDS 选择了这些供应商；买方支付的价格也可以低一些，因为渠道中的供应商降低了成本，其中有一家客户称单笔订单处理的成本下降了，每笔业务的成本从 150 美元降到 25 美元。买方通过计算机接口可方便地接触产品信息，点击鼠标进行购买，跟踪产品运送，进行网上培训和加快递送速度，受益很多。"文艺复兴渠道"既为网络外的供应商制造了进入障碍，又提醒使用渠道服务的公司可能发生的转换成本。"文艺复兴渠道"互联网站是一个在 B2B 市场上使用互联网技术建立关系的很好的例子。当前国内电商平台就是电子数据系统公司发展到今天的成熟业态。

六、CRM 流程

如图 11－2 所示为客户维系的生命周期，开展客户关系管理就应该懂得客户维护的整个生命周期。在这个生命周期（定位、获取、交易、服务、维系、发展）的各个阶段，公司可以通过在线和离线两个渠道监控和吸引客户。生命周期的第一个阶段是公司制定网络营销计划，选择目标市场。有时，网络上会出现一个新的目标群体（如淘宝网站上有大量的老年用户注册）。这个生命周期的本质是循环的，一个新的目标可能会在为现有客户服务的过程中出现。

客户生命周期的理论源于 CRM 的一个重要原则，那就是吸引客户、维系客户和开发新客户并重，而不是仅仅关注开发新客户。当然，不是所有的客户都会经历整个的流程，有些客户与公司的交易会减少，甚至投入到竞争对手的怀抱，有时，公司试图重新赢得这些客户（如卸载一款软件，软件公司就会通过各种渠道向客户传递悲伤之情，希望感动客户，留下来继续使用该软件）。

客户关系管理的流程多种多样，这节我们只讨论如何维系老客户，这对扩大客户规模和提升客户价值都是有益的。我们还将介绍两种重要的客户关系管理方法（都与互联网技术有关），一是销售团队自动化，二是营销自动化。

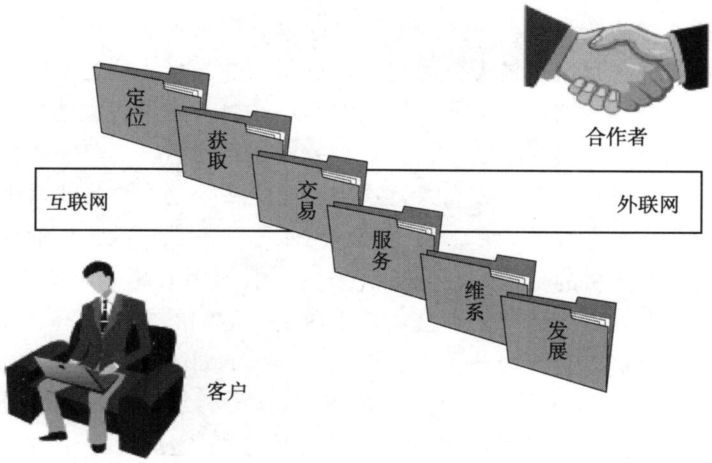

图 11－2　客户维系的生命周期

（一）倾听客户意见，避免客户流失

"倾听客户意见，避免客户流失"是 Peppers & Rogers 集团的一份报告的标题。报告中提到了倾听客户意见，从不同的营销渠道收集互动数据的重要意义。从与客户的互动数据中可以推测哪些客户会流失，如何留住他们，如何改变营销策略避免更多的客户流失。企业可以采取以下措施来提升客户在生命周期中的质量。

①通过个人信息披露、客户信息的自动跟踪、客户服务环节的互动、零售环节的条码扫描、普通网站或社交网站行为分析等，企业可以获得潜在客户及最终客户与交易活动、消费

行为、交流互动有关的各种数据。

②用户的每一条信息都可以录入数据库，帮助企业识别哪些客户将会流失，这里需要用到统计模型。

③通过消费行为、人口统计数据等对客户的价值进行分析，进而对客户进行市场细分，判断哪些客户会流失。

④有些产品或服务有瑕疵，竞争对手的产品会抢占市场，有些促销活动不够到位，对这些因素都要进行分析，目的是识别导致客户流失的主要原因。

⑤制定一个维系客户的方案，用促销活动、实时推荐等方法来维系老客户。

⑥观察客户维系的结果来考核方案的有效性。

我们列出上述几种客户维系的方法，它们对识别企业的最佳客户是有作用的。所谓"最佳"其实有各种各样的解释，有的指价值最高，有的指忠诚度最高、购买最频繁等。客户关系管理帮助企业将更多的资源投入到更有价值的客户身上，这种营销理念并不新颖，新的是企业可以利用互联网来识别最有价值的客户，然后及时地对他们的需求做出回应。进行这种价值判断是有意义的。例如，一家塑料制品企业将注意力放在最有利可图的客户身上，把客户群从 800 人减少到 90 人，其收入却增加了 400%。然而，不是所有的公司都有高端和低端客户。根据 Peppers & Rogers 集团的研究，价值区分并不能带来利润，除非一家企业能确信一半以上的利润来自 20% 或更少的客户（即第七章中提到的四星级客户和五星级客户）。

例如，罗勒猎头公司（罗勒网）成立于 2009 年，目前是建筑领域的猎头公司，其客户管理有其自身的特点。首先，对客户进行分层，通过分层来确信一部分客户的确比另一部分客户重要。如何管理重点客户是猎头公司需要重点研究的，猎头公司的客户大体上可分成四级：一是超重量级客户。他们是盈利能力最强的客户，对价格不太敏感，最愿意享受一流的服务，愿意接受猎头公司提供的新服务，对猎头公司比较忠诚。二是重量级客户。希望能经常得到折扣，对猎头公司忠诚度不太高，喜欢与多家猎头公司做生意来降低自身的风险。三是次重量级客户。这类客户数量众多，由于其消费水平比较低，故虽屡有光顾，但真正能达成协议的甚少，能做成项目的更少。因此猎头公司不值得用太高的热情来对待这样的客户。四是轻量级客户。这类客户不能给猎头公司带来盈利。他们的要求很高，超出了其消费支出水平，有时甚至大量浪费猎头公司的资源。根据帕累托的 80/20 法则，上述超重量级和重量级客户往往只占猎头公司客户中 20% 的比率，猎头公司经常做的项目便是这 20% 的部分，它们可谓重点客户。对重点客户的管理一般采用以下几种方法。

①追踪制度。向客户提供有用的信息，以电话、信函、电子邮件等方式向客户传递最新的服务项目、市场动态等内容。

②服务跟进。承诺的服务必须到位，围绕客户需求适当提供协议外服务，使客户有"超值享受"的感觉，从而逐步失去对其他猎头公司的兴趣。

③扩大销售。即所谓的深层次服务，把每一客户的生意做深、做透。

④差别维护。对高档次的重点客户实行急事急办、特事特办、易事快办、难事妥善办的原则，进行重点服务。

⑤客户访问。定期对关键客户、重点客户进行访问，了解客户需求，倾听客户意见，从而把项目做得更好。

⑥随时检查。客户是否流失或减少是每家猎头公司必须关注的问题。因此建立专家维护系统大有必要。

Tripadvisor 旅游公司的网站上有 500 万名注册用户，2007 年，公司向那些在网站上发表过对宾馆、酒店评价的用户寄送了一些礼品，以此将这些向网站添加内容、参与网站建设的用户从普通用户中区分出来。在 2012 年，公司向一位博客版主发送了一封电子邮件，向该版主赠送一枚数字徽章，原因是他又发表了一个评价一家宾馆的帖子。

一旦公司根据特征、行为、需求或价值来识别潜在客户，并对客户进行区分，它就能为各种客户提供定制化的服务。定制就是企业使用网络营销工具，调整营销组合来满足很小的目标细分市场，甚至满足单个客户的需求。产品、营销沟通信息和动态定价都可按个体来调整，并及时通过互联网传递。在互联网出现之前，这些是不可能实现的，除非是定价非常高的产品（如制造设备）。通过定制化运作，企业可专注于每个客户的准确需求，并建立长期的、有利可图的关系。

一些作者在谈到定制化时会使用"个性化"这个术语。个性化是营销人员在一个虚拟的计算机网络环境中针对每一个个体进行特殊操作的一种方法。例如，网站会以用户姓名作为抬头来问候用户，或自动发送带有个人账户信息的电子邮件给用户。我们使用"定制化"这个术语，因为它比"个性化"涉及面更广。

（二）建立动态的客户信息

摆在企业面前的是无数的电子邮件信息、网络评论、社交网站上的帖子，那么该如何处理这些信息呢？电子邮件营销企业 Lyris 公司的意见是企业收集各种数据来构建客户身份形象。这些数据来自客户与企业或品牌交流的各个互动点。从客户的角度看，他的身份形象应该包括以下一些内容。

①我购买了什么产品或服务？

②我浏览了哪些产品信息？

③我使用的是怎样的上网设备？

④我的上网时间是哪一个时间段？

⑤我浏览了哪些网站？

⑥我当前的身份是什么？

⑦我的圈子里有哪些朋友？

从企业的角度看，应建立动态的客户身份信息，如图 11 - 3 所示。掌握这些人口统计特征、商品偏好、消费行为的信息以后，企业就可以有针对性地制定决策，顺着客户关系管理的流程从客户定位、新客户开发，一直到老客户维系，做好各项工作。利用这样的客户信息，企业还可以做好更多的工作，例如，将客户分成一个个的细分市场，获取更多的利润；鼓励客户更多地参与，向客户传递价值；将数据整合在一起，存储到客户关系管理的数据库中；将离线环境获得的各种数据也整合进来，如呼叫中心的数据、零售门店的数据等。所有这些工作都可以自动化地进行，所利用的技术就是数据挖掘技术和其他各种技术。

英国的家居企业 Graham & Green 公司对客户关系管理系统进行过测试。该公司有一个规模庞大的电子邮件地址数据库。按照数据库里的信息，他们每周向客户发送两次有关商品信息的电子邮件，统计发现，只有 20% 的邮件被打开过。后来，公司针对那些曾经访问过公司家具商品网站的用户发送商品打折信息邮件，结果邮件打开的比例达到 49%，其中有

1.1%的人还购买了商品。多次的测试得到了同样的结果。这种针对消费行为的定位营销是基于数据的营销，它有助于改善客户关系，也有助于增加销售。许多企业（如腾讯、360等）都提供专门的技术支持，帮助企业在客户关系管理方面做得更好。

图 11-3 建立动态的客户身份信息

（三）销售团队自动化

销售团队自动化软件的广告语是"扩大销售，而不是扩大销售团队"。这种软件主要用在 B2B 市场上，它帮助销售人员建立、维护、使用客户数据，管理销售线索和客户账户，管理销售活动等。销售团队自动化软件方便销售人员从公司数据仓库中读取客户和产品的数据，更好地开发新客户，维系老客户，扩大客户队伍。销售人员数据读取的工作可以在办公室里进行，也可以在工作现场通过无线设备操作。销售人员可以将访问客户的结果实时地上传到数据仓库，方便同伴分享。客户数据的实时更新对客户服务代表提供更优质的服务、建立客户关系无疑是十分有益的。在这一领域走在前面的 Salesforce（Salesforce 被称为全球 SaaS CRM 鼻祖，它提出"软件即服务"的概念，它的功劳在于将 CRM 软件高价格门槛打破，让很多中小企业也能用上 CRM 系统。但值得注意的是，它打破的是欧美国家的价格门槛，而 Salesforce 的价格在国内企业看来，仍是昂贵的，全功能版本一年需要 24 400 元人民币，一般的企业根本承受不起）公司开发的客户服务软件能够帮助企业提高销售量和销售收入，改善客户服务工作，方便伙伴关系管理。企业可以采取的措施是整合多渠道营销数据，在社交网络上开展内容管理，对销售活动进行绩效考核等。

例如，国内的销售易 CRM 是以销售管理为核心的，将销售管理流程中的合作伙伴管理、市场与客户服务管理，通过 SaaS 和 PaaS 的方式结合，为客户提供灵活的配置机制。除云技术、社交、移动技术外，销售易还将大数据及机器学习技术引入了 CRM 领域，帮助企业实现快速定位客户及客户商机智能挖掘与推荐。

Salesforce 和销售易公司开发的软件都能够帮助企业监测社交媒体上的品牌沟通信息，帮助企业进行快速回应，而这些则属于客户协同管理的范畴。

（四）营销管理自动化

营销管理自动化软件的作用是帮助企业有效地进行市场定位，更好地进行营销沟通，实时地监测客户及市场发展趋势。营销管理自动化软件通常从网站或数据库里收集数据，将这样的数据编制成报告，供决策者调整客户关系管理工作。解决方案包括电子邮件管理、数据库营销、市场细分、网站日志分析等。

营销管理自动化对客户关系管理工作是一个巨大的支持。例如，SAP CRM（思爱普客户关系管理系统）的市场模块能帮企业更好地吸引并留住最有价值的客户，识别正确产品，为目标客户群制定定价策略，其功能包括市场分析和数据库、市场预测、传递途径、活动管理、潜在客户管理；销售模块允许企业通过简化数据云，用数据驱动营销变革，其电商CRM整体解决方案和自动化销售任务使销售过程更有效，同时提供了所有必须集中在客户关系上的功能；服务模块为客户提供了支持工具。

七、CRM 信息

信息是 CRM 的润滑剂。公司拥有的信息越多，就越能以准确、及时和相关的产品或服务的形式，给每个客户提供各种价值。随着时间的推移，许多企业会鼓励客户提供信息，如在博客上发表评论，对产品提出意见，或者接受电子商务交易。例如，Orbitz 网站首先要求那些希望得到打折信息的客户提供一个简单的电子邮箱地址，随后询问他们喜欢的度假方式，以便提供更相关的电子邮件。客户提供的个人信息越多，说明他对公司越信任，公司也越愿意在建立客户关系上多投入。

有时，企业会以娱乐的形式收集这类信息。例如，宝马汽车公司的 Mini Cooper 轿车鼓励网站的访问者在网上自己组装汽车，其组合形式多达 1000 万种。

公司通过追踪客户的网上行为来获取客户信息，这种方式干扰要少一些。信息技术使得企业能够从原来对一个细分市场（如"千禧一代"）进行剖析，转而对一个客户进行剖析。例如，零售商若将收银台收集的产品条形码信息与消费者的购物卡信息结合在一起，就能判断一位客户在一段时期里的购物情况，现如今很多消费者的移动终端都安装了很多的 App，商家可以通过 App 上消费者消费的数据与频率进行信息收集，这比通过条形码和购物卡获取信息来得更快更准确。在互联网上，软件可以追踪客户从浏览这页到浏览下一页的动作，显示浏览每页花了多少时间、是否购物、计算机和操作系统的类型等各种信息。公司能追踪客户在浏览该公司网站之前和之后访问了哪些站点，使用这些信息来预测客户同时在考虑哪些竞争对手的产品，并研究客户的兴趣。追踪客户行为对客户和公司都是有价值的，但是这也引来了批评，因为这涉及前文提到过的隐私问题。

如今，一个客户可以打电话给客户服务代表，讨论上周在实体商店购买的产品，并提到昨天发送的一封电子邮件，或在社交网上发帖，相关数据都被保存在数据库中。众所周知，这个方法具有 360°的客户视角，称为跨渠道视角。1998 年，帕特里夏·西博尔德（Patricia Seybold）在她的《客户.com》一书中，列出了企业与客户建立成功的电子商务关系的八个关键因素。20 多年过去了，这些因素仍然能帮助我们理解如何使用网络营销（包括互联网技术）来促进客户关系管理。

①定位于合适的客户。辨别最好的实际客户和潜在客户，尽可能多地了解他们的信息。

②拥有客户的所有体验。客户体验是当今业务战略的核心，而实时客户洞察能够带来更好的体验。然而，仅有 23% 的企业能够实时整合各个渠道的客户洞察。

③简化影响客户的商业流程。通过 CRM – SCM 整合技术和客户至上的观念来实现这一点。

④提供一个客户关系的 360°的视角。公司里接触客户的每个人都应该理解客户与公司关系的所有方面。例如，客户服务代表应该知道一段时期内客户的所有活动，并理解哪些产

品和服务会有益于哪一位客户。

⑤让客户自我帮助。为客户提供方便快速地寻找他们所需要东西的网站和其他电子方式，做到全年无休。

⑥帮助客户完成他们的工作。特别是在 B2B 市场，如果一个公司可提供产品和服务来帮助客户出色地经营，客户就会忠诚，并愿意为接受帮助支付额外的费用。许多供应链管理的软件都有助于实现这一目标。

⑦提供个性化的服务。客户档案记录、保护隐私、定制化营销组合都有助于通过网络传递个性化的服务。

⑧培育社区。吸引客户加入与公司产品相关的社区或者兴趣社区网络是建立客户忠诚度的一种重要方法。

八、CRM 技术

技术极大地改进了 CRM 流程。对方付费电话、按需传真、语音邮件、自动拨打电话及视频沟通等，都是帮助客户在客户生命周期中前行的技术。然而，互联网是第一个实现充分互动和个性化处理的低成本多媒体渠道，它是公司客户关系管理的中心环节。网络跟踪器文件、网站日志、条形码扫描仪、网络自动监视工具（如谷歌快讯）和其他工具都有助于收集关于消费者行为和特征的信息。数据库和数据仓库从在线和离线接触点来收集、存储和传递这些数据，员工能借此开发更加理想的营销组合去满足客户的个性化需求。

下面我们将讨论自助式服务工具，它们能帮助企业为客户群体或者个体定制产品，而不是统一的软件包。这涉及基于公司网络和电子邮件服务器的"推"式战略，以及由互联网用户发起的"拉"式战略。认识到这一区别很重要，因为公司对推式技术有更多的控制权。

（一）企业拥有的工具

网络营销"推"式定制化工具，如表 11-4 所示，其展示了企业用于推出定制化信息给用户的重要的网络营销工具。用户通常不会意识到营销人员正在收集数据，并使用这些技术来定制产品和服务。

表 11-4　网络营销"推"式定制化工具

公司拥有的工具	描述
网络跟踪器文件	网络跟踪器文件是用户访问网站后存在其硬盘上的小文件。当用户返回站点时，公司的服务器就分析网络跟踪器文件，用它来使站点个性化
网络日志分析	每次用户进入站点时，访问就会被记录在网络服务器的日志文件中，这个文件显示用户访问了哪些页面，停留了多久，是否购买等信息
数据挖掘	用统计分析的方法提炼大型数据库中隐藏的预测信息
行为定位	用专门的软件通过网站追踪用户的行动，然后立刻编辑和报告这些数据
协同过滤	用协同过滤软件收集兴趣相投用户的选择，并将这些选择实时返回给个人
电子邮件	企业利用电子邮件数据库掌握及时有用的信息来与用户建立关系，使用电子邮件列表可将电子邮件发送给个人或群体
社交媒体	企业可以通过博客或其他各种社交网络倾听用户的声音，它们提供用户在网站上交谈的空间
iPOS 终端	互动销售点终端被置在零售商的柜台上，用于获取数据和开展有目的的沟通

1. 网络跟踪器

利用网络跟踪器文件，用户可以在返回站点时看到以自己名字为抬头的问候，还意味着用户不必记住每个站点的登录密码。通过网络跟踪器文件，广告服务器公司可以看到用户从一个站点到另一个站点的路径，这样就可以为用户提供感兴趣的广告。网络跟踪器文件中记录着购物车和其他任务的路径，这样用户能中途退出，稍后直接返回完成购买活动。

2. 网络日志分析

通过网络日志分析公司能做许多事，而不仅仅是基于访问者的行为来定制网页。网络日志分析是一种工具，专门用来收集并展示用户网站行为的信息。有些软件（如 WebTrends）能够显示用户在登录之前刚刚访问过哪些站点，他们在搜索引擎中输入了什么关键词用来寻找站点，以及用户的域名等。

AutoTrader 公司使用网络日志分析将每天 2500 万行的网络日志数据转化为营销知识。该公司是个汽车大卖场，网站上提供 200 多万辆新车和二手车，并有价格比较、汽车性能介绍、融资方式和投保等信息，每月有 600 多万名访问者浏览两亿多个页面，这其中包括广告商卖车的页面。为了方便网络用户了解网站信息，AutoTader 公司创造了一种营销工具——管理仪表板，该工具是由统计数据分析软件 SAS（Statistics Analysis System）支持的。管理仪表板上可以报告以下内容。

①访问者的人口统计特征和网上用户行为（以美国地区来分析）。

②分析站点网页上的广告。

③站点的关键考核指标（如访问者数量、浏览过的汽车品牌和型号等）。

SAS 软件每月对 3000 万次汽车搜索活动进行评估，按品牌、型号、年份、价格，以及城市和邮政编码来进行分类，这样各个区域的销售团队就能够迅速判断各地的网站流量。该公司还使用甲骨文公司（Oracle）的数据库，提炼有关电子邮件、销售线索等信息，为营销经理生成了 100 多个月度报告。AutoTrader 公司从这些分析报告中了解到了许多东西，首先，它了解了各个地区需要哪些汽车，这对汽车交易商和独立销售人员有所帮助；其次，它能根据网站的流量对网站内容进行调整；第三，AutoTrader 公司能在其站点上证明广告价值，这一点最重要，广告用户能收到自动生成的报告，内容包括他们的汽车被浏览的次数，有多少网络用户索要过到实体商店位置的地图，收到了多少询问汽车的电子邮件；最后，这些报告帮助 AutoTrader 公司与它的电子商务合作伙伴结账。

3. 数据挖掘

营销人员不需要通过一个"先验假设"来寻找数据库中有价值的东西，但会使用软件来寻找用户所关心的事项。例如，日产汽车公司使用 E. piphany 软件来提高升级销售和交叉销售的绩效。在使用这款软件之前，日产公司往往向回头客推销他曾经购买的同系列的汽车。使用 E. piphany 数据挖掘软件，日产公司确认了一个富有、忠诚的客户群，他们的子女年龄为 19 ~ 24 岁，住在家中，购买了 Sentra 系列的汽车。日产公司使用这些信息，把 Sentra 汽车交叉销售给其他类似的客户。虽然日产公司并不使用网络开展销售，但这也是网络营销的一个重要应用。

4. 行为定位

行为定位是指用软件跟踪客户在网站上的行为，然后即时地发送合适的网站内容。亚马逊公司就使用这样的软件，当老客户登录网站时，该公司会在主页上显示其曾经关注过的产品。谷歌公司旗下的 Double Click 网络公司也使用行为定位技术，当客户浏览了若干网站以后，该公司网站就会向用户传递广告信息。这种技术使用数据仓库的信息，帮助厂商了解目标客户的特征和行为。当国内的移动终端客户在网络上浏览任何信息时，百度搜索系统就会向你推荐类似的咨询，目的就是"投其所好"，维系你对网络内容的关注。

美国运通公司已使用行为定位技术多年，它根据客户先前的购买行为发送账单给客户，该公司的创新之处在于这样定位可通过电子邮件和定制化的网页在网上廉价地完成。访问 Greatcoffee 网站的消费者在初次访问该网站时就能得到个性化的问候。这个站点并不知道用户是谁，因为他们从未在站点上登记过信息，也没有来自 Greatcoffee 的网络跟踪器文件，那么，它是如何做到这一点的呢？这个网站使用行为定位技术去匹配 Angara 数据库中匿名的网络跟踪器文件，Angara 公司的电子商务定位服务部门购买了 2000 多万个匿名的网络跟踪器文件，这些文件中包含了许多公司（如戴尔电脑公司）提供的人口统计特征信息和地理特征信息（所有的个人信息都事先被删除了）。当 Angara 数据库中的客户在网站上浏览时，网站就能提供相关的网页内容服务。

5. 协同过滤

在实体世界中，消费者在做决策之前往往会征询其他人的建议。协同过滤软件的作用与之相似，它收集了一群人的推荐意见，并把结果呈现给具有类似意向的人。

德国的 Dire Group Bertelsmann 集团旗下的 BOL 公司是一个国际化的媒体和娱乐商店，该公司使用 Net Perceptions 协同过滤软件来观察用户如何在它的站点上浏览和购买音乐、软件等商品。如果一个用户在站点上花费的时间越多，BOL 了解到的用户行为和偏好就会越多，就能更好地呈现相关产品，这就是所谓的"学习关系"。BOL 公司称，使用了这个软件以后，公司收入增加了，几个月内就收回了投资成本。

6. 电子邮件

正如前几章所讨论的，公司发给客户的电子邮件是网络的"杀手级应用"。电子邮件用于与个人或电子邮件列表上的多人交流，目的是增加他们的购买量、满意度和忠诚度。许多公司将客户和其他利益相关者保存在电子邮件列表中。自动发送的电子邮件可以用来确认购买或者通知配送信息，它的作用是表示公司对客户的商务活动十分重视。

企业开展的许可营销活动显示，客户会高兴地接收他们愿意收到的电子邮件。MyPoints 公司用积分和礼券来奖励消费者，所有的奖励针对的都是阅读指定的电子邮件广告及在某些选定的网站上的购物行为。MyPoints 公司的客户为这些电子邮件付费，这些费用的一部分作为积分直接返还给消费者。MyPoints 的广告宣传是"负责任的"电子邮件信息，这意味着它是消费者同意接收商业信息的电子邮件。相反，垃圾邮件并不注重建立客户关系，只是一味地拉客户。互联网为营销人员提供了这样一种技术，只需按动鼠标或触碰屏幕就可发送几十万封甚至更多的电子邮件，所有的成本加起来不到一张邮票的邮资。为了更好地建立客户关系，需要发送对用户有价值的电子邮件，并提供给用户随时从电子邮件列表上退出的机会，这意味着营销人员要像朋友一样与消费者交谈并倾听。

7. 社交媒体

许多企业利用博客、各种社交网络、公告板、公众号、电子邮件及公司的官网建立网络社区，了解客户及产品的信息。例如，天猫和知乎洞察到对于已形成"双 11"认知的消费者来说，每年这个时候，都揣好了口袋中的钱等待着消费。然而面对各式眼花缭乱的品牌大促，上千万个品牌信息狂轰滥炸，哪个是真、哪个是假，哪个才是史上最低折扣，忙时代的年轻人早已晕了头。"双 11"对于消费者来说，他们更需要的是一份剁手教程。基于此洞察点，天猫便联合知乎呈上了"新择学报告"，将平台内的促销优惠整理为攻略，以知识分发的形式来影响消费决策，从而实现用户收割。在具体的实操上，天猫首先利用品牌提问的方式，围绕祝你"双11"快乐的核心传播抛出问题：你曾经买过的哪件物品带给你的快乐最多？以此来引发关注，达到预热目的；同时邀请知乎优秀回答者坐镇现场，通过知乎社交平台来影响消费理念。

8. iPOS 终端

iPOS 终端是放在收银机旁边面向客户的一种小设备，用于记录信用卡交易的买方签名。其重要性在于能收集市场调研数据和其他数据。例如，美国大型的零售商联邦百货商店在2001 年安装了 34 000 台这样的联网设备。该公司使用签名数据来查看妇女是否为男性家庭成员及她们自己购买服装或其他商品，并计划通过终端来发送图片和个性化的信息——所有这些信息都出自一个数据库，并通过互联网发送。

（二）客户方的工具

客户方的工具以用户的移动终端为基础运作。虽然工具一般存在于网络服务器上，但发挥作用的是"拉"的行为，它发起了定制化的回应。网络营销"拉"式定制化工具，如表11-5 所示。

表 11-5 网络营销"拉"式定制化工具

客户方工具	描述
代理	代表用户执行功能的程序，如搜索引擎和购买代理
个性化的网络入口	用户可以在一些网站上（如百度等）轻松设置个性化的网页
无线数据服务	无线网络门户网站发送数据到用户的移动终端上
网络窗体	网络窗体是网页表格的技术术语，网页上指定了位置给用户输入信息并进行提交
电子邮件	这是指由客户发送的问询、投诉或赞扬的电子邮件，是客户服务的原材料
RSS（简易信息聚合）	RSS 用来描述和同步网站内容格式，是使用最广泛的 XML 应用
CRM 软件	这是一个加强与客户交流，了解客户需求，对产品及服务进行改进和提高以满足客户需求的连续的过程系统

1. 代理

一些软件代理（如购买代理和搜索引擎）将用户的信息输入数据库，然后返回定制化的内容。代理软件所依赖的往往是不止一次行动。例如，一个用户可能在苏宁易购的网站上输入"计算机"，然后得到的是笔记本电脑或台式机的选择，这个过程将继续进行，直到搜索范围缩小。同样，当百度网站的访问者使用关键词搜索时，他们经常收到与他们输入的关键词相关的旗帜广告或其他广告，以及定制化的网站链接的网页。例如，如果用户在搜索框中输入"汽车"，大众的广告可能就会与相关站点的名单一起显示。代理是购物比较网站的工作基础。

2. 个性化的网络入口

《华尔街日报》的网络版允许用户以感兴趣的关键词为基础创建个性化的网页。这种功能对那些想要监视其竞争者情况的企业特别有帮助。《华尔街日报》与用户创建了结构性的联系，增进了忠诚度，这是在有互联网之前从未听说过的事情。iGoogle 是谷歌提供的一项服务。该服务让使用者按照个人的喜好方便地定制和整合不同来源的信息，使之成为个性化的门户。用户可以在自己的网页上添加资讯、照片、天气及网上的各种内容，汇集常用网络信息和工具，打造专属于自己的互联网入口。

个性化的网络入口常用于在 B2B 而不是 B2C 市场上建立关系。通过这些入口，供应链获取库存、账户信息和追踪各种运营情况。Webridge 公司出售合作者和客户关系管理软件，这种软件允许企业按需利用它们需要的所有数据。这个工具是对以往各种工具的巨大改进。以往，买方通过成堆的宣传册、目录和价目表进行搜索，这些价目表中包含了许多渠道合作者没有的或往往是过时的产品。InFocus Systems 公司使用 Webridge 公司的软件，通过电子邮件发送令合作者感兴趣的产品信息，然后进行定制化的网页服务。当合作者访问网站时，网站会显示那些有特色的产品和价格。Primedia 公司是一家保健培训公司，该公司使用 Webridge 公司的软件为医院、医生和其他使用其服务的合作者创建网站。对客户进行区分以后，它提供了进入网站的四个层次：访问者、注册用户、会员和高级合作者。B2B 网络入口使用外联网来获得合作者信息。

3. 无线数据服务

无线数据服务因其快速的增长和与众不同的特点而成为一种独立的技术。这不是一般的入口，因为考虑到无线设备的屏幕尺寸和图片的下载时间，无线用户只想要文本数据。有些服务提供商（如腾讯、华为等）提供给用户由广告商赞助的新闻标题、体育比赛战报、股票价格、指定城市的天气预报。华为公司的各种智能手机应用软件也已经打开了市场。当用户的邮箱收到一封新的电子邮件时，腾讯企业邮箱无线服务会通知他们。当用户定制了这个服务后，他们实际上告诉了服务公司该如何更好地为其服务，企业和用户也因此建立了关系。未来，我们应关注移动数据的整合。

4. 网络窗体

许多公司网站显示网络窗体，这是出于各种各样目的的。网络窗体是一种文档，可以用来收集信息。它包括两部分，一部分是由窗体设计者输入的，填写窗体的人无法更改的文字或图形，窗体设计者可以插入希望得到回答的问题、选项列表、信息表格等。另一部分是由窗体填写者输入的，用于从填写窗体者处收集信息并进行整理的空白区域。窗体设计者可以在文档中插入窗体域或 ActiveX 控件，为窗体填写者提供用于收集数据的位置。事实上，许多网站都在努力增加注册用户的数量，因为这是进行交易的前提。例如，美国联邦贸易委员会允许消费者通过网络窗体投诉有问题的商业惯例和广告。不管网站出于何种目的，收集的信息都有助于企业与网络用户建立关系，并推动用户在客户生命周期中前进。

5. 电子邮件

交易后的客户服务是客户生命周期中的一个重要部分。一个自动的客户服务程序常常通过电子邮件通知客户已收到信息，或者商品已经发送，以此来显示公司对客户的关注。通常网站上会有一个发送电子邮件给公司反馈信息的按钮或表格，自动的客服程序会通过电子邮件来确认一名客服代表进行快速答复。研究表明，公司对用户发送的电子邮件进行反馈做得越来越好。公司可以在网站上设置反馈选择按钮，但前提是安排员工即时回复。企业在公司网站上公布电子邮件地址，这就是对及时回复的一种承诺。有一些企业决定在它们的网站上不提供电子邮件反馈，取而代之的是自动电话接听或启动即时通信来自动回复。

6. RSS（简易信息聚合）

RSS（Really Simple Syndication）技术方便用户在普通网站上或者博客网站上注册。一旦注册成功，用户就会在第一时间得到网站上的信息。有的是用电子邮件的形式，有的则是 RSS 阅读插件，或是已经流行的社交媒体信息仪表盘，这种技术的出现把用户和内容提供者绑定在一起，增强了两者之间的关系。例如，订阅今日头条内容的用户总是会收到今日头条发送的重要新闻提要，这就提升了用户对今日头条的忠诚度。

7. CRM 软件

正如前文提到的，CRM、CEM 及 CCM 的成功依靠的不只是技术，而是所有九个要素。尽管如此，技术仍是 CRM 推进的润滑剂，它使企业可以收集、解释和使用大量的客户数据。例如，Business-Software 软件公司列出了在客户关系管理领域领先的十家企业，如 SAP 公司、甲骨文公司、Salesforce 公司、Amdocs 公司、微软公司等。在国内客户关系管理领域知名的软件公司有销售易、纷享销客、用友等。这些企业的产品并不相同，这也说明了企业必须充分考虑与客户关系管理相关的九项要素。首先要制定公司的经营目标、经营战略，明确客户关系管理是一种自上而下的管理理念。许多企业尽管购买客户关系管理软件，但是并没有有效利用，这是因为它们没有调整经营目标，对员工的建议及反馈信息也没有充分重视，失败也就在所难免。

九、CRM 考核指标

企业要判断好客户的价值，必须分析出"获客成本"与"客户价值"，哪些是最能让公司获利的客户？其贡献公司总利润的占比是多少；而哪些客户会使公司的潜在利润减少，但作为公司战略发展层面的决策，又不得不做，该如何做？如何区分客户的价值，就成为企业必须解决的问题。更重要的是，客户价值是动态变化的。尤其是在生命周期的不同阶段，价值差异会很明显。如对于客户首次购买而言，由于企业的前期市场投入、销售成本和激烈竞争导致的价格低廉，很可能让交易无利可图。而随着良好的服务、关系的深入、客户的信任、企业完全可以在后续交易中大获其利。所以，企业需要以全生命周期的观念来看待客户，评价客户和维系、管理客户，同时通过对客户价值理论的理解加以实践。

网络企业使用大量的考核指标来评估互联网对于 CRM 绩效方面的价值，其中有投资回报率（ROI）、节约的成本、收入、客户满意度与忠诚度，尤其是每个 CRM 策略对这些措施的影响。值得一提的是，网络营销绩效考核指标从不同的角度评估各项策略，而选择何种考核指标取决于公司目标和战略。表 11-6 列出了在客户生命周期各个阶段的 CRM 考核指标。

表 11-6 在客户生命周期各个阶段的 CRM 考核指标

考核指标	指标具体描述
定位	最近一次购物、购买频率、消费金额分析（RFM），以此确认高价值客户；通过高价值客户收益分析，判断客户中高价值客户创造的销售收入所占的比例
获取	开发新客户的成本；合作网站推荐的新客户数；活动回应率，主要指网络用户的点进率、转换率等；客户复苏率，指公司使用各种优惠拉回的那些离开的客户的比例；社交媒体上产品推荐次数
交易	潜在客户转换率，指网站访问者转化成购买者的比例；客户在线、离线的跨渠道销售率；出售给合作者的服务；公司产品在合作者网站上的销售；平均订单价值（AOV），指某一时期内销售额与订单数之比；推荐销售收入，指公司原有客户推荐的客户带来的销售额；网上产生的销售线索变成实际交易的比例
服务	一段时期内客户的满意等级；答复来自客户的电子邮件或即时通信的时间；投诉数量
维系	客户减少率，指在既定的时间段内不再来购买商品或服务的客户人数比例；老客户的维系率，指重复购买商品或服务的客户比例；博客及其他各种社交媒体上的情绪（正面或负面评价）

续表

考核指标	指标具体描述
发展	客户终身价值，指客户在一定年限内通过网络为企业创造的收入；一段时间的平均订单价值，判断呈上升还是下降趋势；一段时间内老客户年平均销售增长率；忠诚计划的有效性，指一段时间内销售增长率；低价值客户成为高价值客户的数量

掌握了客户对企业产品态度的各种信息，企业就要努力提高客户转换率和维系率，降低流失率，提高平均订单额和每个客户带来的利润，就是获取客户、维系客户和发展客户。例如，Cars 网站上列出了 180 多万辆新车和二手车，提供信息的有 12 000 家汽车经销商，还有分类广告商和个体销售者。2005 年，该公司利用 Salesforce 网站来完成每年几十万笔交易，每天来询问信息的用户有 25 000 多人，由分布在全国各地的 180 多家汽车中间商处理。经营方式转变以后，汽车中介的工作效率大幅度提高了，每小时处理的交易从原来的 6 笔增加到 9 笔，每位业务员接触的汽车经销商从原来的 600 家增加到 800 家。负责二手车买卖的业务员接手的业务也从 8500 笔增加到 14 000 笔。

除了提高工作绩效以外，许多公司使用这些方法来确认利润最少的客户，减少与此类客户的互动次数。这并不是说可以态度恶劣地对待这些客户，而是尽量减少为低利润客户服务所花费的时间。

还有一个重要的 CRM 考核指标值得讨论，那就是客户终身价值（Customer Lifetime Value，CLV）。按照数据库营销研究所创始人亚瑟·休斯（Arthur Hughes）的说法，"客户终身价值就是一个客户未来将会为企业带来的利润。"终身价值实际上就是一个客户一辈子在这里消费多少钱。客户终身价值曲线如图 11 - 4 所示。客户终身价值管理流程主要由获取、强化、保留及终止或重新开发组成。

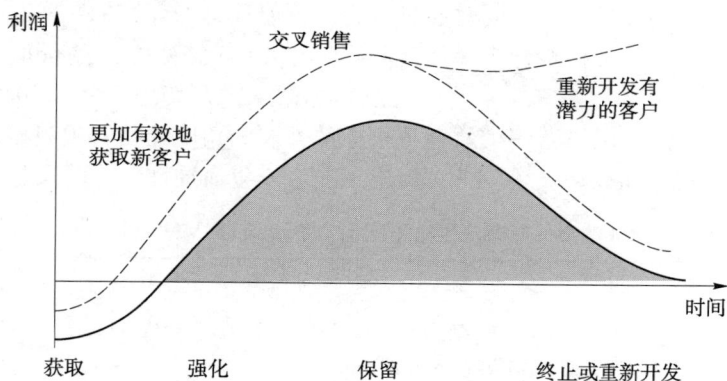

图 11 - 4　客户终身价值曲线

分析客户终身价值的主要步骤有以下几个。

①收集客户资料和数据。公司需要收集的基本数据包括个人信息（年龄、婚姻、性别、收入、职业等）、住址信息（区号、房屋类型、拥有者等）、生活方式（爱好、产品使用情况等）、态度（对风险、产品和服务的态度，将来购买或推荐的可能）、地区（经济、气候、风俗、历史等）、客户行为方式（购买渠道、更新、交易等）、需求（未来产品和服务需求等）、关系（家庭、朋友等）。这些数据及数据随着时间推移的变化都将直接影响客户的终生价值测算。

②定义和计算终生价值。影响终身价值的主要因素是：所有来自客户初始购买的收益流；所有与客户购买有关的直接可变成本；客户购买的频率；客户购买的时间长度；客户购买其他产品的喜好及其收益流；客户推荐给朋友、同事及其他人的可能和适当的贴现率。

🔄 本章小结

营销人员开展关系营销由来已久，然而，互联网技术使得企业有可能实现一次管理一个关系。在由大众营销转向关系营销的进程中，企业的重点是维持长期客户，而不是与新客户进行许多零散的交易。客户价值是客户让渡价值和客户关系价值的综合体。客户关系管理不是仅局限于售后管理，它与售前、售中阶段的管理是紧密联系在一起的，简单来说，客户关系管理是一个不断加强与客户交流，不断了解客户需求，并不断对产品及服务进行改进和提高以满足客户需求的连续的过程。

开展 CRM 既有利于有效地开发、维系和发展客户，也有利于客户之间的口口相传。高德纳集团的 CRM 模型包括九个要素，即 CRM 理念、CRM 战略、客户体验管理、客户协同管理、组织协调、CRM 流程、CRM 信息、CRM 技术和 CRM 考核指标。

CRM 理念包括对客户隐私的保护和建立用户信任。CRM 战略详细说明公司想要用 CRM 技术完成什么目标。关联程度是知晓（最低强度）和倡导（最高强度）之间的一个过程。三层次关系指的是企业与客户建立超过产品体验本身的联系。CRM 的最高层次是结构联系，在这一层次中，客户的转换成本提高了，忠诚度也提高了。网络企业需要考虑有价值的客户的体验，客户是否愿意与公司互动，客户能否通过建立社区来缔造联系。

越来越多的公司将 CRM 和 SCM 这两个系统整合。当公司的前台、后台和供应链都注重客户时，公司就传递了价值，提升了满意度，拥有了竞争优势。客户维护的生命周期分成几个阶段，即定位、获取、交易、服务、维系和发展。企业可以采取的手段是识别客户、区分客户，以及为目标细分市场或个人定制营销组合（定制化）。CRM 使用公司方工具（包括网络跟踪器、网络日志分析、数据挖掘、行为定位、协同过滤、公司发送电子邮件、社交媒体及 iPOS 终端）和客户方工具（包括代理、个性化的网络入口、无线数据服务、网络窗体、收到的电子邮件及 RSS）的信息和技术。客户终身价值管理流程主要由获取、强化、保留及终止或重新开发组成。分析客户终身价值的主要步骤是收集客户资料和数据，定义和计算终生价值。网络营销人员使用各种考核指标来评估利用互联网进行客户关系管理的绩效和价值。

🔄 复习题

1. 什么是客户价值？客户价值的主要构成要素是什么？
2. 客户生命周期与客户关系管理的关系是什么？请举例说明。
3. 比较 CRM、CEM、CCM 之间的相似点和差异。
4. CRM 的主要优势有哪些？
5. 公司为什么使销售团队自动化和营销管理自动化？
6. CRM 有哪九个要素？
7. 什么是 CRM – SCM 整合的优势？请举例说明。
8. 客户维护生命周期有哪六个阶段？
9. 解释数据挖掘、协同过滤和电子邮件如何帮助公司提供定制化服务？
10. 公司方和客户方的定制化根据有何不同？

参 考 文 献

［1］ 朱迪·施特劳斯，雷蒙德·弗罗斯特．网络营销［M］.7 版．时启亮，等译．北京：中国人民大学出版社，2015.

［2］ 王永东．网络营销学［M］.北京：清华大学出版社，2019.

［3］ 马莉婷．网络营销理论与实践［M］.北京：北京理工大学出版社，2017.

［4］ 邓少灵．网络营销学教程［M］.广州：中山大学出版社，2015.

［5］ 戴恩勇，袁超．网络营销［M］.北京：清华大学出版社，2016.

［6］ 李琳．网络营销案例分析［M］.西安：西安电子科技大学出版社，2019.

［7］ 钟子建．网络营销与策划［M］.长沙：湖南师范大学出版社，2019.

［8］ 刘瑞娟．网络营销［M］.长春：吉林大学出版社，2019.

［9］ 吴培勋．网络营销［M］.上海：格致出版社，2011.

［10］ 宋文官，姜何，华迎．网络营销［M］.北京：清华大学出版社，2008.

［11］ 美贾森·米列茨基．网络营销实务：工具与方法［M］.李东贤，等译．北京：中国人民大学出版社，2014.

［12］ 赵国栋．网络调查研究方法概论［M］.2 版．北京：北京大学出版社，2013.

［13］ 威廉·G 齐克芒德，巴里·J. 巴宾．营销调研精要［M］.4 版．应斌，王虹，等译．北京：清华大学出版社，2010.

［14］ 纳雷希·马尔霍特拉．营销调研基础：结合社会化媒体［M］.4 版．北京：清华大学出版社，2015.

［15］ 凯文·莱恩·凯勒．战略品牌管理［M］.3 版．卢泰宏，译．北京：中国人民大学出版社，2009.

［16］ 伯特·罗森布洛姆．营销渠道：管理的视野［M］.8 版．宋华，等译．北京：中国人民大学出版社，2014.

［17］ 瞿彭志．网络营销［M］.4 版．北京：高等教育出版社，2015.

［18］ 荆浩．网络营销基础与网上创业实践［M］.2 版．北京：清华大学出版社，2017.

［19］ 苏朝辉．客户关系管理：客户关系的建立与维护［M］.4 版．北京：清华大学出版社，2018.

［20］ 余乐．网页设计与网站建设从入门到精通［M］.4 版．北京：清华大学出版社，2017.

［21］ 闫芳．网络广告策划［M］.2 版．北京：电子工业出版社，2017.

［22］ 权金娟．移动电子商务［M］.北京：清华大学出版社，2017.

［23］ 杨坚争．电子商务网站典型案例评析［M］.3 版．西安：西安电子科技大学出版社，2016.

［24］ 史雁军．数字化客户关系管理［M］.北京：清华大学出版社，2018.

［25］李光明．网络营销［M］．北京：人民邮电出版社，2016.

［26］杨连峰．网络广告理论与实务［M］．北京：清华大学出版社，2017.

［27］刘勇，林红珍．网络广告学［M］．大连：东北财经大学出版社，2018.

［28］李海芹，周寅．客户关系管理［M］.3 版．北京：北京大学出版社，2017.

［29］李成钢．网络营销基础与实践［M］．北京：中国纺织出版社，2016.

［30］周宏明．小数据时代：新零售时代如何重构客户关系［M］．北京：中国经济出版社，2019.

［31］李彦著．电子商务网站建设与维护［M］．天津：天津大学出版社，2018.

［32］张婷．网站建设运营推广从入门到精通［M］．北京：人民邮电出版社，2018.

［33］余爱云．电子商务网站建设及维护管理［M］.2 版．北京：北京理工大学出版社，2018.